21世纪 国际经济与贸易系列

丛书主编　黄建忠　李坤望
　　　　　　尹翔硕　赵忠秀

（第三版）

国际技术贸易

杜奇华　主编

International Technology Trade

复旦大学出版社

内容简介

本书是一部兼理论性和实践性于一体的著作，重点介绍学术界对知识产权和技术贸易的最新理解，探讨各种技术贸易理论；阐述专利、商标、专有技术、计算机软件、版权及有关知识产权保护方面的国际法规与惯例；研究世界各国对知识产权保护所采取的最新措施和方法，国际技术贸易的最新理念和发展趋势，使读者对知识产权及其保护有一个更深入的认识。本书是为我国高等经济类院校经济贸易类专业大学本科学生编写的，但它同时适用于政府部门有关经济管理和相关业务人员的培训使用。

总　　序

　　1978年改革开放以后,高等教育的课程设置和内容发生了很大的变化。为了适应中国对外开放和对外贸易发展的需要,大多数高等院校从20世纪90年代开始就对国际经济与贸易专业的课程内容进行了调整和充实,主要是大幅度增加了现代国际经济学的理论与分析工具。2001年以来,随着经济全球化进程的加速以及我国加入世界贸易组织,我国对外经济贸易关系涉及的领域和问题进一步扩大,故本学科研究的内容也更加广泛和复杂,与以往以纯粹的商品和劳务交换为重点相比,而今还应涵盖生产要素和人员的流动、知识产权的转让以及各种形式的经贸合作等内容。

　　目前全国已有400余所高校设置了国际经济与贸易专业,其培养的人才一般应该具备有关的理论素养、专业知识和运作技能:(1)掌握马克思主义经济学基本理论和方法;(2)掌握现代经济学的理论和方法;(3)了解国际经济学、国际贸易理论与政策发展的前沿动态;(4)运用数量分析方法进行分析和研究;(5)具有从事国际经贸业务的基本技能;(6)了解主要国家和地区的经济发展状况及其贸易政策;(7)较熟练地掌握一门外语,具有听、说、读、写、译的基本能力。

　　基于上述需要,复旦大学出版社邀请了对外经济贸易大学、南开大学、厦门大学和复旦大学的资深教师,共同编写了这样一套既为我国的国际经贸专业教学和科研服务,又注意跟踪国际学术前沿的教材。这套教材以基础性的知识体系为主,同时也延伸到一些应用领域,今后还拟在应用领域逐步扩充以适应各方面的要求。

　　由于有关人员是利用繁重的教学科研工作的余暇进行编撰的,疏漏不足之处在所难免,而且随着经济全球化这一历史趋势的加深,国际经贸的实践也日新月异,本学科的知识体系无论在理论或实务方面都须不断充实更新,故这套教材也必然要进行修改和增删,为此,希望使用这套教材的师生随时向编写人员提出建议,你们的批评建议是教材日臻完善的必要条件。

个人承乏国际贸易教席数十年,当年虽也力图教材改革,唯囿于环境,也限于个人水平,进展实属有限。今幸逢四校合编教材问世,浏览之余,耳目为之一新,深感这套"博学·21世纪国际经济与贸易系列"教材的出版是我国高校国际经贸专业教育中的一大盛举,故不揣愚陋,乐为之序。

对外经济贸易大学　王林生

2007 年 7 月 10 日

第三版前言

本书是在第二版的基础上修订的,在修改过程中,我们收录了国际技术贸易最新认知的各种标的,介绍了国际技术贸易的最新方式,以及知识产权保护方面最新修订的国际法规与惯例,并更新了所有的案例。修订后的本书能更全面地反映知识产权及其转让的最新特点与发展趋势,使读者对当今的国际技术贸易有一个更加深入的了解。

本书由对外经济贸易大学杜奇华教授任主编,王珏、卞婷婷、曹慧娟、唐婷、周宇妙、蔡兰等学者参加了部分章节的编写工作。具体分工如下:第一章至第九章由杜奇华编写,第十章由杜奇华和王珏编写,第十一章由杜奇华和卞婷婷编写,第十二章由杜奇华和曹慧娟编写,第十三章由杜奇华和唐婷编写,第十四章由杜奇华和周宇妙编写,第十五章由杜奇华和蔡兰编写。

编　者
2017 年 12 月

第一版前言

以知识产权为价值标准的知识经济,已成为包括中国在内的世界经济大国经济社会发展的核心动力,知识经济已是当今世界发展最迅猛的经济模式,知识产业也是当今世界最有生命力的产业。在以计算机为基本生产工具的生产和服务领域里也正诞生着一代又一代新技术,知识产权作为一种重要的无形资产转化为资本投入经济运行过程,是知识经济时代经济运行的重要特征。

毫不夸张地说,在当今世界,谁掌握了先进的知识产权技术,谁就拥有了经济发展的主导权。技术是任何国家、社会和经济发展的工具,并成为各国不惜一切代价追逐的对象。国际技术贸易也因此逐渐成为国际经济合作的重要组成部分,而如何保护好知识产权是促使技术进步和国际技术贸易进一步快速发展的关键,知识产权的保护正受到世界各国的普遍关注。

本书是一部兼理论性和实践性于一体的著作,重点介绍学术界对知识产权和技术贸易的最新理解,探讨各种技术贸易理论;阐述专利、商标、专有技术、计算机软件、版权及有关知识产权保护方面的国际法规与惯例;研究世界各国对知识产权保护所采取的最新措施和方法以及国际技术贸易的最新理念和发展趋势,使读者对知识产权及其保护有一个更深入的认识。

在本书的写作过程中,徐倩倩、杨勃、孙静、张旭涛、葛成东、张莹也参加了一些章节的撰写工作,其具体分工如下,第一章至第九章由本书主编杜奇华撰写,第十章由杜奇华和徐倩倩撰写,第十一章由杜奇华和杨勃撰写,第十二章由杜奇华和孙静撰写,第十三章由杜奇华和张旭涛撰写,第十四章由杜奇华和葛成东撰写,第十五章由杜奇华和张莹撰写。

本书是为我国高校经济类院校经济贸易类专业大学本科学生编写的,但它同时适用于政府部门有关经济管理和相关业务人员的培训使用。本书在编写的过程中,参阅了国内外的大量书籍和报纸杂志上的一些文章,借鉴了一些科研成果,在此谨向这些作者表示诚挚的谢意。由于作者的学识和写作水平有限,书中难免出现错误和遗漏,诚恳希望广大专家和读者提出宝贵意见。

作　者
2008 年 6 月

第二版前言

自《国际技术贸易》第一版出版至今,国际经济环境和形势发生了巨大的变化,随着经济全球化进程的深入,处于经济全球化发展浪潮中的中国与世界的整体经济联系日益紧密,其间既迎来了新的发展机遇,也面临着更加严峻的挑战。尤其是2008年金融海啸席卷全球,同时伴随着国际贸易保护主义的抬头,我国对外贸易面临着严峻的国际形势,仅仅成为贸易大国已经不能满足当前经济发展的需要。重视科学研究,强调知识产权在社会和企业发展中的作用,引进科学技术,发展国际技术贸易以及与技术转让相配套的服务贸易,是我国由贸易大国转变为贸易强国的最有效途径。

科学技术的迅猛发展对世界经济和社会生活产生了深刻的影响,为了进一步提高本国的技术水平、加快经济发展、增强国力、提高本国商品国际市场占有率,发展国际技术贸易已被世界各国提到新的战略高度。随着全球经济形势的不断变幻,与国际技术贸易相关的国际公约、各国关于技术贸易管理政策与法律等内容又有了新的变化,同时,我们对国际技术贸易的相关理论和贸易方式有一定新的认识和研究。在此,我们对《国际技术贸易》进行了重新的编写。

经过修改,本书是一本当前国内最为全面和系统介绍国际技术贸易的教材,其内容更富有时代感,涵盖了包括专利、商标、专有技术、计算机软件和版权等技术贸易最新认知的各种标的,介绍了国际技术贸易的各种最新方式,以及有关知识产权保护方面最新修订的国际法规与惯例,使读者对知识产权及其保护的最新认识和最新做法有一个更为深入的了解。

本书由对外经济贸易大学杜奇华教授任主编,还有其他一些人士也参加了部分章节的编写工作。具体分工如下:第一章至第九章由杜奇华编写,第十章由杜奇华和陈萌编写,第十一章由杜奇华和夏静静编写,第十二章由杜奇华和袁丽娟编写,第十三章由杜奇华和庞俊编写,第十四章由杜奇华和刘园园编写,第十五章由杜奇华和王义源编写。第一章至第三章案例由毕啸坤编写,第四章至第六章案例由周燕军编写,第七章至第九章案例由彭丹平编写,第十章至十二章案例由何蕾编写,第十三章至十五章案例由刘彩萍编写。

编　者

2012年3月

目录

第一章 国际技术贸易概论 / 1
- 第一节 技术的概念和特点 / 3
- 第二节 技术与经济增长 / 4
- 第三节 国际技术贸易 / 7
- 第四节 国际技术贸易的方式 / 10

第二章 知识产权与国际技术贸易 / 17
- 第一节 知识产权概述 / 19
- 第二节 知识产权的保护制度 / 24
- 第三节 产权理论和产权的价值评估 / 29

第三章 技术转让的基本理论 / 37
- 第一节 国内技术转让理论 / 39
- 第二节 国际技术转让理论 / 50
- 第三节 技术与经济增长理论 / 55
- 第四节 技术与国际贸易理论 / 59
- 第五节 技术与国际直接投资理论 / 64

第四章 国际技术贸易项目的可行性研究及其评估 / 71
- 第一节 技术贸易前期准备工作与项目选择 / 73
- 第二节 技术贸易项目的可行性研究 / 76
- 第三节 初步可行性研究与项目建议书的编制 / 79
- 第四节 可行性研究报告的编制 / 81
- 第五节 可行性研究的财务分析 / 85
- 第六节 国际技术贸易项目评价 / 89

第五章 专利 / 99
- 第一节 关于专利的基本概念 / 101
- 第二节 专利许可贸易 / 104
- 第三节 专利申请权、专利权的转让 / 118
- 第四节 专利权的保护 / 121

第六章 商标 / 129
第一节 商标概述 / 131
第二节 商标法 / 138
第三节 商标权 / 141
第四节 特殊商标的保护 / 148

第七章 专有技术 / 155
第一节 专有技术概述 / 157
第二节 专有技术的基本特征及其作用 / 159
第三节 专有技术转让合同的主要条款 / 164
第四节 专有技术的保护 / 166

第八章 商业秘密 / 175
第一节 商业秘密的概念及范围 / 175
第二节 商业秘密的构成要件 / 181
第三节 商业秘密权 / 186
第四节 商业秘密许可合同的主要条款 / 190
第五节 商业秘密的保护 / 191

第九章 国际技术贸易的其他标的 / 197
第一节 计算机软件 / 199
第二节 版权及邻接权 / 209
第三节 集成电路及布图 213

第十章 国际技术贸易的主要方式 / 221
第一节 许可贸易 / 223
第二节 许可贸易合同的基本条款 / 226
第三节 技术咨询与技术服务 / 232
第四节 技术咨询与技术服务合同 / 235

第十一章 其他国际技术贸易方式 / 245
第一节 国际合作生产 / 247
第二节 国际工程承包 / 250
第三节 补偿贸易 / 255
第四节 其他形式的技术贸易方式 / 261

目录

第十二章　国际技术贸易合同、价格与税费 / 269
　　第一节　国际技术贸易合同 / 271
　　第二节　国际技术贸易价格与税费 / 283

第十三章　国际技术贸易政策与适用法律 / 289
　　第一节　国际技术贸易政策概述 / 291
　　第二节　各国国际技术贸易政策 / 293
　　第三节　中国对外技术贸易政策 / 295
　　第四节　限制性商业惯例 / 298
　　第五节　国际技术贸易合同的法律适用 / 309
　　第六节　国际技术贸易纠纷解决的方式 / 311

第十四章　知识产权保护的国际组织和公约 / 317
　　第一节　知识产权国际保护概述 / 319
　　第二节　知识产权保护的国际组织 / 322
　　第三节　知识产权保护的国际公约 / 328

第十五章　我国对进出口技术贸易的管理 / 349
　　第一节　中国技术进出口管理概述 / 351
　　第二节　中国技术进口的管理 / 354
　　第三节　中国技术出口的管理 / 359
　　第四节　自由进出口技术的管理 / 363

参考书目 / 367

第一章

国际技术贸易概论

国际技术贸易是在国际分工不断深化的过程中发展起来的,进入 21 世纪,随着亚洲经济的崛起,新一轮国际分工已经形成。在加强研究开发新技术和资源整合的过程中,各国,特别是发展中国家,更深刻地意识到引进技术是提高技术水平、加快经济发展、增强国力、提高出口产品的国际竞争力和市场份额的重要途径。国际技术贸易逐渐成为国际经济合作中的重要组成部分,并受到全世界的广泛关注。

第一章

緒論

学习目标

通过对本章的学习,你应该能够:
1. 理解技术的概念和特点;
2. 理解技术进步对经济增长的影响;
3. 掌握国际技术贸易的内容,了解国际技术贸易的发展历程和作用;
4. 熟悉国际技术贸易的方式。

第一节 技术的概念和特点

一、技术的含义

技术(technology)一词来源于希腊文"technologia",意指"应用科学"或"实现特定目标的科学方法"。

广义上看,技术是经济、文化、历史、科学发展的标志。从石器、青铜器、铁器、手工工具到自动化机械、网络信息工具,每一种工具都作为技术的载体,标志着人类发展的一个历史时期。

狭义上看,《辞海》中将技术定义为劳动工具和技能的综合,强调技术是人们在生产或服务过程中综合运用的经验、知识、技能和物质手段相结合的系统。

诸多经济学文献对技术的定义也各有不同。斯图瓦特(F. Stevart,1977)认为技术包括生产使用和做有用的事情所需要的所有技巧、知识和程序,包括生产所需的软硬件技术、管理与营销技术,并进一步扩展到服务领域。埃迪莱克和拉波鲍特(Erdilek and Rapoport,1985)认为技术是指有关某种产品或生产技术的一系列知识。伊诺斯(Enos,1989)则认为技术是存在于专利中的技术信息或以书面形式存在的、可以交流的技术知识,把技术限定在了一个较窄的范围内。

联合国世界知识产权组织(World Intellectual Property Organization,WIPO)于1977年出版的《供发展中国家使用的许可证贸易手册》(*Licensing Guide for Developing Countries*)中,对技术的定义如下:"技术是指创造一种产品的系统知识,所采用的一种工艺或提供的一项服务,不论这种知识是否反映在一项发明、一项外观设计、一项实用新型或者一种植物新品种,或者反映在技术情报或技能中,或者反映在专家为设计、安装、开办或维修一个工厂,或管理一个工商业企业活动而提供的服务或协商等方面。"

这个定义说明技术有三种表现形式:创造一种产品的系统知识,某种工艺,某种服务;技术可能凝结在某具体的创新产品中,可能以技术情报的形式出现;也可能是为某实体企业或个人提供的咨询服务。

二、技术的特征

(一) 技术的知识性

技术是人类在实践中不断积累起来的一整套系统化知识,是精神的产物,包括从构思、生产到最终销售各个阶段的全部知识。可以以文字、语言、图表、公式、数据、配方等有形形式表现出来,也可以表现为生产经验、专门技能、观念等无形形态。

根据这一特征,技术可以分为软件(software)技术和硬件(hardware)技术。软件技术是无形的,如专利、商标、专有技术,包含理论、公式、配方、程序、计划等方面,涉及培训、安装、操作、咨询、管理、营销等各个领域。硬件技术是物化的技术,表现为凝聚软件技术的机器设备等。国际技术贸易中所说的技术是软件技术,技术知识是可以传授的,不依附于个人的生理特点。

(二) 技术是一种间接的生产力

技术是无形的、非物质的知识。虽然科学技术对经济发展具有至关重要的作用,但是它并不是直接的生产力,它只有与一定的物质条件相结合,通过转化、商品化的过程,才能转化成生产力,因此,技术并不等同于实现技术的手段。1991 年发表的《美国国家关键技术报告》中指出:"技术本身并不能保证经济繁荣和国家安全。技术的确能够对美国的国家利益作出重要的贡献,但只有在我们学会将其更有效地应用于研制新型、高质量、成本有竞争力的产品时才能达到这一目标。"

(三) 技术具有商品的属性

技术既可以由发明者使用,在一定条件下又可以有偿转让。

技术的转让可以是有偿的,也可以是无偿的。有偿的技术转让是指技术的提供方通过签订合同或者协议,将技术有偿地转让给受方。技术贸易是有偿的、商业性的技术转让。如果是无偿转让,如无偿的国际技术交流、双边或多边援助性的技术转让,则是非商业的技术转让,不属于技术贸易的范畴。

按照马克思劳动价值论的观点,技术同样是劳动的产物,具有一般商品的特性,是价值、使用价值和交换价值的统一,但是技术商品也同样具有特殊性。

(1) 技术商品具有选择性,技术成果只有经过适当的开发,应用到实际生产当中,才能成为技术商品。

(2) 技术商品与同期其他技术相比,能为其使用者提供更高的经济收益。

(3) 少数人控制的,通过有偿转让所获得的技术,才能成为技术商品。

第二节 技术与经济增长

一、技术对一国经济增长的作用

(一) 技术进步是生产力发展的直接推动力

技术进步直接带来劳动生产率的提高,而劳动生产率的提高是生产力发展的最重要标志,因此,技术进步与生产力发展之间存在着明显的正相关关系。第一次产业革命期间,英国劳动生产率平均提高了 20 倍,英国当时拥有占世界 30% 的重要科学发现,占世界 57% 的工程技术发明,工业总产值占世界工业总产值的 39%,成为当时的世界经济大国。19—20 世纪初,美国学习了工业革命中产生的新技术,从而使其经济得到迅猛的增长,到 20 世纪中期,传统工业中积累下来的大量财富为美国科技力量的爆发奠定了雄厚的物质基础,从而促使美国信息技术和生物工程技术的产生和发展,并进一步促进了劳动生产率的提高。1981 年,美国 1 名工人 1 小时创造的国内生产总值已经从 1950 年的 5.91 美元提高到了 11.4 美元。劳动生产率水平是 1913 年的 7.6 倍,1870 年的 16.8 倍①。

(二)技术进步会引起产业结构的调整

技术进步对产业结构的影响要从生产和需求两方面来分析。从生产方面看,由于技术在不同的部门的发展速度通常是不一致的,因而技术进步带给不同生产部门的发展速度通常也是有差异的,从而使得劳动生产率和利润率更高、资源利用更有效的产业在经济中的地位得到提升。如果是重大的技术革命,则技术进步会带来新产品、新行业,一方面使现有行业的劳动生产率和资金利润率不断提高,另一方面也会使一些落后的、不经济的产品和行业消亡。从需求方面看,技术进步会不断创造出新的生产和生活需求,从而推动能够满足这个新需求的行业的发展,使一些过时的生产和生活需求消亡,相应的行业被淘汰。总之,技术进步会使整个经济中的产业结构发生变化。

20 世纪后期,由于信息技术发生重大变革,计算机和网络技术日新月异,信息技术产业开始崛起,自 20 世纪 90 年代以来,该产业在各国经济中的地位不断上升,计算机产业的劳动生产率比其他部门高出几十倍。以美国为例,美国以信息技术为核心发展技术产业的战略,在 20 世纪 90 年代获得巨大成功,成为经济增长的主导产业。1995—1998 年,美国 1/3 的经济增长来自数字经济,计算机和电信工业对 GDP 增长的贡献率超过 24%②。

(三)技术进步改变经济增长模式

经济增长模式指的是生产要素的分配、投入、组合的使用方式,包括外延型和内涵型两种类型。外延型经济增长是以增加要素投入量的方式来促进增长的,也就是我们常说的粗放型增长方式。内涵型经济增长是依靠技术进步改进投入要素的质量,通过提高劳动生产率来实现经济增长,即集约型增长方式。要实现增长方式从粗放型向集约型转变,从主要依靠增加投入转到以提高劳动生产率和经济效益为中心的增长模式上来,技术进步才是最有效的途径。

二、经济增长模型③

1939 年,英国经济学家哈罗德(R. F. Harrod,1900—1978)在《动态理论》(An

---

① 张玉杰:《技术转移——理论、方法、战略》,企业管理出版社 2003 年版。
② 黄静波:《国际技术转移》,清华大学出版社 2005 年版。
③ 林珏:《国际技术贸易》,上海财经大学出版社 2006 年版。

Essay in Dynamic Theory)一文中提出,自己理论的目标是为凯恩斯主义经济学确定一个动态的尺度;美国经济学家多马(E. D. Domar,1914—1997)也在1947年提出这个目标。两者都强调了经济学研究的重点在于增长而非发展,增长可以从储蓄中获得资金。哈罗德在1948年出版的《动态经济学》(Towards a Dynamic Economic)以及后来的一系列文章中发展了这一理论,多马也在多篇论文及著作《经济增长理论》(Essays in the Theory of Economic Growth)中完善了后来被称为"哈罗德—多马模型"(Harrod-Domar Model)的经济增长理论。

哈罗德—多马模型提出后引起了不少争议,其中有学者批评模型中没有充分考虑技术对于经济增长的重要作用,而是将技术进步忽略不计,而实证分析表明技术对经济增长起着重要的贡献作用。这些学者对模型进行了修正,研究了技术进步和经济增长的相关关系。

1956年,美国经济学家索洛(R. M. Solow)在《经济增长理论的一个贡献》(A Contribution to the Theory of Economic Growth)一文中指出,哈罗德—多马模型的一个特点是假定生产技术不变,增长率决定于储蓄率,这样给定一个既定的储蓄率,能出现有保证的增长率的值只有一个,假定这样决定的增长率不等于自然增长率,那么经济就不能出现稳定增长。事实是,这两者一致的情况很难实现。要解决这个问题,可以通过改变假设前提来实现。

索洛根据生产函数理论提出了新的模型,同年加拿大经济学家斯旺(T. W. Swan)也提出了类似的模型,该模型后来被统称为"索洛—斯旺模型"(Solow-Swan Model)。

模型有以下五个基本假定。

(1) 资本—劳动率和资本—产量率可以按照需要调整。
(2) 规模收益不变。
(3) 资本和劳动的边际生产率递减。
(4) 完全竞争,资本和劳动按其边际生产率获得报酬。
(5) 不存在技术进步。

在技术不变的前提下,国民收入取决于资本和劳动:

$$Y = f(K, L)$$

假设以 $G = \Delta Y/Y$ 表示增长率,α,β 分别表示资本与劳动对收入增长贡献的份额,则模型可以表示为:

$$G = \alpha \cdot \Delta K/K + \beta \cdot \Delta L/L$$

1957年,索洛发表了论文《技术变化和总量生产函数》,对之前的模型进行修正,探讨技术进步对于经济增长作出的贡献。文中用新的生产函数对1909—1949年美国经济增长的情况进行研究,得出的结论是:这段时期,美国人均产出翻一番,12.5%来自资本投入量的增加,87.5%来自技术进步的贡献。

1961年,米德(J. E. Meade)出版了《一种新古典的经济增长理论》,对索洛—斯旺模

型作了修正和补充。他加入了技术进步因素,用 $\Delta T/T$ 表示,简化以后模型可以表示为:

$$G = \alpha \cdot \Delta K/K + \beta \cdot \Delta L/L + \Delta T/T$$

这个模型后来被称为"索洛—米德模型",与索洛—斯旺模型相比,该模型强调了技术进步对经济增长起到的作用。

索洛等人的研究启发了人们对经济增长和技术进步关系的理解,使人们开始重视技术转让、技术创新、人力资源开发在经济增长和经济发展中的重要作用。不仅如此,索洛等人的研究还启发了其他经济学家对经济增长因素的实证分析,促使人们用类似的方法分析增长因素,寻找增长和发展的新动力。

第三节 国际技术贸易

一、国际技术贸易

国际技术贸易(international technology trade)或者国际技术转让(international technology transfer)是指一国的技术供方通过签订技术合同或协议,将技术有偿地转让给另一国受方使用的行为。国际技术贸易是随着市场经济的发展逐渐演变而形成的现代贸易方式。大致经历了技术转移、技术转让和技术贸易三个阶段。

(一)技术转移

技术转移(shift of technology)是指技术地理位置的变化,既可以指技术在一个国家境内不同地区的地理位置变化,也可以是技术在不同国家间跨越国境的地理位置变化。技术转移通常是非人为的或非主动的行为,如技术人员到工作、生活条件更优越的地区或国家谋生,或者因为战乱移居他乡异国,其本身无意识地成了技术的载体,完成了技术转移。

(二)技术转让

技术转让(technology transfer)是指人们根据不同地区或国家的生产力水平、经济基础、劳动力素质等因素,人为的、有意识地将技术在不同地区间或国家间进行引进或让予的行为。一般称为"人为机制"。技术转让一般又分为两种。

1. 有偿转让

有偿转让(technology transfer with pay)是指通过当事人之间签订合同,规定各自的权利和义务,由一方授予技术使用权许可或转让技术的所用权,另一方支付相应的报酬。因此,有偿转让又称按商业条件转让,还可称为"技术贸易"(technology transfer transactions or technology trade)。

2. 无偿转让

无偿转让(technology transfer without pay)是指通过国家经济技术援助、科技合作与交流,或通过技术考察、专业研讨会等方式提供或获得技术。无偿转让是不需要技术的受让方提供对价的。

（三）技术贸易

技术贸易(technology trade)即有偿的技术转让。交易当事人处于不同国家时，称为国际技术贸易(international technology transfer transactions or international technology trade)。

国际技术贸易是指不同国家的当事人之间按一般的商业条件进行的技术跨越国境的转让或技术许可行为。当事人是否为同国籍的法人或自然人，并不影响国际技术贸易的"国际性"，关键是看交易的当事人是否处于不同的国家、交易标的是否跨越国境。当事人的国籍不是区分国际技术贸易和国内技术贸易的关键。例如，一家外国企业将技术转让给设立在我国的一家子公司，就属于国际技术贸易，而如果该子公司将技术转让给我国境内的一家国有企业，则属于国内技术贸易。

二、国际技术贸易的产生和发展

（一）国际技术贸易的产生

国际技术贸易早在古代就出现了，如四大文明古国的技术发明通过贸易的开展和人员的交往传播到其他国家。但是由于生产力发展水平的限制，这只是简单的技术传播，基本上都是无偿的，而且传播的速度相当慢，转移的周期都较长，因此并不是真正意义上的国际技术转让。这期间的国际技术转移活动的主要特点是以技术发源地为中心，自然向周围逐渐扩散和传播，我们称之为"梯度式传播"。

到近代社会，随着以英国工业革命中蒸汽机为标志的一系列技术发明的产生，专利、版权的概念逐渐为人们所认识和强调，专利制度和专利法得以形成和颁布，专利买卖产生，技术有偿转让才最终出现，但主要的方式还是国内技术贸易。当世界各国基本上都实施了专利制度，形成了良好的国际环境和条件，技术发明才得以在国与国之间交换流通，形成了国际技术贸易。不过，直到第二次世界大战前，国际技术贸易量还不大，商业性技术转让真正形成规模并迅速扩大，成为国际贸易中重要的组成部分，则是第二次世界大战以后的事。

（二）国际技术贸易的发展

第二次世界大战之后，各国政府重视科学技术的研制与开发，从而掀起了新的科技革命浪潮，科技成果大量出现。信息技术、生物技术、材料技术、新能源技术、空间技术、海洋开发技术等高新技术迅猛发展。技术转让与贸易因此得到迅速发展，成为国际贸易的重要组成部分。1965年世界技术贸易额仅为27亿美元，1972年增加到75亿，1989年达到近1 100亿美元，1996年国际技术贸易总额达到4 000亿美元[1]，2005年则突破了1万亿美元。在国际技术出口速度加快的同时，技术贸易中的高新技术贸易比例也在不断上升，可以说，高新技术贸易促进了国际技术贸易的迅猛发展。

（三）当代国际技术贸易的特征

(1) 技术贸易软件化：国际技术贸易发展初期，主要是通过机器设备和新产品的买

---

[1] 数字来自林珏：《国际技术贸易》，上海财经大学出版社2006年版。

卖进行的,在购买硬件设备的同时兼买软件技术,软件技术随硬件技术发生转移。进入21世纪以后,为了引进某项专利或专有技术而采购技术设备或关键零部件,以纯知识或信息形态的软件技术贸易占据了越来越重要的地位。

(2) 信息技术迅猛发展：随着信息技术研发、应用的发展,信息产品及由此带来的信息技术产品交易呈现出高增长的发展态势,信息对技术贸易的重要性进一步加强。

(3) 国际技术贸易格局呈现多极化：目前国际技术市场份额的80%集中在发达国家手中,美、英、法、德、日是世界最主要的技术贸易大国。

(4) 技术贸易方式日益增多和复杂化：国际技术贸易采用的方式主要有许可贸易,工业产权、非工业产权的转让,技术服务和技术咨询,国际租赁,国际工程承包,国际合作生产和开发,直接投资,设备买卖,国际BOT,特许经营,补偿贸易等方式。既有单纯的技术转让,也有技术和资本、劳务、项目建设结合的方式,交易方式越来越复杂。

(5) 跨国公司扮演重要角色：跨国公司已经成为世界新技术、新发明的主要发源地,同时也是技术转让的主要载体,是国际技术贸易活动的重要组织者。世界500强跨国公司控制着发达国家90%的技术贸易。

(6) 高新技术和关键技术的垄断性加强：各国企业在国际市场上的竞争空前激烈,竞争的实质体现在企业的技术实力上,因此,各国企业都是最大限度地保持技术垄断。跨国公司母公司研究开发技术成功后,首先在其内部使用,然后向子公司转让,最后才向外部企业转让。

三、国际技术贸易的作用

(一) 国际技术贸易的发展是技术传播的重要途径

在竞争激烈的国际市场里,只有掌握高、精、尖技术,能自主开发技术密集型产品并提供出口的企业,才能在市场上占据优势地位。技术在这里成为企业进行市场竞争的重要手段之一,成为开拓市场的有力武器,成为决定企业成败的关键。因此,追逐更新的技术成为大企业的战略目标,无论是引进新技术还是转让旧技术的国际技术贸易活动,都加速了科学技术突破国家界限,在世界范围内的扩展、普及和提高。进口国通过引进技术,节约了巨额的研究费用和大量的研究时间,也节约了人力资源,有利于缩短与技术强国之间的差距,加快国民经济发展。技术输出国则通过国际技术贸易弥补开发成本并取得经济利益,进一步促进了技术更新。

(二) 国际技术贸易改善发展中国家的贸易条件

通过采用技术出口等技术贸易方式,可以避开当地关税和非关税壁垒,达到出口的目的。发展中国家的出口商品以劳动密集型的初级产品或纺织品等低附加值的加工制成品为主,而发达国家的出口产品则以资本和技术密集的机器设备或高附加值的产品为主,使得发展中国家的贸易条件不断恶化。亚洲、南美的新兴工业国家和地区通过引进先进技术、调整产业结构的办法,使出口商品结构不断向高级化方向发展,从而改善贸易条件。

(三) 国际技术贸易有助于增强国家的综合国力

国际技术贸易中,通过技术引进,引进方得以有效缩短与其他国家技术的差距,促进了经济技术现代化的进程,增强了国家的综合国力;输出方则可为其进一步研制开发新技术提供资金保证和动力,而技术的不断更新和发展也相应地增强了综合国力。

(四) 国际技术贸易加速了国际贸易方式多样化进程

国际技术贸易的发展不仅使国际贸易的内容从商品扩展到技术和服务,而且使国际贸易的方式更加多元化,出现了商品贸易与技术转让的结合、商品贸易与技术服务咨询的结合、加工贸易与技术转让的结合、直接投资与技术转让的结合等多种技术贸易形式。

第四节 国际技术贸易的方式

国际技术贸易分为直接贸易和间接贸易两大类。直接贸易包括许可贸易,工业产权、非工业产权的转让,技术服务和技术咨询。间接贸易包括国际租赁、国际工程承包、国际合作生产和开发、直接投资、设备买卖、国际 BOT、特许经营、补偿贸易等方式。

一、许可贸易

(一) 许可贸易概念

许可贸易(licensing)是指知识产权的所有人作为许可方,在一定的条件下,通过与被许可方(技术引进方)签订许可合同,将其所拥有的专利权、商标权、专有技术和计算机软件著作权等授予被许可方,允许被许可方使用该项技术制造、销售许可合同产品的技术交易行为。许可贸易是技术实施权的许可,而不是财产权和所有权的转让。

(二) 许可贸易的内容

许可贸易是一项专业性、法律性很强的贸易活动,目前已经成为国际技术贸易中最普遍采用的方式。单纯的许可贸易包括专利许可、商标许可、专有技术许可、软件技术许可等。许可贸易还可以是与国际工程承包、BOT 方式等相结合的一揽子交易。

(三) 许可贸易与工业产权、非工业产权转让的区别

许可贸易的特点在于许可方允许被许可方使用其技术,而不转让其技术的所有权。工业产权和非工业产权的转让则是将所有权和使用权全部让渡给受方。

二、技术服务和技术咨询

(一) 技术服务

技术服务(technical service)是指受托方应委托方的要求,针对某一特定技术课题,运用所掌握的专业技术技能和经验、信息、情报等向委托方所提供的知识性服务。技术课题是指有关改进产品结构、改良工艺流程、提高产品质量、降低生产成本、减少原材料和能源消耗、安全生产操作、治理污染等特定的技术问题。

技术服务业务一般在项目建成、交易完成之后,有时可以与许可贸易和设备贸易结

合起来进行。

（二）技术咨询

技术咨询（technical consulting）是指受托方应委托方的要求，针对解决重大技术课题或特定的技术项目，运用所掌握的理论知识、实践知识和信息，通过调查研究，运用科学的方法和先进手段，进行分析、评价、预测，为委托方提供建议或者几种可供选择的方案。

技术咨询常常在项目建成之前进行，表现形式多为书面的咨询报告、意见书等。

三、国际租赁

（一）国际租赁的概念

国际租赁（international leasing）是指一国的出租人按一定的租金和期限把租赁物（物品、技术）出租给另一国承租人使用，租赁人按租约缴纳租金，获取租赁物使用权的一种经济合作方式。租赁人通过租赁的方式，把货物、技术、资金融合起来，引进国外先进的技术和设备，促进企业技术水平的提高。

（二）国际租赁的方式

（1）融资租赁：出租人根据承租人对出卖人、租赁物的选择，向出卖人购买租赁物，提供给承租人使用，承租人向出租人支付租金的融资方式。中国国际租赁业务以融资租赁为主。

（2）经营租赁：由租赁公司提供给用户必要的设备并负责设备保养和维修，用户按租期缴纳租金，租用期满后退回设备的租赁方式。

（3）综合租赁：由出租人将机器设备租给承租人后，承租人用租赁的设备生产出产品偿付租金，或用加工装配所获得的工缴费顶替租金的分期偿付，或把产品交给出租人包销，尤其在包销价款中扣除租金。综合租赁是与合资经营、合作经营、对外加工装配、补偿贸易及包销等贸易方式相结合的一种租赁方式。

四、国际工程承包

国际工程承包（international contracting for construction）是指异国的承包商，以自己的资金、技术、劳务、设备、原材料和许可权等，承揽国外政府、国际组织或私人企业及业主的工程项目，并按承包商与业主签订的承包合同所规定的价格、支付方式收取各项成本费及应得利润的一种国际经济合作方式。

工程承包是一种综合性的国际经济合作、国际劳务合作方式，包括大量技术转让内容。但是如果某个承包项目只涉及劳务合作和建筑材料、设备买卖，而并不包括技术转让内容时，则不属于国际技术贸易的范畴。

五、国际合作生产和开发

（一）合作生产的概念

合作生产（cooperation production）是指分属不同国家的企业通过订立合作生产合

同,在合同有效期内,一方或各方提供有关生产技术,共同生产某种产品。通过生产产品的过程,由技术实力较强的一方通过提供技术资料、技术培训、技术指导等措施,逐步将产品生产的有关技术传授给实力较弱的一方。因此,合作生产产品的过程也是技术转让的过程。

(二) 合作生产的主要形式

(1) 双方分别生产不同的零部件,由一方或双方组装成完整的产品出售。

(2) 分别生产对方所需的零部件,分别计价,各自组装成完整的产品出售。

(3) 由技术较强的一方提供图纸或联合设计,提供技术指导和相关技术,由技术较弱的一方进行制造,联合销售等。

六、与直接投资相结合的技术贸易

(一) 直接投资的概念

直接投资是以取得企业控制权为目的的一种投资方式,通常通过新建企业(greenfield investment)、购买现有企业的股票和股权来达到控制企业的目的。当直接投资跨越国境时,就变成了国际直接投资(foreign direct investment,FDI)。

(二) 与直接投资相结合的技术贸易的特点

许多国家的法律允许在建立合资企业时,以工业产权等技术作为资本进行投资。我国《中外合资经营企业法》规定:"合资企业各方可以现金、实物、工业产权等进行投资。"这样,直接投资就变成了国际技术贸易的一种间接手段,并具有如下特点。

(1) 工业产权、专有技术作为一种出资方式而使技术资本化。

(2) 合资双方或各方不仅是一种共同经营关系,而且是一种技术合作关系。

(3) 技术出资方同样分享利润,因而更关心技术实施、产品质量和经济效益。

七、国际 BOT 方式

(一) BOT 方式的概念

BOT(build operation transfer)方式有时被称为"公共工程特许权",它是政府吸引非官方资本进行基础设施建设的一种投资、融资方式。其运行特征是:政府与非官方资本签订项目特许权经营协议,将基础设施项目的建设和投产后的一定时间内的经营权交给非官方资本组建的投资机构,由该投资机构收回项目建设成本,并取得合理利润,经营期满后将该基础设施无偿移交给政府。BOT 方式不仅是一种投资方式,也是一种融资方式,作为基础设施项目的一种建设方式,其融资性质更加明显。

(二) 国际 BOT 方式的主要特点

(1) 主体:参与 BOT 的主体是政府部门和国外私营部门。

(2) 经营管理:在项目方政府许可范围之内,建设方可以按照自己的管理模式运营项目。

(3) 转让对象:BOT 方式合作期满后,建设方把建成的基础设施转让给地方政府。

(4) 成交方式:政府采用国际招标的方式选择合作者。

八、特许经营

(一) 特许经营的概念

特许经营是指有一家已经取得商业成功的企业(特许方),将其商标、商号名称、专利、专有技术、服务标志和经营模式等授权给另一家企业(被特许方)使用,特许方对被特许方的经营提供资金、技术、商业秘密、人员培训、管理等方面的援助和支持,而被特许方向特许方提供连续的提成费或其他形式的补偿的贸易形式。

(二) 特许经营的特点

(1) 优点:当被特许方购买一项特许经营权时,他实际购买了特许方多年的业务经验和被证明是成功的经营方式。特许方通过知识产权的总体转让、培训、整体的广告宣传,使被特许方获得具有竞争力的技术优势、服务优势和管理优势。同时,特许方还大力承担会计审计、采购和研发重任,通过统筹规划,使整个特许经营体系呈现一种既相互独立又相互联系、依赖,同时达到高效和资源合理配置的双赢局面。

(2) 劣势:被特许方的经营自主权、经营期限受到特许方的严格限制,因而受制于特许方;转让或转移特许经营业务较为困难;被特许方在经营过程中存在对特许方过分依赖的问题。

九、补偿贸易

(一) 补偿贸易的概念

补偿贸易是指一方(技术设备出口方)提供机器设备、生产技术、原材料或劳务,在一定时期内,技术设备进口方用出口方提供的设备、技术、原材料或劳务所生产出来的产品,或双方商定的其他商品或劳务分期清偿出口方提供设备和技术等债务货款的贸易形式。

(二) 补偿贸易的特点

(1) 补偿贸易是设备、技术和产品或所得利益之间的交换。

(2) 补偿贸易必须以信贷为基础,或由出口方提供信贷,或由银行或其他第三方提供信贷。

(3) 从支付的时间上看,补偿贸易和一般商品贸易延期付款相似,但是补偿贸易是用产品进行支付的。

本章小结

技术是指创造一种产品的系统知识,所采用的一种工艺或提供的一项服务,不论这种知识是否反映在一项发明、一项外观设计、一种植物新品种中,或者反映在技术情报或技能中,或者反映在专家为设计、安装、开办或维修一个工厂中,或管理一个工商业企业活动而提供的服务或协商等方面。技术进步与生产力发展之间存在着明显的正相关关系,索洛—米德模型证明了这一点。

国际技术贸易是指一国的技术供方通过签订技术合同或协议,将技术有偿地转让给另一国受方使用的行为。国际技术贸易分为直接贸易和间接贸易两大类。直接贸易包括许可贸易,工业产权、非工业产权的转让,技术服务和技术咨询。间接贸易包括国际租赁、国际工程承包、国际合作生产和开发、直接投资、设备买卖、国际BOT、特许经营、补偿贸易等方式。

 关键词

技术　国际技术贸易　国际技术贸易的方式

 思考题

1. 什么是技术?技术有哪些特征?
2. 索洛—米德经济增长模型与哈罗德—多马经济增长模型的最大区别是什么?技术进步对经济增长有什么影响?
3. 概述国际技术贸易的发展历程。
4. 国际技术贸易有哪些方式?各自的特点是什么?

 案例分析

搬走了耐克迎来了波音

2017年的舟山朱家尖异常热闹,因为全球著名的民用飞机制造商美国波音公司首个海外工厂——波音737完工和交付中心项目,已经在舟山航空产业园开工建设。

舟山群岛新区旅游与健康职业学院的波音员工培训中心也正式破土动工,在2018年3月将迎来首批50名学员。作为波音737系列飞机完工和交付中心项目的重要配套之一,波音员工培训中心将为波音舟山项目培育大量的人才"潜力股"。

根据规划,舟山波音737完工和交付中心项目一期规模为40公顷,二期是26公顷,建筑面积约为6万平方米。项目主要有两部分:一是由波音公司与中国商用飞机有限责任公司合资的737完工中心;另一是由波音公司独资的737交付中心,完成飞机最终建造和交付。经过认证,这一合资公司将成为波音737项目的一个重要组成部分,能够实现一年交付100架飞机的生产能力。

与此相反的是阿迪达斯耐克等服饰产业的外迁。2012年,阿迪达斯就关闭其在华的最后一家直属工厂,随后陆续和中国代工厂解除代工协议,终止合作。2010年起,越南就已经取代中国成为耐克主要代工国家。2016年1月,耐克、普拉达的代工厂东莞兴昂宣告关闭生产线。

我们可以看到的是,中国亲手"送"走了耐克、阿迪达斯等低端代工,却迎来了类似波音等高端制造。"Made in China"这个标志正在发生着质的变化,中国制造也正迎来一场颠覆。

这场颠覆的背后,是中国科研力量以及科研实力正在逐渐强大,"中国制造"也将逐渐换档至"中国智造",中国越来越被国际大型高尖端技术企业看好,而简单的产品加工制造已经在逐渐地外迁至东南亚等低成本国家。

案例思考:

1. 为什么中国越来越吸引高精技术的外资企业?
2. 外资企业在向中国技术转移的过程中需要考虑那些因素?

第二章

知识产权与国际技术贸易

知识产权是国际技术贸易的主要客体之一,世界贸易组织(WTO)将知识产权贸易视为国际贸易的三大支柱之一。通过技术转让,专利和商标所有者可以转让专利和商标的使用权并从中获得利润;通过版权许可,可以使版权人获得收入;含有知识产权的产品在国际贸易中所占的比重也越来越大(例如药品、电影、音乐、书籍、计算机软件,知名品牌商品,植物新品种等)。国际贸易的重心正在从货物贸易向服务贸易和知识产权贸易转移,而中国对知识产权贸易的国际规则还是处在被动接受的阶段,没有真正掌握这个制度。通过学习本章,你将认识知识产权的基本概念和保护制度,并初步认识西方产权理论和知识产权的价值评估。

学习目标

通过对本章的学习,你应该能够:
1. 掌握知识产权的概念、类型和性质;
2. 综述知识产权的保护制度;
3. 了解基本的产权理论和知识产权价值评估理论。

第一节 知识产权概述

一、知识产权的概念

(一) 知识产权的定义

知识产权是无形财产的私有权,是自然人或法人在生产活动、科学研究、文学艺术等领域中从事智力创造性劳动而获得的成果并依法享有的专有权利。知识产权是其创造者所拥有的、独占的、排他性的权利,具有严格的时间性和地域性。

(二) 知识产权的内容

1.《建立世界知识产权组织公约》

直接引用《建立世界知识产权组织公约》给知识产权所下的定义,知识产权包括如下权利。

(1) 关于文学、艺术和科学作品的权利。
(2) 关于表演艺术家演出、录音和广播的权利。
(3) 关于在一切领域中因人的努力而产生的发明的权利。
(4) 关于科学发现的权利。
(5) 关于工业品式样的权利。
(6) 关于商品商标、服务商标、厂商名称和标记的权利。
(7) 关于制止不正当竞争的权利。
(8) 以及在工业、科学、文学或艺术领域里其他来自智力活动的权利。

综合列举法明确具体地指出了知识产权的内容,但是对知识产权的范围没有封顶(第八条),给知识产权的发展留有余地。

2.《与贸易有关的知识产权协定》

WTO《与贸易有关的知识产权协定》中列举的知识产权如下。

(1) 版权及相关权利。
(2) 商标。
(3) 地理标志。
(4) 工业品外观设计。

(5) 专利。

(6) 集成电路布局图设计。

(7) 未披露信息的保护。

(8) 许可协议中反竞争行为的控制。

《与贸易有关的知识产权协定》列举规定的知识产权保护范围、内容明确肯定,但是缺少对新型知识产权形式的预见性。

3.《与贸易有关的知识产权包括对冒牌货贸易的协定》

按照乌拉圭回合达成的《与贸易有关的知识产权包括对冒牌货贸易的协定》,与贸易有关的知识产权包括以下内容。

(1) 工业产权:专利,即新颖独创和工业应用的发明,主要用于生产制造业;应用模型,实用功能设计,主要用于生产制造业;工业品外观设计,装饰设计,主要用于服装、汽车和电子产品;商标,区别一企业的产品和劳务不同于其他企业的标记或符号,用于所有工业和服务业;地域标志,表示产品质量的原产地鉴别或其他与该地相关的特征,主要用于农业、食品工业、酒类酿造业;育种者的权利,新颖、稳定、同类和独特的物种,主要用于农业和食品工业。

(2) 版权,或称著作权、文学和艺术作品权:作者的原著及表演者的演出、音像制品生产商和广播机构。主要用于印刷、文化娱乐(录像、摄像和动画)、软件和广播。

(3) 集成电路布图设计(拓扑图)主要用于微电子工业。

(4) 商业秘密:秘密的商业信息。用于所有工业。

二、知识产权的类型

(一) 按客体的性质划分

按客体的性质来划分,知识产权可以分为著作权和工业产权。

著作权主要是独立创作的作品依法享有的权利,如文字作品、视听作品、音乐作品、多媒体作品、科学作品等。

工业产权主要是发明创造等技术类成果依法享有的权利,如专利、商业秘密、技术秘密、计算机软件、数据库、集成电路布局图设计等权利,以及商标、商号、商业包装等区别商品或服务来源的标记权等。

(二) 按主体对客体的支配程度划分

按照主体对客体的支配程度,知识产权可以分为自主知识产权和非自主知识产权。

自主知识产权,是指以基本或原创性智力成果为对象,依法获得的,具有完整、独立自主支配该成果能力的专用权。如以基本发明为对象获得的专利权。自主知识产权也称为基本专利。

非自主知识产权,是指以在基本或原创性智力成果基础上作出的具有显著经济效益的重大技术进步智力成果为对象,依法获得的,其实施受基本或原创成果主体制约的专用权。如以改进基本或原创性智力成果为对象获得的专利权。非自主知识产权也称为从属专利。

三、知识产权的基本性质

知识产权作为一种财产权,与人们所拥有的普通意义上的财产权有所不同,具有如下基本性质。

（一）无形性

无形性是知识产权区别于其他有形财产(如物品)的最大特点。知识产权一般表现为对某项权利的占有,其标的是某种权利,是无形的。知识产权的权利人通常只有在其主张自己权利的诉讼中,才表现出自己是权利人。因此英美法系把知识产权称为"诉讼中的准物权",一些大陆法系国家则称之为"以权力为标的的物权"。知识产权的利用和转移一般不引起相关有形物的消耗和转移,因此知识产权的标的具有可分别利用性,即在同一时间、不同地点可由多人分别按各自的方式加以利用。

（二）专有性

作为无形财产的知识产权,在使用、占有、收益、处分等方面的一系列特点使其有别于有形财产的使用、占有、收益、处分,这种所有权只能通过对智力劳动成果的所有人授予专有权才能有效保护。

知识产权的专有性表现为独占性和排他性,具体表现为以下三个方面。

（1）知识产权的所有人对自己所创造的智力劳动成果享有的权利非经权利人许可,任何人都不得享有或使用其劳动成果,否则属于侵权行为。

（2）权利人在法律允许的范围内可以以合适的方式使用自己的智力劳动成果并获得一定利益。

（3）某项知识产权的权利人只能是一个,不可能是两个或两个以上的自然人或法人拥有相同的某项知识产权的专有权。

（三）时间性

知识产权有法定的保护期限,在法定期限内受法律保护,超过保护期限保护即刻失效。知识产权的终止、失效仅仅是权利的丧失,作为客体的智力成果和其使用价值依然存在。保护期过后,任何人都可以使用该智力成果而不受专利权的限制。

各国专利权、商标权和著作权的保护期限长短不一。根据《与贸易有关的知识产权协定》(TRIPS)规定,计算机软件的保护期为50年;表演者及录制品的保护期至少为50年;广播组织广播的保护期为播出后至少20年;商标首次注册及各次续展注册的保护期均为不少于7年;工业产品外观设计的保护期至少为10年;专利权的保护期为自提交申请之日起20年;集成电路布图的保护期为10年。

我国法律规定,发明专利权的保护期限是20年,实用新型、外观设计专利权的保护期限是10年,商标权的保护期限是10年,作品的使用权和获得报酬的保护期限为作者终生及其死亡后50年。

（四）地域性

地域性是知识产权的基本性质之一,是对权利的一种空间限制。知识产权是依照一个国家的法律确认和保护的,一般只在该领域内具有法律效力,在其他国家原则上不发生效力。这种地域性的特征从根本上说是由知识产权的本性决定的。知识产权由国家法律直接确认,权利的获得不是天然拥有的,而是必须以法律对这些权利有直接和具体的规定为前提,通过履行特定的申请、审查、批准等手续才能够获得的。但是,也有一些国家对某些知识产权的获得并不完全通过申请、审查、批准等手续。

随着经济全球化发展,国家与国家之间、区域范围、全球范围内,知识产权国际保护合作日益增强,区域性、全球性知识产权协议得以签署并实施,传统意义上知识产权的地域特征有所改变。某项知识产权经过一定的国际合作方式,可以在更多国家与地区范围内得到保护。随着经济全球化和区域经济一体化的不断深入和发展、世界贸易组织的积极推动,可以预见,全球性的知识产权协议和地区性的知识产权协议会不断地拓展知识产权的保护地域范围。

(五)可复制性

可复制性又称工业再现性,是指知识产权保护的客体可以固定在有形物上,并可以重复再现、重复利用的特性。知识产权的价值和使用价值可以体现在与之相关的某种产品、作品及其复制品或其他物品等物质载体中,正是由于知识产权的客体具有可复制性,才使知识产权向其他物质载体的价值转移成为可能。

(六)双重性

知识产权是一种为法律所确认和保护的权利,是一种私权。知识产权主要是一种财产权,同时也涉及一部分人身权(商标权只涉及财产权,不涉及人身权)。

知识产权涉及的人身权包括:(1)版权中的"人身权"或"精神权利",基本属于人身权中的身份权;(2)科学发现权或者科学发明中的发现者或发明人的署名权、荣誉权,属于人身权中的身份权;(3)商号权(厂商名称权)兼有人身权中人格权的属性,具有财产权和人身权的两重性;(4)商誉权兼有人身权中人格权的属性,具有财产权和人身权的两重性;(5)商业秘密权中涉及的隐私权,属于人身权中的人格权,因此商业秘密权也涉及一部分人身权。

四、国际技术贸易中的知识产权

(一)知识产权与国际技术贸易的关系

在科学技术快速发展、经济全球化的背景下,科学技术已经成为各国经济发展的战略资源和国际市场竞争中的重要武器。知识产权作为科学技术成果的法律保护机制,已经不仅仅是静态保护传统法律意义上的单位和个人的权利,而是国家发展经济和企业争取市场竞争优势的重要手段。要使这种手段的作用体现出来,就必须让知识产权客体的创造者将知识产权的客体利用起来,进行商品化、产业化,或将知识产权的客体拿到市场进行交换,或者与他人合作,扩大该客体的利用规模。这样,权利人不仅可以获得可观的经济收益,又可以向社会传播先进的科学知识,从而达到促进科技进步、推动国家发展的目的。这个过程正是通过技术贸易实现的。具体表现为以下四个方面。

1. 知识产权是国际技术贸易的重要客体

在国际技术贸易中,知识产权许可、转让占有很大比例。但是,并非所有知识产权都是技术贸易的客体,技术贸易的客体是技术类的知识产权,如专利权、商标权、计算机软件著作权、集成电路布图设计专有权、商业秘密专有权等。著作权、邻接权、地理标记权、商誉、产商名称等则不是国际技术贸易的客体。

2. 知识产权保护并促进国际技术贸易

在国际技术贸易中,技术受方有效地保护知识产权,能够减少技术供方转让技术的顾虑,提高转让技术的积极性。反之,供方则不愿意转让技术。欧洲经济合作与发展组织有一项调查显示:"缺乏知识产权保护及政府许可政策一起,成为阻碍技术许可的重要因素。许可实际是一种交易形式,在此交易中,公司至少可以控制它们的技术。因此,公司对知识产权问题非常敏感。"第二次世界大战以后,日本成功地从国外引进大量技术,节约了大量的研发时间和经费,其中一个重要的制度保障,就是日本完善的知识产权保护体系。

3. 国际技术贸易是知识产权价值体现的重要形式

知识产权是一种单位和个人的私权,如权利人不使用这项权利,其只具有象征意义,权利人不可能获得任何经济回报,也不能为人类的科技进步发挥作用。知识产权只有通过权利人自己使用或通过贸易让他人使用,占领市场并获得良好的经济效益,才能实现其价值,达到保护知识产权的根本目的。2003年,我国获得金奖的13项专利技术项目实施累计新增销售额高达715.87亿元,新增利润64.46亿元,出口创汇7.56亿美元[①]。

4. 国际技术贸易合同必须符合知识产权法律保护原则

技术贸易合同的标的为知识产权法保护的对象,合同当事人的权利和义务规定不得超出知识产权法授予的权利范围、权利有效期、权利地域等规定,超出权利范围的部分不受法律保护。对于侵权的处理等也必须依据知识产权法的规定。

(二)国际知识产权转让的新特征

1. 知识产权转让与内部化关联

在国际技术贸易中,转让创新技术动机与知识产权转移内部化相联系。对于跨国公司而言,出让于外部的技术是一般技术,而其高新技术领域的技术知识产权的转移主要流向其拥有大多数或全部股权的外国子公司。今天,技术已经成为决定高新技术领域企业竞争成败的关键,企业不惜重金从事技术研发,并且力图将技术成果的应用和转移控制在企业内部。即使创新技术成果与企业现有经营不吻合的情况时有发生,企业也并不会轻易地向其他企业出让技术,而是将该成果作为交叉许可的筹码,换取自己所需的其他企业的技术成果,保证自己的技术创新优势。

2. 交叉许可方式占主体地位

国际技术转让中的知识产权转移多以交叉许可(cross licensing arrangement)的方式进行,即各技术转让方之间知识产权组合的相互许可,而非单个知识产权的相互许可。以往的技术转让多以单向许可交易为主,通常涉及的是成熟的,甚至是过时的技

---

① 王玉清、赵承璧:《国际技术贸易——技术贸易与知识产权》(第三版),对外经济贸易大学出版社2005年版。

术。对于技术开发能力弱的中小企业而言,主要实行一般单独许可交易。交叉许可交易是一种保证转让方在技术开发中的设计和操作自由,规避技术研发风险的知识产权转移方式。交叉许可交易大多涉及最新技术成果,由于各转让方知识产权组合价值不同,有时会产生知识产权价值平衡问题,需要支付一定差额。交叉技术贸易往往在技术创新国或世界技术垄断寡头之间进行,是一种技术的批发交易。

3. 对关键技术控制加强

20世纪90年代以来,许多技术的转让方在可能的情况下,均不把具有战略意义的专利技术和专有技术列入交叉许可的范围,也不给予单边许可,而是尽可能地利用这些关键技术,结成更高层次的战略联盟和合资关系,或独立进行跨国投资,保持自己在技术和产品上的领先地位。只有当交易对方也拥有自己所需的关键技术时,才将关键技术列入交叉许可的范围。

4. 专利联盟形式的发展

专利联盟(patent pool)是指由多个专利拥有者,为了彼此之间分享专利技术或者统一对外进行对外专利许可而形成的一个正式的或者非正式的联盟组织。专利联盟是发达国家为垄断技术优势而设计的一种组织形式,是国际知识产权战略之一。

第二节 知识产权的保护制度

一、知识产权制度

知识产权制度是关于专有权授予或权利确立的一系列法律程序,即一国政府、有关职能机构制定的调整有关知识产权权利确定、权利归属、权利人权利和义务、侵权与反侵权等关系的法律规范。知识产权制度的核心是专有权的归属问题,即授予权利人对其所取得的知识产权(如专利的发明创造、商标、计算机软件等)拥有所有权、实施权和转让权。知识产权专有权归属的界定,限制了权利人以外的任何人未经权利人许可,不得使用或实施其专有权,否则就属于侵犯专有权人的权利。这种权利归属是知识产权制度的一般性特征。

(一)知识产权制度的历史和现状

知识产权制度起源于欧洲。

1474年威尼斯共和国颁布了世界上第一部专利法,为现代专利制度奠定了基础。

1623年英国颁布的《垄断法》(The Statute of Monopolies)是近代专利保护制度的起点。

1710年英国颁布的《保护已印刷成册之图书法》(Statute of Anne,又称《安娜女王法》),是世界上第一部成文的版权法。

1803年法国颁布的《工厂、制造厂和作坊法》(Factory, Manufacture and Workplace Act)被认为是世界上第一部具有现代意义的商标法。

1875年英国颁布的《商标注册法案》(Trade Mark Registration Act)，确立了全面注册商标制度。

1883年签订的《保护工业产权巴黎公约》(简称《巴黎公约》)，是世界上第一个用于知识产权保护的国际公约，标志着知识产权保护迈向了国际化。

1930年美国颁布的《植物专利法》，首次将植物新品种纳入知识产权保护体系。

1972年菲律宾将计算机软件的保护纳入版权法。

1978年WIPO颁布的《保护计算机软件示范法令》中增加了计算机程序著作权的保护条款。

1979年美国制定的《统一商业秘密法》是世界上第一部关于商业秘密保护的单独立法，但该法制是一部示范法。

1980年美国公布了世界上第一个半导体芯片保护法，从而揭开了保护集成电路布图设计知识产权的序幕。

1995年1月1日开始实施的《与贸易有关的知识产权协定》(Trade-Related Aspects of Intellectual Property Rights，TRIPS)是世界上第一个把知识产权保护与贸易制裁紧密结合并强制执行的知识产权国际公约。

自20世纪中叶以来，随着世界进步和科学技术的飞跃发展，知识产权制度也发生了引人注目的变化，主要表现在以下四个方面。

(1) 传统知识产权保护的范围不断扩展。著作权、专利权、商标权是传统知识产权法的三大基本制度。20世纪下半叶后，各种"电子作品"进入传统的著作权保护范围，"电子版权"开始受到重视；专利权的客体范围也随着科学技术的进步和经济发展的需要而不断扩大和逐渐明确，过去对于药品、化学物质、生物技术产品等是不授予专利权的，现在规定专利要适用于一切领域的发明，保护期限也从过去的15年左右延长到20年左右。

(2) 新增加的知识产权类别相继出现。如20世纪80年代作为新技术革命产物的计算机软件和微电子技术中的集成电路，已经成为两种新的知识产权。另外，对动植物品种的保护也在形成一种新的知识产权。

(3) 商业秘密和反不正当竞争被纳入知识产权体系。商业秘密和反不正当竞争在传统上是作为知识产权保护的例外和补充的，而现在对非专利的或没有申请专利的技术秘密或商业秘密，国际范围内也把它们纳入知识产权的保护清单。

(4) 知识产权制度规则国际化。知识产权立法从各行其是发展到知识产权国际公约全面化、实效化、可操作化，几乎成为世界性的法律。

(二) 专利制度的产生和发展

专利权是法律赋予公民、法人或者其他组织对获得专利的发明创造在一定期限内依法享有的专有权利。世界上专利制度的雏形，最早出现在欧洲。1421年，意大利佛罗伦萨建筑师布伦内莱西发明的"装有吊机的驳船"被授予了3年的垄断权。1474年，以造船业和水晶生产发达而著称的威尼斯共和国率先制定了世界上第一部专利法，规定权利人对其发明享有10年的垄断权，未经发明人同意与许可，其他任何人不得仿造与该发明相同或相似的设备，否则赔偿专利权人百枚金币，仿制品立即全部销毁。该法规为现代专利制度奠定了基础,是专利法的最早雏形。

1623年,英国国会通过《垄断法》(The Statute of Monopolies),明确规定了专利权的主体、客体,可以取得专利的发明主题,取得专利的条件,专利有效期以及在什么情况下专利将失效等。这些规定为后来许多国家专利立法确立了基本范围,许多原则一直沿用到现在。《垄断法》是近代专利保护制度的起点。

此后,美国、法国、俄国等国都先后颁布了专利法(表2-1)。至今,世界上有150多个国家已建立起专利法律保护制度。

表2-1 美、法、俄等九国公布专利法的年份

国家	美国	法国	俄国	荷兰	西班牙	印度	巴西	德国	日本
年份	1790	1791	1812	1817	1826	1859	1859	1877	1885

在我国,"专利"一词两千多年前就有记载,但是法律意义上的专利保护只有不到一百年的时间。1919年12月12日,中华民国工商部颁布的《奖励工艺品暂行章程》是现代中国专利法的雏形。1944年5月4日,国民党政府经立法院第四届第206次会议通过了中国历史上第一部《专利法》。1984年3月12日,第六届全国人大常委会第4次会议通过了《中华人民共和国专利法》,并于1992年9月4日第七届全国人大常委会第27次会议和2000年8月25日第九届全国人大常委会第17次会议先后进行了两次修改。2001年6月15日,国务院颁布《中华人民共和国专利法实施细则》。

(三)商标制度的产生与发展

商标是由文字、图形、颜色或者其组合等构成,使用于商品或服务,用以区别不同商品或服务的生产者或经营者所生产或者经营的同一或类似商品或服务的显著标记。商标是商品的标记,是伴随商品经济的发展而产生发展的。现代商标是资本主义制度确立之后出现的。

法国是世界上最早实行商标法律保护的国家。1803年法国《工厂、制造厂和作坊法》中,把假冒商标比作私自伪造文件罪处理,这是最早的商标保护的单行成文法。1804年《拿破仑民法典》首次肯定了商标权与其他财产权同样受到保护,由此开创了近代商标制度。1857年法国制定的《以使用原则和不审查原则为内容的制造标记和商标法》,确立了商标注册制度,构成了最早的成文商标法。

英国也是较早实行商标法律保护的国家之一。早在17世纪,英国就开始使用普通法保护商标专用权,以禁止假冒他人商品的方式间接地保护商标权。1862年,英国颁布了第一部成文商标法。1875年,英国引进商标注册制度,对未注册商标仍旧以禁止假冒商品来保护,对已注册商标以传统方式和成文法双重保护。

此外,美国于1870年、德国于1874年、日本于1884年,分别制定了各自统一的商标法。目前为止,绝大多数国家的法律已经确认,商标权作为一种专有权并受到法律保护。

新中国成立以来,先后制定了三部商标法律和法规,包括1950年国务院颁布的《商标注册暂行条例》,1963年国务院颁布的《商标管理条例》,1982年第五届全国人大常委会第24次会议通过的《中华人民共和国商标法》。1993年第七届全国人大常委会

第 30 次会议和 2001 年第九届全国人大常委会第 24 次会议对《中华人民共和国商标法》实施了两次修改。

（四）版权制度的产生和发展

版权又称著作权，是作者依法对其作品享有的专有权。版权作为一种法律概念，起源于欧洲。早在古希腊时期，就曾经出现过一些涉及作品经济利益的问题。公元前 330 年，针对当时抄写者和演员普遍不尊重作家作品的情况，雅典共和国曾通过一项法律，要求尊重作品完整性和禁止改动原始作品。古罗马时期的作者有权决定是否披露自己的作品，而剽窃者则受到舆论的监督。

随着活字印刷术和造纸术从中国传入欧洲，作者失去了对作品使用的控制权，保护印刷上的翻印权也成为必要，因此为作品的复制权制定相应的规则显得异常重要。经过数个世纪的经验积累后，逐渐出现许多带有现代法律特征的规则。

英国从 17 世纪末开始掀起了一场轰轰烈烈的主张印刷自由和保护版权的舆论运动，要求保护作者权利的呼声日益高涨。1710 年 4 月 10 日，英国下议院通过了世界上第一部保护作者合法权益的版权法——《保护已印刷成册之图书法》(Statute of Anne，又称《安娜女王法》)，承认作者享有印刷或支配图书复制品的专有权利。根据《安娜女王法》，印刷商和书商可以通过民事权利转让的方式，从作者那里获取为期 14 年的出版专有权，如果 14 年后作者依然在世，专有权的转让可再行延续 14 年，此后作品便进入公共领域，成为可以自由使用的社会资源；对于《安娜女王法》之前出版的书籍，其保护期被一次性规定为 21 年；未出版的作品和作者的人身权利受普通法律的保护。《安娜女王法》明确了作者对其作品的支配权，确立了近代版权的法律基础，是版权发展史上的里程碑。英国后于 1833 年通过了《戏剧版权法》，对公开表演和演奏的权利作出规定，并分别于 1862 年和 1882 年制定了旨在保护艺术作品和音乐作品的法律。

法国国王路易十六于 1777 年 8 月 30 日颁布了六项法令，承认作者享有出版和销售其作品的权利，但法令仅适用于作家而不适用于戏剧或音乐作品的作者。法国大革命后，制宪议会分别于 1791 年和 1793 年颁布了《表演权法》和《作者权法》。

19 世纪后期，美国、丹麦、意大利、德国、日本、俄国也相继实行了版权制度。

1886 年，各国签署了世界上第一个国际版权公约——《保护文学艺术作品伯尔尼公约》。1952 年，各国在日内瓦签署了《世界版权公约》(Universal Copyright Convention，UCC)。1948 年 12 月 10 日，联合国大会在巴黎通过的《世界人权宣言》中明确写到：人人都有享受文化的权利和著作权。

我国于 1990 年 9 月 7 日第七届全国人大常委会第 15 次会议通过了《中华人民共和国著作权法》；1992 年 7 月 1 日第七届全国人大常委会第 26 次会议决定，我国加入《伯尔尼公约》和《世界版权公约》；2001 年第九届全国人大常委会第 24 次会议通过了《关于修改〈著作权法〉的决定》，完成了对著作权法的第一次修订；2010 年 2 月 26 日第十一届全国人民代表大会常务委员会第 13 次会议通过《关于修改〈著作权法〉的决定》第二次修正。

二、知识产权的法律保护

知识产权的法律保护主要分为国内保护、涉外保护、国际保护三类。

（一）知识产权的国内保护

知识产权的国内保护主要针对本国公民和法人所创造的智力成果，确定依据本国的知识产权法能否取得法律保护以及如何保护。

（二）知识产权的涉外保护

知识产权的涉外保护可以分为以下两类。

（1）本国公民和法人创造的智力成果在境外是否能够取得知识产权法律保护及如何保护的问题。

（2）外国公民和法人所创造的智力成果在本国能否取得知识产权保护及如何保护的问题。

（三）知识产权的国际保护

知识产权的国际保护主要是通过缔结、修改、履行有关知识产权的国际条约，建立知识产权国际保护制度来实现的。其中，缔结条约包括缔结世界性多边或双边条约。通过缔结、修改有关国际条约来确立和规范各国知识产权保护的基本原则、最低要求和一般要求，是知识产权国际保护的基础和前提。另外，知识产权国际保护的保证就是国际条约能够直接或间接转化为国内法，成为知识产权国内保护和涉外保护的基本依据和标准，确保在国际条约的范围内享受国际条约赋予的权利。知识产权国际保护制度的主要原则有如下三条。

1. 国民待遇原则

国民待遇原则是指在国际知识产权保护方面，各缔约国之间相互给予平等待遇，即缔约国国民与本国国民享受等同待遇。例如，《巴黎公约》第二条、第三条规定，在工业产权的保护上，每个缔约国必须以法律给予其他缔约国国民以本国国民享受的同等待遇。即使对于非缔约国的国民，只要他在任何一个缔约国有国内法认可的住所或有实际从事工商业活动的营业场所，也应给予其等同于本国国民所享受的待遇。国民待遇原则是众多知识产权公约确认的首要原则。

国民待遇包含以下两个方面的内容。

（1）各缔约国依本国法律已经或今后可能给予其本国国民待遇。

（2）各该条约所规定的特别权利，即各该条约规定的最低保护标准。

国民待遇原则是不同社会经济制度和不同发展水平的国家都能接受的一项原则。这是因为这项原则既不要求各国法律的一致性，也不要求使用外国法律的规定，只是要求每个国家在自己的领土范围内独立使用本国法律，即给予外国人和本国人平等的保护。

2. 最低保护标准原则

最低保护标准原则，是指各缔约国依据本国法律对该条约缔约国国民的知识产权的最低保护不能低于该条约规定的最低标准。这些标准包括权利保护对象、权利取得方式、权利内容、权利保护期等。该项原则在《伯尔尼公约》第五条、第十九条和 TRIPS 第 1 条等条款中均有体现。

最低保护标准原则是对国民待遇原则的重要补充。最低保护标准原则基于各国经济、科技、文化发展不平衡的现状,承认各国知识产权制度的差异,从而保证了知识产权制度国际协调的广泛性和普遍性。最低保护标准原则,旨在促进缔约国在知识产权保护水平方面统一标准。正是这一原则的适用,才使各国知识产权制度出现统一保护标准成为可能。1995 年生效的 TRIPS 通过设定执行的标准,将知识产权保护水平提高到了新的历史阶段。

3. 公共利益原则

公共利益原则是指知识产权的保护和权利行使,不得违背社会公共利益,应保持公共利益和权利人利益之间的平衡。公共利益原则是一国知识产权制度的价值目标,也是知识产权国际保护制度的基本原则。在传统的知识产权国际公约中,公共利益原则多是通过知识产权限制的有关制度来体现的,而新的知识产权国际公约在保留具体规定的同时,还对公共利益原则作出了明确的宣示。

第三节 产权理论和产权的价值评估

知识产权本质上是财产权、所有权。本节介绍西方四个基本的产权理论和三个产权估价模型。

一、基本产权理论

所有权人对占有物的支配自由不受其他人的影响或阻碍,但是所有权并不能直接增加所有权人对占有物的支配自由,而是通过排除并禁止其他人的干涉和阻碍,间接地使所有权人获得对占有物的支配自由。换言之,所有权人在支配占有物时,社会的其他成员不能干涉所有权人的抉择,无论所有权人选择何种方式处置其占有物,社会其他成员都要承担与所有权人所选择的行为相对应的不干涉和不阻碍的义务。可见,所有权的真正含义,不是指所有权人对占有物的支配自由,而是指对他人而言,所有权人对占有物的支配自由是不可侵犯的。

(一)罗马法的先占理论

"我们个人的本性就是宇宙的自然的一部分,合乎自然的方式的生活就是至善,就是说至善是合乎个人的本性以及宇宙的自然;不应做任何为人类普遍法则和习惯所制止的事。这种普遍法则相当于弥漫于一切事务中的正确的理性。这种普遍法则与主宰万物、规定万物的神并无二致。"[①]

古代罗马是最先制定有关私有财产的权利、抽象权利、私人权利、抽象人格权利的国

---

① 周辅成:《西方伦理学名著选集》,商务印书馆 1987 年版。

家。为解决公民之间财产纠纷的实际需要,古罗马法对财产权问题进行了规定。古罗马人将物根据不同的性质进行分类,分为共有物(空气、海洋等)、公有物(河川、港口等)、个人所有物。在财产权的取得方面,古罗马法坚持先占和时效取得的原则。对个人所有物按照先占的原则确定所有权,同时把时效取得也作为取得财产所有权的依据,以防止财产处于不确定状态,但是时效取得必须以有正当原因占有所有物为先决条件。此外,购买、赠与和继承也是古罗马法规定的取得所有权的方式。

从自然和人性的意义上说,人具有控制和处置他物的自然本能。在古罗马人看来,自然理性的要求构成先占原则的理论基础。自然理性是一种无所不在的客观实在,存在于宇宙万物之中。

先占理论成为后世评价所有权构成的重要原则,但是先占原则能否成为确定所有权的依据一直受到质疑。"先占"是一种行为现象,一个人对某物的先占是一个事实,但是如果其他人以某种方法从先占者手中去夺取该物,则先占者很难以"先占"的理由说服并阻止这种夺物行为。也就是说,"先占"并不能成为财产所有权不受任何侵犯的理由,它可以成为获得财产所有权的一个标志,但是不能成为确定财产所有权的实质的有力依据。

(二)财产的自然权利观

"上帝既将世界给予人类共有,亦给予他们理性,让他们为了生活和便利的最大好处而加以利用。土地和其中的一切,都是给人们用来维持他们的生存和舒适生活的。土地上所有自然生产的果实和它所养活的兽类,既然是自然自发的生产的,就都归于人类所共有,而没有人对于这种处在自然状态中的东西原本就具有排斥其余人类的私人所有权。"[①]

财产的自然权利观把财产权看作是一种自然权利。财产自然权利观的主要代表约翰·洛克认为,在原始状态,上帝将自然界的一切归人类共同所有。对于从最初状态的人类共有物变成个人私有物,洛克的解释是:首先,人的自然需要决定了必须将共有物变成私有物才能被个人所享有,维持个人的生存、生命;其次,个人对自己的人身享有所有权,因此个人的身体所从事的劳动就属于自己;再次,人对自然物施加了自己的劳动,则这种包含了个人劳动的自然物就属个人所有。

洛克对财产权进行了简单的解释:人们的身体属于人们自己所有;人的身体的活动——劳动——也属于个人所有;劳动是个人将自然物据为己有的唯一依据;劳动使物具有价值;劳动也要遵循自然法的限制——以满足个人需要为限;在自然法限制条件下的劳动使人获得财产所有权(私有权)。

洛克的劳动理论对所有权理论的贡献极大,但是恪守财产权的劳动理论有可能威胁到拥有个人财产的合法性。在一个相互依赖的多元社会中,任何个人的劳动都因他人的劳动而成为可能,如果只强调各个劳动者的劳动,就不得不承认,许多表面上由个人拥有的抽象物,事实上会因为合作劳动而成为集体所有,这就毁灭了可能的、抽象的私人所有

---

① 约翰·洛克:《政府论》,叶启芳、瞿菊农译,商务印书馆1964年版。

权。洛克也意识到,劳动在形成私人财产所有权中的作用受到物质充足的自然状态的年代限制。

由于洛克生活时代的局限,其财产理论中只涉及有形的物质财产,不包括抽象的无形财产,也就没有涵盖知识产权的内容。但是洛克的理论为后人研究知识产权理论提供了借鉴和启示,提醒人们注意:在评价知识产权时,劳动不应该成为具有决定意义的因素。

(三)社会公认理论观

"一般说来,要认可对某块土地的最初占有者的权利,就必须具备下列条件:首先,这块土地还不曾有人居住;其次,人们只能占有维持自己所需的生存所必需的数量;再次,人们占有这块土地不能只凭一种空洞的仪式,而是要凭劳动和耕耘,这是在缺乏法理根据时,所有权能受到别人尊重的唯一标志。"①

法国启蒙思想家卢梭把洛克的财产私有理论分解为占先、个人需要和劳动三个要素。他认为,三个要素只能表明占有权或事实占有的成立,并不足以表明财产权的成立。卢梭的观点认为:私有权成立的核心要素是社会公认。在他看来,使财产权得以成立的依据是公意,即组成政治共同体的全体人民的共同意志。在人类形成社会契约、进入国家状态之前,人们只是对物占有,正是由于公意的存在,才使得原有的占有实施具有了政党、正义和公正的意义,才使原有的占有事实成为权利。卢梭认为:"为了权衡得失时不致发生错误,我们必须很好地区别仅以个人力量为其界限的自然的理由和被工艺所约束着的社会和自由;并区别仅是由于强有力的结果或者是最先占有权而形成的享有权,它以最先占有为依据;社会状态的财产是所有权,它以社会公意为依据。"

(四)自由意志观

康德也将所有权与占有事实进行了区分。他把占有分为"感性的占有"(可以由感官领悟的占有)和"理性的占有"(可以由理智领悟的占有)。"同一个事物,对于前者,可以理解为对事物的占有;对于后者,则可以理解为对同一对象的纯粹法律的占有。"②

康德认为,单纯感官意义上的占有,一旦离开肢体或个人力量的控制,相对物则不属于其所有,在这种情况下,就不存在所有权的问题,当别人未得到他的同意而动用该物时,也没有构成对他权利的侵犯或损害。在康德看来,只有在不是以肢体或个人力量来实现对物的占有,而是在观念上将某物视为"我的",并且物与人的事实分离亦不能改变物与人关系的情况下,才称得上所有权。同时,所有权不仅依靠主体将物视为己有的意志,还必须依据普遍自由法则的要求、依据联合起来的共同意志,这种共同意志只有在人们联合成立国家之后,才能通过立法得以体现。所以,所有权只有在法律状态或文明社会中,在有了公共的立法机关制定的法规之后才可能。

康德在分析总结卢梭的理论观点的基础上,认为所有权包含双重意志内容,即个人意志的占有和集体意志的占有,否则就无法说明个人应如何反对他人的占有。当一个人

---

① 卢梭:《社会契约论》,何兆武译,商务印书馆1980年版。
② 康德:《法的形而上学原理——权利的科学》,沈叔平译,商务印书馆1991年版。

并不直接占有、控制某物,且还能够反对他人对该物的占有、控制的时候,这是由于集体意志在发挥作用。所有权的真正含义不是物主凭借它可以随意支配所有物,而是物主在随意支配所有物时具有的不可侵犯性,其他任何人不得反对所有权主的意志。因此,所有权不是人对物的权利,而是人对人的权利。在所有权关系背后,是社会群体的意志赋予了物主在支配所有物时的不可侵犯性。这种不可侵犯性直接来自社会成员的认识,只有在社会所有成员都对这种不可侵犯性达成共识、公认的情况下才能成立。

二、知识产权的价值评估

知识产权与其他财产一样,其价值都是通过市场上的交换价格体现的。在技术贸易市场不是完全竞争市场的情况下,很难确定某项特定技术的市场价值,但是可以利用集中估价模型来对知识产权进行定价。下面介绍三种较为普遍的估价模型。

(一)成本法

成本法,又称重置成本法,是以重新建造或购置与被评估资产具有相同用途和功效的资产现时需要的成本作为计价标准。重置成本是为创造财产而实际发生的费用的总和(研发成本、开发成本和法律成本)。成本法以评估依据不同可以分为两种:一种是复原重置成本法,又称立时成本法,以被评估的资产历史、实际的开发条件作为依据,再以现行市价进行折算,求得评估值;另一种是更新重置成本法,以新的开发条件为依据,假设重新开发或购买同一资产,以现行市价计算,求得评估值。一般都选择更新重置成本法进行评估。

由于重置成本估价模型是建立在有准确的历史数据可查的基础之上的,所以这种方法颇受会计师和其他类似行业人士的青睐。但在实际应用中,重置成本估价模型是建立在研究过程中花费的每一元钱所能取得的效果是一样的假设条件之上的,但这在现实世界中是不成立的。另外,由于知识产权价值的特殊性,应用成本法评估其价值存在很大障碍。知识成果的创造投入往往是高风险、高回报的。利用知识产权产生的收益可能会远远大于或小于曾经付出的成本,使成本与最终实现的价值之间的关系显得极其疏远,导致在估算价值时,不能考虑成本因素。如 20 世纪 50 年代美国研制核动能飞机引擎,其核能引擎却从未产生使飞机飞行所需的推动力。该核能飞机引擎的价值可以被认为是低的,或者说是零,但是根据重置成本估价模型,研发的最终成果的价值应高达数十亿美元。此时,依据成本法确定该技术的价值基本上是无意义的。

(二)市场价值法

市场价值法又称市场价格比较法或者销售比较法。这是一种最直接、最简便、最易理解的资产评估方法,也是国际上特别是在有形资产评估中首选的办法。市场价值法是以现行价格作为价格标准,通过市场调查,选择几个与被评估资产相同或者相似的已交易同类资产作为参照物,将被评估资产与它们进行差异比较,并且在必要时进行适当的价格调整。

市场价值法建立的基本依据是:一个精明的投资者或买主,不会用高于市场上可以买相同或相似资产的价格去购买一项资产。这是评估中替代原则的具体应用。它应用的前提是一个有充分活跃的公平的资产交易市场,并且参照物的各项交易资料是可以收集到的。

采用市场价值法必须具备两个条件:存在活跃的公开市场和具有可比较的资产交易案例。市场法只有存在与被评估资产相类似的资产交易市场时才适用。

现行市场价值法主要分为直接法和类比法。直接法是指在公开市场上可以找到与被评估资产完全相同的已成交资产,可以其交易价格作为被评估资产的现行市场价格。类比法是指在公开市场上可以找到与被评估资产相类似的交易实例,以其成交价格作必要的差异调整,确定被评估资产的现行市场价格。

由于知识成果具有新颖性、创造性,一般不会出现完全相同的知识成果,因此直接法很难运用于知识产权的价值评估,但却可以找到各方面条件相似的可以进行比较的知识产权。确定适当的参照对象就成为类比法评估最关键的环节。例如,一部作品的作者已有若干作品推向市场,待评估作品版权与已上市作品版权在交易条件方面有可比较之处,那么也可以用类比法对该作品版权价值作出评估。

另外,还需要针对被评估知识产权的特点,对相类似资产的成交价格作必要的调整。调整时需考虑的主要因素包括:(1)时间因素,参照物的交易时间与被评估基准日的时间差异对价格的影响。(2)地域因素,相比较的知识产权所在地区或地段不同对交易价格的影响。(3)作用因素,知识产权在生产经营中发挥作用的大小对交易价格的影响。

选择了不适当的参照对象,没有根据被评估知识产权的特点考虑相关因素进行价格调整,都可能导致应用市场评估法评估知识产权价值发生错误,偏离知识产权的实际交易价值。在知识产权交易市场相对发展和成熟的地区和行业,会形成一些知识产权交易的标准费率或业界标准。比如,美国小说和商业性图书的作者可获得零售价格 10%—15%的版税,更为专业、读者群更小的书籍的作者,可以获取 15%—20%的版税。因此,在条件适当的情况下,采用市场法确定知识产权的价值也是一种较可行的方法。

(三)收益法

收益法又称收益现值法、利润预测法。收益法评估给予的原理是:一项财产的价值等于它在未来给其所有者带来的经济利益的现值。

该方法从生产收益的能力的角度来评估一项资产,因此,它只是用于直接产生收益的经营性资产,该类资产通过生产经营带来收益,同时通过生产经营的进行,其在若干个会计期间内会连续不断地创造出收益。非经营性资产由于使用用途的特性,其价值会随着使用而渐渐被消耗掉,不像经营性资产那样,会给使用者带来收益,因此一般不采用收益法来评估非经营性资产。

经济学者普遍认为:"无形资产是不具有物质实体的经济资源,其价值由所有权形成的权益和未来收益所决定。"知识产权属于生产要素或称经营性资产,其价值是通过对知识成果的利用而产生或预期产生的收益,因此,对知识产权价值评估最为适当的方法是收益法,已批准的专利、商标与商誉、版权(计算机软件除外)的评估主要都是采用收益法。

本章小结

知识产权是无形财产的私有权,是自然人或法人在生产活动、科学研究、文学艺术等领域中从事智力创造性劳动而获得的成果依法享有的专有权利。知识产权是其创造者所拥有的独占的、排他性的权利,具有严格的时间性和地域性。

知识产权作为一种财产权具有无形性、专有性、时间性、地域性、可复制性、双重性等性质。

知识产权制度是关于专有权授予或权利确立的一系列法律程序。知识产权专有权归属的界定,限制了权利人以外的任何人未经权利人许可,不得使用或实施其专有权,否则就属于侵犯专有权人的权利。专利制度、商标制度、版权制度是知识产权制度的重要内容。

知识产权的法律保护主要分为国内保护、涉外保护、国际保护三类。

本章的最后一节介绍了西方四个基本的产权理论和三个产权估价模型。

 ## 关键词

知识产权　专利　版权　商标

 ## 思考题

1. 知识产权有哪些基本性质?
2. 综述知识产权的保护制度。
3. 知识产权价值评估有哪些方法?它们各自有哪些优缺点?

 ## 案例分析

国内首例图形用户外观设计专利侵权案

图形用户界面(Graphical user interface,以下简称 GUI),是指附着在显示屏上的视觉呈现为图像的连通操作系统的接口界面,用户通过点击触碰界面中的图标达到操作效果。GUI 外观设计专利是指电子产品或软件的用户界面所表现出来的设计方案或样态。

北京奇虎科技公司、奇智软件公司是 GUI 外观设计专利的专利权人。奇虎公司称,江民公司侵犯了上述专利权。请求法院判令被告停止侵权,消除影响,并赔偿原告经济损失三案共计 1 500 万元。2016 年 9 月 21 日,北京知识产权法院开庭审理了此案。双方围绕侵权判定等展开了激烈辩论。目前,该案尚无结论。

2014 年 5 月 1 日,《国家知识产权局关于修改〈专利审查指南〉的决定》(第 68 号)正式施行,GUI 外观设计首次被纳入我国专利法的保护范围,其客体范围、权利边界、损害赔偿计算等问题的司法认定尚无先例。因此,该案对我国 GUI 外观设计专利权的保护具有先例指导意义。

侵害"庆丰"商标及不正当竞争纠纷案

2016 年北京庆丰包子铺(以下简称庆丰包子铺)以山东庆丰餐饮管理有限公司(以下简称庆丰餐饮公司)侵害其商标权及构成不正当竞争为由提起民事诉讼。庆丰包子铺主张庆丰餐饮公司的法定代表人徐庆丰曾在餐饮服务业工作,明知庆丰包子铺商标及字号的知名度,仍使用"庆丰"字号成立餐饮公司,并在其官网、店面门头、菜单、广告宣传上使用"庆丰"或"庆丰餐饮"标识,构成侵害庆丰包子铺的商标权及不正当竞争。庆丰餐饮公司认为其有权将公司法定代表人的名字注册为字号,且有权使用经工商部门依法注册的企业名称;庆丰包子铺的商标并非驰名商标,其使用的标识与庆丰包子铺的注册商标既不相同也不近似。山东省济南市中级人民法院一审认为,庆丰餐饮公司使用"庆丰"与其使用环境一致,且未从字体、大小和颜色方面突出使用,属于对其字号的合理使用。庆丰包子铺在庆丰餐饮公司注册并使用其字号时的经营地域和商誉未涉及或影响到济南和山东,不能证明相关公众存在误认的可能,故不构成对庆丰包子铺商标权的侵害,判决驳回庆丰包子铺的诉讼请求。庆丰包子铺提起上诉,山东省高级人民法院二审维持一审判决。庆丰包子铺向最高人民法院申请再审,最高人民法院提审后认为,庆丰餐饮公司构成侵害庆丰包子铺的商标权及不正常竞争,改判撤销一审、二审判决,庆丰餐饮公司立即停止侵害商标权的行为及停止使用"庆丰"字号并赔偿庆丰包子铺经济损失及合理费用 5 万元。

本案涉及商标权的行使与其他权利,比如姓名权的冲突问题。最高人民法院在本案中明确,公民享有合法的姓名权,当然可以合理使用自己的姓名。但公民在将其姓名作为商标或企业字号进行商业使用时,不得违反诚实信用原则。明知他人注册商标或字号具有较高的知名度和影响力,仍注册与他人字号相同的企业字号,在同类商品或服务上突出使用与他人注册商标相同或相近似的商标或字号,具有攀附他人注册商标或字号知名度的恶意,容易使相关公众产生误认,其行为不属于对姓名的合理使用,构成侵害他人注册商标专用权和不正当竞争。最高法院进一步指出,如本案中的情形,在注册商标已经具有较高知名度的情况下,庆丰公司的使用方式一方面容易使相关公众对其与庆丰包子铺的关系产生混淆误认,另一方面其所创造的商誉也只能附着在"庆丰"品牌上,实则替他人做嫁衣裳,也不利于其企业自身的发展。反之,其变更企业名称后,可以通过诚信经营及广告宣传,提高企业的商誉和知名度,打造出自己的品牌,获得双赢格局。

案例思考:
1. 知识产权价值的评估方法有哪些?
2. 保护外观设计专利权对企业的发展有何重要意义?

第三章

技术转让的基本理论

国际技术贸易是一个国家,特别是发展中国家引进先进技术、提升本国科学技术发展水平和促进国民经济可持续发展的重要手段,同时更是追赶技术先进、经济发达国家积极而有效的途径。众所周知,"科学技术是第一生产力",而推动科学技术生产力不断向前发展并最终促进经济增长的是技术创新。在不断的实践、探讨中,技术创新理论应运而生。正是得益于国际技术贸易,某些发展中国家和经济实体才能实现技术水平的跨越式发展,从而在工业化速度与经济追赶方面取得惊人的成绩。本章将从技术创新及技术转移等方面介绍国际技术贸易理论。

第三章 技术转让的基本理论

学习目标

通过对本章的学习,你应该能够:
1. 熟悉技术创新的定义、特点和类型;
2. 了解技术传播理论"S 型扩散模型"的内容及技术创新传播的特点;
3. 熟悉学习曲线效应、技术差距模型、后发优势论、梯度论与跳跃论的内容;
4. 掌握垄断优势理论、国际生产折中理论的基本内容。

第一节 国内技术转让理论

一、技术创新理论

当代主流西方经济学派之一——创新经济学派的创始人美籍奥地利经济学家熊彼特(J. A. Schumpeter)曾经说过"创新是现代经济增长的核心力量"。他在1911年发表的博士论文及1912年出版的《经济发展理论》中,率先指出了创新对于促进经济增长的重要作用,并创立了技术创新理论,从而在经济发展和经济周期领域内开辟了一条新的研究途径,创立了经济理论、经济史、经济统计三者相结合的研究方法。下面将从技术创新的定义、特点、类型和模式四个方面介绍这一理论的基本观点。

(一)技术创新的定义

技术创新涉及经济学、管理学、行政学、社会学等多个学科,因此理论界对它的定义并没有达成共识,有人从其研究领域出发进行有所侧重的阐述,也有人对这一概念进行了综合系统的定义。

熊彼特认为,创新包含以下五种情况。

(1) 采用某种产品的新特性或者采用一种全新的产品。

(2) 采用一种新的生产方法,即在有关的制造部门中采用尚未通过经验检定的方法,这种新方法不仅不需要建立在科学新发现的基础之上,甚至可以存在于商业上处理一种产品的新方式之中。

(3) 开辟一个新的市场,即有关国家的某一个制造部门以前从未进入的市场,不管这个市场之前是否存在过。

(4) 掠取或控制原材料或制成品的一种新的供应来源,不管这种来源是已经存在的,还是第一次创造出来的。

(5) 实现任何一种工业的新的组织,比如造成或者打破一种垄断地位。

索洛(S. C. Solow)全面研究了熊彼特的创新理论后,于1951年发表了《在资本化过程中的创新:对熊彼特理论的评论》。他提出了实现技术创新的两个条件——新思想的来源及其后的实现发展,即"两步论"。

厄特巴克(J. M. Utterback)在1971年发表的《产业创新和技术扩算》一文中,提出了他与众不同的观点:技术创新是技术的实际采用或首次应用。

弗里曼(C. Freeman)在1982年发表的《工业创新经济学》中将创新定义为新产品、新过程、新系统和新服务的首次商业性转化。

缪尔塞(R. Mueser)在20世纪80年代中期,系统地整理和分析了对技术创新定义的观点及表述,他认为技术创新是以其构思新颖性和成功实现为特征的有意义的非连续事件。

美国工业协会认为,创新是实际应用新的材料、设备和工艺,或是某种已经存在的事物以新的方式在实践中的有效使用。创新是一个承认并探索新的需要,寻找或确定新的解决方式,发展一个在经济上可行的工艺、产品或服务,并最终在市场上获得成功的完整过程。

经济合作与发展组织(OECD)在《奥斯陆手册》中指出,技术创新包括新产品和新工艺,以及原有产品和工艺的显著的技术变化。只有在市场上实现了产品创新,在生产工艺中实现了工艺创新,那么创新才是完成了。可见,这两种创新涉及从生产领域到消费领域的活动,包括科学、技术、组织、金融和商业的方方面面。

国务院在《关于加强技术创新、发展高科技、实现产业化的决定》中,将技术创新或科技创新定义为:"企业应用创新的知识和新技术、新工艺,采用新的生产方式和经营管理模式,提高产品质量,开发生产新的产品,提供新的服务,占据市场并实现市场价值。"

综合以上观点,我们认为,技术创新是在经济活动中引入新产品或新工艺,以实现生产要素的重新组合,并在市场上实现其商业价值的过程。这也是我国国内理论界赞同者较多的表述。

(二) 技术创新的特点

1. 技术创新是一种经济行为

技术创新是一种经济行为,这是它与发明创造显著的不同点。技术创新论的鼻祖熊彼特的重要功绩之一,就是明确地将发明创造与技术创新区别开来。他认为:"只要发明还没有得到实际上的应用,那么在经济上就是不起作用的。而实行任何改善并使之有效,这同它的发明创造是一个完全不同的任务,而且这个任务要求完全不同的才能。"他认为,发明创造不过是一个新概念、新设想,至多也只是试验品的产生,即使是为人类的知识宝库作出了巨大贡献的伟大发明也不例外。发明创造仅仅是一种科技行为,但技术创新不同,它是一种把知识转化为产品或生产过程的活动,即是以知识为基础的技术经济活动。

技术创新也是以知识为基础的,这是它和发明创造的共同点。毫无疑问,知识是创新的源泉。从世界经济发展的长期趋势来看,创新使得知识在现代经济中的地位日益提高。OECD提供的关于产业知识密集度的统计表明,从20世纪后期开始,绝大多数产业的知识密集度显著上升(见表3-1,表中R&D密集度表示知识密集度),也就是说越来越多的产业和知识的联系日益紧密。

第三章 技术转让的基本理论

表3-1 OECD国家部分产业R&D密集度变化　　　　单位：%

产　业　部　门	1979—1981年 R&D密集度	1987—1989年 R&D密集度	1979—1989年 R&D密集度上升率
造　船	0.6	1.4	133
除造船、汽车和航天以外的其他交通设备	0.7	1.9	171
航　天	14.2	20.2	42
计　算　机	9.0	12.4	38
电　子	7.4	10.8	46
制　药	7.5	10.3	37
化　工	2.1	3.4	62
石油加工	0.6	1.1	83

资料来源：P.J.希恩等：《澳大利亚与知识经济》，柳卸林等译，机械工业出版社1997年版。

由于技术创新的主体是企业，这就决定了技术创新不是纯粹的技术活动，更重要的是一种经济活动。以下三个方面就体现了这一点：第一，技术创新需要一定的经济投入。创新投入主要体现在企业的R&D投入上。一个企业必须在R&D上有所投入，才有可能创造领先的技术创新成果。但R&D是一个高风险、高收益的领域，是否投资、选择哪个研发项目进行投资，都是需要仔细权衡的经济决策行为。第二，技术创新能够为企业带来可观的经济效益。通过技术创新，企业能够实现产品差异，或者生产出新的产品，开发新市场，甚至垄断市场，从而在市场上获得相应的利润。第三，技术创新具有资产性。对于企业而言，技术创新是生产要素的重新组合，具有与固定资产投资相似的专用性、生产性。当投入达到一定规模的时候，就会产生有效率的创新结果。

2. 技术创新是一个动态的完整的过程

技术创新是一个过程，指的是技术创新是一个把知识性的科学技术构想转变成有关新产品和新生产方式的活动，是一个新设想、新发明走向产业化、走向市场的过程。这一方面意味着技术创新包括新设想的构思、技术发明、研制、生产以及销售等多个互不相同却又紧密相连的环节；另一方面意味着技术创新既包括重大的（根本性的）技术进步，也包括小的（渐进性的）技术改进和技术进步。重大的、根本性的技术进步往往是在一系列小的、渐进式技术进步的积累基础上产生的。创新过程就是技术变化与进步不断积累的过程。另外，成功的技术创新过程往往还伴随着组织创新、管理创新、生产创新以及营销创新等过程。正是这些创新促成了技术创新的实现，并促使技术创新过程成为一个价值追加过程和战略优势的形成过程。可见，技术创新是一个动态的完整的过程。

经济合作与发展组织（OECD）对于研究开发（R&D）的定义是："研究和实验开发是在一个系统的基础上的创造性工作，其目的在于丰富有关人类文化和社会的知识宝库，并利用这一知识进行新的发明。"它是创新的前期阶段，是创新的投入，是创新成功的物质和科学基础。但研究开发和创新并不是完全相同的。研究开发活动不一定有创新,创新也不一定非有研究开发活动。技术创新有来自生产实践经验的,而研究开发成果也并不能都实现产业化。不过,研究开发活动总是有助于创新的,技术创新的构思往往是通过研究开发才转化为现实生产力,即重点通过技术开发和商品开发把构想物化成具有价值与使用价值的商品。一些重大的技术创新,更需要有研究开发工作的支持。

3. 技术创新是一种企业行为

企业是技术创新的主体,技术创新的过程事实上是企业学习、搜索和选择知识的过程。作为创新主体,企业既是创新活动的组织实施者,又是创新权益的所有者。这一点,可以从技术创新经费的来源与使用格局中得到证实(见图3-1和图3-2)。在实践当中,从技术的研究开发,到技术产品化投入市场,大部分都是企业主导。从这个角度来说,我们认为技术创新是一种企业行为。

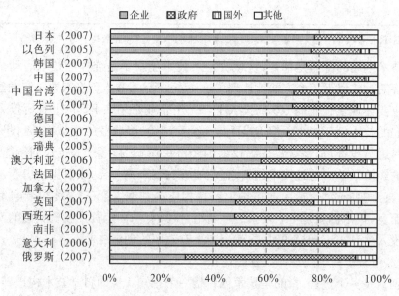

图3-1 部分国家(地区)R&D经费按来源分布

技术扩散是指创新的产品、技术被其他企业通过合法手段采用的过程。技术创新的出现会给采用它的企业带来潜在的超常规的利润,从而在社会上产生巨大的示范效应。一方面,未取得潜在超常规利润的企业会渴望分享其利润,从而出现模仿的企业行为。另一方面,其他国家政府会根据其产业的发展要求有计划地从技术创新国引进技术。从这个意义上而言,技术扩散不同于技术创新,不完全是一种企业行为。

(三)技术创新的类型

技术创新因其主体的不同,以及主体所处行业、技术水平、规模、环境和创新程度的不同而表现出不同的类型。人们从不同的研究角度出发也常将技术创新划分为不同的类型:按技术变革的程度,技术创新可以分成渐进性创新和根本性创新;按技术变革的对象,技术创新可以分成产品创新和过程创新。

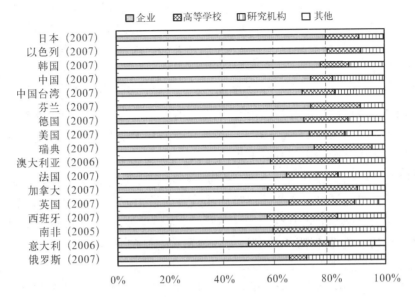

图 3-2 部分国家(地区)R&D 经费按执行部门分布
资料来源：中国科技部；OECD《主要科学技术指标 2009/1》。

1. 渐进性创新和根本性创新

20 世纪 80 年代，英国色塞克斯(Sussex)大学的科学政策研究所(Science Policy Research Unit, SPRU)基于创新性质、程度和规模将技术创新分成渐进性创新和根本性创新，也有人称之为科学政策研究所(SPRU)分类。

(1) 渐进性创新(incremental innovation)，也称"螺丝—螺母"型创新，是一种不断进行着的累积性质的改进，它既可以是产品的变型，也可以是生产工艺的改进。也就是说，渐进性创新是对现有技术进行局部改进的创新。在激烈的市场竞争中，技术创新与技术模仿随时都在发生。一家企业如果想在竞争中始终保持领先地位，那么一旦其竞争者生产出与自己相同的，甚至比自己更好的产品，它就必须在自己的产品或者产品工艺上作出改进，或者使产品的性能增强，再或者使产品的成本降低。这种类型的创新虽然不大，但总能在降低成本、提高质量、改进包装、增加品种、提高生产效率等方面起到一定的作用。一般来说，这类创新从数量上来说是最多的，但所需的资源并不一定很多，往往对于企业的发展有着重大意义。在社会的生产实践中，几乎每时每刻发生的大量的技术变革都是属于这种渐进式的创新。例如，近几年来令人眼花缭乱的移动通信设备的创新和年年更新的各类汽车款式，都是渐进式创新的实例。正是这种对持续改善的不懈追求，推动着经济的不断前进。

(2) 根本性创新(radical innovation)，也称突破性创新、原创性创新，是技术上有重大突破的技术创新。它往往是不连续的，其结果将导致产品性能与功能，或者是生产工艺发生质的变化，而这种突破可能会改变整个行业的特征。所以，在全球工业化进程中扮演过重要角色的技术创新都属于这一类创新，如蒸汽机技术、电动机技术、内燃机技术、涡轮发动机技术，以及人造卫星技术和数字通信技术的结合而产生的全球卫星通信系统、全球定位导航系统。突破性创新大多是产生于科学发现的基础之上,如电磁理论、激光等,但也有例外,如活字印刷等。一般来说,这类创新的数量较少,所需资源较多,对经济发展影响较大,而且可能导致一个或几个新产业的出现,以及产业组织结构的变化。

2. 产品创新和过程创新

厄特巴克(J. M. Utterback)和阿伯纳斯(W. J. Abernathy)等人基于技术变革的对象将技术创新分成产品创新和过程创新,因此也有人称之为厄特巴克分类法。

(1) 产品创新(product innovation),是指在产品技术变革的基础上进行的创新。它既包括在技术发生较大变化的基础上推出的新产品,如移动电话(相对于固定电话)、数码相机(相对于光学感光照相机)、MP3(相对于随身听)、磁悬浮列车(相对于内燃机车或者电动机车)等;也包括对现有产品进行局部改进而推出的改进型产品,如随身听(相对于录放卡座机)、笔记本电脑(相对于台式PC机)等。另外,发生于服务业的大量创新也属于产品创新的范畴,如保险业推出的为各类顾客定制的险种,金融业推出的个人理财业务以及各种衍生金融产品等。

(2) 过程创新(process innovation),也称工艺创新或生产技术的创新,是指在生产加工工艺变革的基础上的创新。它包括全新工艺的创新,如奠定了制造业大规模生产模式基础的互换性制造技术,钢铁制造业的连铸—连轧工艺(相对于炼钢—钢锭—轧钢的分段工艺),由精密铸造、精密锻造和粉末冶金而形成的金属少无切削加工技术等;也包括对原有工艺的改进所形成的创新,如复合型刀具的采用、成组技术,用工业工程的方法对企业物流的优化等。

技术创新的核心是产品创新和过程创新。在产品生命的不同周期,产品创新和过程创新的重要性有所不同。当产品处于新产品阶段时,如果企业强调利用过程创新来应对拥有新产品的竞争者,那么该企业将很难在竞争中处于优势地位;而当产品进入成熟阶段以后,生产和成本才能为企业带来主要的竞争优势,此时过程创新就成为企业在竞争中取得成功的一个重要因素。虽然,技术创新的应用范围不同,其经济意义不同,这一点上不完全取决于是产品创新还是过程创新,但是产品创新较之过程创新能给企业带来更显著的经济效益和更为强劲的发展动力。这是因为,一方面,产品创新使新产品能率先进入市场,从而为企业创造出一段时间的垄断优势,在垄断期间,企业能够凭借这一优势获得超额利润;另一方面,技术创新的所有内容最终都是以产品创新为载体进入市场的。因此,一般来说,产品创新是企业技术创新的重点目标。

(四) 技术创新的模式及模式间比较

技术创新模式研究的是技术创新的动力源泉。长期以来,该领域的研究一直是以引发技术创新活动的诱因为标准来对各种模式进行划分的。国内外相关学者一般认为,科学技术的发展、社会需求和市场需求是技术创新的主要推动力。美国麻省理工学院管理学教授和斯隆管理学院计划部主任唐·马奎斯(D. Marquis)于1982年对美国工业中500多个成功的技术创新项目进行了研究之后得出结论:市场需求和生产需求对技术创新的推动力远远大于技术发展的推动力。目前多数学者接受的模式有技术推动模式、市场需求拉动模式和综合作用模式。

1. 技术创新模式

(1) 技术推动模式指在技术发展的推动作用下产生的技术创新。当科学和技术有了重大突破,使科学技术明显走到了生产的前面之时,这种突破就会创造出全新的市场需求,或者激发出市场的潜在需求,从而实现技术创新的全过程。20世纪60年代以前,这种技术推动模式在西方技术创新理论界占主导地位。该模式产生的技术创新一般是比较重大的技术创新,往往不仅会改变生产技术和管理技术,还会引起技术体系的根本变革,改变一国的产业结构,产生新的产业、改造传统产业、淘汰落后企业。世界历史上的三次产业革命中,技术创新的主要推动模式就是这种模式。技术创新的技术推动模式如图3-3所示。

图3-3 技术创新的技术推动模式

事实上,技术创新理论的鼻祖熊彼特最初提出的技术创新模式(见图3-4)正是技术推动模式。他认为创新在经济增长中起到核心作用,而大企业在资本主义的经济发展和创新中起着决定性的作用。他曾说:"只要我们深入事情的细节,追踪最惊人的个别项目的进步的由来……我们不免要吃惊地发现,大企业也许和创造这种生活水平、而不是降低这种生活水平有更多关系。""一个现代企业只要觉得它花得起,它首先要做的事情就是建立一个研究部门,其间的每个成员都懂得他的面包和黄油取决于他们发明的改进方法的成功。"

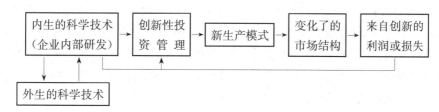

图3-4 熊彼特的技术创新模式

(2) 市场需求拉动模式指技术创新始于市场需求,具体形式是市场的需求提出了对产品和技术的明确需求,促使科学技术的发展,继而制造出适应市场需求的产品。这一模式的提出者——施穆克勒(J. Schmookler)对19世纪上半叶到20世纪50年代美国铁路、炼油、农业和造纸工业等的投资、存量、就业和发明活动进行了研究,发现投资和专利的时间序列表现出高度的同步效应,往往投资序列领先于专利序列,相反的可能性则较少。他认为,市场需求主导了投资的方向,而技术创新则是市场需求增长的结果。因此,他强调市场需求对技术创新的推动力,从而被认为是创新需求理论的倡导者。英国的布鲁斯曾指出:"与创新的成功更加紧密地联系在一起的是那些对未来市场的分析,以及对未来用户和政治目标的了解,而不是那些科学发明或'闪光'的想法。"于是,技术推动模式的主导地位开始动摇。

市场需求拉动模式的技术创新如图3-5所示。实证分析也证明,随着社会、经济与科技的发展,越来越多的技术创新都属于这种模式,如通信产业、化工产业、汽车产业、工业用仪表、测试仪器以及大多数改进产品的创新。1974 年美国学者厄特巴克(J. M. Utterback)的一项研究工作证实:60%—80%的重要创新是由于需求拉动的①。

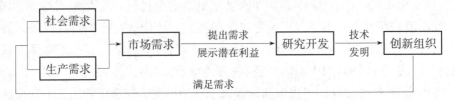

图 3-5 技术创新的市场需求拉动模式

需求拉动模式是市场经济的产物。企业为了适应市场上激烈的竞争,必须努力进行技术创新,以满足市场需求。因此,这种模式下的技术创新通常是时间短、见效快的速成项目。这个特点使得需求拉动模式下的企业不重视基础性研究对于技术创新的作用,可能导致技术创新的发展缺乏强有力的后劲。

(3) 综合作用模式指创新主体在拥有或部分拥有技术发明或发现的前提下,由于受到市场需求的诱发,而开展技术创新活动的一种模式。虽然前文将技术创新模式划分为技术推动和需求拉动两种模式,但由于技术与经济的相互交融日益增强,技术创新的过程越来越体现出复杂性,涉及的因素繁多,因此很难断定技术创新的决定因素是技术推动还是需求拉动。事实上,当前的技术创新往往是两种模式有效结合的结果。科学技术和市场需求两者都是技术创新成功的决定性因素。正如美国斯坦福大学的莫厄里(Mowrey)和内森·罗森堡(Nathan Rosenberg)在其代表作《黑箱之谜:技术与经济学》中说的那样:"需求的作用被过分夸大了,这对于我们理解技术创新的过程,对于政府促进创新的政策方案选择,都可能造成严重不利的后果。实际上,科学技术知识基础和市场需求的结构,是一个相互作用的方式,在创新过程中起着同样重要的作用,忽视任何一方面都必定导致错误的结论和决策。"正是在这种思想的指导下,弗里德曼、莫厄里和罗森堡等人提出了技术创新的综合作用模式,如图 3-6 所示。

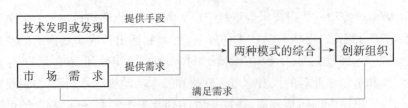

图 3-6 技术创新的综合作用模式

实证研究表明,科技和市场需求的综合作用能更好地反映技术创新的实际过程。加拿大学者摩罗和诺雷对加拿大 900 多个企业的技术创新进行了调查,发现其中技术推动的技术创新占 18%,需求拉动的技术创新占 26%,技术推动和需求拉动综合作用的技

---

① 柳卸林:《企业技术创新管理》,科学技术文献出版社 1997 年版。

创新占56%。

综合作用模式是当代技术创新中最主要的动力模式。该模式通常是在市场潜在需求指导下,寻求现有技术的新应用和多种技术的综合应用,这种模式的技术创新,往往能够开发出全新的产品,从而激活市场的潜在需求,甚至可能开创一个新的市场。例如,微波炉只是一种将微波技术进行了新的应用的产品,就导致了一场"厨房革命",给人类的生活文明增加了新的内容;信用卡则是信息技术在金融领域的应用,它使货币的形式与使用方式产生了极大的变革,导致了"电子货币"的出现。可见,综合作用模式下的技术创新往往产生新颖的产品和较有前途的市场,而这样的产品有较长的生命周期,这就是企业追求的竞争优势。这也解释了综合作用模式在当代创新中占主要地位的原因。

2. 三种技术创新模式间的比较

从创新效果来看,技术推动模式会使技术体系发生根本变革,从而会催生很多新产品;需求拉动模式更容易使技术商品化,从而可以使创新成果更快地产生效益;而综合作用模式不仅使技术更容易实现商品化,还可使技术进步与经济发展相互促进。除此之外,三种技术创新模式在创新诱因、技术与需求关系、创新周期、创新难度等不同层面上也各有其特点(见表3-2)。

表3-2 技术推动、需求拉动及综合作用模式的特点比较

类别 名称	技术推动模式	需求拉动模式	综合作用模式
创新诱因	技术发明	市场需求	技术发明与市场需求综合
技术与需求关系	技术创造需求	需求促进技术发明	技术与需求双向作用
创新难度	难	较难	较易
创新周期	长	较短	短
创新主要遵循的规律	技术发展规律	经济发展规律	技术发展与经济发展规律
创新成功的关键人物	科学家	企业经营者	拥有一定技术能力的企业经营者
创新成果应用	难	易	易
创新效果	一旦采用会使技术体系发生根本变化,导致一大类新产品形成	易于商品化,使创新成果迅速产生效应	易于商品化,技术进步与经济发展相互促进

二、技术传播理论

1. 理论内容

技术传播是一个社会系统内的个体或组织成员,在一定时间内,通过特定的渠道

传递技术创新知识并采用新技术的过程(罗吉斯,1995)。技术传播一般包括四个主要因素:技术发明、交流渠道、社会系统和时间。其中,技术发明是技术传播的标的,它被潜在用户采用的机会与其自身的特点密切相关,如比较优势、兼容性、复杂性、可测试性、可观察性、再创新性等。交流渠道是指个人和组织间进行信息、知识交换所通过的一定的渠道,例如个人间的交往、公司间的合作、学术会议、大众传播等。潜在用户接触到新技术并通过一定的渠道获得和积累了与之相关的知识和信息之后,才会作出采用或拒绝该项新技术的可能决策。由于技术传播都是在一定的社会系统中完成的,社会系统中的许多因素,如经济水平、技术设置、管理方式、价值观念等,都会对技术的这一传播过程产生比较长远的影响。

时间因素是技术传播的最后一个也是极其重要的因素。技术的传播是需要一个过程的。从新技术的潜在用户的角度考虑,其是否采用一个创新技术的决定过程包括五个阶段:了解阶段(获得知识、寻求信息、评估)、说服阶段(从自己的处境评估新技术的优缺点,减少不确定性和风险,产生接受或拒绝的态度)、决定阶段(作出采用或拒绝的决定)、实现阶段(使用新技术)和确认阶段(维持或改变原来的决定)。从一个社会系统的整体看来,技术采用者可以按时间序列分类为发明创新者、早期采用者、早期主体、后期采用主体和跟随者。相应地,整个技术传播过程又大致可以划分为早期准备、起飞、增长、稳定、下降五个阶段。这就是法国社会学家塔尔德(Tarde)在1904年提出,随后又进一步完善了的"S型传播曲线理论"的基本思想。可见,不论从哪个角度来探讨技术的传播过程,时间都是必须要考虑的重要因素。

1961年,曼斯菲尔德(E. Mansfield)创造性地将传播学中的"传染原理"和"逻辑斯谛"成长曲线运用到技术扩散的研究之中,从而建立起著名的"S型扩散模型"。

S型扩散模型的基本假设是技术扩散过程主要是一个模仿过程。一种新产品(由于新产品是创新技术的直接体现,因此在后面的解释中,我们经常将新产品和新技术视为可互换的概念)投入市场后,它的扩散速度主要受两种信息传播途径的影响:(1)大众传播媒介。传播产品性能中容易得到验证的部分(如价格、尺寸、色彩以及功能等),如广告等(外部影响)。(2)口头交流。传播产品某些一时难以验证的性能(如可靠性、使用方便性以及耐用性等),是已采用者对未采用者的宣传(内部影响)。

在传播过程中模拟者比率呈S型曲线(见图3-7),这正是"S型扩散模型"名字的由来。设 M 为潜在采用企业总数(即"采用企业"的上限),$N(t)$ 为到 t 时刻累积的采用创新技术的企业数。考虑到传播途径等多方面的影响,假设 t 时刻采用创新的条件概率是已采用企业数比例的线性函数 $p+\frac{q}{M}N(t)$(其中 p 为创新系数;q 为模仿系数),则 t 时刻采用创新技术的企业数 $n(t)$ 为

$$n(t)=\frac{\mathrm{d}N(t)}{\mathrm{d}t}=p[M-N(t)]+\frac{q}{M}N(t)[M-N(t)]$$

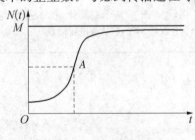

图3-7 S型传播曲线

式中：第一项 $p[M-N(t)]$ 代表创新技术采用企业中的创新者部分；第二项 $\frac{q}{M}N(t)[M-N(t)]$ 代表创新技术采用企业中的模仿者部分。

技术创新在企业间的传播扩散过程是非常复杂的，主要呈现以下三个方面特点。

(1) 在技术开发期或创新初期，技术只是基本成型，存在较大的风险，因此其传播速度较慢，技术扩散水平较低，表现为采用该项创新技术的累计企业数量 $N(t)$ 较少，增加的幅度也小。

(2) 随着时间的推移，技术基本定型，由于作为一种新技术可能带来较高的利润，对此技术有需求的企业迅速增加，相应地，采用该创新技术的累计企业数 $N(t)$ 也以加速度增长，且增长速度在 A 点达到峰值，也就是说，技术在这一时期的传播与扩散极快。

(3) 技术进入了成熟与衰退期。技术扩散进入这一阶段的原因有两个：① 由于使用这项技术的企业越来越多，使得利润率下降；② 由于其他新的替代技术的出现，对这项相对老的技术需求逐渐减少。这一阶段的表现为采用该技术的累计企业数 $N(t)$ 增加的速度不断减小，直至最后 $N(t)$ 趋近于潜在技术采用企业总数 M，不再增长。

2. 研究历史

1943 年，美国学者格罗斯(Neal Gross)和瑞安(Bryce Ryan)对美国艾奥瓦州农民传播高产量玉米品种的活动进行了研究统计，得到了采用新品种的农民数呈 S 型曲线增加的结论(见图 3-8)，从而验证了"S 型传播曲线理论"。

1944 年，拉查斯、费尔德等人提出了"二元性传播假说"，该假说认为，信息的沟通是通过大众传播媒介以及具有信息中枢作用的高层权威人物之间的交流才得以完成。此后，丹尼尔逊等人在研究第一号人造卫星发射成功这一消息的传播时对"二元性传播假说"进行了修正，认为相对于核心人物的交往，大众传播媒介在沟通信息方面的效果更为重要，在核心人物的交往中获取的信息也只有通过大众传播媒介的传播才能到达全社会。

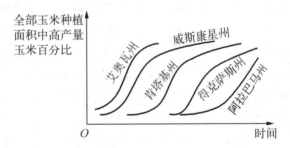

图 3-8 美国农民传播高产量玉米品种的统计

进入 20 世纪 60 年代，技术传播问题的研究不仅开始突破国界，走向国际化，而且突破了行业限制(以往的研究都是与农业技术的传播相关的)。标志性事件就是 1964—1968 年由罗杰斯(Everett M. Rogers)统一领导的一些国家的研究人员合作对巴西、印度、尼日利亚等国的农业技术传播进行了调研；以及曼斯菲尔德首次对工业经济领域的技术传播进行了研究，并得到工业技术传播速度取决于企业规模、新技术的预期利润率和企业增长率等因素的结论。

从以上技术传播理论的发展历史可以看出，技术传播理论的研究始终还是局限于一国内部的技术活动，即使开展国际合作研究，其研究对象也仍是在国内范围。另外，技术传播理论的研究都不涉及传播机制这一根本性问题。正是由于技术传播理论的这些局限性,人们对技术转移研究的注意力开始转向对于国际技术转移机制的研究。

第二节 国际技术转让理论

一、技术差距论

1961年,美国学者波斯纳(M. U. Posner)在他发表的《国际贸易与技术变化》一文中,提出了技术差距论(technological gap theory),也称技术差距模型(technological gap model),又称技术间隔论。该理论认为形成技术转移的原因在于国家间存在着技术差距。世界经济中存在着二元结构,世界技术领域也存在二元结构。技术领先的国家,具有较强的开发新产品和新工艺的能力,从而形成或扩大了其与技术落后国家间的技术差距,进而有可能暂时享有生产和出口某类高技术产品的比较优势。技术是由领先国家向落后国家转移的。

波斯纳在分析了技术领先国家拥有较强技术能力的原因后得出,人力资本是过去对教育和培训进行投资的结果,因而可以将其作为一种资本或独立的生产要素;而技术是过去对研究与开发进行投资的结果,因而也可以将其作为一种资本或独立的生产要素。但由于不同的国家对于研究与开发的投资情况和技术革新发展情况各不相同,因此各国的技术资源也就有所不同。这就是技术先进国与技术落后国之间存在着技术差距的原因。技术差距带来该技术产品的国际贸易。技术资源相对丰裕或者在技术创新中处于领先地位的国家,有可能享有生产和出口技术密集型产品的比较优势,凭借这种优势该国也取得了相关产品生产的垄断地位。随着该产品国际贸易规模的扩大以及该技术发展的日益成熟,为了追求更高的利润,技术先进国可能会通过多种途径和方式进行技术转让。而其他国家由于该项技术及其产品的经济示范效应而对其进行研究开发及模仿,或者直接从技术先进国引进,从而最终掌握该项技术,缩小技术差距。相应地,该技术产品在技术先进国与技术引进国之间的贸易量也逐渐减少,直到技术引进国能自主生产满足国内需求的商品数量时,该技术产品的贸易就停止,两国间原有的技术差距也就消失。

该理论还提出了"模仿时滞"问题。模仿时滞指的是其他国家模仿创新国家的新技术产品需要一定的时间,这段时间的起止点分别为技术差距产生和由该项技术引起的国际技术贸易终止(见图3-9)。因为该时滞的存在,技术差距才能使创新国家在模仿期间内具有技术及其项下产品生产的垄断优势。模仿时滞可分为三个阶段:需求时滞、反应时滞和掌握时滞。需

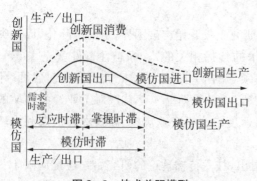

图3-9 技术差距模型

求时滞是技术创新产品出口到他国,由于消费者尚未注意或不了解,而不能取代原有的老产品的时间间隔;反应时滞是技术创新国生产新产品到进口国生产商开始模仿生产该产品的时间间隔;掌握时滞是从技术出口国生产商开始模仿并生产技术创新产品到熟练掌握该技术的时间间隔。时滞效应也是解释国与国之间存在技术差距的原因。

1963年,哥登·道格拉斯(Gordon Douglas)运用模仿时滞的概念,解释了美国电影业的出口模式。道格拉斯认为,一国在技术上的领先优势会为其获得产品优势提供坚实的基础。因此,一旦某个国家在给定产品上拥有技术领先的优势,该国就将在相关产品上继续保持这种技术领先的优势。经过分析,道格拉斯认为,美国由于自身信息及处理技术非常先进,从而使其电影业拥有在全世界范围内的技术领先优势,因此,美国应选择出口电影产品,这样能使其在继续保持对他国技术优势的同时,获得相应的利益。事实也证明了他的观点。

1966年,盖·瑞·胡佛鲍尔(G. C. Hufbauer)利用模仿时滞的概念,解释了合成材料产业的贸易模式。他认为一个国家在技术转移中的模仿时滞以及该国在世界合成材料市场的地位可以决定该国在合成材料出口市场的份额。为了证明自己的观点,他将各国按其模仿时滞的时间长短进行排序。他发现,模仿时滞短的国家最先引进新合成材料技术,并且开始生产和向模仿时滞长的国家出口。最初的时候,在贸易中,模仿时滞长的国家只处于进口的地位。随着技术的传播,模仿时滞长的国家也逐步开始引进新合成材料技术进行相应的生产,并逐步取代模仿时滞短的国家的出口地位。由上述事实可以发现,对技术差距理论的经验研究支持了技术差距论的观点,即技术差距是理解国际技术贸易的最重要的因素。

技术差距论事实上可以说是比较优势理论在国际技术贸易领域的运用。但这种理论没有具体分析"技术差距"的种种形态,只看到了技术先进国与技术落后国之间存在的技术差距,仅仅说明了国际上垂直的技术转移,而没有办法解释技术水平大致相同的国家之间为什么也存在技术转移,即水平转移的情况。

二、学习曲线效应

第二次世界大战时,有人根据相关资料研究发现,飞机生产数量的递增与单位产品的平均直接工时成反比,即当累计产量较小的时候,平均直接工时较大;累计产量较大时,平均直接工时较小。这种现象被人们称为"学习效应",用学习曲线来表示。学习曲线(learning curve)反映的是这样一个过程:随着生产产量的累积增加,企业掌握的技术经验日益丰富,从而生产的平均成本不断降低。它表明了产品的平均成本与生产者的累计总产量之间的反向关系(见图3-10)。

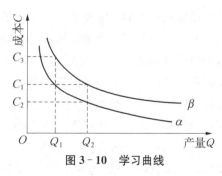

图 3-10 学习曲线

图3-10中的曲线 α 表示,当产量由 OQ_1 上升到 OQ_2 时,单位产品的平均成本由

OC_1 下降到 OC_2，这就是学习曲线效应。在技术转移中学习效应的作用尤为突出。假设我们以曲线 β 来表示先进技术企业的学习曲线，而曲线 α 则是技术落后企业引进先进技术后的学习曲线。图中 α 位于 β 下方，这是因为相同产量的情况下，如产量为 OQ_1 时，技术引进企业的生产成本 OC_1 低于技术输出企业的生产成本 OC_3，这可能是由于技术引进国的劳动力生产成本更低。这样，技术输出企业如果想要保持原有的产品优势，就必须使企业的产量倍增，比如达到 OQ_2。但由于市场容量的限制，产量基数较大的技术输出企业要进一步提高产量是比较困难的；而技术引进企业的产量基数是较小的，因此市场容量对其产量增长约束也较小。

基于对学习曲线的分析可以看到，通过贸易与投资这些产生"学习效应"的基本渠道，后起企业通过学习能够获得比先进企业更多的收益。

三、后发优势论

后发优势论由美国经济学家亚历山大·格申克龙（Alexander Gerschenkron）于1961年提出。他在《经济落后的历史回顾》中提出了"后发优势"（advantage of backwardness）理论。他在论文中分析了19世纪比英国工业化起步时间晚的德国、意大利、俄国等国家的工业化进程，认为工业化前提条件的差异对发展的进程有较大的影响。一个国家在其工业化初期，相对于他国落后程度越高，其后的工业化进展反而越快，往往以突变的方式进行。他提出了一个后进国家追赶先进国家的经济增长模型，其假设条件为：后进国家可以利用先进国家已经开发出来的技术，同时采用当代"最优做法"，这使得落后具有了相对积极的作用，替代了先进国家开始工业化时必须具备的某些先决条件。所谓后发优势，就是由后发国地位所致的特殊益处，这一益处先发国没有，后发国也不能通过自身的努力创造出来，而完全是与其经济的相对落后性共生的，是来自落后本身的优势。可以从上述理论中发现，该理论所强调的"后发优势"更多地体现在利用先进国家在发展过程中的经验和已创新的技术上。而且，该理论还认为：后进国家所存在的后发优势是后进国家积极引进技术的主要原因。

虽然从目前的经济技术发展水平看来，发展中国家处于落后地位，但是这种落后中也存在着一种潜在的优势。从历史上来看，第二次世界大战后，日本、新加坡等国都是充分利用后发优势，在立足于本国科技、资源的基础上，大规模地利用先进国家已创新的技术来提升国内产业结构和促进经济发展。而且，经过短短几十年的发展，这些国家的经济实力的确都有了突飞猛进的发展，有效地缩短了与先进国家的差距，甚至后来居上。该理论的现实意义在于以下三个方面。

首先，后发优势理论承认不同类型的国家之间存在着经济差距，而且有时这种差距是巨大的。同时，该理论也提出了发展中国家可以从这种差距中获得利益的论断。用格申克龙的话说，就是："一个国家工业化起步越晚，实现其追赶的速度就越快。"对于发达国家来说，其目前的发展成就经历了长时期的知识存量增加、实现技术进步和经济发展的过程，而且每取得一定的技术进步都要经历科学发现、发明创造、技术应用、技术改进和技术扩散五个阶段。但是,由于后发优势的存在,技术落后国家不必重复上述漫长的过程,而可以通过大规模的技术引进缩短技术的研究开发时间,尽快地缩小与发达国家之间的技术差距,进而实现经济的跨越式发展。历史上有许多落后国家成功赶超先进国家的例子:英国18世纪超过荷兰;19世纪,经济实力并不强的美国,从欧洲大量引进先进技术,而且积极网罗欧洲优秀的技术人才,从而使美国在20世纪一跃成为世界头号经济和科技强国;另外,日本在第二次世界大战后用了短短几十年便一跃成为世界第二号经济大国,根本原因也在于充分利用了这种后发优势;还有如亚洲"四小龙"等。可以说,世界经济史是一部世界经济发展不平衡、后进国家赶超先进国家的历史。

其次,尽管发展中国家和发达国家间存在着很大差距,但是发展中国家仍存在着赶超先进国家的潜能,这种潜能就是后发优势。例如:发展中国家经济中普遍存在二元经济结构(即发展中国家内部劳动力无限供给的农业部门与现代化的工业部门并存)以及各种非均衡现象,因此,一旦发展中国家采取得当的政策措施扭转这一局面,那么发展中国家的经济实力将有极大的提升,其经济增长率将远远超过当前的发达国家,而这就是发展中国家在结构调整方面所具有的后发优势。这一后发优势的特点在于资源再配置潜力与结构变化而引起的经济增长。当然,要做到这一点,还需要发展中国家善于通过政策手段和制度安排来构筑后发优势形成的基础。此外,发展中国家所拥有的后发优势还包括发展中国家具有很大的选择性,他们可以吸取先进国家的经验教训,避免走弯路,在立足自身实际情况的基础上,选择最优的发展道路。另外,随着经济全球化进程和技术创新步伐的加快,发达国家的资本、技术不断向其他国家,尤其是发展中国家转移,这也为发展中国家利用后发优势、赶超先进国家提供了历史机遇。

最后,该理论认为在后进国家追赶先进国家的过程中,"精神意识"等民族力量是十分重要的因素。正如格申克龙在他的理论中所强调的,"精神""意识形态"等智力因素在后发国家与先进国家间存在着很大的不同,落后国家强烈的赶超意识有可能形成全民族的合力,成为推动经济社会发展的强大力量。

四、适用技术论

适用技术论由印度经济学家雷迪提出,适用技术即适合发展中国家使用的技术,其适用性主要体现在引进成本、附加条件及生产适用性等方面。适用技术可以包括先进技术、尖端技术,也可以包括中间技术甚至原始技术。该理论认为,技术是在一个国家社会体系、价值体系、技术体系与自然条件的相互关系中产生转移并被加以利用的,因此,所引进的技术应该能够适应各种社会条件并能以正确的方式来满足社会有效需求。由于发展中国家所需要的技术不一定为发达国家所拥有,或者发达国家的先进技术对发展中国家不一定适用,因此,发展中国家在引进技术时,应该从本国的国情出发,在综合衡量本国的生产要素现状、市场发展规模、社会政治文化环境、国民吸收创新能力的前提下,根据最小投入和最大收益的原则,选择最适合本国发展水平的技术。在此基础上,雷迪又提出了发展中国家在技术选择时应追求的三个目标。

(1) 环境目标。现代经济中,经济发展过程中往往伴随着环境污染、资源浪费和生态失衡,而且如果采取粗犷的经济发展方式,往往会付出惨重的代价。环境保护目前已成为世界性的目标,因此,适用技术应该能够提高自然资源的利用率,节约资源,循环使用各种材料,减少环境污染。

(2) 社会目标。适用技术的引进和利用应该能与传统文化交融,在最大限度地满足人类的基本需要,提供更多、更好的就业机会的同时,促进社会和谐发展。

(3) 经济目标。引进适用技术能够有效地缩小发展中国家与发达国家的技术差距,并真正地促进经济的快速发展,广泛地提供就业机会,促进经济平衡发展。

梯度论和跳跃论是适用技术论的两种具体提法。梯度论认为由于各国经济发展不平衡,以致形成技术若干个梯度的划分,技术转移按梯度依次进行。至于到底应该将技术划分为几个梯度,有人认为可分为尖端技术、中间技术和基础技术三个梯度。处于基础技术水平的国家,即大多数发展中国家,只能先引进技术先进国家(一般指发达国家)的基础技术或中间技术,随着其技术水平的发展,再引进尖端技术,采取逐步过渡的方式进行。

跳跃论则认为,引进技术不一定必须按梯度进行,处于基础技术水平(第三梯度)的国家可以根据其经济发展需要引进先进国家的尖端技术(第一梯度),即进行跳跃式技术引进(见图3-11)。

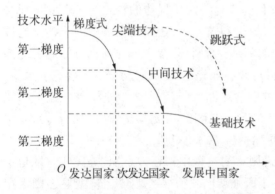

图3-11 梯度式技术转移与跳跃式技术转移

有人认为,不同的年代适用的理论不同。在过去,交通、电信等信息传播能力极不发达,生产力水平较低,因此,梯度技术转移论更为适用。但今天已进入信息社会,信息传输准确快捷,交通运输能力也极大提高,这些条件使得技术跳跃式转移成为可能,即国家间的技术转移完全可以从第一梯度直接过渡到第三梯度,因此,跳跃技术转移论也是适用的。也有人认为,发达国家间的技术转移属于跳跃式转移,而发展中国家间的技术转移只可能是梯度式转移。这种理论的必然结果就是发展中国家永远落后于发达国家。还有人认为,在世界范围内技术转移方式是混合式的,有的国家间的技术转移是跳跃式的,有的国家间的技术转移是梯度式的。但这种混合式的技术转移一般不会同时出现在同一个国家。

从某种意义上来说,技术水平确实存在适用性,技术转移也确实存在梯度式,这是客观现实。对于发展中国家来说,关键问题在于如何对待这种现实。发展中国家不能离开技术的适用性去片面追求先进的高精尖技术,发达国家也不应该以技术的适用性和转移的梯度性为借口,对发展中国家一味转移中间技术甚至是过时技术。发达国家应当从缩小南北差距的立场出发,不仅应与发展中国家共同开发真正适用于发展中国家的技术,还应当帮助发展中国家逐步发展高新技术,以促进国际技术协作的发展,进而真正地推动世界经济的进步。

第三节 技术与经济增长理论

一、新古典增长理论

早期的经济增长理论是以哈罗德—多马模型为代表的。20世纪40—50年代,哈罗德与多马分别提出了国民收入增长与相关变量的模型。哈罗德在模型 $G=s/c$ 中指出,经济的增长 G 与储蓄率 s 以及资本—产出比 c(即生产单位产品所需的资本量)存在着密切的关系。多马则在他的模型 $G=\delta \times s$ 中指出,经济增长与资本生产率及储蓄率紧密联系。其中,他把 δ 定义为资本生产率,也就是单位资本引起的产量的增量。显然,$\delta = 1/c$。两人的模型实质上是一致的,因此被合称为哈罗德—多马模型。

但是,哈罗德—多马模型存在着明显的缺陷。此模型假定资本—产出比是固定不变的,这实际上排除了技术因素对于经济增长的影响。显然,该假定使得模型在研究长期经济增长问题上不太适用,因为进入资本主义社会之后,生产力迅速发展,很难想象几十年技术水平维持不变。这一问题被美国经济学家索洛(R. Slow)称为"刃锋问题",即根据该模型,实现经济稳定增长就像是在刀刃上行走一样,几乎是难以实现的。20世纪50年代后期,针对哈罗德—多马模型的缺陷,索洛对哈罗德—多马模型进行了创造性的突破,从而开创了新古典经济增长理论。

索洛的新古典经济增长模型相较于哈罗德—多马模型的突破在于:第一,索洛认为资本—劳动比和资本—产出比都是可以按需要进行调整和变化的,而哈罗德—多马模型中则是固定不变的;第二,索洛假定资本和劳动是可以相互替代的,在完全竞争的条件下,工资和利润的水平由劳动和资本的边际生产率决定,充分就业均衡可以通过市场机制调整生产中劳动和资本的组合来实现,因而资本和劳动力都可以充分利用,这是哈罗德—多马模型所不包含的假定;第三,索洛考虑了技术进步,但认为它是一个具有固定趋势的常数。

在以上假定的基础上,索洛建立了新古典经济增长模型,又称索洛—斯旺模型。在中性技术进步,即产出增长型技术进步情况下,索洛将新古典生产函数写为

$$Y = AF(K, L) \tag{3-1}$$

式中:Y 表示产出;K 表示资本;L 表示劳动;A 表示技术水平。式(3-1)反映的是一段时间内技术变化的累积效应。对该式进行全微分,并在两端同时除以 Y,有

$$\frac{dY}{Y} = \frac{dA}{A} + \frac{\frac{\partial f}{\partial L}L}{f(KL)}\frac{dL}{L} + \frac{\frac{\partial f}{\partial K}K}{f(KL)}\frac{dK}{K} \tag{3-2}$$

令 $\alpha = \dfrac{\frac{\partial f}{\partial K}K}{f(KL)}$,表示资本的产出弹性因素(或权数);$\beta = \dfrac{\frac{\partial f}{\partial L}L}{f(KL)}$,表示劳动力的产出

弹性因素(或权数)。索洛将所有其他因素诸如经济的加速和减速、劳动教育质量的改进、各种移动生产因素的因素等都归到 λ 之中,并命名为"全要素生产率",$\lambda = \dfrac{dA}{A} = \dfrac{\Delta A}{A}$。将 α, β, λ 代入式(3—2)中,就得到了索洛模型的核心的表达式

$$\frac{\Delta Y}{Y} = \lambda + \alpha \frac{\Delta K}{K} + \beta \frac{\Delta L}{L} \tag{3-3}$$

式中:$\dfrac{\Delta Y}{Y}$ 表示经济增长率;$\dfrac{\Delta K}{K}$ 表示资本增长率;$\dfrac{\Delta L}{L}$ 表示劳动力增长率。因此,该方程又被索洛称为"增长速度方程",它表明产出的增长速度由技术变化的速度、资本增长速度的加权值和劳动增长速度的加权值三部分组成。

1957年,索洛在其发表的论文《技术变化与总量生产函数》中,根据1909—1949年美国私营非农业部门各年份的统计数据,运用全要素生产率分析法对新古典增长模型进行了检验。他发现,这期间美国的产出水平增长了1倍,其中资本与劳动对总增长率的贡献约为12.5%,而其他因素对总增长率的贡献约为87.5%。索洛认为,除资本与劳动外,对经济增长有着重要贡献的剩余量就是技术,这个剩余量又叫作"索洛剩余"(Solow residual)。后来的学者对索洛剩余进行了进一步的研究分析,认为这部分因素可能包括技术进步、规模经济、市场扩大等诸多因素。总之,在索洛的研究成果基础之上,其他学者的研究成果逐渐发展成为新古典经济增长理论的一条重要分支——"技术进步论",以强调技术因素在经济增长中的关键作用。

二、内生增长理论

20世纪80年代,为了解决经济科学中一个重要的课题——增长的根本原因,以罗默(Romer P.)、卢卡斯(Lucas R.)为代表的一批经济学家对新古典经济增长理论进行了重新思考,提出了一组以"内生技术变化"为核心的理论,探讨了长期经济增长的可能前景,沉寂了近20年的经济增长问题重新吸引了人们的目光,从而掀起了一股内生增长理论(endogenous growth theory),也称"新增长理论"(new growth theory)的研究浪潮。

内生增长理论虽然被称为一个理论,但事实上它是一些经济学家提出的诸多增长模型的一个松散集合体,不过这些要素有一个共同的特点,那就是都认为知识或技术如同资本和劳动一样是一种生产要素,是"内生的",是由谋求利润最大化的厂商的知识积累所推动的。新古典经济增长理论却是将技术看作外生变量,认为它是某种随机的、偶然的东西。研究经济发展史可以看出,尽管某些特定的技术突破或知识的出现也许是随机的,但技术进步确实与人们为其投入的资源有着紧密的关系。技术进步究竟如何与经济增长相联系,下面以最具代表性的罗默的理论来对内生增长理论的体系进行简单的介绍。

罗默认为,技术知识具有独特的性质,它既不是传统的私人产品,也不是一般的公共品,而是介于两者之间的具有非竞争性和部分排他性的产品。技术由专门生产思想的研究部门生产,然后以两种方式进入生产:一方面技术会用于中间产品,进而通过中间产品

数量和种类的增长提高最终产品的产出;另一方面,技术变化能增加总的知识量,通过外溢效应提高研究部门的人力资本生产率,从而实现经济的长期增长。

内生增长的主流思想认为经济长期增长的实现过程中收益的递增不仅是普遍的,而且是必需的。这一点揭示了经济增长的源泉与动力,突破了传统增长理论(包括新古典经济增长理论)关于收益递减或不变的假定。罗默认为,知识的非竞争性决定了一个人对知识的运用并不妨碍他人对这种知识的运用,而且他人运用的成本相对较低,即知识具有外溢效应。正是知识的这种外溢效应和知识产生的递增的生产力一起使知识本身形成了递增收益,同时使得资本、劳动等其他要素也取得了递增收益(当然,资本、劳动这些生产要素自身是受收益递减规律的制约的),从而导致了无约束的长期经济增长。正是由于知识能够突破收益递减规律的限制,通过不断变化各种投入要素的组合方式,不断拓展边际生产力递增的无限空间,因此,一国的经济增长主要取决于内生化的知识积累、技术进步以及专业化的人力资本水平。

关于如何使一国经济实现持续增长,内生增长理论认为应该进行国际贸易和促进知识的国际流动。这是因为,对外开放和参与国际贸易可以产生一种外溢效应,即国与国之间开展贸易不仅可以增加世界贸易总量,而且可以加速先进技术、知识和人力资本在全球范围内的传递,因而知识和专业化的人力资本能够在贸易伙伴国国内迅速积累,从而提高贸易国的总产出水平和经济增长率。因此,在内生增长理论家看来,国际贸易不再是一方受益另一方受损的"零和博弈"(zero-sum game),而是能够实现双赢的"正和博弈"(positive-sum game)。

关于政府的作用问题,内生增长理论认为,由于一国长期经济增长是以人力资本、知识或技术进步为核心的内生变量决定,而这些内生变量对政府政策(特别是财政政策)是敏感的,容易受政策的影响,因此应该重视政府政策对经济增长和发展的重要作用。但与凯恩斯主义不同,内生增长理论家认为各国政府不应该过多地关注经济周期,忙于进行"相机抉择"的微调和寻求操纵"软着陆"。根据内生增长理论,实质性决定经济周期过程的是知识与技术创新过程,经济周期只是创新周期的表象。如果把经济增长看成是一条长期上升的曲线,那么经济周期就是围绕该线的小的波纹线,而决定长期内曲线高度的是该线的斜率而非这些波纹线。因此,罗默等内生增长理论家主张政府应着力于能促进知识与技术创新的各种政策及政策组合,而不应仅仅忙于"相机抉择"。

三、长波理论

长波(long wave)又叫长周期或康德拉季耶夫(Kondratieff)周期,主要指资本主义经济增长过程中长达50—60年的明显的规则性波动。1925年,俄国的经济学家康德拉季耶夫在其论文中发表了对长波进行的系统性统计研究结果,证明了长波的存在,从而将长波理论引入了经济增长的研究领域,他因此被称作"长波之父",长波理论便由此诞生。

康德拉季耶夫归纳总结了长波变动过程中五个方面的特征。

(1) 在长波上升期,繁荣年份较多,下降期则以萧条年份为主。

(2) 在长波下降期,农业常出现显著而漫长的萧条。

(3) 在长波下降阶段经常出现许多重要发明,并在下一个长波的上升阶段得到大规模的应用。

(4) 在长波上升阶段初期,黄金产量会增长,世界市场也因新兴国家(特别是殖民地国家)的加入而扩大。

(5) 长波上升阶段往往发生战争与革命。与早期的长波理论不同,他认为科学发现与发明、战争与革命、世界经济中新国家的参与、金矿的发现等现象是长波产生的结果而不是原因。

熊彼特批判式地继承和发展了康德拉季耶夫的长波理论,开创了技术创新的长波理论,并在其1939年著作《商业周期》中进行了阐述。他认为,一定时期内重大技术创新集群的出现所带动的投资高涨,以及技术革命潜力用尽后所导致的投资衰落,是推动经济发生长期波动的基本原因。因此,他认为每一个康德拉季耶夫长波都与一次技术创新的高潮相吻合。为了更好地说明长期波动的方式,他提出了以下两个重要的假设。

(1) 创新是推动经济增长的最重要的动力。

(2) 创新不是一个连续的过程,而是以"蜂聚"的形式出现的。

关于创新蜂聚出现的原因,熊彼特曾这样解释:"一旦当社会上对于某些根本上是新的和未经实验过的事物的各种各样的反抗被克服之后,那就不仅重复做同样的事件,而且也在不同方向上做类似的事情就要容易多了,从而,第一次成功就往往产生一种集群(蜂聚)的现象(可以用汽车工业的出现为例来说明)。"①他的这一解释有两层含义:第一,首次创新会比随后类似的创新艰难得多,一旦突破入门障碍,会给随后的创新带来外部性;第二,创新是一个学习的过程,前面的创新会给后面的创新留下许多经验。他还指出,在企业家引入创新之后,经过一个所谓的"创造性毁灭"的过程,创新就会扩散于整个经济。"创造性毁灭"是指创新产生出全新的部门和技术,削弱了旧部门和旧技术的地位。在最初阶段,创新产生出高额利润,随着模仿者蜂拥而至,这种高额利润因竞争而消失。按照熊彼特的划分,到他所处的年代为止资本主义历史上出现了三次长波(见表3-3)。

表3-3 熊彼特对资本主义历史上三次长波的划分

	长波上升期	长波下降期	主 要 创 新
第一次长波 (工业革命时期)	1787—1813	1814—1842	蒸汽机替代水力,煤铁代替木材
第二次长波 (资产阶级革命时期)	1843—1869	1870—1897	纺织工业的出现,铁路和蒸汽轮船的出现
第三次长波 (新重商主义长波)	1898—1924	1925—?	钢代替了煤,电力工业和化学工业的创新,内燃机和狄塞尔发动机的出现

---

① 约瑟夫·熊彼特:《经济发展理论——对于利润、资本、信贷、利息和经济同期的考察》,何畏、易家详等译,商务印书馆1991年版。

但熊彼特的创新概念却很不清晰,尽管他强调的是产品创新,但也谈到了工艺创新,还包括了组织创新以及新市场的开辟等因素。20世纪70年代,随着新的一轮世界经济衰退的到来,长波理论再次引起人们的关注。"新熊彼特"学派的代表人物,德国经济学家门斯(Mensch)在《技术的僵局》(1975年)一书中明确将技术创新区分为三类:基本创新、改进创新和虚假创新。他认为基本创新导致了全新产品的出现和全新产业的创立;改进创新是对成熟产业潜力的进一步挖掘;而虚假创新则只是一个步入"穷途末路"的产品或产业的"苟延残喘"。门斯利用这三种创新分析了长波周期的全过程。基本创新导致了新的产业和产业集群的出现,它们共同带来了繁荣。但是,这些行业本身都存在着"引入—成长—成熟—饱和—下降"式的S型生命周期。在这些产业的发展过程中,会出现从基本创新(产品创新)到改进创新(工艺创新)的转变,而一旦进入需求饱和阶段,增长就终止了,接下来就是他所谓的"技术僵局"——"不死不活"的萧条阶段。"缺乏基本创新"则是僵局出现的原因。在这一阶段,虽然有一些技术知识正在等待着转化为新的创新,也出现了手握"新组合"的企业家,但是,只有在周期的波谷(也即从衰退到复苏的转折点),当利用殆尽的技术所带来的利润低到令人不堪忍受时,资本才能克服对承担风险的厌恶,投入新的、可获得的基本创新。从而,门斯得出了一个重要结论:基本创新一般是在长波萧条阶段成群出现的。

尽管自出现以来,关于长波的批评与争论从来没有停止过,但无疑长波理论从其特殊的视角指出了资本主义经济动态发展的一般规律,对于经济增长的研究具有一定的借鉴作用。

第四节 技术与国际贸易理论

一、技术转移论

日本著名经济学家斋藤优在对技术创新在当代社会中的地位和作用进行深入考察的基础之上,提出了"技术立国"的主张,强调了技术开发与技术转移在促进发展中的重要作用。他的建议被日本政府作为20世纪80年代的基本国策。在政府的推动下,日本的技术发展经历了一个从以技术转移为主到以技术开发为主的技术进步过程。斋藤优的主要理论包括技术转移周期论、需求与资源关系假说等,主要在《技术转移论》和《技术开发论》等著作中进行了阐述。

(一)技术转移周期论

该理论认为,技术持有者可以通过三种方式来利用他的新技术:将新技术商品出口、对外直接投资和对外技术转让,而这三种方式是按照一定的周期来进行的。

技术创新之后,占有技术的企业总是先自己利用该项技术生产产品。由于采用了新技术,该产品在市场竞争中具有一定的垄断优势,企业可以借这一优势占据国内外市场,以获得最大利润。因此,这一阶段,技术持有者采取的利用新技术的方式是出口新技术商品。

随着产品的生产规模和销售量不断增加,当依靠产品出口的企业的收入水平上升到最高点时,就会呈现出下降的趋势。此时,为了维持企业的收益水平,技术持有者就会选择其他方式来更好地利用新技术,这种更适宜的方式就是直接投资。通过在当地投资生产并进行销售,企业下降的收益将再次上升,从而又获得巨大的利润。

由于新技术产品产生巨大的市场示范效应,当地企业会竞相模仿生产该产品。当这些企业的技术水平提高到一定程度,模仿产品的产量大量增加时,技术持有者的收益会又一次下降。这时企业便转向另一种方式——技术转让,从而充分利用该技术的价值,再一次获得相关的利润。

技术转移周期论认为,企业的发展周期,即收益的变化调节着新技术产品出口、对外直接投资和对外技术转让这三种方式所形成的一个周期循环,从而解释了关于技术转移的机制问题,揭示出技术转移是技术产生后发展的必然结果,是产品周期循环的内在趋势。

(二) 需求与资源关系假说

1979年,斋藤优在其专著《技术转移论》中提出了需求资源关系假说,当时称为"NR关系假说"。后来,在其1986年9月出版的新著《技术转移的国际政治经济学》中,斋藤优把这一假说作为一种理论加以运用。N(needs)即需求,包括各个方面、各个领域、各种层次的需求;R(resources)即资源,包括人才、资本、设备、信息等。他认为,正是"NR关系"的格局和态势,决定着具体国家、地区、企业间的技术转移、技术开发和技术创新的战略和行为。不同国家、地区、企业间的"NR关系"的对比状态决定了它们之间技术创新、技术转移的战略行为。

该假说认为,一国国民经济的发展以及其他经济活动的顺利开展需要该国的资源(R)与需求(N)相适应。但一国国民的需求N很难与资源R相互吻合,也就是说NR关系不适应,从而会阻碍该国经济的正常发展。斋藤优指出,解决NR关系不适应性的途径有两个:技术开发和技术引进。技术开发和创新一方面能够节约资本、劳动力、原材料,另一方面也可能开发出新的原材料和资本,从而能够更好地满足该国经济发展的需要,实现资源与需求相互适应。另外,通过技术转让可以让本国充裕的技术要素转移到其他需要该技术的国家,从而获得较高的收益;还可以引进本国缺少的技术,解决经济发展中的技术缺口问题。对于技术发展相对落后的国家来说,技术引进尤其重要。因此,可以看出,NR关系的不适应性是促进技术开发、技术革新的动力,也是国际技术转移的动机。

原先的NR不适应的矛盾通过技术开发和国际技术转移机制的协调与配置得到了暂时的解决,即一国经济发展中的需求与资源关系得到了暂时的平衡。但随着世界经济不断向前发展,这种暂时的平衡关系又会遭到破坏。为了使NR关系重新相互适应,需要进行新一轮的技术创新和通过国际技术转移机制引进新的技术。这样,在需求和资源的不断适应中各国的经济得以向前发展。某个国家的NR关系是这样,世界各国间的NR关系也是如此,而且由于所处经济发展阶段不同,各国有着不同的NR关系,即使发达国家之间、发展中国家之间也有不同的 N,需要不同的 R 来平衡相互间的 NR 关系。一国可以将其充裕的技术转移到其他需要这种技术的国家,而引进自己需要的技术。国际技术转移机制就是在这种 NR 关系的不断循环互补中形成的。

这种两国之间 NR 关系的互助互动,包括需求与资源转移、信息交流、多样化的技术转移渠道、技术转移机制与技术转移基础设施(包括专利制度、技术教育、培训制度等制度性因素,以及交通、通信设施、研究开发机构、大学等硬件因素)等。NR 关系的国际展开越广泛、越活跃,技术转移也就越容易。但是这种 NR 关系结构所具有的动力机制能在多大程度上发挥作用,还取决于影响技术转移的四种速度因素:(1)某国最初尝试一种新产品的速度或者说需求时滞;(2)在新产品引入国内市场后其在消费者中间的扩散速度;(3)某国从国外获取生产技术的速度,或者说模仿滞后率;(4)一旦生产技术从国外进入后,国内生产者采用新技术的速度。

二、产品生命周期理论

1966 年,哈佛大学教授雷蒙德·维农(R. Vernon)发表了《产品周期中的国际贸易和国际投资》一文,并在文中提出了产品生命周期理论。他认为一个企业参与国际贸易,是为了顺应产品变动周期,以发挥某些产品生产上的比较优势。此后,维农又与基辛(D. Keesing)、格鲁伯(W. Gruber)、麦塔(D. Melta)等经济学家一起将该理论引入了技术创新和技术扩散领域,从而对国际贸易的形成与贸易地理方向的转移进行了技术上的解释。

为了理解产品生命周期理论,首先应注意该理论的三个假设条件。

(1)生产要素禀赋理论(即赫克歇尔—俄林理论)是适用的,一国将集中生产并出口那些该国丰裕生产要素的密集型产品,而进口那些本国稀缺生产要素的密集型产品。

(2)信息和技术在区域间和国家间的流动是受到限制的,而产品的生产和销售特征经过一段时间后是会发生变化的。

(3)生产过程呈现规模经济的特征,而这一特征与市场特征(如消费者偏好)都可能随着时间的推移而发生变化。

在以上假定的基础上,维农将产品生命周期大致划分为新产品、成熟、标准化三个阶段,并认为由于供给条件、需求条件、技术条件的变化,生产优势、出口优势会在创新国、发达国家、发展中国家三类国家间发生转移(见图 3-12)。

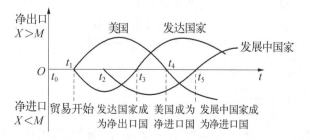

图 3-12 产品生命周期模式

新产品阶段是指产品开发和投产的最初阶段。一般来说,新产品的创新开发初期,需要大量的技术及资本的投入,高昂的研发成本也就成为企业必须面临的问题,而且新产品的开发还面临巨大的风险,包括市场风险(与消费者需求相悖)、政治风险(其他国家进口限制)、文化风险等。因此,这种高成本、高风险只能由发达国家的富裕厂商来承担。另外,发达国家拥有大量的技术工人,这样就使生产变得具有灵活性,从而在一定程度上降低生产风险。完善的市场也是新产品开发必不可少的条件之一,而这种完善的市场条件一般只有在发达国家才能真正存在。维农将创新国设为美国来进行分析。

产品成熟阶段是指产品及其生产技术逐渐成熟的阶段。产品的价值功能已经为发展水平相当的国家和消费者所认识,国外市场如西欧、日本等高收入的发达国家对该产品的需求逐渐强劲,同时技术的成熟促使生产者不断扩大规模,而生产的规模效应赋予了创新国在新产品上的生产优势和出口优势,从而导致该产品的出口大量增加。与此同时,其他发达国家厂商开始模仿或引进先进技术从事该产品的生产,出现同时出口、同时生产的局面。由于生产规模的扩大需要大量的资本投入,在这一阶段,新产品属于资本密集型产品。资本密集的生产技术差距成为贸易发生的原因。

产品标准化阶段是指产品及其生产技术的定型阶段。生产技术表现为专门的生产设备、流水线和大批量生产,使产品生产达到了标准化。此时,非技术型熟练劳动力成为产品成本的主要部分,原新产品成为劳动密集型产品。发展中国家有能力进行生产,不仅以国内生产替代进口,而且开始向发达国家大量出口。技术创新国由于不具备非技术型熟练劳动力的成本优势,会将技术转让给发展中国家,由产品的出口国转变为产品的进口国。这一阶段,非技术型熟练劳动力的工资差距成为贸易发生的原因。

产品生命周期理论是第二次世界大战后出现的现代国际贸易理论之一。虽然后来的实证研究表明,并非所有经济部门都以产品周期为动态特征,但是该理论能够很好地诠释以高新技术为特征的经济部门的贸易模式。这一动态的贸易理论表明,在产品的生命周期中,制造这种产品的生产要素比例会发生变化,创新国的技术优势会逐渐丧失,贸易的地理方向会产生转移,贸易结构也会发生变化。在不同的产品周期阶段,由于各国具有不同的技术优势,创新国跨国公司有对外投资的动力,对外投资客观上又带来了技术的扩散,从而使技术发明国丧失了在某种产品生产上拥有的技术优势,并将这种优势转移给其他国家,导致贸易的地理方向发生转移,即创新国从出口国变为进口国,模仿国从进口国变成出口国,从而也带来了这些国家贸易结构的变化。这一理论也表明,从动态的角度看,建立在各国技术差异基础上的国际贸易优势不是一个长期不变的量,高新技术产品是一个相对的概念,如果技术发明国不能不断发明新的技术,其技术优势,从而是贸易优势将会消失。日本在某些高新技术产业和贸易中通过模仿、创新超越美国就是一个很好的例证。

三、南北贸易模型

1979年,克鲁格曼(Paul Krugman)发表了题为《创新、技术转让和世界收入分成的模型》的论文,结合国际贸易格局的动态研究,对产品生命周期理论的发展作出了重要贡献,率先建立了南北贸易中技术转移的一般均衡模型。

克鲁格曼使用了一个要素——劳动,考察了两个地区——南和北,将众多产品分成了两类——新和旧,从而建立了一个一般均衡模型。假定北方国家(即发达国家)以一定的速度进行技术创新,而南方国家(即发展中国家)则是缺乏产品技术创新能力的。因此,北方国家总是出口新的、高技术的产品,而低工资的南方国家总是生产和出口"旧"产品(技术已标准化的产品)。南方国家能够生产过去由北方国家垄断生产的产品是技术转移的结果。北方国家把新产品的生产转移到南方国家的好处在于:一旦南方国家掌握了该技术,它们就能够用比前者低得多的生产成本来生产出同样的产品。生产成本上的差异产生了潜在的经济利润,并刺激北方国家的厂商将产品的生产转移到南方国家去,同时刺激南方国家的厂商模仿北方国家的先进技术。假定南方国家和北方国家对"新"产品和"旧"产品都有需求,因而随着北方国家的先进产品向南方国家的不断扩散和转移,以及北方国家中"新"产品的不断涌现,将形成北方国家向南方国家出口"新"产品,同时又向南方国家进口"旧"产品的国际贸易动态格局。在长期均衡状态下,北方国家生产的产品种类数与南方国家的产品种类数之比将有一个稳定的比率。这是一个动态的均衡,产品创新和技术转移会持续地出现,贸易结构处于连续不断的变化之中;同时,每个地区所生产的产品类别也在不断地更新。这一动态的贸易过程正好体现了每一种产品所经历的生命周期。

产品生命周期的表现与技术创新率和技术转移率有着密切的联系。技术创新的增加使得被生产的产品品种增加;而由于生产成本(工资)的差额,原来在北方国家生产的产品现在转移到南方国家生产和出口,随着这一情况的增多,技术转移会相应增加。不论是技术创新还是技术转移的增加,都会提高全球的经济效率,即在给定的要素资源数量下,世界的产出得到增加。再从分配的角度来进行分析,技术创新的增加,可以给北方国家带来消费品多样化、新旧产品比率上升、劳动力的相对工资上升、贸易条件改善等多种好处;但对南方国家来说,虽然消费品更加多样化了,但由于贸易条件恶化等方面的原因,技术创新的增加未必会给南方国家带来全面的实惠。技术转移的增加会降低新产品对"旧"产品的比率,同时北方劳动力的工资相对于南方劳动力的工资会有所下降,因而贸易条件有利于南方而不是北方。这又会促使北方持续技术创新。克鲁格曼认为该模型不同于传统的李嘉图比较优势贸易模型或赫克歇尔—俄林要素禀赋模型,它证明和扩展了产品周期理论,并通过日本和中国台湾的历史经验证明了该理论。

美国加州大学的多勒(D. Dollar,1986)以克鲁格曼的模型为基础,进一步发展、建立了一个南北贸易动态平衡模型,着重分析了技术创新、资本流动和产品出口从北方转移到南方的动态过程,并且区分了短期均衡和长期均衡。同克鲁格曼的模型相比,多勒的模型有两个重要的突破:第一,他认为发达国家向发展中国家的技术转移率与两个地区之间的生产成本差距成正比,因为成本差距越大,通过技术转移而获得的潜在经济利润就越高,相应的技术转移也就越多。第二,他认为资本的国际流动是渐进的,是对南北资本收益率差别的反映。多勒模型是目前为止较为复杂和完善的模型。

克鲁格曼和多勒的南北贸易模型具有较强的政策含义:首先,对于发达国家来说,为了能够在国际贸易中继续保持领先的地位,它们就必须不断地进行新产品和新技术的开发和研究。因此,发达国家应积极实施鼓励和支持本国技术创新活动的政策,进而有效地提高本国的福利水平。其次,为了缩小与发达国家之间的技术差距,提高技术水平以及人力资源与生产资源的配置效率,发展中国家应积极引进外资,并通过技术引进等各种方式努力提高本国的技术水平,实现技术进步;同时,发展中国家应当增加本国的技术研究投入,加强本国的技术研究能力和水平,改善本国的贸易条件。

第五节 技术与国际直接投资理论

一、垄断优势理论

1960年,美国经济学家海默(Stephen Herbertt Hymer)率先提出以垄断优势来解释企业对外直接投资行为的理论。此后,其导师金德尔伯格(C. Kindleberger)对这一理论进行了完善,创立了垄断优势理论(monopolistic advantage theory),因此该理论又被称为"海默—金德尔伯格"理论。

传统的经济理论将对外直接投资和间接资本输出不加区分地作为国际资本移动来处理。资本跨国移动的原因在于各国资本要素丰裕程度决定各国利率的差异,资本是由资本充裕的国家流向资本稀缺的国家。海默认为,直接投资是以控制国外的经营活动为特征的,而间接投资的目的在于获得股息、利息和债息等资本增值,因此直接投资与间接投资不同,传统的国际资本流动理论不能解释对外直接投资,应该从市场的不完善性来说明直接投资。

海默认为,东道国的当地企业相对于跨国经营企业来说至少有三方面的优势:当地企业更了解本国的政治、经济、法律、文化等环境;当地企业常能得到本国政府的优惠和保护;当地企业不必担负跨国经营面临的各种风险和费用,如直接投资的各种开支、汇率波动等。那么,跨国公司为什么还会选择对外直接投资呢?海默对美国的跨国公司进行了研究,发现这些跨国公司主要分布在资本相对密集、技术比较先进的行业。因此,海默提出:外国企业之所以甘愿承受比当地企业更高的风险和成本而从事对外直接投资,主要是利用当地市场不完全性所产生的垄断优势对国外业务进行控制,以抵消当地企业的优势而获得足够的回报。这些垄断优势具体体现在三个方面:包括生产技术、管理与组织技能以及销售技能等一切无形资产在内的生产要素优势;市场购销优势;实现横向一体化和纵向一体化的优势,即规模经济优势。

金德尔伯格侧重于分析市场不完全对于企业对外直接投资的决定性作用。传统的国际投资理论假定市场是完全竞争的,然而完全竞争仅仅是一种理想的状态,规模经济、技术垄断、商标以及产品差异等因素往往会引起不完全竞争,而不完全竞争则会导致"结构性市场不完善"(structural market imperfection),也就是市场不完全。金德尔伯格列出了市场不完全的四种形式:产品市场不完全、资本和技术等生产要素市场不完全、规模经济引起的市场不完全,以及经济制度和经济政策(如政府的关税和配额等贸易限制措施)导致的市场不完全。前三种市场不完全使企业拥有垄断优势。例如,市场不完全可以促使企业保有产品差异;商标专利垄断可以使企业在进入要素市场的能力方面存在差异;企业利用国际专业化生产可以取得内部规模经济的优势,利用国际纵向一体化生产取得外部规模经济的优势,以达到限制竞争介入的目的。第四种市场不完全则导致企业对外直接投资,以利用其垄断优势。

垄断优势理论只解释了企业进行海外直接投资的原因,至于企业为什么不采取商品直接出口或转让特许权的方式到海外扩展等其他方式,该理论未能作出解释。

二、内部化理论

技术转移的内部化理论最早是由科斯(R. Coase)于1937年提出的,而该理论真正得以完善是在20世纪70年代,在该时期中,英国学者巴克利(P. J. Bcukley)、卡森(M. Cosson)和加拿大学者拉格曼(A. M. Rugman)对该理论作出了比较完整的补充和表述,从而成为该理论的代表人物。他们用内部化理论分析跨国公司内部市场结构,并且进一步把内部化理论扩大应用到分析跨国公司内部交易市场与技术转让等方面。技术转移内部化理论认同技术的所有权属性,并认为正是这种所有权属性决定了技术在市场上不可能像其他实物商品一样自由竞争。技术市场存在不完全性,从而使技术作为一种特殊商品的价值存在流失的风险,因此跨国公司为了获得最大利益,必然倾向于使技术进行内部化转移。

然而,上述三人在技术转移内部化理论的主要论点的侧重面上有所不同。

通过对跨国公司内部化的效果进行分析,拉格曼提出了"出口—直接投资—技术转移"三者统一的选择模式。拉格曼认为对于拥有创新技术的跨国公司来说,对外直接投资是最为有利的投资方式。他认为,一方面,对外直接投资能够推动跨国公司创新技术研究开发的进程;另一方面,进行对外直接投资可以使研究开发的成果即专有知识只在公司内部转移,而不致泄露,从而能最大限度地保护企业的利益。由此,企业就可以始终保持其在世界范围内的技术优势,进而维持其垄断地位而获得最大利益。相反,出口产品则存在诸多不确定性,例如,出口会由于种种壁垒的作用而无法顺利进行;专利制度的不完善又使企业拥有的技术有被抄袭的危险。在拉格曼看来,只有技术转移内部化,也就是只在母子公司间转移技术,才能避免其技术泄露,跨国公司才能真正地享有技术创新的垄断利益。

卡森在拉格曼的基础上对技术转移内部化的机制进行了进一步的研究。他认为有两种企业内部化的动力较强:一种是有收入递增规模的工业和资本密集型工业;另一种是信息产业(包括一切知识资产)。前一种产业内部化动力产生的原因正如拉格曼所述。至于信息产业,他认为信息的研究与发展耗时长、费用大,在技术和产品创新发明后,企业理所当然地要据此获取尽可能大的利益(符合利润最大化原则)。同时,买方的不确定性与被仿制的风险很可能给该项知识所有者带来不利影响,更何况知识产业本身在一定时间范围内就具有自然垄断性。因此,实行内部化就能使他人无法接触到该信息,使信息所有人能得到垄断收益。

此外,卡森还认为,在现代经济中存在很多促进信息内部化的因素。首先,现行专利制度不尽合理,保护的对象大多只限于技术专有权,而其他肯定有经济价值的信息技术,如经营管理技术、营销技术等,却并未被包含在内,这就导致了信息技术的内部化。其次,技术转移时经常发生所谓"泄露效应",即创新技术被其他主体抄袭利用,致使信息专有人应当得到的利益无形中受到损失。再次,目前技术转移的外部市场条件仍不健全,技术专有人经常无法转移其所拥有的技术,如技术接受国对引进的技术种类加以限制约束、接收技术的一方往往不愿对某项技术所内含的所有信息的价值计价等。所有这些因素都促使跨国公司只把创新技术转移给本系统的子公司,从而形成技术转移内部化。

从其理论内涵来看,技术转移内部化理论无疑是主张技术转移的非公开化。从目前来看,该理论是较为流行、较有影响的国际直接投资理论之一,有人把它推崇为一般理论或通论。从国际技术转移的发展趋势看,现阶段跨国公司实行技术内部化的比较普遍,因此这种理论有可能适应这种新的潮流。但是,同时应该看到,本理论在论述技术转移和对外投资时,对投资的区位选择并未作出解释,因而存在一定的理论缺陷。

三、国际生产折中理论

国际生产折中理论是英国著名学者邓宁(John H. Dunning)在综合各类学者关于跨国公司的研究的基础上提出的。该理论在对跨国公司对外直接投资进行分析的同时,也对国际技术转移的成因进行了分析。

国际生产折中理论的核心是"三优势模式"(OLI paradigm)理论,即所有权优势(ownership advantages)、区位优势(location advantages)和内部化优势(internalization advantages)。

所有权优势包括技术供给方所具有的来自对有形资产和无形资产的占有生产上的优势、生产管理上的优势和多国经营的优势。技术和管理能力、营销技巧、专利等方面的优势是可以转让的;生产效率、规模经济、市场力量等方面的优势则无法转让。正是所有权优势使得企业拥有技术垄断优势和竞争优势,企业凭借其拥有的技术所有权获得所有者利益和垄断利润。

区位优势是指技术引进国所拥有的要素禀赋、政策及市场环境优势。前者包括自然资源、地理位置等,后者包括政治经济制度、市场需求、劳动力成本、基础设施环境等。区位因素直接影响国际技术转移的流向,技术供给方通过评价世界各国的区位特定优势来确定将其技术转移至何处才能实现利益最大化和风险最小化。

内部化优势是指企业在内部运用自己的所有权优势节约交易成本、降低交易风险的能力,主要表现为企业缓和或克服中间产品特性与市场不完全的能力。知识和技术等信息形态的中间产品具有整体性、专有性、质量不确定性等特点,因此所有者必须对其严格保密,否则将可能导致技术专有权所带来的垄断利润的丧失。由于外部市场的不完全性会增加交易费用和交易风险,企业便利用内部市场实现技术的交换和运用,以克服外部市场失效的障碍,使成本和风险趋于最小,并获得市场内部化的其他利益。

基于三优势的分析,邓宁指出,企业必须同时兼备所有权优势、内部化优势和区位优势才能从事有利的对外直接投资活动。如果企业具备了内部化优势和区位优势而无所有权优势,则意味着企业缺乏对外直接投资的基本前提。如果企业仅有所有权优势和内部化优势,而不具备区位优势,这就意味着缺乏有利的国外投资场所,因此企业会采取国内生产,而后依靠出口来供应当地市场的方式。如果企业只拥有所有权优势而无内部化优势和区位优势时,则企业既不能在国内生产,又不能从事对外直接投资,而只能将其拥有的特定所有权优势,如专利、商标、专有技术等,通过国际技术转让方式许可授权国外使用。因此,邓宁的"国际生产折中理论"可以说是把技术转让看成企业对内外条件加以权衡的结果,而不是技术产生后发展的必然结果。

四、边际产业论

海默等美国经济学家关于对外直接投资的理论都是建立在对美国跨国企业的研究基础之上的。根据美国企业的情况,这类理论的一般结论是只有拥有大量资本和高新技术的大型企业才有对外直接投资的能力。但20世纪50—70年代,日本企业的对外投资逐渐呈现出与美国企业不同的特征,可以概括为以下几个方面:投资方向侧重于发展中国家,并以对资源开发进口、纺织品、零部件等标准化劳动密集产业的直接投资为中心,投资是按照这些行业比较成本的顺序依次进行的;从规模上看,日本进行对外直接投资的大多为中小企业,投资规模较小,而且更多地采取同东道国本地公司合资的形式,不搞拥有全部股份的"飞地"式子公司。

为了更好地解释这一投资现象,日本著名的经济学家小岛清(Kiyoshi Kojima)在比较优势理论的基础上提出了边际产业论。他在1977年出版的《对外直接投资》一书中阐述了这一理论的核心观点:对外直接投资应该从母国(投资国)已经处于或即将处于比较劣势的产业(也就是"边际产业")开始依次进行,而这些投资母国的边际产业正好也是投资东道国具有比较优势或潜在比较优势的产业。

新古典经济学中,赫克歇尔—俄林—萨缪尔森模型在李嘉图的比较优势理论的基础上,确立了国际贸易与对外直接投资的关系。这一模型是建立在一系列严格的假设条件上的,其中作为整个模型运作的生产要素只有两个:劳动力(L)和资本(K),其生产函数为:$Q=f(L,K)$。小岛清认为这一模型过于简单化,而且分析也只限于静态的,需要进行修正。首先,各国的比较优势不仅仅决定于劳动力和资本的禀赋结构,而且还决定于各国各产业的技术水平和企业的管理水平。各国的技术水平和管理水平随着世界经济和科技的发展而不断变化,必然会影响到国际分工和世界格局。其次,现实中,各国的劳动力(L)和自然资源是不能自由跨国流动的,但货币资本(K)、技术(T)和管理经验(M)却是可以跨国转移的。观察到的对外直接投资过程,更多地体现出T和M的国际转移(K的流动量不明显)的特征,国际的生产要素分布因为对外直接投资就会发生相应的变化。因此,小岛清认为,为了进一步获得由国际专业化分工带来的利益,合适的对外直接投资应该是能进一步扩大国际比较成本差的T和M国际转移。其结果是:"(在东道国)原来因缺少这些因素(技术等)而不能进行的低成本生产现在成了可能。基于这个新的比较成本格局,新的贸易产生了。对外直接投资加快了各国产业结构调整,其作用便是创造这些新的贸易。"

在对外直接投资产业选择上,小岛清认为,合适的投资产业应是在投资国处于或即将处于比较劣势,同时在东道国具有比较优势或潜在比较优势的产业,即所谓的"边际产业"。投资顺序应按比较成本顺次进行,这是由国际分工原则所决定的:第一,"边际产业"的转移最能扩大投资国与东道国双方比较成本差距,从而最大化地促进国际贸易。第二,"边际产业"的转移最能有效地提升双方的产业结构,符合双方及世界的利益,使各国经济不断地、循序渐进地平稳发展。第三,"边际产业"的转移也是最有效的技术转移途径,因为在这类产业中,双方生产技术和管理水平差距较小,最易于东道国吸收消化,其波及效应最大。相反,若将投资国尚具很强比较优势的产业移至国外,首先它不仅直接替代了目前投资国的一部分出口贸易,并且还缩小了两国比较成本差,使两国间未来的潜在贸易进一步失去基础;其次它会使投资国经济呈二元结构——高新技术产品不断出现,但它们的生产纷纷移至国外,国内大量劳动力只能涌入已经比较劣势的行业,使这些行业陷入更大的比较劣势,只得依赖于国家的贸易保护政策才能生存。投资国大量进口外国分公司产品,还可能带来整个国家收支的困难。

在对外直接投资方向选择上,小岛清主张,应选择在国际分工中相对于投资国处于更低阶梯的国家或地区。对于当时的日本来说,这类国家就是发展中国家。不过小岛清指出,日本向发展中国家直接投资,也要随比较成本变化,应从差距小、容易转移的技术开始,按序进行。

在对外直接投资主体选择上,小岛清认为中小企业要先行。当时日本企业的规模相对美国企业而言总体偏小,本国的大型跨国公司在国际市场上所有权优势不明显。相反,中小企业虽然在国内处于比较劣势,但相对于在国际分工中梯度低的东道国(比如韩国、新加坡、马来西亚等国家和地区)来说具有资金和技术上的比较优势,并且这些企业拥有的大多数是为发展中国家易于接受的劳动密集型及标准化了的实用技术,因此,中小型企业容易在境外特别是发展中国家找到立足点并占领当地市场。

在小岛清看来,日本向发达国家的投资是不合理的,他认为几乎找不到什么理由来解释日本为何要直接投资于美国并不具备比较优势的小型汽车等产业,如果说对外直接投资是为了节省运费、关税及贸易障碍性费用,以及其他交易费用等,与其这样,还不如由美国企业向日本的小型汽车生产进行投资,日本企业向美国的大型汽车生产进行投资,即实行所谓的"协议性分工"这种国家调节的世界分工形式。

小岛清的边际产业论指出了一种与传统的美国型对外直接投资模式不同的日本型对外直接投资模式。它不仅丰富了国际投资理论,而且也为中小企业的对外技术转移提供了理论支持。

本章小结

通过本章的学习,希望读者在全面接触国际技术贸易的细节之前对技术有一个全面的理性的认识。第一节对国际技术贸易的基本理论进行了阐述,介绍了技术创新的定义、三个基本特点、按不同标准划分的基本类型;技术传播理论的内容,"S"型传播曲线理论基本假设、内容和特点;第二、三、四、五节分别阐述了国际技术转让理论、技术与经济增长理论、技术与国际贸易理论、技术与国际直接投资理论的基本内容,为后续章节内容的学习打好基础。

关键词

技术创新　技术传播　S型传播曲线理论　技术差距　模仿时滞　学习效应　后发优势　索洛剩余　技术转移周期　NR关系　产品生命周期　垄断优势论　三优势模式　边际产业论

思考题

1. 技术创新有哪些模式?
2. 根据产品生命周期理论,技术是怎样影响贸易的?
3. 垄断优势论的主要内容是什么?
4. 国际生产折中理论的核心是什么?

案例分析

华为公司的技术创新

华为公司从2万元起家,用了25年时间,从名不见经传的民营科技企业,发展成为世界500强和全球最大的通信设备制造商,创造了中国乃至世界企业发展史上的奇迹。2010年,华为跻身"全球最佳技术创新公司"前5名,成为"中国创造"的标杆。

华为十分重视自主研发。华为把每年销售收入的10%投入研发,近10年投入研发费用1000多亿元人民币,在华为15万名员工中有近一半的人在搞技术研发。对于所缺少的核心技术,华为通过购买或支付专利许可费的方式,实现产品的国际市场准入,再根据市场需求进行创新和融合,从而实现知识产权价值最大化。在产品研发上,华为"以客户需求为导向",以客户需求驱动研发流程,围绕提升客户价值进行技术、产品、解决方案及业务管理的持续创新,快速响应客户需求。通过对客户个性化需求的解读与研判,创造性地为客户进行"量体裁衣"式的个性化服务。满足各个国家客户不同的需求,成为华为进行创新的动力。华为拥有业界最完整的通信产品系列,涵盖移动、宽带、核心网、数据通信、云计算、电信增值业务、终端等领域。华为坚持以客户为中心,为客户提供了一整套解决方案,成功地将客户和企业绑定在同一平台,除了初期的销售,还包括后续的产品升级、服务等。

在国际化战略中,华为与把巨资投入当时还看不到"钱景"的3G技术研发,华为从1996年开始海外布局,在国内市场遭遇3G建设瓶颈的时候,华为在海外市场开始有所斩获,华为如今已成为全球主流电信运营商的最佳合作伙伴。现在,华为的产品和解决方案已经应用于150多个国家,服务全球1/3的人口。在全球50强电信运营商中,有45家使用华为的产品和服务,其海外市场销售额占公司销售总额的近70%。

目前,中国制造企业正面临着人力成本居高不下、产能过剩、高消耗等"内忧",以及人民币升值、海外市场低迷、贸易摩擦案件增加等"外患"。对普遍缺少品牌和技术的中国制造企业来说,转型和升级已经迫在眉睫。华为在全球通信业低迷期成功转型,为企业发展注入了新的活力,在2012年上半年,华为销售收入超过爱立信,逆势登顶,成为全球最大的电信设备制造商。华为成功的秘密就是创新。创新无疑是提升企业竞争力的法宝,同时它也是一条充满了风险和挑战的成长之路。尤其在高新技术产业领域,创新被称为一个企业的生存之本和一个品牌的价值核心。

案例思考:
1. 华为的成功给我们什么启示?
2. 技术创新对现代企业成长有什么作用?

第四章

国际技术贸易项目的可行性研究及其评估

国际技术贸易不同于一般的商品贸易,在操作过程中往往会牵涉众多的人力、物力和财力,同时,作为技术引进国,其目的往往是为了促进本国在该领域技术的发展,实现进口替代并谋求长期发展促进本国经济。那么,一国在引进技术项目时就要充分考虑到人、财、物等各个方面相关的情况并根据分析结果选择项目,这个过程就是本章将要探讨的项目可行性研究。

学习目标

通过对本章的学习,你应该能够:
1. 熟悉项目选择的概念、选择标准和程序;
2. 掌握可行性研究的含义、意义、范围与内容;
3. 了解可行性研究报告的作用、内容和编写;
4. 熟悉可行性研究的财务分析内容和财务效益指标;
5. 掌握技术转让的产业效应和技术贸易的外溢效应。

第一节 技术贸易前期准备工作与项目选择

一、技术进口的前期准备阶段分析

根据国际技术贸易的惯例和我国技术进口的有关法规,技术项目的引进全过程可以分为投资前期的可行性研究、项目评估,投资期的进一步论证和生产经营期的项目总结评价。可行性研究包括项目选择、初步可行性研究和详细可行性研究三个阶段。这三个阶段有着密切的联系,而且三个阶段是随着信息增多按由粗到细的精度和要求逐渐提高的过程。

对外国进口项目进行考察的时候可以利用网络或专业服务机构了解我国的适用法规和政策,同时查询技术提供方的资信水平或有关材料。如果项目是属于限制进口的技术,还应向外贸主管部门提出申请并获得批准。当项目获得批准以后还应向外汇管理部门或有关政府部门报批所需外汇和人民币。

二、项目选择的概念

项目选择,也称机会研究或机会鉴定。它的任务是,根据项目的设想,针对一个特定的地区或部门,根据资源情况、市场需求预测及在政府部门政策许可范围内,寻找最有利的投资机会。同时,对项目的成本效益进行粗略估计。通常项目选择十分粗略,主要依赖对国际技术市场的初步了解和情报,通过现有的类似项目获取成本数据进行匡算,用最快的方法进行笼统的估计,确定有关投资可能性的显著事实。通过投机机会研究,如果项目能够引起投资者的兴趣,就有可能转入下一阶段——初步可行性研究。

在工业发展初期的国家里,可能具备投资条件的工业机会难以寻找。随着工业化程度的提高,这种难度也许会降低,但仍需要政府或其他公众机构来估计各个发展阶段可能存在的机会。因此必须把市场研究和预测放在首位。对一般项目来说,即使计划作了安排,或资源开发也具备了某种有利条件,但是,如果市场对利用这种资源所生产的产品需求较弱,这个项目仍没有存在的价值。项目选择一般可以分为一般项目选择和具体项目选择。

（一）一般项目选择

通过这种研究简明指出具体的投资建议。研究可以从以下三方面进行。

（1）地区研究。鉴别相关国家、地区的优势，确定其发展方向寻找投资机会。

（2）部门研究。鉴别优先发展和投资的部门，在部门内部寻找投资机会。

（3）资源导向研究。鉴别资源优势，寻找利用自然资源或以工农业产品为出发点，谋求各种投资的机会。

（二）具体项目选择

具体项目研究是在一般项目研究的基础上，将某种投资机会上的简单设想深化为更加具体和清晰的投资建议，并逐步形成为日后具体实施提供依据的"项目建议书"雏形。具体项目选择可以分为两个步骤：产品选择、技术和设备的选择。

（1）产品选择。根据项目产品所需的资源情况，结合企业的发展目标和市场需求，决定产品的品种、规格和档次。

（2）技术和设备的选择。拟定生产产品之后，选择适合该产品生产的技术和设备。在这个过程中应当考虑到企业自身技术水平、技术人员的素质和数量。在企业所拥有的资金储备和知识储备范围内利用引进技术提升企业实力。

项目选择虽然比较粗略，但却是战略性的研究，这是宏观管理和控制的大问题。

三、技术引进项目的选择标准

进行项目选择时应当将已有基础与引进先进技术紧密结合，在充分考虑先进性、适用性、可靠性、经济性的基础上作出选择。

（一）先进性的含义

先进性，即引进的技术在适应企业现有的消化吸收能力的基础上，应当比企业当前所使用的技术先进且符合技术发展的方向，更有利于使本企业接近世界先进技术水平。

一个国家或者一家企业的技术水平通常表现出多元性的特征。因此，一个国家、一家企业在引进某项目时要具体分析该项目所处的技术发展阶段。在引进技术的同时要借鉴外国的经验教训，尽快接近或达到国际先进水平，体现出在原有技术水平上的超越。

（二）适用性的含义

技术适用性，指引进的技术适应具体的社会环境和条件，能够更加有效地满足社会需要，被市场接受。世界银行提出了衡量技术适用性的四条标准。

（1）目标适用性。即该项技术是否有利于政策目标的实现。

（2）产品的适用性。即该项技术的最终产品和所能提供的劳务是否具有使用价值，是否受市场欢迎，市场是否有足够的能力进行购买和消费。

（3）工艺过程的适用性。即生产工艺是否充分地利用了投入要素和资源。

（4）文化和环境的适用性。代表该项技术的工业过程和产品与本国的环境和文化背景是否符合。

此外，引进的技术最好还有利于发展和生产新产品，提高产品质量和性能，降低生产成本,节省能源或材料,充分利用本国资源;同时能够扩大产品出口,增加外汇收入,保护环境,安全生产,改善经营管理以及有助于提高科学技术水平等。

（三）可靠性的含义

技术的可靠性是指引进的技术必须经过生产验证,证明其是可以直接应用于生产实践且效果显著的技术。引进技术可以弥补引进方自身没有研究能力或具备研究能力但研究能力不足的缺陷,从而节省企业从头摸索、开发的时间、精力和费用,因此应当引进那些相对成熟且稳定可靠的技术,而非尚在研究、试验阶段的技术。

（四）经济性的含义

在引进技术时应当充分考虑成本与效益之间的关系。从规模经济的角度考虑,只有当生产规模达到一定水平时才能使劳动生产率提高,生产成本降低,生产效率提高。同时,合理的规模可以充分发挥技术引进项目及其配套设施和部门的效能,从而降低成本,减少浪费,增强产品的市场竞争能力。技术引进的时候要充分考虑项目本身的财务效益,同时还要考虑宏观的经济效益。这要求项目既要符合市场要求又要符合国家和行业的需要。应当对市场需求作出预测,匡算出市场需求和合同产品的潜在需求,以战略眼光分析项目的有效需求和构成。

四、项目选择的程序

项目的选择是由一般到具体不断深化、具体化的过程。在这一过程中,应当在分析本国、本行业过去引进技术的内容和经验的基础上广泛了解国际技术信息,并对已知的各种技术用技术选择的标准进行衡量和初步选择,逐步发现适合本企业的技术并提出具体引进技术的设想和建议。技术具有无形性这一特征,其内容具有相当的隐蔽性,同时在世界市场上的许可方有不同的技术水平且对技术所有权程度也不同,如果不进行技术调研就会增加转移时的风险。因此,减少技术进口风险最好的办法就是签约前对转让方的资信水平、技术的先进性和适用程度进行较为深入的调研。

（一）技术调研的内容

技术调研的内容应当包括:有关技术的发展历史、现状和前景,同时应当对比国际先进发展水平和该技术在我国的发展现状,找出我国与国际先进水平之间的差异。还应当结合该技术引进时应具备的环境条件,分析该技术在国际市场上的供求、价格的现状及前景。

此外,应重点从公司建立年份,公司资本额、背景能力,公司经营范围,公司业务状况,公司财务状况,公司营业额,公司核心技术储备及发展前景等方面调查提供方的资本(capital)、能力(capacity)、品德(character),从而确定其资信程度。

（二）技术调研的途径

(1) 组织技术交流,邀请国外厂商来我方介绍技术、设备、工艺和产品情况。

(2) 组织出国考察,派出专业技术小组,前往开发技术的先进国家,直接与厂商接触并到现场考察。

(3) 查阅有关学术会议和国内外有关杂志发表的文献资料,由国内相关公关科技信息部门进行文献资料检索和分析。
(4) 向科研院所、大学、商务部门进行咨询。
(5) 向国外咨询机构进行咨询。
(6) 通过我国驻外机构进行调查研究。
(7) 通过外国驻华商务机构、金融机构了解。
(8) 通过行业公会掌握的信息进行了解。

第二节 技术贸易项目的可行性研究

可行性研究是通过对技术先进性、经济合理性进行分析得出投资可能性的一种科学的技术经济分析方法,这种方法在技术贸易过程中起着连接投资意愿和投资项目桥梁的作用。可行性研究是项目前期准备工作的第二阶段,也是最为关键的一个阶段。

一、可行性研究的含义

广义上讲,可行性研究(feasibility study)是在从事经济活动之前,从经济、技术、生产、市场、社会、环境和法律各方面进行具体的调查、分析、研究,确定其是否可行。从狭义上讲,可行性研究是对一个项目在已有的条件下或变更某些条件下是否能达成原定目标而进行的研究。

可行性研究,始于20世纪30年代美国田纳西河流域的开发,之后逐步演进为一种具有研究性质的分析方法,成为项目决策前的一个普遍工作阶段。它指对预期投资或拟引进项目的实施可行性、技术适用性和经济合理性进行全面的分析,论证各种方案的技术经济效果,为项目投资决策提供依据的一种技术论证方法。正确地运用这种方法可以使项目取得最佳效果。

在可行性研究过程中,应当在综合考虑项目地点、企业使用规定技术、规定原料在规定技术下能达到的生产能力的基础上分析投资费用、投资收益,运用科学的方法预测今后数年内该项目的走势与后果。实现项目方案论证、技术论证、经济核算和对比分析,形成决议供决策者选择和审批,最大限度减小项目的风险以获取最高的成功率,提高效益,为项目获得预期收益提供可靠的依据和建议。

二、可行性研究的意义

可行性研究对工业项目的立项、选择、实施成功与否都起着举足轻重的作用。其具体表现在以下四个方面。

(一) 形成正确决策

可行性研究是从广泛的技术资料与调查情况中筛选出有针对性的信息,从技术、经济、市场等方面运用科学系统的方法进行分析、对比、评估、预测。从战略的角度分析技术引进项目的综合效果,有利于全面衡量各种情况并作出是否实施的正确选择。

（二）针对性强

具体的技术项目由于所处的自然环境、技术环境、行业特点等各有不同，如果按照某一固定模式进行分析容易形成方法与现实的脱节。在具体的案例分析与选择中可以将信息、数据、资源进行分类、研究、对比，形成一套基于具体案例实际情况的完整解决方案。

（三）实际效果好

技术贸易项目在可行性研究阶段，在对项目进行反复调研的基础上，对项目成立与运营的条件进行了全面的对比、研究，形成的方案是多个备选方案中最适合项目目标发展的技术选择。

（四）后期操作性强

技术贸易项目在前期调查论证阶段针对项目的具体条件提出了完整的实施方案，使项目在实施阶段可以按照预定计划迅速进行，有利于节省时间和成本，加快引进速度，迅速形成生产能力和盈利能力。同时，实施方案的规范化可以确保项目按照具体既定方案实施，有利于保证项目实施的目的和目标的实现。

三、可行性研究的范围与内容

可行性研究是在充分了解项目引进地的具体环境后系统详尽地分析检验拟定项目的目标，发现其实施的可能性。同时，将所有掌握的信息加以综合，最详细地预测出项目开发过程中和运营后可能遇到的各种问题，以便制定出应对方案以保证项目的顺利实施和运行。在进行可行性研究时，可以对各种设想进行完善和总结，预防可能发生的错误与化解不易发现的风险。

项目引进时，企业所关心的重点是项目成功后对财务的收益，往往忽略对周边环境的影响，这样很可能造成负的外部性。政府、社会要求实现社会的整体效益，政府可对社会效益进行全面考核综合平衡各方利益。

一个严密的可行性研究应该根据项目的性质和大小确定该研究的深度与范围，针对项目的主要工作，搜集、分析管理、市场、法律、技术、财务等方面的信息。

（一）社会经济论证

社会经济论证是以社会利益为出发点，评价该项目是否可行以及对国家的近期利益、长远利益及社会利益的影响。它包括项目实施的社会条件分析和社会利益评价两方面。

（二）经济论证

经济论证是通过对项目提供的产品或劳务的供求情况、价格、销售渠道、竞争情况等进行研究，估算出市场趋于饱和的容纳量，对该项目在国内外市场上的需要进行预测，对该项目形成或产品所需要的数量及所需劳动力的数量进行预测。经济论证应建立在市场预测的基础上，投资项目的经济论证包括国民经济评价和财务评价。

国民经济评价是将具体的项目在整个国民经济体系中以国家和社会利益为出发点，分析、计算项目要付出的代价和对国家的贡献，考察投资行为的经济合理性和公关可行性。

财务评价是在市场预测的基础上根据现行的税制对筹资、投资方案进行财务规划、分析、测算,运用各种财务方法考察项目的获利能力、清偿能力、生产增长保本点等财务状况。

(三) 技术论证

技术论证是明确技术的先进性、新颖性与实用性,包括技术的研究和在具体的预定条件下为达到投资目的而运行的工程技术问题。如该项目包括多少专利项目、专有技术;生产技术产品工艺和产品生产流程的配套情况;产品所处的生命周期阶段以及未来发展趋势;选址、项目概略设计、试生产、人员培训以及物流体系设计。

应当着重分析技术、设备、方法的先进性、适用性,引进后的项目生产能力和我国自行的消化能力,同时还要保证引进项目符合国家产业政策和产业布局,防止重复引进。

(四) 管理论证

项目在投资前期和投资期的管理称为项目实施管理,生产经营时期的管理称为企业管理。

管理论证要考虑项目的投资前期、投资期、生产经营期的组织、协调、指挥和监督,研究技术进口项目建设过程中和经营过程中人员素质、技术水平、活动能力与胜任程度,实施时间控制、成本控制、质量控制,从管理上确保项目的运行达到投资者的预期目标。

四、可行性研究的组织

可行性研究是在广泛理论基础和充分信息基础上研究对比技术先进性、经济合理性和生产可能性,对实用效果进行分析的一种综合科学研究方法。为了给项目提供更加切实可行的实施依据,应当采用多种有效的组织形式,主要形式有以下三种。

(一) 工程咨询公司

可行性研究专业性强,且耗费时间精力,需要较多的相关知识背景支持。企业在投资初始时期,相关技术人员往往数量较少,临时培训在经济和效率方面都不理想。所以可以考虑将可行性研究工作或其中的核心关键内容外包给在此方面有专长的咨询公司进行。这些公司由于长期从事相关专业领域的可行性研究的咨询工作,对行业相关信息十分了解,咨询公司意见有利于节省时间和精力尽快形成可行性报告。在外包过程中企业可以派驻。

(二) 设计机构

可行性研究往往要就工程的设想或具体细节达成意向,需要对工程技术方面知识有较深的了解。企业内部技术人员往往不能够掌握工程所需的所有的知识和技术,因此有必要借助外部的知识和技术资源帮助企业进行可行性分析。设计机构对项目工程设计会有全面的分析,并且可以根据潜在项目的特点应用相应的技术以利于日后的执行与操作。

(三) 专家项目小组

学者和专家在日常工作中对自己所从事的专业领域有十分深入的了解,企业可以集合他们的优点进行可行性研究。通常一个可行性研究专家项目组应当包括以下人员。

一名工业经济专家,通常经济专家会从成本收益的角度考虑问题,这正是可行性研究的立论根本,因此工业经济专家适合担任项目小组的组长以从根本上考虑项目的可行性。

一名或多名市场分析人员,通常引进的技术要以市场为导向,市场分析人员可以帮助分析引进项目产品的市场前景。

一名或多名相关专业的技术人员或工程师,他们可以帮助分析引进项目的技术可行性。

一名或多名土木工程师,他们可以帮助分析工程技术的难度和可能性。

一名或多名工程管理专家。

一名或多名财务管理专家。

一名或多名风险管理专家。

五、可行性研究的步骤和目标

技术引进项目的全过程分投资前期、投资期和生产期。可行性研究是投资前期的重要工作。根据联合国工业发展组织(UNIDO)的推荐可行性研究可划分为四个阶段:机会研究(opportunity study)、初步可行性分析(pre-feasibility study)、详细可行性分析(feasibility study)、评价报告(evaluation report)。

可行性研究要遵循经济规律,按照科学的程序有步骤地进行。一般可分为四个步骤。

(1) 投资机会分析:此阶段重点分析投资的可能性,搜集资料、数据和相关信息,根据已有经验设立模型,进行社会调查,进行必要的市场试验,旨在了解市场和用户的需要。

(2) 初步可行性分析研究:得出初步可能性结果为进一步深入分析奠定基础。在取得必要的资料和数据的基础上,建立模型进行分析研究和计算比较,提出目标参数,比照理想结果进行修正。

(3) 可行性研究:进行项目拟定。深入全面研究项目的内容,提出几个供选择的备选方案,并进行经济、技术上的分析比较,分析其意义。

(4) 评价决策:评价决策应从经济评价和社会评价两方面进行,提出修正意见。

第三节 初步可行性研究与项目建议书的编制

一、初步研究的目的

有了投资意向,对投资项目进行初步的了解、概略的分析,对比了各个投资意向可能性以后,就可以寻找最为适合投资意向的具体项目,为最有利的引进方案建立合理的流程,是初步可行性分析研究的目的。初步可行性研究是将项目初步设想逐渐演变为具体投资意图的过程,通过对项目相关信息的搜集、整理、对比和分析,减少盲目性,增加确定性,可以补充完善项目选择阶段不完整的数据和资料,为进一步详尽细致的研究奠定基础,它是一个连接投资意向项目选择阶段和详细可行性研究阶段的桥梁。

通过此阶段的工作,可以形成为决策者提供信息的项目建议书。但项目建议书的编写工作过程也可以根据信息的详尽和完善程度在上一阶段完成。

二、项目建议书的作用

企业在引进项目以扩大企业利益的同时,必须要考虑到社会利益并注意其社会性。因此,引进项目是在充分考虑社会效益的大背景下再进行具体项目决策的过程。

项目建议书的作用概括为以下四个方面。

(1) 项目建议书是企业挑选项目的依据,企业对项目,尤其是大中型项目的比选和初步确定是通过审批项目建议书来进行的。项目建议书的审批过程实际上就是企业对新提议的众多项目进行比较筛选、综合平衡的过程。项目建议书经批准后,项目才能列入企业长远计划。

(2) 经批准的项目建议书是编制可行性研究报告和作为拟建项目立项的依据和基础。可行性研究阶段的工作,如进一步深入调查、现场考察、技术交流和初步洽谈等都要以项目建议书为依据。

(3) 涉及利用外资的项目,在项目建议书批准后,方可对外开展工作。

(4) 项目建议书是国家主管部门进行综合平衡的依据。主管部门会根据国家发展的长远规划、行业发展规划和区域发展规划、国家产业政策,结合产业布局等因素对有关企业的选择进行综合评价,选择符合国家整体目标的项目。

因此,编制项目建议书既要全面论述,更要突出重点,一般侧重于项目建议的必要性、建设条件的可能性、获利的可能性这三方面,结论要明确客观。做到重点突出、层次分明,切忌繁杂。

三、项目建议书的内容

20世纪80年代初期,国务院曾在《技术引进和设备进口工作暂行条例》中专门对这类项目的项目建议书内容提出了要求。项目建议书的内容主要包括项目的基本信息、项目建设的必要性、条件的可行性、建设地点选择、建设内容与规模、投资估算及措施。

(1) 项目名称、项目的主办单位及负责人。

(2) 项目的内容与申请理由。说明拟引进的技术名称、内容及国内外技术差距和投资概要情况;进口设备要说明拟进口的理由,概要的生产工艺流程和生产条件,主要设备名称、简要规格和数量,以及国内外技术差距和概要情况。

(3) 进口国别与厂商。要说明拟探询的国别厂商的全称,包括外文名称。

(4) 承办企业的基本情况。说明工厂是新建、改建或扩建,工厂地点及其他基本情况。

(5) 产品名称、简要规格与生产能力及其销售方向(国内销售、出口外销)。

(6) 主要原材料、电力、燃料、交通运输及协作配套等方面的近期和今后要求与已具备的条件。如果是矿山、油田等项目,还要说明资源的落实情况。

(7) 项目资金的估计与来源:① 项目的外汇总用汇额。其中包括准备工作阶段的用汇额及用途(均折算为美元、万元计算,使用非美元外汇的要说明折算率)。② 外汇资源的来源(申请国家拨付现汇或延期付款、利用外资贷款、补偿贸易、自筹外汇等)与偿还方式(国家统一偿还,企业自行偿还)。③ 国内费用的估计与来源。其中包括基本建设投资。

(8) 项目的进度安排。

(9) 初步的技术、经济分析。

(10) 附件。附件一般包括三项内容:① 邀请外国厂商来华技术交流计划。② 出国考察计划。③ 可行性研究工作计划。包括负责可行性研究的人员安排,如需聘请外国专家指导或委托咨询的,要附计划。

四、项目建议书的编写

项目建议书通常是在还没有对外国具体项目进行深入接触之前完成的,因此项目建议书应当根据所处的具体行业对国内情况进行深入了解,对欲引进项目的技术水平和费用根据所掌握资料进行估计对比,侧重对内部情况进行分析。

(1) 对进口技术所能带来的产出进行分析,分析技术的实用性以及该技术能够带来的产出和经济利益。充分衡量技术引进单位的产能与市场容量之间的关系。

(2) 估计整个技术转让过程中所产生的费用,并根据一定的财务方法进行分析。这些费用包括技术本身的转让入门费用、技术使用年费、专家咨询费用等,同时还要考虑费用的支付方式。

(3) 预测价格、成本、利润。成本可以采用成本倒推和分解的方法得到具体的材料费用、人工费用等业务操作过程中必不可少的费用。预测时可以采用对比的方法实施,如果有原型产品则使用原型产品价格,如果无法得到原型产品价格则应使用近似价格替代。如果生产的产品无法在国内外找到既有产品和类似产品,则可通过咨询公司测算该产品的价格。项目建议书中的测算虽是初步的估算,但它对项目的初步确定有着十分重要的作用。

第四节 可行性研究报告的编制

一、可行性研究报告的作用

可行性研究报告在不同时期对工程有着不同的作用,主要体现在前期和工程施工过程中的管理作用。

（一）可行性研究在项目建设前期中的作用

（1）工程项目的可行性研究是确定项目是否进行投资决策的依据。

（2）批准的可行性研究是项目建设单位筹措资金，特别是向银行申请贷款或向国家申请补助资金的重要依据，也是其他投资者合资理由的根据。

（3）可行性研究报告是编制项目初步设计的依据，初步设计是根据可行性研究报告对所要建设的项目作出的详细规划。

（4）可行性研究报告是国家各级计划综合部门对固定资产投资实行调控管理、编制发展计划、技术改造投资的重要依据。

（5）可行性研究报告是项目建设单位拟订采用新技术、新设备研制供需采购计划的依据。

（6）批准的可行性研究报告是项目建设单位向国土部门申请建设用地的依据。

（二）可行性研究与设计项目管理的关联作用

（1）可行性研究报告是编制设计任务书的重要依据，也是进行初步设计和工程建设管理工作中的重要环节。

（2）工程项目的建设成本在很大程度上直接取决于可行性研究报告及设计。

二、可行性研究报告的内容

（一）总论部分

这部分应包括项目名称、利用外资方式、主办单位、主管部门、项目负责人、项目审批文件、可行性研究的总概括、项目前景、项目具备的条件等。

（二）承办企业的基本情况与条件

这部分着重分析企业现有和可能创造的价值，对比得出企业的优势所在及提高的可能性。

（三）产品生产销售计划

这部分应包括产品的名称、规格、性能与用途；国内市场需求情况的调查、研究与预测（包括历年的进出口统计）；国外市场情况的调查、研究与预测，进入国际市场的设想与措施（无外销出口可能的产品，本项可以省略）；产品生产能力、生产规模的方案论证，横向配套计划；产品国产化问题及销售方式、价格、内外销售比例；提高国产化率的具体措施等。

（四）主要技术与设备的选择及其来源

这部分包括采用技术、工艺、设备的比较选择论证；技术、设备来源国别与厂商；技术转让费用的估算；设备的选定；技术设备交货方案；设备维护费用的计算等。

（五）选址定点方案

这部分包括定点所具备条件（地理位置、气象、地质等自然条件，资源、能源、交通等现有条件及其具备的发展条件等），所定厂址的优、缺点及最后选定结论及理由；项目所处位置的具体平面安排论证分析过程。

（六）物料供应安排（包括能源和交通等）及其依据

这部分包括原材料、半成品、配套件、日常维护所需资料、动力燃料以及公共基础设施的使用、价格和来源；物料选用的几个可供选择方案的比较论证；物料供应计划。

(七) 生产组织安排及其依据

这部分包括职工定员总数、构成、来源及管理。

(八) 建设方式、建设进度安排及其依据

这部分包括设计、建设、监理单位资质审定和选择。

(九) 企业组织设置与人员培训

这部分包括组织机构与定员,人员投入计划与来源,培训计划及要求。

(十) 环境保护与污染的防治

(十一) 资金概算及其来源

这部分包括项目用汇总额(贮备工作阶段的实际发生额,国内资金来源和投资计划,合营各方的投资比例);资本构成及资金投放计划。

(十二) 项目实施的综合计划

这部分包括项目实施进程及施工组织规划等。

(十三) 经济指标的计算分析

这部分包括静态的财务指标分析和敏感性分析,外汇平衡分析等。估算正常情况下生产成本和收益,从项目开始建设到正式投产,企业正常者就年限内的分年损益表和资金平衡表,估算每年的现金流量。

(十四) 综合评价结论,写出研究报告

(十五) 附件

附件的主要内容一般包括:①聘请国内外专家和咨询公司的计划;② 出国培训计划;③国内资金的分年、分用途用款计划;④外汇资金的分年、分用途用汇计划;⑤国家外汇管理总局对外汇资金来源和安排的审核意见书;⑥利用外资贷款或补偿贸易项目的本息还款或补偿计划;⑦厂址选择报告;⑧矿山、油田等项目的资源储量报告;⑨有关主管部门对主要原材料、电力、燃料、配套件等供应来源落实情况与供应可能的意见书;⑩国外厂商基本情况资料;⑪与国外厂商技术交流及非正式询价的有关资料;⑫预审报告;⑬工程项目一览表。

三、可行性研究报告的编写

可行性研究报告的编写阶段和其所起的作用大致可以分为调查研究、预测和经济计算三个方面。

(一) 调查研究

调查研究的方法可以分为三种,即市场调研、价格调研和技术调研。

1. 市场调研

市场调研是其他两个调研的基础和前期准备。生产的目的是为了销售产品以获取经济利益。因此,只有根据市场调研得出的关于市场容量和市场增长率的报告,选用相应的技术和方案,才能够对未来市场作出精确的预测,并根据该预测实施相应的市场策略。市场调研时,调查研究进口技术和设备所生产的产品的情况,要调查国内现有厂商的生产和供给状况,同时要分析出口的可能性和出口量。如果是新产品还必须分析其市场前景。

2. 价格调研

价格调研是搜集和了解国外各种技术和设备供应厂商出售的价格,为本企业选用相应策略提供数据支持。因为价格在国际市场上经常发生变动,所以在搜集价格信息时应当注意报价的有效性;还要考虑报价依据的距离远近、保险费用等直接相关因素;了解报价构成的方式(即报价包括的范围),减少不必要的损失;更要关注价格变动的趋势。

3. 技术调研

当根据市场调查和价格调查进行到一定程度后,就需要对所需的技术进行可行性的调研。技术调研是指调查拟提供进口项目的世界各生产厂家的技术指标,主要是调查专有技术、特定设备所生产产品的产量、质量、能耗、环保、升级空间、发展前景等方面内容。

技术调研需要收集国内外同种类产品的设备、技术、发展前景方面的信息并进行比较筛选,发现各种技术的优点和劣势。在进行技术调研的时候应当将拟引进的技术和本企业现状结合分析,充分考虑技术、原材料配套情况,技术与国家产业、环保政策的合规情况。

(二)经济预测

经济预测又分为市场预测和技术预测两种方式。

1. 市场预测

市场预测是决定生产规模的依据,市场预测包括市场容量预测和市场增长率预测两方面。市场容量主要是基于现有市场进行的预测,市场增长率主要是基于市场预期的预测,两者共同决定了企业在未来的市场空间和盈利能力。

市场预测的方法主要有趋势外推法、消费水平法、最终用途法或消费系数法、时间序列法以及回归模式法等,可根据产品特征选用。

2. 技术预测

技术预测主要是对科学技术的发展趋势及规律进行预测,为企业发展寻求技术支撑。对拟引进技术要进行技术生命周期的预测,要使技术周期长于投资回收周期,减小或消除由技术进步带来的技术减值损失。

另外,根据技术预测确定的折旧计算方法可以给企业带来不同的税务和财务效果。通常各国会计准则都允许高技术产品采用加速折旧法进行折旧费用的计提。采用加速折旧法计提可以考虑到技术进步、更新换代。同时,在企业创立初期可以为企业节税并为企业增加现金流,有利于企业初期发展。

技术预测的方法主要有:直观型预测,通过主观判断预测未来事件(如主观判断法、专家会议法、德尔斐法);探索预测,根据历史和现状预测未来事件(类推法、趋势外推法、时间序列拟合法);规范预测法,预先规定一系列判定标准,以此作为约束预测未来事件(相关树法、形态模型法)。选用预测方法时要充分考虑各种方法的特点和预测的需要。

(三)经济指标计算

主要经济指标的计算方法将在下一章进行详细论述。

四、可行性研究报告后的主要工作

可行性研究报告批准后即国家同意该项目进行建设,列入预备项目计划。列入预备项目计划并不等于列入年度计划,何时列入年度计划,要根据其前期工作的进展情况、国家宏观经济政策和对财力、物力等因素进行综合平衡后决定。建设单位可进行下列工作。

(1) 用地方面,开始办理征地、拆迁安置等手续。

(2) 委托具有承担本项目设计资质的设计单位进行扩大初步设计,引进项目开展对外询价和技术交流工作,并编制设计文件。

(3) 报审供水、供气、供热、排水等市政配套方案及规划、土地、人防、消防、环保、交通、园林、文物、安全、劳动、卫生、保密、教育等主管部门的审查意见,取得有关协议或批件。

(4) 如果是外商投资项目,还需编制合同、章程、报经贸委审批,经贸委核发了企业批准证书后,到工商局领取营业执照、办理税务、外汇、统计、财政、海关等登记手续。

第五节 可行性研究的财务分析

一、财务分析内容

1. 总投资费用(general investment,GI)

项目总投资费用公式为

$$GI = F + V$$

式中:F 为固定资本与投产前资本费用之和;V 为净周转资金之和。其中

$$F = F_1 + F_2 + F_3 + \cdots + F_n$$

式中:F_1 为土地和场地清理费用;F_2 为工厂和设备费用;F_3 为可行性研究费用。

$$V = V_1 + V_2 + V_3 + \cdots V_n$$

式中:V_1 为材料费用;V_2 为零部件费用;V_3 为成品库存费用。

2. 生产总成本

工业产品总成本指工业企业用于生产某种产品所需费用的总和,即以货币计量的企业生产产品所耗用的人力、物力的总和。包括制造成本、行政管理费、财务费和技术引进费。

3. 销售利润和净利润

销售利润指销售收入(包括项目对外服务收入)扣除销售成本(成本包括原材料、设

备折旧)后的利润。

净利润指销售利润扣除所得税后的利润。

二、财务效益指标

1. 净现值(net present value,NPV)

该指标用于对比分析投入现值与未来获利现值之间的差异,即分析该投资项目所能获得的净收益。净现值分析是在考虑货币的时间价值基础上,对项目整个寿命周期中各年现金的流入与流出,选定贴现率折现到当期全面评价项目的经济效果。净现值公式表示为

$$V_{NP} = \sum_{i=1}^{n} \frac{A_i}{(1+r)^i}$$

式中:V_{NP}为净现值;A_i为第i年的净现金流量;r为预先选定的贴现率;i为未来某一年份。

当用净现值评价引进方案时,若$V_{NP}>0$,说明该方案的投资收益率不仅可以达到预期贴现率的水平而且还有盈余;若$V_{NP}<0$,则说明该项目的投资率达不到预计收益率水平;若$V_{NP}=0$,表明该项目方案的投资收益恰好达到预计的收益水平。

$V_{NP}>0$,项目方案可行

$V_{NP}<0$,项目方案不可行

利用V_{NP}这一指标决策关键在于贴现率的选取。合理贴现率的选取并不容易,于是相应地可以选用投资内部收益率法。

2. 投资内部收益率(internal rate of return,IRR)

由净现值公式能够看出:一个工程项目的净现值和所选的贴现率r有密切关系,它随着贴现率的增大而减小。当贴现率增大到一定程度时,折现后的净现值将变为零,此时总收益现值与总费用现值持平。项目方案在计算期内总收益与总费用现值相等的贴现率成为内部收益率(R_{IR})。公式表示为

$$R_{IR} = \sum_{i=1}^{n} \frac{A_i}{(1+r)^i} = 0$$

根据公式,通过查找折现系数表计算现金流量,利用插值法进行计算得到的r即为内部收益率。插值法,就是先用一个估计的贴现系数和现金流量代入公式计算求得一个净现值。如果净现值为正值,就使用一个更大的贴现率计算净现值,直到得到负值的净现值。然后再使用介于取得最小正值的贴现率和负值的贴现率值之间的一个贴现率进行新的计算,得到使得总投资和总收益相持平的收益率即内部收益率。

3. 投资利润率(rate of return)

投资利润率指技术引进项目投产之后,每年获得的净利润与技术引进项目总投资额之间的比率。该指标用于衡量投资效率。投资利润率可以通过国家和企业两个角度进

行分析比较。

国家角度的投资利润率：国家角度年净利润指企业年销售收入减去所需年成本，计算公式表示为

$$R_\mathrm{n} = \sum_{i=1}^{n} \frac{S_i - C_i}{nK_0}$$

式中：R_n 为国家角度的投资利润率；S_i 为项目第 i 年销售收入；C_i 为项目第 i 年成本；K_0 为项目总投资。

企业角度的投资利润率：从企业角度分析，企业实际得到的利润为年销售利润减去年成本总额和所应缴纳的税收后所剩余的部分。所以，企业角度的投资利润率可以用公式表示为

$$R_\mathrm{p} = \sum_{i=1}^{n} \frac{S_i - C_i - T_i}{nK_0}$$

式中：R_p 为企业角度的投资利润率；S_i 为项目第 i 年销售收入；C_i 为项目第 i 年成本；T_i 为企业在第 i 年内上缴的税金。

4. 投资回收期(pay back period)

投资回收期指技术引进项目的总投资，自投产之日算起，以所产生的每年净收益额来偿还最初投资额所需要的全部时间。投资回收期限也可以从国家和企业两个角度进行分析。

国家角度的投资回收期：国家角度的投资回收期是以技术引进项目所创造的全部价值来偿还该项目投入的固定资金所需要的时间。

国家角度投资回收期计算公式

$$P_\mathrm{n} = \frac{K_F}{S - C + D}$$

式中：P_n 为国家角度投资回收期；K_F 为项目固定资产投资；S 为项目年销售收入；C 为项目年成本；D 为项目年折旧费。

企业角度投资回收期：企业角度的投资回收期则是以企业的净收益来偿还投入该项目的固定资金所需的时间。

企业角度投资回收期公式

$$P_\mathrm{p} = \frac{K_F}{S - C - T_x + D}$$

式中：P_p 为企业角度投资回收期；T_x 为企业上交的税金。

根据项目所在行业的不同，衡量投资回收期是否合理的标准也有所变化。根据一般经济规律和统计数据，轻工业企业收益多而快。重化工业由于投资总额巨大所需时间一般较长。

现有企业引进技术，如果基本建设投资和相关费用较高，技术引进的总投资额较高，

再加上掌握、使用相应技术时间,回收期就会较长。

5. 项目的盈亏平衡分析

盈亏平衡点(break even point,BEP)又称保本点或临界点,由企业的销售额、成本和利润三者间关系决定的企业盈利的起点。

盈亏平衡点是企业的销售总额等于生产总成本的时点。当销售额高于盈亏平衡点,企业可以赢利,反之发生亏损。因此,在决定引进项目之前进行分析,讨论投资可能性。计算方法如下。

企业收支平衡时,即在保本点

$$销售额 = 总生产成本 = Y$$

$$销售额 = 销售量(X) \times 单位产品销售价(P)$$

$$总生产成本 = 固定成本(F) + 单位变动成本(V) \times 销售量$$

所以

$$Y = X \cdot P = F + V \cdot X$$

$$X \cdot (P - V) = F$$

企业最低保本销售量

$$X = F/(P - V)$$

企业最低保本销售额

$$Y = X \cdot P$$

图 4-1 为盈亏平衡示意图。

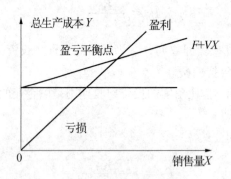

图 4-1 盈亏平衡示意图

6. 敏感性分析(sensitivity analysis)

敏感性分析是评价不确定因素对项目经济效果影响的一种方法。该方法的作用是测定当技术引进项目执行过程中对收益有明显影响的关键因素发生变化时,对项目收益影响的变化程度,预计可能出现的最优和最差的结果,并找出影响敏感性强的因素产生的原因,采取相应对策减少项目的风险,提高项目安全系数。

敏感性分析步骤：确定分析指标，设定不确定因素，搜寻敏感因素，综合评价。

确定分析指标：敏感性分析的指标是对项目的经济效果有影响的指标，如投资回收期、投资收益率、净现值、内部收益率、收支平衡点产量等。分析时，根据经济评价深度和项目特点选择有代表性的指标进行分析。

设定不确定因素：根据项目特点，选定对引进项目经济效果影响较大的不确定因素进行分析。

搜寻敏感因素：逐个计算不确定因素变化时对分析指标的影响，找出不确定因素中的敏感因素。

敏感性分析在各个阶段都有其特定的作用，通过敏感性分析实现的主要目的有以下三点。

(1) 通过敏感性分析，在初选阶段可以筛选出敏感性较低的项目方案。

(2) 通过敏感性分析，在项目评价阶段可以对项目的风险程度进行判断。

(3) 通过敏感性分析，可以找到对项目经济效益影响最大的关键因素，为经营管理找出重点，保证通过对关键因素的有效管理获得好的经济效益。

第六节　国际技术贸易项目评价

一、技术转让的产业效应

技术在国际间转让，对技术输出国和输入国的生产技术水平和生产要素价格都会有比较明显的影响。随着国际技术贸易的开展，各国的产业结构、收入水平也会发生变化。

（一）对技术输出国的产业效应

现在整个世界技术进步迅速，特别是以信息技术革命和信息革命为核心的新技术推动了社会生产力的发展。产业结构已经由原来资本、劳动力密集型的制造业占主导地位的格局逐步演变为信息、知识、技术密集型高科技产业占主导地位的格局。国民经济逐渐表现出高技术化、产业结构高度融合的特征。在发达国家，制造类企业已经很少在本国直接从事产品的生产，仅仅在本国进行产品设计和技术开发，通过将技术和工艺输出在劳动力成本较低的发展中国家完成制造工作。例如，"耐克现象"。耐克公司是全球著名的体育用品生产厂商，总公司设在美国，然而在美国耐克公司却不生产任何一款体育用品。耐克公司通常在美国本土仅仅进行涉及产品外观、功能的设计和技术工艺、流程的规划，然后在越南、印度尼西亚这样的发展中国家设立工厂进行生产，充分利用当地廉价的劳动力和充分的资源降低产品成本，实现全球的低成本扩张。同时，发达国家在海外直接投资设立工厂也会推动技术在全球范围内的转移。

由"耐克现象"我们可以看出，投资国一般都是资金丰富、技术发达的国家，东道国一般是资源充沛、劳动力丰富的国家。资源的差异越大，双方的比较优势也就越大；双方技术差距越小，技术就越容易转移。

通常一个国家对外投资与技术转移的对象比较多地集中于成熟的技术，新颖尖端的技术转移相对数量较小。按照对外投资的目的可以将对外直接投资分为四类。

1. 获得自然资源

一些国家和企业对外进行投资的目的是获得东道国的自然资源。通过建立资源开发利用型企业，开发利用东道国的自然资源。这些企业在开发过程中会使用一些先进的技术和工具，在这个过程中，实现了一定程度的技术转移。

2. 获得生产要素

在国际经济交往活动当中，生产要素的流动比商品流动受到的限制更多。为了避免各种限制，利用更多的廉价生产要素，企业会进行直接投资。

3. 获得市场

当商品出口达到一定规模以后，为了更加方便地出口商品、降低产品成本，企业也会进行直接投资，通过在东道国建立工厂扩大生产销售规模。另外，有些国家会采用配额等方式限制某种商品的进口数量，直接投资设厂可以绕开数量限制扩大市场份额。

4. 实现国际化

有些时候，企业进行直接投资的目的是为了建立与完善全球性的生产销售网络。

对外直接投资关注技术投资国和东道国之间的技术差异以及变化，差距小、易使用的技术往往最先开始；同时还要考虑东道国的市场需求、使用可能性等因素。只有将直接投资与东道国技术进步、经济发展相联系才能够使直接投资这种技术贸易方式保持长久的生命力。

（二）对技术输入国的产业效应

国与国之间总存在某些方面的技术差距。根据产品生命周期理论，完成技术创新的国家取得技术上的优势的同时还会拥有这种商品在贸易中的垄断势力。随着技术的日益完善和贸易规模的扩大，为了追求更高的利润，技术创新国可能会通过多种有效途径输出技术。其他国家在这个过程中，会借助自己的力量进行研发和模仿或引进技术，帮助该国缩小技术差距，培育新的产业。技术引进、技术模仿、技术开发、技术输出是所有国家工业化、技术化道路必经的过程。

从工业化道路发展的历史来看，发展中国家产业的形成和发展主要分为两个阶段：一是技术引进和模仿阶段；二是技术创新阶段。

在最初的阶段，发展中国家的技术水平比较低，没有能力自我开发新技术，发展中国家通过引进大量的国外技术和直接投资，直接移植发达国家相对比较成熟的产业技术，通过引进模仿迅速建立起一项产业推动本国产业结构的调整，推动工业化进程。然而这种模式通常都是暂时性的，在一定时间内推动了产业结构比例的快速重置，并真正地促进了产业升级和技术吸收。如果在长期内重复这种模式，会使一个国家停留在"引进—模仿—过时—再引进"这种落后的模式上，不能够实现技术上的飞跃和发展。

所以，当一个国家工业化任务完成以后或在完成工业化的同时，应尽量进行自主技术研发、自主创新，在关键领域培育出有自主知识产权的主导产业，促进产业结构不断升级。内在技术发展促进机制是从模仿开始建立起相关的产业部门，在生产过程中积累资金和技术开发能力以实现自我研发和技术创新。

发展中国家在吸引跨国公司投资的同时应当充分利用跨国公司的技术转移效应,获得所需要的技术和管理知识,迅速提高产业的技术水平,并很快打入国际市场。利用外商投资促进本国技术和经济的共同发展是当今各国普遍采用的战略。跨国公司在提供先进技术的同时,还可以为东道国培训技术和管理人员、促进市场竞争进而加强行业向前和向后的联系效应。东道国在学习技术的同时,还要将注意力集中到本国的研究开发过程中,应当为进行自我技术研发的公司提供资金支持和政策扶植,减免一定税收并提供相应的优惠措施。

(三) 国际技术转移的有效性

1. 衡量技术转移成功与否的标准

与其他经济项目一样,判断国际技术转移是否成功就要评价项目的效果。评价的因素主要包括以下四个方面。

(1) 技术先进性。技术先进性标准是指在被转移企业和项目现有条件下,引进的技术是否真正提高了劳动生产率和利润率,为技术转移的受方带来经济利益。

(2) 技术的有效使用率。总的来讲,技术落后国家对大部分的先进技术都有需求,但引进技术必须考虑到本国的接受能力和使用率。引进后要考虑这种技术在多大程度上被使用,在使用过程中是否对国家在这方面的生产技术有所促进。

(3) 技术转移是否培养出了相应的人才。技术转移的成功与否依赖于相关的技术人才,只有培养出本国自己的技术人才能够真正地实现相关技术、知识的转移和技术设备的有效使用。

(4) 技术转移项目中引进方是否具有针对性。技术提供方为了提高所掌握技术的收益都愿意将技术向外转移,技术受让方希望通过获得技术来提高生产能力和收益。双方都必须积极主动交换意见和信息,及时对项目中的工作进行评价和修正。在转移过程中还要特别注意技术转移的质量,将注意力集中在核心工艺中。

2. 成功的关键因素

信息的有效交流对技术转移项目的成功有着十分重要的作用,因此在各个过程中都应有相关人员参与以保证信息的完善有效。

在开发时期,潜在使用者应当参与方案的制订,这样可以保证引进的技术具有很强的针对性。在引进过程中,双方要时刻关注国内外经济、技术形势发生的变化并及时进行沟通,保证项目的顺利实施。

在项目成功转移后,为了更好地获得市场和利润,可能会采用新的技术和标准,在此过程中要与设定标准的机构进行紧密合作。

二、技术贸易与外溢效应

(一) 技术外溢概念及特点

1. 技术外溢的概念

从经济学角度讲,技术具有"公共品"的正外部性特征,技术带来的收益有的并不要求追加成本。由于市场并不能够有效地处理技术、知识和组织技能等资产的生产和交易,所以会导致市场失灵和市场结构的不对称。

外商直接投资的技术外溢效应与技术转让带来的直接效应相比,直接投资能够给东道国带来先进的技术,客观上间接促进东道国的经济发展。技术外溢效应则用于描述这种间接的促进作用。FDI 技术溢出是经济学意义上的一种外部效应,是指由于 FDI 内含的人力资本、研发投入等因素通过各种渠道导致技术的非自愿扩散,促进了当地生产率增长,进而对东道国经济的长期增长作出贡献,而跨国公司子公司又无法获取全部收益的情形。这里的技术不仅是指生产技术、加工技术等所谓的硬技术,还包括生产的组织技能和管理技能以及企业家精神等软技术。事实上,FDI 对东道国的宏观经济影响是显而易见的。FDI 向某一区域的集中往往对当地经济产生极大影响,如增加当地就业、提高劳动力总体素质、优化地区产业结构、促进城镇化水平等。这些影响除反映了资金投入产生的效应外,往往也反映了生产率的提高。

2. 技术外溢的特点

(1) 外部性。某一经济主体或是活动对于其他经济主体产生的一种未能由市场交易或是价格体系反映出来的影响称为外部性。外部性根据其作用方式可以分为正外部性和负外部性两种。技术外溢作用是典型的正外部性。一项技术并不会随着使用频率的加大而有任何质量的损失,因此技术外溢被认定为有正外部性。

(2) 互动性。互动性是指在技术外溢过程中,任何一方都不可以单独决定技术外溢的成效,它的程度由外溢技术的拥有者——外国投资企业、外溢技术接受者——东道国本地企业以及由它们所组成的东道国市场环境共同作用所决定。技术外溢发生在外国投资企业与本地企业之间的互动。虽然外国投资企业的素质是决定是否能够吸收外国投资企业技术的重点因素,这也是技术外溢性效果不同的原因。本地市场结构对技术外溢也有重要影响,本地市场结构决定本地市场竞争的激烈程度。在竞争激烈的市场条件下,企业迫于利润和竞争压力会努力提高技术水平。因此技术外溢在竞争较强的市场会有比较好的表现。

(3) 不确定性。不确定性是指技术外溢的效果具有不确定性。技术外溢的不确定性来自外国投资企业自身因素、东道国两方面。在跨国公司内部,技术使用范围比较封闭,相对于其他形式的转移,这种形式不利于向企业之外转移。并且,外国投资企业在投资的子公司内部对先进技术的管理会相对宽松,但与当地企业联系时会加强对技术的控制。另外,本地企业的技术水平也决定了学习能力的强弱,学习能力强的企业会尽快吸收先进技术并能够实现创新。

(4) 隐含性。技术外溢和所有的外部性一样,不会在一个相应确定的市场来达成交易,没有留下任何交易记录可以提供给经济学作一般均衡分析。只能够通过技术转移的结果进行效果分析检验技术外溢的作用。

(二) 直接投资与外部效应

1. 跨国公司对子公司的直接效应

直接效应指的是跨国公司在国外建立子公司时,对其子公司进行部分技术转移,在不改变所有权或活动控制权的情况下,跨国公司会引起所在东道国整体技术知识和技能的提高。

跨国公司通常是高新技术的拥有者和创造者,其对新产品的研发必须建立在能够获利的前提上。由于当今世界竞争加剧,一项新产品的生命周期比以往大大缩短,为了保证能够获得收益,跨国公司对产品技术的保护不断加强。在这种情况下,尽管跨国公司进行技术转移可以通过建立合资企业、技术许可协议、向子公司转移等多种渠道,但跨国公司还是更愿意采用向子公司转移的方式,因为这种技术扩散方式对于跨国公司来说是可控的,并且收益可以预期,因此在跨国公司中的应用最早和最普遍。

跨国公司进行技术转移主要是出于增强自身竞争力的考虑。通过先进的技术优势,使自己的子公司比当地的其他企业具有更强的竞争优势。由于母公司和子公司的密切联系,母公司可以得到新技术在不同环境、不同地域的应用反馈,然后通过收集子公司针对当地市场的研发成果进行分析,这种内部的技术交流是跨国公司保持国际竞争力的重要渠道。

瑞典学者布洛姆斯特罗姆(M. Blomstrom)和舍霍尔姆(Sjoholm)在印尼微观数据的基础上经过分析得出结论:跨国公司子公司都有比较高的劳动生产率并且本国企业可以从外溢中获益(1999)。科林斯(J. Konings)通过对保加利亚、罗马尼亚等转型国家的研究表明:跨国公司向其子公司转移技术是其进行技术转移的重要渠道,即FDI的直接效应很显著(2001)。大量的实证结果都表明,跨国公司对其子公司的这种技术转移会带来当地企业劳动生产率的提高和增长。即跨国公司给东道国带来的直接效应是正的。

2. 跨国公司与东道国企业的垂直关联(前向关联和后向关联)

尽管跨国公司出于对技术控制权的考虑,主要对其子公司进行技术转移,但是跨国公司的存在或多或少都会使东道国企业生产效率改善、创新能力提高,而这些不是跨国公司本身希望的,这种现象被称作外溢效应(spillovers)。布洛姆斯特罗姆和库科(A. Kokko)将FDI外溢效应定义为:跨国公司在东道国实施FDI引起当地技术或生产力的进步,而跨国公司无法获取其中的全部收益的一种外部效应(1998)。国际上将外溢效应分为两类:一种是不同产业间的外溢,即垂直外溢;另一种是产业内的外溢,即水平外溢。在第一种外溢中,根据当地企业和跨国公司在产业链上所处的位置,将其相互之间的关联分为前向关联(forward linkages)和后向关联(backward linkages)。

赫尔希曼(A. O. Hirschman)在1958年的《经济发展战略》一书中最早提出了前向关联和后向关联的概念。本书根据联合国贸发会议2001年世界投资报告中的分类,将前向关联定义为跨国公司和东道国销售商、售后服务商等处于产业链下游的企业之间的关联;将后向关联定义为跨国公司和东道国实物供应商、服务供应商等处于产业链上游的企业之间的关联。

跨国公司进入东道国,尤其是发展中东道国,通过大规模生产、先进的技术和管理、激烈的市场竞争、对工人的系统培训等带来其所在产业产出的大规模增长。这种增长在相当程度上促进了东道国上下游企业的发展。为了保证跨国公司自身的顺利运转和达到节约成本的目的,跨国公司甚至会主动帮助东道国的配套企业进行改革,提高配套企业的劳动生产率和管理效率，这些都大大带动了东道国的经济发展，从而使东道国获得较高的垂直外溢效应。

近年来，学术界在理论上已经普遍认为：后向关联对于东道国经济的带动作用相当大。格罗格（H. Gorg）等对电子企业和爱尔兰供应商在1982—1995年的后向关联发展历程的研究案例（2000），莫伦（Moran）对墨西哥汽车产业的研究案例（1998）等，都证明了跨国公司的进入能够对产业上游的配套企业产生相当的外溢效应。

（三）跨国公司与东道国企业的水平关联

跨国公司与东道国企业的水平关联是一种产业内相互竞争的企业间的联系。目前国外对水平关联的理论研究文献相对后向关联研究较少，而且很少有强有力的证据表明跨国公司对东道国竞争者存在正的水平外溢。相反，许多对发展中国家的实证研究反而表明：跨国公司对当地同一行业内的企业的水平外溢为负，也就是说，跨国公司的进入对东道国同一行业内企业的技术成长不利。

与垂直外溢相比，水平外溢效应相对较弱，且在一定情况下为负。形成这种现象的原因可能是：跨国公司为了保证投入品的品质和交货时间，向其供应商转移技术提高其生产率，但对产业内其他企业学习、模仿其新技术则会尽量防范，尽可能减少对竞争对手的技术泄露。

英国经济学家坎特维尔（J. Cantwell）在分析第二次世界大战后到20世纪80年代初期美国跨国公司在欧洲的投资及技术活动中得出结论：不同技术基础与不同的技术环境可能导致不同的结果，水平外溢的具体效果要取决于东道国当地的技术基础。双方技术差距小的时候，水平外溢效应应为正；双方技术差距大的时候，水平外溢效应为负。

坎特维尔的结论可以作如下解释：当东道国企业与跨国公司处于同一技术层次时，东道国企业从跨国公司学习并积累了一定的技术经验以后，为了保持市场份额和利润，双方会形成一种相互竞争的关系，产生良性循环，最终双方都可以实现自己的目标；但是，当东道国企业与跨国公司的技术差距过大的时候，跨国公司进入所带来的先进技术不能很快被东道国企业吸收，反而会迫使东道国竞争者退出市场。这是因为，当东道国技术水平较低时，跨国公司与东道国企业之间的市场相对割裂，难以形成一种良性竞争的环境，跨国公司的技术转移因而较低，东道国企业由于竞争力弱，市场份额逐步缩小，效益日趋低下，对研发的投入下降，技术水平进一步落后，形成一种恶性循环，最终东道国企业会被跨国公司挤出市场。

国外对水平外溢的研究比较典型的例子有美国学者凯夫斯（R. E. Caves）对澳大利亚制造业案例的研究（1974），美国学者格罗伯曼（S. Globerman）对加拿大6个制造业部门的案例研究（1979）；布洛姆斯特罗姆对墨西哥多个制造业部门的案例研究（1983）等。凯夫斯是最早对FDI溢出效应进行计量研究的学者，通过对澳大利亚1969年产业层面数据的分析，凯夫斯发现当地企业的生产率与行业内的外资份额正相关，由此他认为，在澳大利亚的制造业中，当地劳动生产率与外国跨国公司的进入程度正相关，跨国公司的水平外溢效应为正。格罗伯曼和布洛姆斯特罗姆也得出了类似的结论。然而上述案例都是在对发达国家或特定制造业部门的研究中作出的，具有一定的局限性。格罗格等对多个发达国家和发展中国家采用面板数据进行的调查(2002)在跨国公司对发展中国家水平外溢效应的研究中具有比较典型的意义。格罗格的调查发现,仅有两个发达国家存在正的产业内外溢,样本中的所有发展中东道国都没有得到跨国公司的正的水平外溢。

（四）跨国公司外溢效应的实现渠道

跨国公司在东道国的外溢效应可以通过多种渠道实现,从而对东道国整体产业能力的提升产生多方面的积极作用。一般来说,跨国公司对东道国的外溢效应可以分为人力资本外溢效应、示范和竞争效应、合作效应、市场开拓效应四个方面。

(1) 人力资本是技术能力提升的根本,因为人力资本是高新技术的载体。当掌握生产技术和管理技能的人才从跨国公司流向当地企业时,往往带来了较强的技术外溢。因为从正常渠道(如购买)得到的技术往往存在吸收、消化和利用等诸多环节上的制约,难于迅速转化为生产力;而人才的流动则能够较快地解决上述问题,明显地提高当地企业的技术水平。

(2) 跨国公司进入东道国后,所带来的最明显的效应应该是示范和竞争效应。由于跨国公司在市场竞争中处于优势地位,跨国公司的进入会给当地同一部门原有企业带来巨大的压力,当地企业的市场份额被挤占,甚至面临生存的危机。当地企业迫于竞争压力,会主动以跨国公司作为学习的蓝本,通过学习跨国公司先进的生产技术和管理理念来弥补自己的不足,解决长期存在的问题,同时发挥本土企业的自有优势与跨国公司竞争。通过这种良性竞争,达到跨国公司和当地竞争者双赢的目的。

(3) 跨国公司与当地企业进行合作有两种形式：一种是跨国公司的先进技术与当地企业成熟的市场渠道相结合,即合资企业;另一种是跨国公司在当地企业中培育自己的实物供应商和服务供应商。前一种是水平关联,后一种是后向关联。目前后一种形式对当地企业的外溢效应已经得到公认,但前一种形式是否有利于当地企业的自主发展,目前尚未有明确定论。

(4) 跨国公司进入东道国后,有可能率先开拓出一个新产品的市场,当地企业在跟进模仿的过程中可以节省市场开拓的费用。

（五）跨国公司与产业集群的关系

跨国公司的产业集群发展通常有两种模式：一种是跨国公司加入当地现有的产业集群;另一种是跨国公司带头建立当地产业集群。

在一个较为成熟的产业集群中,跨国公司可以充分利用由此带来的集聚效应,促进跨国公司自身的发展。第一,跨国公司子公司可以和当地供应商建立后向关联,大大降低采购成本和风险;第二,跨国公司可以向当地企业学习,更好地适应当地市场,加快跨国公司子公司的本土化;第三,跨国公司可以和当地研发机构合作,利用外部技术资源,使设计更有市场针对性;第四,跨国公司和集群内当地企业的竞争合作关系促成良性互动,形成持久的发展动力。

按照马歇尔的理论,跨国公司在产业集群内的知识外溢最容易发生,即在产业集群内跨国公司的外溢效应较高。跨国公司在与产业集群的互动发展中,在利用产业集群内的集聚效应的同时,也促进了产业集群的同步成长和东道国的产业升级。

跨国公司对产业集群的促进有以下三个方面：第一，通过跨国公司的人力资本溢出效应，促进了当地人力资本的积累；第二，通过跨国公司的示范和竞争效应，引起先进技术与管理理念的外溢；第三，通过跨国公司的合作效应，培养了当地专业化供应商网络。

跨国公司对产业集群的促进，也是跨国公司外溢效应的体现，这其中既包括对供应商的垂直外溢（后向关联），也包括对当地竞争者的水平外溢（水平关联）。当产业集群发展成熟后，不仅使跨国公司获得集聚效应，同时也为当地同一部门的企业在人才储备、供应商培养、配套设施完善、技术研发和积累、市场培育等方面创造了一个良好的发展环境，在一定程度上降低了行业准入门槛，缩短了东道国产业升级的时间，有利于当地竞争者的发展。

本章小结

本章介绍的内容是国际技术贸易项目的可行性研究及其评估。第一节分析了技术进口的前期准备阶段，并介绍了项目选择的概念、项目选择的选择标准和选择程序，第二、三、四、五节分别介绍了技术贸易项目的可行性研究、初步可行性研究与项目建议书的编制、可行性研究报告的编制、可行性研究的财务分析，最后本章以国际技术贸易项目评价为结尾，使读者能对国际技术贸易项目的可行性研究及评估有一个全面、清晰、深刻的认识。

关键词

项目选择　先进性　适用性　可靠性　经济性　可行性研究　项目建议书　可行性研究报告　财务分析　财务效益指标　技术转让的产业效应　技术贸易与外溢效应

思考题

1. 技术项目的前期准备工作有哪些？
2. 技术项目的前期准备工作可以划分为哪些阶段？
3. 技术项目选择可以分为哪几种方式？
4. 衡量国际技术转移的有效性标准是什么？
5. 国际技术转移成功的关键因素包括什么？

案例分析

李克强访拉美"两洋铁路"助中国高铁走四方

2015年5月18—26日，国务院总理李克强对拉美四国进行正式访问，此间，中国、巴西、秘鲁三国合作筹建的两洋铁路也有望签署启动可行性研究的协议。这条铁路建成后将横贯拉美,连通太平洋和大西洋。

"两洋铁路"助力中国高铁走四方

"两洋铁路"的概念是2014年7月习近平主席访问拉美时首次提出的。当时,习近平主席访问巴西,中国、巴西、秘鲁三国就开展连接大西洋和太平洋的两洋铁路合作共同发表声明。同年11月,秘鲁总统塔索来华出席亚太经合组织领导人非正式会议,中秘签署了一项关于对"两洋铁路"项目进行可行性研究的备忘录。

外交强,业更兴。在当前经济全球化的时代,看似一条简单的铁路修建,其实彰显了一个国家的外交能力。这次中国帮助巴西与秘鲁建设"两洋铁路",从一个侧面显示出中国高铁较强的竞争力。放眼世界,目前能够在高铁技术上与中国进行竞争的日本公司、德国公司,都是民营资本,而中国高铁已经上升到了国家战略层面,政府的支持是最强的后盾,也是中国参与高铁竞争的最大胜数。

中国在铁路建设中有资金和技术优势,建成后的运营和管理水平也较高,综合实力领先其他国家。中国参与"两洋铁路"项目,体现了东方大国在国际舞台上秉持的互利共赢的发展理念。

"两洋铁路"能否成为中国铁路最需要去的地方?

李克强总理出访拉美四国,使"两洋铁路"项目的关注度再次上升。

近年来,中国铁路发展得很快,因而在《国务院关于推进国际产能和装备制造合作的指导意见》中明确提出的主要任务之一就是加快铁路"走出去",拓展轨道交通装备国际市场。说到底,这源于中国铁路的技术和实力。

不言而喻,加强对"优出"项目的重点引导,推进国际产能和装备制造合作,对提升企业形象有重要作用。因而,将中国铁路投到最需要的地方去,就成为中国铁路"走出去"最有效的方法之一,如今的"两洋铁路"正是沿着这样的方向推进。

然而,"走出去"并非只是口头说说,其中"怎么走"最为关键。这既要融合当前各国经济社会环境,又要着眼于未来发展。只有在利己又利他的共同条件下,才能凝聚各方合力,造福各国人民。

"两洋铁路"签约为我国铁路走出去增光添彩

看过"两洋铁路"的简略规划图后,真的可以用"小伙伴们都惊呆了"来形容。这条铁路一旦建成,它的意义将是划时代的,必将引起全世界的瞩目。这将是一条陆地上的"巴拿马运河",其政治、经济等方面的贡献也将不可估量。

目前,我国铁路的高速发展特别是高铁产品的出口还处于初期阶段,国际上竞争激烈,"一带一路"和"走出去"战略还有很长的路要走。现在国际上的"莫斯科—喀山高铁"项目、"东南亚首条高铁——新马高铁"项目以及现在的"两洋铁路"项目都是我们发展的契机,中国铁路需要更多大项目为自己正名。

当然,"两洋铁路"最直接的影响还是为我国铁路"走出去"增光添彩。中国铁路"走出去",一方面会积极参与当地的基础设施建设,拉动当地经济发展,提高所在国人民的生活水平;另一方面能够输出我国的建造能力,带动我国的装备出口,从而消化产能。

"两洋铁路"项目体现了我国共享繁荣的发展理念,相信中国铁路"走出去"的路会越来越宽广!

资料来源:中国经济网

案例思考:
1. 为什么要对"两洋铁路"项目进行可行性研究?
2. 就"两洋铁路"项目的可行性研究,应包含哪些内容和范围,谈谈你的看法?
3. 从技术转让的产业效应谈谈对"两洋铁路"项目的评价。

第五章

专　利

国际技术贸易是以无形的技术知识作为主要交易标的，专利技术转让是国际技术贸易的基本内容之一。国际技术贸易合同是分属两国的当事双方缔结的规定双方权利义务关系的法律文件，许可合同是最基本、最典型、最普遍的一种形式。本章着重介绍了专利许可合同的条款和各条款中的注意事项。

第五章 专 利

 学习目标

通过对本章的学习,你应该能够:
1. 熟悉关于专利的基本概念;
2. 了解专利许可贸易的性质和特征;
3. 掌握专利许可合同的种类;
4. 熟悉专利许可合同的主要条款及注意事项;
5. 了解专利申请权和专利权的转让;
6. 了解专利申请权转让合同和专利权转让合同的主要条款;
7. 了解专利权的国内、国际法律保护。

第一节 关于专利的基本概念

一、知识产权

根据世界知识产权组织(World Intellectual Property Organization,WIPO)的定义,知识产权是智力劳动产生的成果所有权,它是依照各国法律赋予符合条件的著作者以及发明者或成果拥有者,有一定期限内享有的独占权利。知识产权分为两类:一类是版权,一类是工业产权。

版权是指著作权人与其文学作品享有的署名发表使用以及许可他人使用和获得报酬等的权利。

工业产权是包括发明专利、使用新型专利、外观设计专利、商标、服务标记、厂商名称、货源名称或原产地名称等独占权利。由此定义可以知道专利是知识产权的一种。

二、专利制度

(一) 专利制度的概念

专利制度是一种通过法律、经济和行政手段来鼓励发明创造,保护、管理和交流创造成果的管理制度,主要内容包括专利审查、专利的公开通报、专利权保护和国际交流。

专利制度也是一种以国家强制力保证实施的法律制度,其核心是专利法。专利法通过调整国家专利工作中的各种法律关系来保障国家专利制度的顺利运行。

专利制度的关键在于,依法授予并保护专利权人对创造成果独占权的同时,通过法律和经济手段促进发明创造的尽早公开和实施。

(二) 国内外专利制度概况

1. 专利制度简史

1624 年英国颁布的《垄断法》(Statute of Monopoly)被认为是近代专利法的鼻祖,它的许多基本原则和具体规定都为后来国家制定专利法时沿用或仿效,如该法规定:专利授予最初的发明人,专利权人在国内有制造、使用发明物品或方法的垄断权,违反法律或损害国家利益的发明不授予专利权,专利的期限为14年等;美国于1790年通过了第一部专利法;法国于1791年创建了专利制度。目前,世界知识产权组织成员国已达184个,专利制度在世界各国的建立,意味着专利制度已开始向国际化方向发展。

2. 专利制度的国际化

专利制度的国际化不仅指专利制度在各国的普遍实行,而且指各国专利制度在实质内容和审批程序上的逐步简化和一致。专利制度国际化的主要标志是一系列关于专利的重要国际条约的订立和国际组织的成立。

(1) 1883年签订的《保护工业产权巴黎公约》(简称《巴黎公约》),标志着专利申请国际化。

(2) 1971年签订了国际专利分类斯特拉斯堡协定。

(3) 1973在德国慕尼黑签订,1977年10月7日生效的《慕尼黑公约》,又称《欧洲专利公约》,进一步简化了申请专利的手续。

(4) 1978年1月24日《专利合作条约》(Patent Coopertaion Treaty, PCT),即PCT国际专利申请体系正式生效,统一了缔约国的专利申请手续和审批程序,截至2006年12月,PCT已有136个成员国。

(5) 1991年关贸总协定乌拉圭回合初步达成了《与贸易有关的知识产权协定》。

(6) 1994年4月15日,关贸总协定乌拉圭回合各缔约方签署了《与贸易有关的知识产权协定》(Agreement on Trade-Related Aspects of Intellectual Property Rights, TRIPS),专利保护标准趋向国际一体化。

(7) 2003年8月30日世贸组织全体成员就修改与贸易有关的知识产权协定,就发生健康危机时,发展中国家和最不发达国家,可对专利药品实行强制许可达成共识,作为临时实施。2005年12月6日通过将该修正纳入《贸易有关知识产权的协定》的决定。

3. 我国的专利制度

我国的专利形式最早出现于清光绪年间,真正建立与形成专利制度则是从辛亥革命以后开始的。

新中国专利制度的建立始于1978年十一届三中全会后,为了适应改革开放和经济建设的需要,我国开始筹建专利制度并起草专利法。1984年3月12日,第六届全国人大常委会第四次审议通过了《中华人民共和国专利法》,1985年1月19日国务院批准了《专利法实施细则》,我国专利法于1985年4月1日正式施行。专利法的诞生是我国建立专利制度的一个重要里程碑,也是我国知识产权保护进入一个新时期的重要标志。之后,我国于1992年9月4日对专利法进行了第一次修改,修改后的专利法于1993年1月1日起施行。2000年8月25日我国又对专利法进行了第二次修改,并于2001年7月1日生效。2008年12月27日第十一届全国人民代表大会常务委员会第六次会议《关于修改〈中华人民共和国专利法〉的决定》进行了第三次修正。

我国于1980年加入了世界知识产权组织,1985年加入了《保护工业产权巴黎公约》,

1992年10月15日加入《伯尔尼公约》。1994年1月1日起我国成为《专利合作条约》的成员国。

三、专利

（一）专利的概念

1. 什么是专利

在实行专利制度的国家里,发明创造成果要得到法律的保护就应该申请专利（patent）。

根据国际知识产权组织（WIPO）的定义：专利是对发明授予的一种专有权利,发明是指提供新的做事方式或对某一问题提出新的技术解决方案的产品或方法（A patent is an exclusive right granted for an invention, which is a product or a process that provides, in general, a new way of doing something, or offers a new technical solution to a problem.）。

2. 专利的类型

专利有三种类型：发明专利、实用新型专利和外观设计专利。

（1）发明专利。根据《中华人民共和国专利法实施细则》（以下简称细则）规定,专利法所称发明,是指对产品、方法或者其改进所提出的新的技术方案。

（2）实用新型专利。根据细则规定,专利法所称实用新型,是指对产品的形状、构造或者其结合所提出的适于实用的新的技术方案。

（3）外观设计专利。根据细则规定,专利法所称外观设计,是指对产品的形状、图案或者其结合以及色彩与形状、图案的结合所作出的富有美感并适于工业应用的新设计。

（二）专利权

专利权是一种由国家法律所赋予的权利,而不是原始取得的权利。专利权包含一揽子权利,包括实施权、许可权、转让权、标记权、放弃权、请求保护权。专利权是一种知识财产权,是无形财产,与有形财产权相比有其独特的特点。

1. 专有性

专有性也称独占性,排他性。

（1）指专利权人（自然人或法人）对其发明创造所享有的垄断性的使用、买卖权利,其他任何单位或个人未经专利权人许可不得出于生产经营目的使用此发明创造以及使用、销售和进口依照其方法直接获得的产品,否则就是侵犯专利权。

（2）指国家专利管理机构只对第一个专利申请人授予专利权,他人同样内容的申请不能获得专利权。

2. 时间性

各国专利法对专利的保护期限都有明确的规定,保护期限从申请日算起,发明专利的保护期限一般为10—20年,实用新型专利和外观设计专利的保护期限一般为5—10年。我国专利法规定发明专利保护期限为20年,实用新型专利保护期限为10年,外观设计专利保护期限为5年。

时间性指法律只在规定的保护期限内保护专利权人对其发明创造所拥有的专有权,专利的保护期限届满后,专利权人对其发明创造不再享有专有权,其发明创造即成为社会财富,任何企业或个人都可以无偿使用。

专利技术贸易中应尤其注意卖方专利的法律状况,一则避免对过期专利支付不应支付的费用,二则对包括多项专利的贸易合同,使用费的计算要根据所含专利的有效期状况分别计算。

3. 地域性

现行的专利制度下并不存在国际性的专利,专利权还只是一个地域性的权利,除非加入国际条约或双边协定另有规定外,任何国家都不会承认其他国家或国际性知识产权机构授予的专利权。我国于1994年1月1日正式成为《专利合作条约》(PCT)的成员国,意味着我国专利申请人只要在国家专利局申请到专利就可以经PCT路线同时在其他PCT成员国申请专利。同样,其他PCT成员国专利申请人在本国申请专利后也可通过PCT路线受到我国的专利保护。

对我国专利申请人来说,一项有市场价值的发明创造仅在本国申请专利是不够的,更要及时到潜在市场所在国家申请专利保护,避免日后进入他国市场时由于专利得不到保护而遭受损失。

(三) 专利技术转让

专利技术转让是指以专利许可权、专利权、专利申请权和专利申请过程中的技术为标的的技术转让。

第二节 专利许可贸易

一、专利许可贸易的性质和特征

(一) 专利许可贸易的性质

实行专利制度不仅是为了保护发明创造者合法权益,而且在于推广应用发明创造成果,推动科学技术和经济建设的发展,实施其发明创造是专利权人的义务。专利制度是专利许可贸易的保证。

专利许可是专利权人利用专利权的基本形式之一,是专利权人依据专利法、合同法等相关法律,与被许可方签订专利许可合同,授予被许可方在规定的时间和范围内实施其专利的交易。我国《专利法》第十二条规定:"任何单位或者个人实施他人专利的,应当与专利权人订立实施许可合同,向专利权人支付专利使用费。被许可人无权允许合同规定以外的任何单位或者个人实施该专利。"

(二) 专利许可贸易的特征

(1) 专利许可贸易的标的是有效专利的实施权。专利的许可贸易是专利使用权的转让,专利权仍归专利权人所有,被许可人只有专利的使用权,而无权允许许可合同以外的单位或个人使用该专利。

(2) 专利许可贸易的许可方须是专利权人,且许可贸易的前提是专利的有效性。专利权人有权通过许可合同将专利使用权全部或部分地授予第三方。

(3) 专利许可贸易是有限制的许可。专利许可贸易时间上受专利保护期限的限制,范围上受专利地域性的限制,且贸易双方的权利和义务受许可合同的约束。

(4) 专利许可贸易是有偿的商业法律行为。被许可人须向专利权人支付专利使用费,贸易双方须依照法律订立书面许可合同,并严格按照合同行事。

(三) 专利权的转让、专利申请权的转让与专利许可的区别

专利许可是指专利权人许可他人在规定的时间和地域范围内实施自己的专利发明,即转让专利的使用权;专利权的转让是专利权人在规定的时间和地域范围内将专利发明的所有权转让给他人;专利申请权的转让是将专利申请享有的权利让与他人。

专利权和专利申请权的转让虽然与专利许可不同,但实际中它们往往有一定的联系。比如专利权人或专利申请人先签订了专利许可合同,然后转让了专利权或专利申请权,除非许可合同另有规定,否则将由专利权或专利申请权的受让人承担许可合同所规定的权利和义务。

二、专利许可合同的种类

专利许可证贸易是指许可方(专利权人)与被许可方签订协议允许被许可方在一定条件和一定的限制下使用专利的一种贸易,也就是专利权人在一定条件下出售其专利使用权。按照专利使用权和许可范围专利实施许可合同可以分为以下六种类型。

(一) 普通许可合同

普通许可合同(simple license contract)指许可方授权被许可方在合同约定的期限、地区、技术领域内实施该专利技术的同时,许可方保留自己实施该专利技术的权利,并可以继续许可被许可方以外的任何单位或个人实施该专利技术的许可合同。

(二) 独占许可合同

独占许可合同(exclusive license contract)指许可方授权被许可方在合同约定的期限、地区、技术领域内实施该专利技术,许可方不得再许可任何被许可方以外的单位或个人实施该专利技术,同时许可方自己也不得实施该专利的许可合同。

(三) 独家许可合同

独家许可合同(sole license contract)指许可方授权被许可方在合同约定的期限、地区、技术领域内实施该专利技术的同时,许可方保留自己实施该专利技术的权利,但不得再许可被许可方以外的任何单位或个人实施该专利技术的许可合同。

(四) 分售许可合同

分售许可合同(sublicense license contract)指原专利许可合同的被许可方经许可方事先同意,将同样的许可内容全部或部分再转授予第三方的许可合同。这里的"原专利许可合同"通常属独占许可合同或独家许可合同,被许可方再次转售的许可合同相对于原许可合同来说就是分许可合同。被许可方必须在原许可合同已有明确规定或订立新

的补充规定的情况下才有权签订分许可合同,专利权人有权从分许可合同中收取部分费用。

(五) 交叉许可合同

交叉许可合同(cross license contract)也称互惠许可,指两个或两个以上的专利权人相互向对方授予各自专利使用权的许可合同。这种许可合同通常在两种情况下签订:一是改进发明的专利权人和原专利权人之间。改进发明的专利权人使用其专利时需要利用原专利,而原专利权人要发展其技术也需要使用此改进专利。二是双方各自拥有价值相当的专利,并互有使用对方专利的客观需要。就后一种情况来说,专利交叉许可减少了企业购买专利的费用支出,有助于提高双方的竞争力,如2003年诺基亚与华为公司签署协议,双方相互授权使用与 WCDMA 有关的专利,包括在全球范围内制造和销售WCDMA 基础设施,该协议将确保两家公司都能够以极具竞争力的专利费价格使用另一公司的 WCDMA 专利。

(六) 强制许可合同

国家知识产权局可以颁发强制许可合同,但被许可方仍要支付一定的使用费与专利权人签订强制许可合同,这种许可合同不属于专利许可证贸易。

在签订专利许可证贸易合同时,应把许可的具体内容在合同中详细阐明清楚,才能正确执行合同,避免合同履行时产生的纷争,以便论清是非。

需要说明的是,实际的技术贸易中,单纯的专利许可合同并不常见,通常是许可合同中专利是标的,同时还有有关专有技术的条款。

三、专利许可合同的主要条款及注意事项

拟订专利许可合同是专利许可贸易中非常重要的问题,合同的具体条款决定了贸易双方的权利和义务,交易的开展靠执行合同的条款来实现,交易过程中双方一旦产生分歧或纠纷也要依照合同条款来解决。专利许可合同的种类很多,具体条款也多种多样,而且随着技术水平不同而变化,本节只介绍专利许可合同通常包含的条款,并不是所有合同都必须包括的,实际签订合同时可根据具体情况灵活选择。

(一) 前言

前言是专利许可合同必不可少的部分,它简要介绍合同的主要内容,从法律上讲具有不可忽视的作用。前言包括合同名称,合同编号,当事人法人名称及地址,合同签订的时间、地点和有效期限及鉴于条款等。

(1) 合同名称应从整体上反映合同的内容和类型,说明合同的特征。

(2) 合同编号的作用在于便于存档、统计归类、查阅和双方函电往来。合同如何编号在国际上并无统一规定,一般由当事人自行决定,能达到上述目的即可。一个合同编号最好能反映出以下内容:许可方国别,法人名称(代号);被许可方法人名称(代号);许可合同签订年份;合同序列号。

(3) 当事人法人名称及地址。当事人名称必须要确切反映其法律地位,因此合同当事人双方的名称必须使用法人全名称。法人名称是指当事人进行法人注册所使用的全

名称,法人名称必须全称书写清楚,绝不能使用缩写或简称,因为缩写或简称并不是通过法律程序进行注册的名称。

还应说明当事人是自然人还是法人,是在哪个国家注册的何种性质的法人,若当事人一方是由两个以上的自然人或法人共同组成,除要明确他们各自的责任外,还应明确谁主要对外负责。

在全名称之下必须注明公司的详细地址,因为世界上有很多同名公司,这些公司法人只能依靠地址区分。

(4) 合同签订的时间、地点和有效期限。

① 合同签订时间决定许可合同的生效时间,若双方签字日期不同,一般以最后签字一方的签字日期为合同签订日期。签订时间还与合同适用的法律有关系,如果被许可方所在国公布了新法律,则签订日期在新法律实施日期之后的许可合同一律适用新法律。

② 合同签订地点是判定合同适用哪国法律的重要条件,尤其是当事人双方没有在合同中明确指定合同适用于哪国法律的情况下,当双方发生争执时,根据国际私法中《合同成立地法》原则,合同的签字地就成为仲裁机构或法院判定合同适用法律的重要依据之一。

同时,合同签字地点直接关系到有关税费的缴纳。西方国家对每笔签订的合同要征收大约为合同总金额万分之三的印花税,合同在何处签订就在何处缴纳印花税。因此慎重选择签约地点可以减轻合同双方的税收负担,在合同涉及金额巨大时尤其要注意。

③ 被许可方只有在专利保护期内使用许可方的专利技术时才需要支付费用,因此合同的有效期限不能长于专利有效期限。

(5) 鉴于条款。鉴于条款的主要作用是表明合同双方的意图和所许可专利的合法性,一旦将来双方出现分歧,仲裁机构或法院将依据鉴于条款来解释合同的具体条款或作为追究违约责任的依据。例如:"鉴于许可方是某专利的专利权所有人""鉴于许可方向被许可方转让某项技术能得到本国有关当局的批准""鉴于被许可方愿意获得许可方的某项专利许可,以便在专利权的范围内,以特定形式制造和销售此专利产品"等。

鉴于条款的内容一般包括以下八个方面。

① 合同双方进行此项交易的背景。
② 双方签订许可合同的目的和愿望。
③ 双方为完成该合同而进行协商的情况。
④ 许可合同给双方带来的好处。
⑤ 合同双方的原则立场。
⑥ 许可方拥有专利的法律状态。
⑦ 被许可方接受技术的经验和能力。
⑧ 许可方的职业背景。

鉴于条款的内容并非一定要面面俱到,但至少要表达三个方面的内容:双方签订许可合同的目的和愿望;许可方的职业背景;合同标的物的法律地位。

鉴于条款的法律效力与合同正文条款的法律效力不同,若鉴于条款与合同文本条款发生矛盾,应该以合同文本条款为最终依据。但鉴于条款对合同双方仍有约束力,特别是鉴于条款中对许可方拥有专利的合法性的确认,若被许可方合同产品发生侵权行为,许可方就要对此承担责任。

（二）定义

定义条款是对许可合同中关键名词、术语的解释部分。国际专利许可贸易双方的语言和法律不同,为防止双方对某些关键名词、术语有不同的解释,避免合同执行过程中产生纠纷,必须对这些关键名词、术语达成统一认识。

各国理解不同的关键词和术语都可以在定义条款中加以解释,具体定义哪些关键词和术语由合同双方自行确定。需定义的关键词和术语通常有以下四类。

（1）关于合同标的的关键词和术语,如专利、合同产品、授权产品、独占地域、技术改进等。"专利"一词虽然国际上有一般认同的含义,但具体到各个国家"专利"的定义是有差别的。我国的专利定义包括发明专利、实用新型专利和外观设计专利;美国的专利不包括实用新型,而包括植物专利,植物专利在我国则是不受保护的;在英国,外观设计不完全属于专利的范围,也可能属于版权的范围。

（2）各国法律或惯例有不同解释或相矛盾的关键词和术语,如净销售额、提成率、生效日、会计年度等。若专利使用费是以提成费方式支付,则合同双方对"净销售额"的概念要么在合同中另有条款加以解释,否则必须在定义条款中说明,以避免日后出现分歧。世界知识产权组织起草的《发展中国家许可证贸易指南》中定义"净销售额"为:在许可证有效期内,受让方在正常的公平交易中将产品出售、出租给第三方,或以其他方式有偿处理产品时所开的发票价格;其中不包括受让方实际打的正常折扣,供方直接间接提供的原料、中间货物、零部件或其他部件的 FOB 价格以及受让方制造有关产品时所用的标准外购部件的 FOB 价格,向顾客另开发票的保险费、包装费、运输费以及受让方为交货所实际负担的关税与其他税。

需要注意的是,关键词和术语的解释中可能又会出现一些新的需要解释的关键词,合同双方对这些词语也应有一致的理解,以免日后履行合同时出现分歧,如上述"净销售额"定义中提到的"正常公平交易"概念,合同双方对于什么才算是"正常公平交易"应协调一致,如果双方同意按 WTO 有关条款来解释应在该词语后注明。

（3）专业性术语,如聚合物、催化剂等。

（4）许可合同中反复出现的名词,如许可方、引进方、散件、零件等。合同双方对关键词和术语的定义与各国法律和国际惯例的定义可能有所不同,合同双方对关键词和术语的定义仅适用于合同,如果合同双方遵从国际惯例或某国法律对某一关键词或术语的一般解释,则必须在合同中加以说明。

处理定义条款一般有两种形式:罗列式和插入式。合同双方可自行决定使用哪种方式。

罗列式即在许可合同主体部分开始时专门制定定义条款,对合同双方确认需解释的关键词和术语用罗列方式作出双方认可的定义。罗列式定义条款适用于标的物金额较大、合同条款复杂、期限较长的许可合同。

插入式即不设专门的定义条款,而是每当在合同条款中第一次遇到需要定义的关键词和术语时,把关键词和术语的定义插入到合同条款之中,以后条款中再有该关键词或术语出现时根据第一次定义来解释。

（三）专利许可方式

许可方式规定是普通许可、独占许可、独家许可还是分许可。被许可方与许可方签订何种许可方式需要根据具体情况综合考虑,独占许可对被许可方最为有利,但并不一定合算,因为独占许可的费用要比其他许可方式高,所以对趋于饱和或需求量不大的销售市场并不适合。

（四）授权条款

被许可方获得许可方的专利实施权主要有使用、制造和销售权。

（1）使用权,指许可方允许被许可方使用此项技术的范围。一种技术可能在多个领域内都可以使用,因此许可方要在合同中规定所转让技术的使用范围。许可的使用范围越广,被许可方需要支付的费用也就越高,若被许可方只被允许在一个范围内使用此专利技术,则许可费用要低很多。

（2）制造权,即许可方允许被许可方制造合同产品的地区和企业。国外一般只规定在本国和本企业有制造权,若被许可方要在其他地区制造合同产品应在合同中规定,或另签协定。若被许可方只在本企业制造合同产品,并不准备将制造权扩至第三方,则应在合同中规定制造企业,从而降低许可费用。

（3）销售权,即许可方允许被许可方销售合同产品的地区。许可方转让专利技术肯定不愿看到被许可方成为自己所在销售市场上的竞争对手,而被许可方虽然引进了技术,如果销售地域受到严格限制则利润也将被压缩。所以在签订许可合同时,有关专利产品的销售地域条款是双方谈判的核心问题之一。

销售权有独占销售区、独家销售区等。

需要指出的是,专利权有严格的地域性和时间性。对已过保护期的专利任何人都可以不受限制地使用,无须签订任何许可合同;专利权只能在申请了专利的国家得到法律保护,在未申请专利的国家任何人都可以制造或销售专利产品,因此被许可方在签订许可合同时一定要注意要引进的专利技术取得专利的国家有哪些及专利的有效期限。

此外,被许可方有无权利直接起诉侵犯专利权行为,专利权由哪一方维持(交付年费等),合同中也应有明确规定,或者在专门的侵权条款中规定双方的责任和义务。被许可方一般应取得起诉权,但又不把起诉侵权作为自己的必然义务,从而获得主动。

（五）专利技术内容条款

专利的技术内容是合同的核心部分,是合同中确定双方权利义务的基础和基本依据,也是日后履行合同、考察转让效果的法律依据。此条款规定了技术的名称、转让技术的途径和范围,技术性很强,具体内容包括以下两点。

（1）确定基本技术。专利许可应明确注明专利是在哪一国登记或取得的,或是何时向哪一国提出专利申请的,以及申请号、发明的名称等。

（2）技术性能指标与考核验收指标。确定使用该项技术应达到的产品质量、产能、成品率和能耗等,以及其他一些特定的性能指标。涉及的项目很多时应在合同附件中详细说明。

考核验收指标是技术引进方能否实现预定的技术目标和经济目标的重要保证,验收指标要制定得具体、全面,适合技术输出方的水平和输入方的要求,具体技术参数也可在附录中详细说明。

(六) 技术资料的交付条款

交付技术资料是技术转让的重要手段,许多合同都将此内容列为独立条款。技术资料交付条款的主要内容有以下七点。

(1) 交付时间。根据资料量、项目进度、被许可方的消化吸收能力,技术资料可以一次交付或分期分批交付,交付资料的份数一般不少于两套。

(2) 交付方式和地点。技术资料多以空运方式在被许可方所在地指定机场交付,交付条款应明确规定只有当技术资料到达被许可方指定机场后,技术资料的风险才转移给被许可方。还可以规定资料交付前发生意外的具体解决办法。

(3) 资料包装。关于包装要求合同可以规定以下内容:许可方交付的资料包装应适合长途运输、适合多次搬运、防潮;每份资料封面均需注明合同号、唛头标记、收件人、目的地、毛重和箱号/件号;每份资料内应附有资料详细清单一式两份,标明资料的序号、名称和件数等。

(4) 实际交付日期。实际交付日期通常以货运单上的印戳日期为实际交付日期的凭证。

(5) 资料短损的补救。被许可方收到资料后若发现资料有丢失、损坏、残缺,许可方应在收到被许可方通知后30天内免费补寄资料给被许可方。

(6) 技术资料所用文字和度量衡。合同应明确规定资料所用的语言文字,一般应采用被许可方有翻译能力的语言;合同中应规定技术资料使用公制度量衡。

(7) 许可方提供的专利技术应说明专利名称、专利号、批准国、批准时间及有效期。

(七) 费用及支付条款

1. 费用及支付条款应明确支付的金额、计算方法、支付方式、支付期限和币种等

技术的转让费用由双方协商确定,但双方各自的计算方法并不相同:

许可方的费用计算(作价)一般由以下几部分构成:技术转让所发生的直接费用(包括专利申请费、技术资料费、技术服务费、技术培训费,及执行合同所需的支出)、分摊的技术研发费用、利润、承担的风险费、税费等。

被许可方的作价主要取决于引进技术能获得的收益,包括引进技术后所能得到的利润和社会效益。

2. 支付方式

与一手交钱、一手交货的实物贸易不同,技术商品价款的支付方式取决于技术商品的特点、技术转让的形式和合同双方的协作关系。支付方式主要有以下四种。

(1) 一次总算(lump sum),即签订合同时一次算清所有费用,并在合同中确定一个固定金额。若技术贸易中包含设备交易,则一次总算中应进行详细分项,并规定分项价

格。一揽子投资项目中应将技术项目分离出来,将专利技术从一般技术中分离出来,将技术诀窍从专利技术中分离出来,分别计价然后总算。

一次总算并不意味着一次付清,简单技术或小额交易有一次付清的,实际交易中多采用一次算清分期付款的方式,如合同签订后1个月付50%,设备安装调试完毕后再付30%,待投产后获得盈利再支付20%。

一次总算方式有纯粹技术买卖的意味,双方都不看重长期经济技术合作时采用此种方式。国内技术市场上个人的非职务发明多采用一次总算一次付清的方式。

(2) 提成(royalty)支付,即技术实施后按所生产产品的产值、销售额或利润提取一定比例的使用费。

① 利润提成支付是以许可方所提供技术生产的产品的销售利润为基数,被许可方按一定的提成率向许可方支付费用。利润提成的优点是将合同双方的利益结合在一起,使许可方关心技术转让后的经济效益,有利于技术实施与完善,防止被许可方引进不成熟技术而遭受损失。但利润提成支付要顺利执行需要银行、财务、审计等多部门协同对被许可方进行财务监督,以保证许可方利益。由于监督的困难,以及影响利润的非技术因素的存在,许可方多愿意采用其他提成法。

② 产值提成支付是以所生产产品的产值为基数的提成,只要产品生产出来就有产值,被许可方就要按提成率向许可方支付费用,不论销售状况如何。此支付方式可以保证技术许可方的利益,只要产品销售没有困难被许可方也愿意接受此种方式。这里所说的产值是与技术有关产品的产值,与技术无关的产值和外购零部件价值不应计入分成基数。

③ 销售额提成支付是以许可方所转让技术制造的产品的销售额为基数的提成。只要产品销售出去,不管利润如何,被许可方都必须按提成率向许可方支付费用。

销售额提成支付包括按总销售额提成和净销售额提成两种形式。总销售额只凭账面即可,所以会包含一些与被许可方所提供技术无关的因素所创造的成分;净销售额即在总销售额中扣除与所引进技术无关的成本和费用,一般包括保险费、运费、包装费、关税、营业税、折扣、退货价款、合作生产或进口零部件中的进口价值等。

许多发展中国家都用法律对按净销售额提成支付的提成率规定了一定数值,许可合同确定的提成率不得超过这一数值,以保护被许可方的利益,我国法律对提成率并没有具体限定。按国际惯例,总支付费用(包括入门费和提成费)一般不超过净销售额的5%。

不管以何为基数进行分成,签订合用时必须确定以下四个问题。

基价。计算利润、销售额或产值都需要知道产品的价格,而产品的价格在合同期内可能并不固定,因此必须确定分成基价。分成基价有两种确定方式:固定基价,即签订合同时确认一个价格,整个合同期内都以此价格为基价计算;滑动基价,合同期内以当年的实际价格为基价。

提成率。提成率也有固定提成率和滑动提成率两种。固定提成率就是整个合同期内都以一个不变的提成率支付费用;滑动提成率是根据销售额和累计提成费所达到的数额进行滑动。例如:销售额或产量逐年增加时提成率相应的逐年降低,称为递减提成率;

当支付的总提成费达到一定数额时提成率可以降低到某一数值,甚至降为0。

提成期限。提成期限决定被许可方应该在多长的时间内一直向被许可方支付提成费用,此期限不宜定得太长,如果期限很长则应降低提成率,提成递减率也应大一些。

最低提成费和最高提成费。有的许可贸易中不管提成基数或提成率是多少,许可方在提成期限内每年都至少要收取一定数额的提成费,称为最低提成费。被许可方一般不应接受这种条款,若许可方坚持要设定最低提成费,则被许可方可以提出最高提成费条款,即确定一个提成费支付上限。

(3) 入门费(initial down payment)加提成费,即当合同生效或被许可方收到有关技术资料后,被许可方先支付一笔约定的入门费(又称定金),然后再逐年支付提成费用。

入门费是许可方转让技术过程中发生的费用,包括资料工本费、技术培训费、许可方支付的谈判费和律师费等。

为了核对提成费的计算是否准确,许可合同中可以规定由被许可方建立账册,由许可方或许可方的代表检查,也可以由双方都同意的第三方进行检查。

(4) 入股分红。入股分红法是许可方将专利技术一次作价并作为投资入股被许可方的企业,然后按照股份逐年分取红利,许可方可以参与企业的经营活动,也可以不参与经营活动。

入股分红法是一次总算和利润提成支付的结合,与利润提成支付不同的是:利润提成支付有提成期限限制,入股分红法只要许可方不抽出股份就可以无限期地分取红利;利润提成支付按合同双方协商的提成率提成,入股分红法的红利由股份额度决定。

(八) 考核验收条款

除技术资料外,技术转让更重要的是传授许可方的经验和技能。要确定许可方是否已完整、准确地传授了技术,被许可方是否已完整、准确地掌握了技术,且达到双方合同中所规定的目标,就需要对合同产品进行考核,这是技术转让过程中的最后检验。考核验收条款的具体内容包括以下四点。

(1) 考核验收时间。一般应定在被许可方生产出第一批合同产品之后。

(2) 产品考核验收。性能考核的目标是被许可方是否能完全掌握所引进技术,生产出达到合同规定的技术指标的产品。许可合同中可以有专门的附件确定产品考核验收的标准和方法、双方的义务和责任及争议的解决办法。

(3) 考核验收的组织。考核验收应由双方人员参加,组成考核验收小组负责此项工作。

(4) 验收结果的处理。若验收合格双方应签署验收证书,若验收不合格应分清责任,由责任方承担验收耗费,然后进行第二次验收或作出处理,若第三次考核仍不合格,则许可方应承担一切经济责任和终止合同的法律责任。

(九) 保密条款

虽然专利是登记公开的技术,不存在保密问题,但专利许可合同是一整套技术的转让合同,难免会涉及一些保密事项,因此许可合同必须就涉及的以下内容订立保密条款。

(1) 与专利相关的技术秘密。包括专利文件中没有提到的其他与发明创造相关的说明、图纸、流程等资料,被许可方必然需要知悉这些内容,如果缺乏约定,很难有效保护信息安全。

(2) 与经营、管理有关的商业秘密。需要特别注意的是,在专利许可过程中,合同双方会有较为密切的接触,必然了解到对方部分经营、管理秘密,同样需要保密条款给予恰当的保护。

保密条款要明确保密内容、保密范围、保密期限、保密措施和泄密责任等。

(十) 技术服务与培训条款

被许可方仅仅依靠许可方提供的技术资料不一定能制造出合格的产品,因为许可方提供的技术资料不可能面面俱到,尤其是许可方长期积累的经验、窍门,不可能完全以文字形式记录在技术资料中,而这些经验和窍门对被许可方合格生产可能又是必不可少的。这时就需要许可方向被许可方提供技术服务。

合同中应规定许可方向被许可方提供技术服务的人员、人数、服务内容、工作量、时间安排和验收标准等,许可方可以要求被许可方为技术人员提供住宿、医疗和交通等方面的方便。

许可方提供技术服务可以是派遣技术人员到被许可方工厂进行现场培训,也可以是被许可方派遣自己的员工到许可方处学习培训。

(十一) 技术改进条款

"改进"一词并没有严格的定义,合同双方容易就定义产生分歧。有认为"改进"是"在技术方面与基本专利相关联的一项新发明",也有认为"改进"是"在市场上可与基本专利对象有效竞争的任何新发明",通常对"改进"的理解是"一项新的、可受增补专利证书保护的发明"。

洽谈该条款时应把握的一条原则是平等互利,即权利对等、费用互惠、使用权利对等、交换期限对等。改进条款的内容包括:合同有效期内双方在技术改进和发展方面应承担的义务,即许可方继续提供技术支援,被许可方提供技术反馈,或称回授(grant back);技术改进和发展的所有权和使用权;技术改进和发展申请专利的问题等。

一般对于采用提成支付方式的许可合同,在合同有效期内许可方有义务免费向被许可方提供改进的技术,被许可方的技术改进也应对等地无偿提供给许可方。但值得注意的是,有的国家认为回授是不合法的,而应通过交叉许可合同来实现所改进技术的转让和交换。

互相提供改进技术并不是改进技术所有权的转让,只是使用许可,改进技术的所有权应属于作出改进的一方,各国法律都不允许许可方强迫被许可方将改进技术归许可方所有。

一方的技术改进具备申请专利的条件时,是否申请专利的决定权在作出改进的一方,也可以在技术改进方以外的国家由对方申请专利,但合同中应注明专利权人是作出改进的一方,并确定申请专利的费用由哪一方承担。

(十二) 保证条款

许可合同中的保证包括技术保证和权利保证两种。

(1) 技术保证是许可方向被许可方作出的有关专利技术的保证,可以包括以下内容。
① 保证所转让的技术是实用的,不是不成熟的技术。
② 保证被许可方使用此项技术不会侵犯他人的专利权。
③ 保证所提供的技术资料是完整、正确的。
④ 保证按合同规定期限交付技术资料和其他设备。
⑤ 保证技术服务能达到合同要求。
⑥ 保证被许可方正确使用所转让技术能达到合同规定的技术和性能指标。
⑦ 保证至合同签订之日前不知道存在任何会导致自己的专利被判无效的类似现有技术。
⑧ 保证自己的专利不是"从属专利",或即便是"从属专利"但已得到原专利权人许可。

(2) 权利保证指许可方保证所转让的专利技术的有效性和合法性,保证这种权利不受第三方的控告。

保证条款一般不涉及专利权的有效性保证问题,因为许多国家都规定了专利复审制,即专利期满前任何人若发现该专利本不该被批准,都可向专利局申请复审,若复审确认了申请人的意见,原专利将被判自始无效,所以专利权人很难就专利权的有效性作出万无一失的保证。即使有许可方同意作此种担保,也会把这种风险转嫁给被许可方,从而导致许可费用大幅提高,因此被许可方对专利效力不担保条款是可以接受的。

(十三) 侵权条款

针对使用许可方转让的专利技术有可能出现侵犯他人专利权的行为,被许可方可以要求在许可合同中规定,一旦许可方转让的专利技术侵犯第三方的专利权时,许可方应负责与此侵权有关的一切谈判事宜,并承担由此带来的一切费用和法律责任。

(十四) 税费条款

许可贸易所遇到的税费问题主要是预提税和双重征税。

(1) 预提税,即技术引进国对本国的技术转让费要征收一定的所得税,从许可使用费中扣除所得税后将余额再支付给许可方。我国税法规定,外国公司或其他经济组织在我国境内没有设立机构而有来源于我国的特许权使用费(包括提供在我国境内使用的各种专利权、专有技术、版权、商标权等而取得的收入),应缴纳20%的所得税。

(2) 双重征税,指技术引进国已经预提了所得税,但许可方还要向本国政府缴纳所得税。许可方不可避免地要将税收负担转嫁给被许可方,给双方谈判许可费用带来难度。解决双重征税的主要途径是国家间缔结"避免双重征税协定",即国家间通过谈判达成双边或多边的税收协定。

税费条款应注意以下问题。
① 明确划分国内外税收由哪方负担。一般原则是技术引进国政府对许可方征收的与执行合同有关的一切税收由许可方负担,对被许可方征收的税收由被许可方负担。
② 不得违反我国的税法,如被许可方替许可方支付我国政府对许可方征收的税费。
③ 外商在我国境内的税费减免须依照法定程序,被许可方无权自行给予许可方税费

减免。

④ 订立税费条款应在充分了解我国涉外税法和许可方国家税法规定的基础上进行。

(十五) 不可抗力条款

不可抗力指合同签订后,不是由于许可方或被许可方的过失,而是由于发生了人力不可抗拒的意外事故,这种事故对双方来说是事先无法预见和预防的,致使合同不能履行或不能如期履行。遭受不可抗力事故的一方可延期履行合同或免除履行合同的责任,对方无权提出索赔。

不可抗力条款(force majeure clause)的主要内容有：不可抗力的范围、双方对不可抗力事件应采取的措施、不可抗力事件的法律后果、遭受不可抗力一方延迟履行合同的最长期限等。

不可抗力通常包括战争、水灾、火灾、地震、台风,以及政策与法律的变化等,双方可以在此条款中加一句"以及双方同意的其他不可抗力",使双方可以对其他影响合同执行的事件灵活处理,如西方国家的罢工。

当某一方遭受不可抗力时,应立即将事故情况通知对方,并提交有关当局出具的书面文件作为证明。被通知一方有权直接或委托有关机构到现场核实情况,遭受不可抗力的一方应提供方便。因此,不可抗力条款应明确规定由何机构出具的证明有效。

遭受不可抗力的一方延迟履行合同的期限可以规定 90 天,也可以是 120 天,不宜太长,逾期时双方可以就合同的继续履行进行协商。

不可抗力条款不同于免责条款：不可抗力条款允许延期或终止履行合同,而免责条款只是规定在某些情况下可以免除或减轻某一方应负的责任,但不能终止或变更合同。

(十六) 争议的解决与法律适用条款

许可合同争议指合同双方当事人之间产生的涉及合同签订或履行过程中权利和义务的纠纷,不同于专利侵权。

(1) 争议的解决方法有三种：协商、调解、仲裁或诉讼。双方经过协商或调解仍然就争议达不成和解时就需要提交仲裁或向法院起诉,若许可合同中没有订立仲裁条款,则任何一方都可以向有管辖权的法院提起诉讼,法院将依照诉讼程序对争议作出裁决。若合同中订立了仲裁条款,就要依仲裁条款解决争议。仲裁条款的内容通常包括仲裁地点、仲裁机构、仲裁规则、仲裁效力和仲裁费用等。

通常当事双方都希望将仲裁地点定在本国,在许可合同谈判中,我国的企业应首选在中国仲裁的方案,若对方不同意则选择第三国的仲裁机构,如瑞士商会、瑞典商会仲裁院、日本国际商事仲裁协会等。有些国家的仲裁机构之间签订了仲裁协议,规定仲裁在被告国进行,则我国企业同与我国签订了仲裁协议国家的企业签订合同时就应按协议的规定订立仲裁条款;仲裁规则一般与所选定的仲裁机构一致,以便于仲裁的进行;仲裁条款还要明确规定,仲裁裁决是终局判决,对双方均有约束力,必须立即执行,且仲裁费用由败诉方负担;双方都有责任时,仲裁机构将具体规定各方应负担的费用。

仲裁过程中,除了正在进行仲裁的条款外,合同的其他条款应继续执行。

(2) 适用法律是指合同的组成和条款的解释应遵循的法律,即选择什么法律作为合同的管辖法。各国的法律规定往往不同,依照不同国家的法律解决争议就可能会有不同的结果,因此法律适用条款是双方谈判的难点。大多数国家都允许当事人有选择合同适用法律的自由,称为"法律选择条款",如规定"本合同适用中国法"。

合同双方未明确规定或默认以何种法律适用合同时,由法院采用推定准据法方式确定适用法律,即根据合同和一切与合同有关的事项,或从合同的其他条款推测当事人的意向来确定合同的准据法(Proper Law)。法院推定准据法时要考虑多方面事实,包括合同订立地、合同履行地、仲裁地、合同的内容、合同所用文字和术语、与交易有关单据的格式等。

我国技术引进合同适用法律一般采用两种处理办法:一是明确规定"本合同适用中国法律";二是合同中不明确规定适用法律,只规定仲裁地,届时由仲裁机构选择合同的适用法律。

由于各国法律的差异,如我国不承认美国的植物专利,而我国专利的内容、有效期等只能用中国法律来解释,很可能造成合同执行过程中有的条款无法执行或属于非法条款,若一方以合同中这些条款不能履行为借口终止合同就会给对方带来损失。对此许可合同中就需要订立"适用法分割条款",即允许合同中一部分条款适用一个国家的专利法,而另一部分条款适用另一国法律,这样,不能执行的或非法条款不会影响合同中其他条款的执行。

(十七)违约与补救条款

1. 许可方可能的违约行为及被许可方的补救

(1) 许可方拒绝提供合同规定的技术资料、设备、技术服务和协助等,这是属于根本违约行为,对此合同条款可以规定,一旦许可方发生上述违约行为,被许可方可以终止合同,要求退回已支付款项,并向许可方索赔违约金。

(2) 许可方延迟提供合同规定的技术资料、设备、技术服务和协助等,对此合同条款可以规定由许可方按延期时间的长短向被许可方支付违约金。

(3) 许可方提供的技术或资料未能达到合同规定的要求,对此被许可方可以视情况选择不同的补救方法,如终止合同、修改相关条款或要求许可方支付违约金。

(4) 许可方违反对所转让的专利专有权担保条款,即所转让的专利被撤销,则被许可方可以选择停止履行义务、修改提成费支付条件或终止合同。

2. 被许可方可能的违约行为及许可方的补救

(1) 被许可方不按合同规定支付费用,则许可方有权停止履行义务或终止合同。若被许可方已经获得许可方提供的技术资料,则应如数退还,并支付违约金。

(2) 被许可方未能在合同规定的时间内支付费用,则许可方可以要求被许可方支付额外的补偿,补偿金额一般不低于应付费用的利息。

(3) 被许可方泄露许可方技术秘密,给许可方造成损失的,被许可方应当支付违约金或赔偿许可方的损失。

当某一方违反合同条款而又不承担法律责任时,另一方就要提起诉讼,由法院裁决。

（十八）合同的生效、期限、终止与延期

1. 许可合同中应写明签字和生效日期

目前许多国家都规定合同须经有关部门批准后才能生效，而合同的审批时间各国也不一致，因此有必要在合同中规定，合同以最后一方的批准日期为生效的起始日期。我国技术引进合同管理条例规定合同审批时间为60天，若60天内审批机构没有作出决定许可合同自动生效。

2. 合同期限

合同期限可由双方协商确定，但同时受以下因素制约。

（1）合同期限最长不得超过专利权的有效期。

（2）合同期限受国家法规制约，不得超过法律所规定的期限，如我国规定专利许可合同期限不得超过10年，若要超出须经特别审批。

（3）引进更新速度快、周期短的技术合同有效期就应短些，反之则应长些。

（4）引进技术复杂、消化吸收慢的技术合同期限应长些。

3. 合同的终止

许可合同终止有两种情况：合同期满自然终止；因一方违约或不可抗力等原因终止。双方应对合同终止后的下列事项具体规定：提成费的支付、技术使用权、现有或制造中的产品的销售、双方的债务和债权处理等。

4. 合同的延期

合用届满时双方可协商把许可合同再延期若干年，一般有两种情况：一是双方合作良好，一方或双方又有了技术改进或发展，经双方同意可以延长合同期限；二是许可合同届满时专利有效保护期还剩余几年，为了使专利充分利用，双方可以协商适当延长合同期限。

合同的延期必须符合国家法律规定，如延长合同期限须经有关政府部门批准等。

（十九）其他

许可合同结尾往往要明确规定：只有经双方完全同意的合同条款才有效，在此以前的口头和书面协议及谅解均无法律效力。若许可合同使用了两种不同的语言文字，则应规定两种语言的文本具有同等法律效力。

（二十）附件

要在合同条款中载明所有技术资料、指标或要求不太可能，这些通常是另外列表放在附件中作为整个合同的一个组成部分，与合同正文具有同等法律效力。附件应与合同正文所提到的附件相对应，不可任意颠倒顺序。

四、专利许可合同的备案

专利许可合同备案是国家知识产权局为了切实保护专利权、规范交易行为，促进专利实施而对专利许可合同进行管理的一种行政手段。

经国家知识产权局授权，各省、自治区、直辖市管理专利工作的部门负责本行政区域内专利许可合同的备案工作，经过备案的专利许可合同的许可性质、范围、时间、许可使用费的数额等,可以作为人民法院、管理专利工作的部门进行调解或确定侵权纠纷赔偿数额时的参照。国家知识产权局出具的专利许可合同备案证明是办理外汇、海关知识产权备案等相关手续的证明文件。

专利许可合同的当事人应当在合同生效日起3个月内到国家知识产权局或地方知识产权局办理备案,办理合同备案应提交下列文件各一式两份:备案申请表、合同副本、专利证书或专利申请受理通知书复印件、让与人身份证明。当事人提交的各种文件应当使用中文,提交的文件是外文的,应当在指定期限内附送中文译文,期满未附送的,视为未提交。对备案审查合格的专利许可合同,国家知识产权局或地方知识产权局将给予备案合格通知书及备案号、备案日期,并将通知书送交当事人。涉外专利许可合同的备案由国家知识产权局协调管理司市场处具体负责。

不予备案的情形有以下五类。

(1) 专利权终止、被宣告无效,专利申请被驳回、撤回或者视为撤回的。

(2) 未经共同专利权人或申请人同意,其中一方擅自与他人订立合同的。

(3) 同一合同重复申请备案的。

(4) 合同期限超过专利权有效期限的。

(5) 其他不符合法律规定的。

注销合同备案的情形有以下四类。

(1) 当事人提前解除专利许可合同的。提前解除专利合同时,当事人应在订立解除协议后10日内持解除协议、备案证明和其他相关文件向原备案部门办理备案注销手续,未按期办理注销手续的,原备案继续有效,直至原许可合同届满。

(2) 提交虚假备案申请文件或者以其他手段非法取得或伪造专利合同备案证明的。

(3) 专利申请被驳回或者视为撤回的。

(4) 专利合同履行期间专利权被宣告无效的。

第三节 专利申请权、专利权的转让

一、专利申请权的转让

我国《专利法》第十条规定:"专利申请权和专利权可以转让。"

(一) 专利申请权转让的概念

1. 专利申请权的含义

发明创造具有财产性,各国法律都承认作出发明创造的人有权申请专利。专利申请权不是法律授予的权利,而是民法中的一种权利。发明创造人有权申请专利,但并不意味着一定可以成为专利权人,因为根据专利申请的先申请原则,对同一项发明创造有两个以上申请人先后提出专利申请时,专利权授予先提出专利申请的人。

2. 专利申请权转让的含义

专利申请权的转让是指专利申请人将专利申请权转让给受让人,受让人支付一定报酬成为新的专利申请人,原发明创造人无权再就同一发明创造申请专利。

3. 专利申请权转让的手续

(1) 审批。专利申请权转让须经国家专利部门审批。我国《专利法》第十条规定:"中国单位或者个人向外国人、外国企业或者外国其他组织转让专利申请权或者专利权的,应当依照有关法律、行政法规的规定办理手续""并向国务院专利行政部门登记,由国务院专利行政部门予以公告",即必须经国务院有关主管部门的批准。

(2) 订立合同。根据我国《专利法》第十条规定:"转让专利申请权或者专利权的,当事人应当订立书面合同。"订立书面合同是为了转让的稳妥,防止产生纠纷。

(3) 登记和公告。根据我国《专利法》规定,专利申请权转让合同经专利行政部门登记,由国务院专利行政部门予以公告。专利申请权或者专利权的转让自登记之日起生效。

(二) 专利申请权转让合同条款

(1) 项目名称。载明为专利申请权转让合同。

(2) 发明创造的名称和内容。用简洁明了的专业语言准确概括发明创造的名称、所属专业领域、技术状况和实质特征。

(3) 发明创造的性质。载明是职务发明还是非职务发明,是共有发明、委托开发还是合作开发,转让方与各方的关系。

(4) 技术信息和资料清单。包括发明说明书、附图、实施该项发明必需的其他技术资料。

(5) 转让费用及支付。确定费用总额,规定一次总付还是分期交付;规定支付方式,如现金、汇付或托收等。

(6) 资料交付时间、地点与方式。交付时间可以规定在合同生效,受让方交付全部转让费后几日内一次交付,或合同生效后先交付某些资料文件,待转让费用支付完毕再交付剩余资料文件;交付地点应规定是在受让方所在地或其他双方同意的点;交付方式应规定当面交付还是寄送。

(7) 专利申请被驳回的责任。规定因某一方原因造成专利申请被驳回时各自应承担的责任。专利申请被驳回的原因很多,双方可以在合同中就几种主要原因规定各自的责任。

(8) 专利许可。转让方在签订转让合同之前已许可他人实施专利的,自专利申请权转让合同生效之日起,专利许可合同的权利和义务转移给受让方。

(9) 争议的解决。若双方愿意通过仲裁解决争议,则应在合同中订立仲裁条款,确定仲裁机构。

(10) 违约金或损失赔偿的计算方法。违约情况包括转让方不提供或延迟提供技术资料;转让方所提供技术资料达不到合同要求;受让方不支付或延迟支付费用等。上述违约情况造成的损失不易计算,须双方约定计算方法,一般宜约定违约金。

二、专利权的转让

（一）专利权转让的概念

1. 专利权转让的含义

专利权转让是专利所有权的转让，包括专利权的全部权利的让渡，不能将所有权分割转让。专利权转让后原专利权人的一切权利都归受让方所有，受让人成为新的专利权人。

2. 专利权转让的手续

专利权原则上是可以自由转让的，但须经国家专利部门批准，转让手续同专利申请权的转让手续是一致的。

（二）专利权转让合同条款

（1）项目名称。载明订立的是专利权转让合同，名称应反映合同的内容、类型和特征。

（2）发明创造的名称和内容。用简洁明了的专业语言准确概括发明创造的名称、所属专业领域、技术状况和实质特征。

（3）专利申请日、申请号、专利号和专利权有效期限。专利申请日指专利局收到专利申请文件的日期，若申请人邮寄申请文件则申请日以寄出的邮戳为准；申请号指专利局受理申请时的流水号；专利号指专利局授权该专利的号码，通常与专利申请号一致；我国《专利法》规定发明专利权的期限为 20 年，实用新型专利权和外观设计专利权的期限为 10 年，均自申请日起计算。

（4）专利实施和实施许可情况。若签订专利权转让合同之前转让方已经实施专利，则应在此条款中规定是否允许转让方在专利权转让后继续实施专利，合同可以规定允许转让方继续免费实施专利，也可以规定转让方向受让方即新的专利权人支付许可费用方可继续实施专利；若签订专利权许可合同之前转让方已经与第三方签订了专利许可合同，则转让合同成立后转让方与第三方已订立的专利许可合同的权利和义务应转移给新专利权人，但这种转移应征得第三方的同意。

（5）技术信息和资料清单。包括发明说明书、附图、实施该项发明必需的其他技术资料。有些专利权转让合同包括转让实施专利的技术秘密，则合同中可以规定转让方必须提供有关这些技术秘密的资料。

（6）转让费用及支付。确定费用总额，规定一次总付还是分期交付；规定支付方式，如现金、汇付或托收等。

（7）争议的解决。若双方愿意通过仲裁解决争议，则应在合同中订立仲裁条款，确定仲裁机构。

（8）违约金或损失赔偿的计算方法。合同中应规定双方各种可能的违约行为应承担的责任及造成损失的计算方法。违反合同造成的损失不易计算时一般宜约定违约金。

（9）专利权被宣告无效处理。我国《专利法》第四十七条对此有明确规定："宣告无效的专利权视为自始即不存在。宣告专利权无效的决定，对在宣告专利权无效前人民法院作出并已执行的专利侵权的判决、调解书，已经履行或者强制执行的专利侵权纠纷处理决定,以及已经履行的专利实施许可合同和专利权转让合同,不具有追溯力。但是因专利权人的恶意给他人造成的损失,应当给予赔偿。如果依照前款规定,专利权人或者专利权转让人不向被许可实施专利人或者专利权受让人返还专利使用费或者专利权转让费,明显违反公平原则,专利权人或者专利权转让人应当向被许可实施专利人或者专利权受让人返还全部或者部分专利使用费或者专利权转让费。"

第四节 专利权的保护

一、专利权的保护范围

要判断一种行为是否构成侵权首先要确定专利权的保护范围,只有此行为侵犯了规定的保护范围才构成侵权。不同国家判定专利权保护范围时所遵循的原则并不相同。

(一)周边限定原则

周边限定原则指专利权的保护范围完全由权利要求书的文字内容确定,不能作扩大性解释,被控侵权行为必须重复再现了权利要求书中记载的全部技术特征,才被认为落入专利权保护范围之内。采用周边限定制,社会公众可以通过权利要求书清楚地了解专利权的保护范围,不必作随意性的推测。美国曾采用此原则。

周边限定原则对专利权的保护有时是不利的,因为完全仿制他人的专利产品或者完全照搬他人的专利方法的侵权行为并不多见,常见的是对他人专利的某一或某些技术特征加以简单的替换或变换,从而达到只有实施他人专利才能达到的目的。

(二)中心限定原则

中心限定原则指以权利要求书为中心,将专利技术的性能进行扩大解释,凡能解释的技术范围都属于专利权保护范围。中心限定制使专利保护的边界处于模糊状态,公众在阅读了权利要求书之后,仍不能准确地判断该专利的保护范围,因此对社会公众而言有时是不公平的。德国曾采用此原则。

(三)折中原则

中心限定制对社会公众有失公平,而周边限定制对专利权人的保护又不利,为了弥补上述两种方式的不足,世界上很多国家,包括曾采用中心限定制的德国和曾采用周边限定制的美国已转向折中原则,《欧洲专利公约》的成员国均采用此原则,我国也采用折中原则。

折中原则是对周边限定原则和中心限定原则的综合。《欧洲专利公约》第六十九条第一款规定:"欧洲专利或欧洲专利申请给予保护的范围取决于请求权项内容,但发明说明书与附图应用来解释权项。"我国《专利法》第五十九条规定:"发明或者实用新型专利权的保护范围以其权利要求的内容为准,说明书及附图可以用于解释权利要求的内容。外观设计专利权的保护范围以表示在图片或者照片中的该产品的外观设计为准,简要说明可以用于解释图片或者照片所表示的该产品的外观设计。"

二、专利的国内法律保护

（一）专利申请过程中的法律保护

1. 行政法律保护

（1）复审请求。我国《专利法》第四十一条规定:"国务院专利行政部门设立专利复审委员会。专利申请人对国务院专利行政部门驳回申请的决定不服的,可以自收到通知之日起三个月内,向专利复审委员会请求复审。专利复审委员会复审后,作出决定,并通知专利申请人。专利申请人对专利复审委员会的复审决定不服的,可以自收到通知之日起三个月内向人民法院起诉。"

（2）费用支付要求。专利申请公布后,申请即发生法律效力,专利申请人可以要求实施其专利的单位或个人支付适当的使用费。若实施人不履行付费义务,申请人可以请求专利管理机关调处。对专利管理机关的决定不服也可以向法院起诉。

（3）专利申请内容的保护要求。我国《专利法》第七十四条规定:"从事专利管理工作的国家机关工作人员以及其他有关国家机关工作人员玩忽职守、滥用职权、徇私舞弊,构成犯罪的,依法追究刑事责任;尚不构成犯罪的,依法给予行政处分。"专利申请人可以请求专利管理机关对泄露申请内容、徇私舞弊收受贿赂的工作人员给予行政乃至刑事处分。

（4）对侵权行为的处理请求。《专利法》第七条规定:"对发明人或者设计人的非职务发明创造专利申请,任何单位或者个人不得压制。"第七十二条规定:"侵夺发明人或者设计人的非职务发明创造专利申请权和本法规定的其他权益的,由所在单位或者上级主管机关给予行政处分。"

2. 行政诉讼保护

当申请发明专利和取得发明专利权的权利遭受侵害时,申请发明专利的单位或个人可以通过行政诉讼程序请求法院保护,但专利复审委员会对实用新型和外观设计专利的复审请求所作出的决定为终局,申请人即使不服也无权向法院起诉。

3. 刑事诉讼保护

我国《刑法》规定,专利管理人员及有关国家机关工作人员徇私舞弊情节严重的,追究其刑事责任。因此,申请人的权利遭受严重侵犯时可以请求法院进行刑事诉讼审理。

（二）专利侵权的法律保护

1. 侵权行为

凡未经专利权人许可,擅自作出以下行为的均构成侵犯专利权。

（1）以生产经营为目的制造发明、实用新型、外观设计专利或与外观设计相近似的产品。

（2）销售发明、实用新型、外观设计专利产品或与外观设计相似的产品,销售用发明专利方法直接获得的新产品、已有产品的。

（3）使用发明、实用新型专利产品和使用专利方法直接获得的新产品、已有产品的。

（4）进口发明、实用新型、外观设计专利产品,进口用专利方法直接获得的新产品、已有产品的。

(5) 假冒他人专利,即在制造或经销的非专利产品或包装上标注他人的专利号或专利标记,冒充专利产品。

2. 专利侵权的判定

专利侵权行为有以下法律特征。

(1) 有被侵犯的客体。侵权行为侵犯的对象必须是受专利法保护的专利权,已过期、被撤销或宣告无效的专利不受法律保护。

(2) 存在损害事实。损害事实一般表现为:侵权产品投放市场,使专利权人或被许可方人制造的专利产品的销量下降或形成积压,导致其利润减少;侵权期间,即使专利权人或被许可方人的利润并未减少,也应当推定专利权受到侵犯。

(3) 侵权行为有违法性。侵权行为必须是违法行为侵权人才负有法律责任,我国《专利法》第六十三条规定,有下列情形之一的,不视为侵犯专利权。

① 专利权人制造、进口或者经专利权人许可而制造、进口的专利产品或者依照专利方法直接获得的产品售出后,使用、许诺销售或者销售该产品的。

② 在专利申请日前已经制造相同产品、使用相同方法或者已经做好制造、使用的必要准备,并且仅在原有范围内继续制造、使用的。

③ 临时通过中国领陆、领水、领空的外国运输工具,依照其所属国同中国签订的协议或者共同参加的国际条约,或者依照互惠原则,为运输工具自身需要而在其装置和设备中使用有关专利的。

④ 专为科学研究和实验而使用有关专利的。为生产经营目的使用或者销售不知道是未经专利权人许可而制造并售出的专利产品或者依照专利方法直接获得的产品,能证明其产品合法来源的,不承担赔偿责任。

(4) 以生产经营为目的。非生产经营目的的专利实施不构成侵权。

(5) 未经专利权人许可。经专利权人许可或默许的专利实施行为不构成侵权。

(6) 行为人必须有过错。过错分为故意和过失两种。故意指侵权人预见到自己的行为会对专利权人利益造成损害而仍听任其发生;过失指侵权人对自己行为可能产生的后果应当或能够预见而没有预见,或虽然预见但轻信其不会发生。承担侵权责任以有过错责任为原则。

3. 侵权的法律保护

当专利权遭受侵犯时,专利权人可以向法院提起诉讼,若被告的行为构成侵权,根据不同情况会有以下民事制裁措施。

(1) 责令侵权人停止侵权行为。停止侵权指侵权人应停止擅自制造、销售、使用和进口专利产品或专利方法及使用、销售、进口依该专利方法获得产品的行为。

(2) 没收、销毁侵权产品。

(3) 赔偿损失。损害赔偿额度的计算通常有三种:① 以专利权人因侵权行为遭受的实际损失为赔偿额;② 以侵权人因侵权行为获得的全部利润为赔偿额;③ 以不低于合理的专利许可使用费为赔偿额。

4. 消除影响

影响指侵权情节恶劣,损害了专利产品的声誉或败坏了专利权人的信誉。消除影响指侵权人通过媒介发表声明,承认侵权,并保证不再侵权。

三、专利权的国际保护

专利权的国际保护是通过国家之间订立知识产权双边协议或参加知识产权国际公约进行的,没有达到公约规定的最低要求的成员国必须修改本国法律以符合公约规定的国际标准,从而在公约涉及的国家之间形成基本统一的知识产权保护模式,随着越来越多的国家加入公约,知识产权的国际保护机制就逐步建立起来。但目前并不存在一个统一的专利权国际保护制度。目前,与专利权国际保护有关的重要公约有三个:《专利合作条约》《保护工业产权巴黎公约》(简称《巴黎公约》)《与贸易有关的知识产权协定》(TRIPS)。

1.《专利合作条约》

《专利合作条约》即 PCT 国际专利申请体系,该条约的最大优点是,缔约国申请人可以本国规定的语言提出一个国际申请,获得国际申请日后就相当于在其指定的国家也提出了正式申请,省去了在每个国家重复申请的繁琐。PCT 申请分为国内和国际两个阶段,国内阶段由各国进行实审和授权,国际阶段负责申请的受理、检索、公布和初审。

2.《保护工业产权巴黎公约》

《巴黎公约》保护工业产权的范围包括发明专利、使用新型、工业品外观设计、商标、服务商标、商号、产地标证、原产地名称及制止不正当竞争。

该公约所确定的基本原则对工业产权的国际保护产生了深远影响,包括以下四个方面。

(1) 国民待遇原则。国民待遇,即在工业产权保护方面给予每个成员国本国国民的权利,也同样给予其他成员国国民,并在他们的权利遭受侵害时得到同样的法律救济。

(2) 优先权原则。优先权指任何一个成员国首次提出工业产权正规申请后,若申请人或其权利继承人在一定期限内(发明专利和实用新型为 12 个月,工业品外观设计和商标为 6 个月)向其他成员国提出相同主题的申请,其他成员必须承认首次申请日为后来申请的申请日,首次申请日被称为"优先权日"。

(3) 独立保护原则。独立保护原则指成员国依照本国工业产权法律决定其他成员国国民应享受的保护不受其他成员国所给予的保护状况的影响,即成员国国民在不同成员国享有的产权彼此独立。

(4) 最低限度保护原则。最低限度保护包括以下内容:保护发明人的署名权;对驳回专利申请和撤销专利的限制,即各成员国不应以国内法规定不同为由拒绝对某些发明授予专利或宣布某项专利无效;不得以商品性质为由拒绝给予有关商品使用的商标注册;对专利未实施或未充分实施而颁发强制许可或撤销专利必须符合一定条件;对著名商标予以特别保护;建立主管机关保证本国和外国国民能得到应有的保护;对各成员国限制专利的统一规定。

《巴黎公约》只是规定了缔约国在保护工业产权方面须遵守的共同原则,各成员国关于工业产权的法律法规仍有立法自由。

3. TRIPS

TRIPS 关于专利保护的内容有下面四个方面。

(1) 关于专利的对象。TRIPS 规定专利可是所有技术领域的发明,只要这些发明是新颖的,具有创造性和实用性。该协定允许成员对违反公共秩序和道德的发明、为人类或动物疾病的诊断和外科手术的方法发明,以及除微生物外的动植物不授予专利权,但对植物品种成员必须给予保护,保护的方式可以由域内法确定。

(2) 关于专利权的范围。协定规定,专利权包括以下内容:① 若是产品专利,专利权人有权制止第三人未经许可制造、销售、使用或进口其产品。② 若是方法专利,专利权人有权制止第三人未经许可使用该方法,及使用、销售或进口依照该方法直接获得的产品。③ 专利权人有权转让或依继承而转移其专利,并有权缔结专利许可合同。

(3) 关于专利权的限制。协定允许成员为第三人的合法利益而对专利权进行合理的限制,但这些限制不得不合理地损害专利的正常利用,也不得不合理地损害专利权人的正当权益。协定还允许成员域内法规定强制许可,但政府颁发强制许可须符合严格的条件。

(4) 关于侵权诉讼的举证。协定规定方法专利侵权诉讼中的举证责任倒置,被诉侵权人的举证责任仅限于:专利方法获得的产品是新产品;通过这种方法生产的相同产品存在实质近似,专利权人通过必要努力仍不能确定事实上使用了该专利方法。

本章小结

知识产权泛指智力创造成果,包括工业产权和版权,专利属于工业产权。

专利制度是一种通过法律、经济和行政手段来鼓励发明创造,保护、管理和交流创造成果的管理制度,主要内容包括专利审查、专利的公开通报、专利权保护和国际交流,核心是专利法。

专利权包含一揽子权利,包括实施权、许可权、转让权、标记权、放弃权、请求保护权。专利权是一种知识财产权,是无形财产。

专利技术转让是指以专利许可权、专利权、专利申请权和专利申请过程中的技术为标的的技术转让。

专利许可是专利权人利用专利权的基本形式之一,是专利权人依据专利法、合同法等相关法律,与被许可方签订专利许可合同,授予被许可方在规定的时间和范围内实施其专利的交易。

专利申请权的转让是指专利申请人将专利申请权转让给受让人,受让人支付一定报酬成为新的专利申请人,原发明创造人无权再就同一发明创造申请专利。

专利权转让是专利所有权的转让,包括专利权的全部权利的让渡,不能将所有权分割转让。专利权转让后原专利权人的一切权利都归受让方所有,受让人成为新的专利权人。

关键词

专利制度　专利　专利权　专利权转让　专利申请权　专利申请权转让　专利许可合同　专利许可合同备案　专利侵权

思考题

1. 什么是专利和专利权？
2. 专利权的转让、专利申请权的转让与专利许可有何区别？
3. 专利许可合同有哪些类型？
4. 专利许可合同的主要条款有哪些？
5. 什么是专利许可合同备案？
6. 专利权的保护原则有哪些？
7. 专利侵权行为的法律特征是什么？

案例分析

2012年11月，浙江健龙卫浴有限公司收到德国高仪股份有限公司的律师函，称该厂生产的一款产品涉嫌专利侵权。在律师函中，高仪公司称建龙公司生产、销售和许诺销售的丽雅系列卫浴产品，与其所有的"手持淋浴喷头"外观设计专利产品相同或近似，侵犯了他们的专利权。要求建龙公司立即停止生产、销售和许诺销售，并要求赔偿。

德国高仪股份有限公司是世界最大的卫浴设施制造商，占有大约8%的世界市场份额。早在2010年，高仪公司的销售额就已达到9.8亿欧元。浙江健龙卫浴有限公司成立于1983年，年销售额达1亿元人民币，是一家规模中上的企业，同时也是浙江省专利示范企业，当时该企业累计获得的产品专利已经有100多个。

收到律师函后，健龙公司召集专家、律师对自己的产品与高仪公司的外观设计专利进行了认真的比对。经比对，大家一致认为两者之间既不相同亦不相近似，拒绝了高仪公司的要求。同年12月份，高仪公司向台州市中级人民法院提起诉讼并索赔20万元。随后，健龙卫浴聘请知识产权专业律师"应战"。经过激烈的法庭辩论，台州市中级人民法院判决健龙公司胜诉，驳回高仪公司全部诉讼请求。高仪公司不服判决，向浙江省高级人民法院提起上诉。浙江省高级人民法院撤销了台州市中级人民法院的一审判决，改判健龙公司赔偿10万元并承担诉讼费，同时责令健龙公司停止生产、销售和许诺销售与涉案专利相近似的产品。此后，健龙公司对模具进行销毁，召回了所有发出去的产品，造成100多万元的损失。

但是，健龙公司和台州市中级人民法院的经办法官坚持认为，健龙卫浴生产的那款产品并没有侵犯高仪公司的专利权。在律师和经办法官的支持下，健龙公司决定为自己的权益再争取一把,向最高人民法院提起申诉。2014年1月7日,最高人民法院发出受理通知书。2014年8月27日,16名驻华使节参加最高人民法院举办的开放活动,参观并旁听了健龙公司与高仪公司案件的庭审过程。同年12月28日,最高人民法院作出民事裁定,终止本案的执行并由其进行提审。2015年2月10日,最高人民法院另行组成合议庭,公开开庭审理此案。11月底,最高人民法院发出了判决书,撤销中华人民共和国浙江省高级人民法院(2013)浙知终字第255号民事判决;维持中华人民共和国浙江省台州市中级人民法院(2012)浙台知民初字第573号民事判决。一、二审案件受理费各人民币4 300元,均由高仪股份公司承担。

健龙公司董事长蔡贤良说,他们希望通过维权,唤起广大中国企业利用法律武器维护自身正当权益的意识。在蔡贤良看来,以高仪为首的跨国集团之所以敢肆无忌惮地抓中国企业的"小辫子",不外乎两点原因:首先部分国内企业的确存在抄袭现象,不重视自主研发,这样也就无法规避专利侵权问题;其次,国内企业面对跨国巨头时,总会被来势汹汹的"讨债"所吓倒,有花小钱消灾的想法。因此,国内企业要培养自身的设计研发团队,加强这方面的实力,巩固雄厚的专利基础。

资料来源:中洁网

案例思考:

1. 我国企业在应对专利侵权方面存在哪些问题?
2. 在应对国际上有关专利的诉讼时,中国的企业应该如何做?

第六章

商　标

商标权是最重要的知识产权之一。只要存在一定规模和距离的商品流通和商品交换，就会产生使用商标的客观需要。然而，只有在现代市场经济条件下，商标才有条件与法律制度相结合，得到国家法律的确认和保护，从而实现对商标权利的取得、商标权利的确认和维护、商标的使用、商标管理秩序的建立等一系列商标活动的规范，促进生产者维护企业的商标信誉和商标权益，并保障消费安全。

六章

第六章 商　标

学习目标

通过对本章的学习,你应该能够:
1. 掌握商标的概念、种类和作用;
2. 了解商标法的基本原则;
3. 熟悉商标权的内容和主客体;
4. 了解对驰名商标的特殊保护制度。

第一节　商标概述

一、商标的概念

(一)商标的定义

商标是生产者、经营者在其生产、制造、加工、拣选或者经销的商品上或者服务的提供者在其提供的服务上采用的用于区别商品或者服务来源的,由文字、图形、字母、数字、三维标志、颜色组合的具有显著特征的标志,是现代经济的产物。商标除用于商品外,还用于服务。服务业使用的商标称为服务商标或服务标记(service mark)。

目前,世界上对商标的最具权威性的解释有如下机构。

(1) 世界贸易组织的 TRIPS 协议第十五条规定:任何能够将一企业的商品或服务与其他企业的商品或服务区分开的标记或标记组合,均应能够构成商标。

(2) 国际保护工业产权协会(AIPPI)在柏林大会上曾对商标作出的定义为:商标是用以区别个人或集体所提供的商品及服务的标记。

(3) 世界知识产权组织在其商标《示范法》中曾作出如下定义:商标是将一个企业的产品或服务与另一企业的产品或服务区别开的标记。

(4)《欧共体商标条例》第四条以及《欧洲共同体委员会协调成员国商标立法第一号指令》第二条将商标定义为:能够将一个企业的商品或者服务与其他企业的商品或服务区别开的所有可用书面形式表示的标记,尤其是文字(包括人名)、图形、字母、数字、商品及其包装的外形,均可构成商标。

(5) 法国政府在其《商标法》中则表述为:一切用以识别任何企业的产品、物品或服务的有形标记均可视为商标。

我国《商标法》(2001年10月27日第二次修正,12月1日起施行)第四条规定:"自然人、法人或者其他组织对其生产、制造、加工、拣选或者经销的商品,需要取得商标专用权的,应当向商标局申请商品商标注册。"第八条规定:"任何能够将自然人、法人或者其他组织的商品与他人的商品区别开的可视性标志,包括文字、图形、字母、数字、三维标志和颜色组合,以及上述要素的组合,均可以作为商标申请注册。"

从上述定义可以看出，商标的使用者是该商标指定商品或服务的生产者、制造者、加工者、拣选者或经营者，而不是消费者。商标使用在商品上，与商品包装上的装潢不同，前者是为了区别商品的出处，是专用的；而后者是对商品的美化、装饰、说明和宣传。据此而言，商标，是用以区别商品或服务来源的标志。它是根据人类生产、生活实践的需要应运而生，既是一种知识产权、一种脑力劳动成果，又是工业产权的一部分，是企业的一种无形财产。

知识产权中，商标权历史最悠久。早在古希腊、古罗马时代，就已经出现现代商标的雏形。在我国，商标的起源可以追溯到人类文明的早期。古代曾有把陶工的姓名标示在陶器上的强制性要求。北宋时期，在山东济南出现了我国第一个图文并茂的完整商标，这就是刘家功夫针铺取材于嫦娥奔月这一传说的"白兔"商标。现代商标一般认为是出现在工业革命之后，是随着某些国家国内、国际贸易的发展以及商品结构和销售商的变化而发展起来的，时间大约在19世纪下半叶。时至今日，商标已成为人们日常生活当中不可缺少的一部分。

（二）商标与其他商业标志的区别

1. 商标与厂商名称的区别

厂商名称（trade name）即商号或企业名称，经登记注册后，也受到工业产权保护。厂商名称是工商企业在营业时用于区别同行业中其他企业的特定名称。

厂商名称和商标都是商业标记，两者有一定的联系，受保护的厂商名称和商标都具有独占性。有的企业的厂商名称和商标可能是一致的，如日本索尼公司的索尼（Sony）；有些商标由于知名度高，企业就将商标用在企业名称上，如美国"波音公司"，原名"太平洋航空产品公司"，"波音"商标出名后，就将"波音"商标用于企业名称。但是，厂商名称和商标是两种完全不同的商业标记，有着本质的区别。

（1）从使用对象和功能来看，商标是识别商品或服务的标记，厂商名称是识别企业的名称。虽然厂商名称可以用作本企业的产品或服务的商标。但此时它就不是厂商名称，而已成为注册商标。

（2）从数量上看，一个企业只能有一个厂商名称，却可以同时拥有和使用多个商标以表示不同的商品或服务。

（3）从时间上看，厂商名称没有法定的时间限制，只要企业存在，厂商名称始终有效，而商标是有法定保护期限的。

（4）从地域性来看，在一国范围内，经注册受保护的厂商名称有时不能排除距离较远的另一个地区的企业使用相同或近似的厂商名称，而商标的权利效力在全国范围内有效。

（5）从适用的法律来看，厂商名称受专门的企业名称登记管理法律、法规规范保护，而商标则受《商标法》和《反不正当竞争法》保护。

（6）从转让方式上看，由于厂商名称和企业有着紧密的联系，所以转让时必须与企业一起转让，而对商标来说，除少数国家外，一般都规定可以单独转让。

2. 商标与商品名称的区别

商标与商品名称既有联系又有区别。

两者区别之处在于：商标只有附着在商品包装或商品上，与商品名称同时使用，才能使消费者区别该商品的来源；商品名称是用来区别商品的不同原料、不同用途的，可以独立使用。商标是专用的、独占的，而商品名称（除特有名称外）通常是公用的。

两者关联之处在于：在一定条件下，商标和商品的通用名称可以互相转化。根据我国《商标法》第十一条的规定，仅有本商品的通用名称不得作为商标注册，但经过使用取得显著特征，并便于识别的，可以作为商标注册。例如，"阿斯匹林"本来是一个商标，但现在已经演化为商品的通用名称。可见，商标的知名度越高，演化为商品名称的可能性越大。

3. 商标与商品装潢的区别

商标与商品装潢在某些方面有一定的联系，但又有明显的区别。

两者区别之处在于：商标是生产经营者为了区分自己和他人的商品而在商品上使用的标记，而商品装潢设计则是在商品包装上用以介绍、美化产品的艺术设计和装饰；商标可以受到《商标法》保护，取得商标专用权，而商品装潢设计则不受《商标法》保护，在有些国家可获得外观设计专利权或外观设计权的保护；商标的文字图形一经推出很少改变，尤其在注册核准之后，就不能随意改变，而商品装潢设计则可以根据市场需求和消费者喜好的变化而随时改变。

两者关联之处在于：商标是商品装潢的一部分，两者同时使用于商品包装上。有些商标甚至是商品装潢的主体部分，如"可口可乐"；有些商品装潢经过长期使用获得一定知名度和认可度后可以作为商标注册。

4. 商标与外观设计的区别

外观设计又被称为"工业品外观设计"（industrial design），它必须符合以下各个条件。

（1）外观设计的载体必须为使用工业方法生产出来的物品，不能重复生产的手工业品、农产品、自然物等不能作为外观设计的载体。

（2）外观设计的构成要素是产品的形状或产品的图案。

（3）外观必须具有人的视觉可见性，即对于某种产品的形状、图案、色彩的新设计，在使用该产品时能够被人看到。

商标与外观设计虽然都是工业产权，但两者存在显著的区别，主要表现在以下三个方面。

（1）两者的性质不同。商标只附着在商品包装或商品上，不是商品的存在形式，而外观设计是商品存在的形式。

（2）两者的使用目的和作用不同。商标是用来区别不同企业（或个人）的产品或服务的，是识别的标志，而外观设计则是为了满足消费者对产品的审美方面的要求而创作的设计，是为了使商品对消费者更具有吸引力。

（3）两者的法律依据不同。商标是遵循《商标法》进行保护的，而外观设计一般采用单独立法或《专利法》或《版权法》加以保护。

5. 商标与域名的区别

域名是互联网时代的新产物,它是指国际互联网上数字地址的一种转换形式,通过一定的注册制度就可用于网络地址和电子邮件地址。商标与域名既有联系又有区别。

两者的联系表现在以下两个方面。

(1) 商标与域名存在一定的一致性。这种一致性是指商标所有人(或域名所有人)将与其商标(或域名)相同的标志同时注册为域名(或商标),如可口可乐公司的注册域名"coca-cola.com",以及新浪公司的注册商标"Sina"。当然也存在将知名度较高的商标(或域名)抢注为自己的商标(或域名)的情况。

(2) 和商标一样,域名也是由注册取得的,也要实行先申请的原则,域名所有者就其域名拥有的权利属于知识产权。

两者的区别表现在以下三个方面。

(1) 识别目的不同。商标的目的是区别不同企业(或个人)的产品或服务,而域名则是用来区别不同的网络地址和电子邮件地址。

(2) 独占的程度不同。在同一商标注册制度下,不同商品或服务上相同或相近的商标可以由不同的所有人所有,而在国际互联网上,域名必须是独一无二的。

(3) 构成方式不同。域名的唯一性就其整体而言,只要其中的顶级域名或二级域名不同,其二级或三级域名可以相同。这种现象与目前各个域名注册机构之间还未实现交叉审查直接相关。

二、商标的种类

商标是随着商品的出现而出现的。发展至今,商标已经成为种类繁多的大家族。如果要更加全面地了解商标,可以根据不同的标准和角度对其进行分类。

(一) 按照商标的构成要素分类

1. 文字商标

文字商标是指以各种语言文字、字母、数字组成,不含图形成分的商标。文字一般包括中文、外文、汉语拼音、字母或数字等。如太阳神口服液、万宝路香烟、可口可乐饮料等均属文字商标。文字商标的优点是表意明确、能读易记,便于称呼和广告宣传;缺点是缺少形象性,不够美观。

2. 图形商标

图形商标(designs trademark)是由平面或立体的图形构成的商标。使用图形作为商标具有悠久的历史,其优点是形象鲜明生动、特征显著、便于识别,而且不受不同国家语言差异的限制。图形商标的缺点在于容易与其他商标混淆,并且在出口商品上使用图形商标时,有时会因为该图形在某个国家有不好的含义而引起误会。

3. 三维标志商标

三维标志商标又称立体商标,是以占据一定空间的立体实物,如产品的造型、产品的实体包装物等组成的商标。例如,"可口可乐"饮料的瓶子已经在许多国家被注册为商标。

我国《商标法》第十二条对三维标志商标作了限制性的规定:"仅由商品自身的性质

产生的形状、为获得技术效果而需有的商品形状或者使商品具有实质性价值的形状,不得注册。"也就是说,其他诸如文字、图形之类的商标,即使不注册,只要不为法律的禁止性规定禁止使用,其本身仍不失为是一种商标。但是,三维标志商标如未经注册,其本身就仍然只能是一种商品或商品的包装或装潢,不能自然地作为商标使用。

4. 字母商标

字母商标,是指用拼音文字或注音符号的最小书写单位,包括拼音字母、外文字母或者英文字母、拉丁字母等所构成的商标。

5. 组合商标

组合商标(combined trademark)是指以文字、图形、字母、数字、三维标志和颜色等要素组合而成的商标,它要求商标中的各个组成部分要协调一致。其中,文字和图形结合而成的商标,是我们最常见的一种。这种组合商标的优点是它结合了文字商标和图形商标各自的特点,整个商标图文并茂、形象生动、容易识别。但值得注意的是,组合商标的文字和图形是完整的整体,此类商标注册后,构成组合商标的文字、图形,不得随意改动其排列组合,甚至是大小和颜色都不可改动。

6. 各种新型商标

近年来,随着社会的进步和科技的不断发展,出现了一些新型的商标,如全息商标、音响商标和气味商标。全息商标是采用激光全息技术制成的商标,主要用于防伪;音响商标是以特殊的音响效果作为商标注册,如广播电台或电视台开播节目以前的台标音乐,目前只有法国等极少数国家对这种商标予以注册;气味商标是以特殊的气味作为商标注册,20世纪90年代初美国曾将一种缝纫线的特殊香味作为商标予以保护,但现在对这种商标给予保护和承认的国家也是极少数。

(二) 按照商标的使用者分类

1. 制造商标

制造商标(manufacturing trademark)又称"生产商标"或"工业商标",是商品的生产者、制造者在商品上使用的商标。这类商标代表着企业的商誉和产品的质量。商品上的商标多属这类商标,如索尼电器和北京的天坛家具等。

2. 商业商标

商业商标(commercial trademark)是商品的销售者使用的商标。这类商标往往是享有盛誉的商业企业使用,如中国外贸公司出口茶叶使用的"龙"商标,天津粮油进出口公司出口葡萄酒使用的"长城"商标,以及日本三越百货公司使用的"三越"商标。商业商标也称销售商标(sales trademark)。

3. 集体商标

集体商标(collective trademark)是指以团体、协会或者其他组织的名义注册,供该组织的成员在商事活动中使用,以表明使用者在该组织中的成员资格的标志。集体商标一般不可以转让,证明商标、地理标志均属于集体商标。

(三) 按照商标的使用对象分类

1. 商品商标

商品商标是指指定使用在商品上标明商品来源的商标。商品商标是狭义的商标，它是商标的本来含义，是指一般的商标。

2. 服务商标

服务商标是指用于向社会提供的服务项目上的，用以区分服务的提供者的商标。服务商标主要用于广告、保险、金融、广播、电影、演出、游乐、教育、医疗、建筑、修理、仓储、咨询、运输、通信、旅馆、饭店、洗涤、加工承揽、材料处理等服务行业。如中国民航使用的"CAAC"和中国人民保险公司使用的PICC等。

商品商标和服务商标的主要区别在于：(1) 商品商标表明的是商品的特点；服务商标表明的是服务(无形商品)的特点。(2) 商品商标多数可以直接附着在商品上，随着商品的流转广为宣传；服务商标则需专门的宣传才能被人们知晓。通常，服务商标的认知度比商品商标要低。

（四）按商标的用途分类

1. 营业商标

营业商标指的是以生产或经营企业名字作为商标，如"同仁堂"药店、"盛锡福"帽店、"六必居"酱菜园、"狗不理"包子铺等，这类商标有助于提高商标或企业的知名度。

2. 等级商标

等级商标是同一企业根据同一类商品的不同质量、规格等而使用的系列商标。这种商标在国外使用得相当普遍，如瑞士手表，"劳力士"为最高档次的手表，"浪琴"为二级表，"梅花"为三级表，"英纳格"则为四级表。

3. 证明商标

证明商标是指专为证明商品等级、质量、功能、性质、产地、原材料或者服务质量的认可标记。证明商标不能由商品经营人所有，只能为其他人或者部门所有，如绿色食品标志、真皮标志、纯羊毛标志、电子标志。

4. 防御商标

防御商标是指驰名商标所有者，为了防止他人在不同类别的商品上使用其商标，而在非类似的商品上，将其商标分别注册。例如：美国的可口可乐就属于在一切商品上都注册了的防御商标。

5. 联合商标

联合商标是指同一商标所有人在相同或类似商品上注册的几个相同的或者近似的商标。有的是文字近似，有的是图形近似，这些所谓联合商标，如"娃哈哈"，又为"哈娃娃"，由于它们之间极相似，不得再注册，这样扩大了商标保护范围。

（五）按照商标的所有人分类

1. 集体商标

集体商标(collective trademark)是指以团体、协会或者其他组织名义注册，供该组织的成员在商事活动中使用，以表明使用者在该组织中的成员资格的标志。集体商标不是用来表示产品或服务的原始出处，而是用来表明其使用者属于统一组织，表明其产品或服务的质量受到该组织的监督。所以，产品或服务的提供者在使用集体商标的同时还可以使用自己的商标,两者并不冲突。

2. 证明商标

证明商标(certification trademark)是指由对某种产品或服务具有监督能力的组织所控制,而由该组织以外的单位或者个人使用于其产品或服务,用以证明该产品或服务的原产地、原料、制造方法、质量,或者其他特定品质的标志。

(六)按照商标是否注册分类

1. 注册商标

注册商标(registered trademark)是商标注册申请人向国家商标主管机关提出商标注册申请并获得核准的文字、图形或其组合标志。

2. 未注册商标

未注册商标(unregistered trademark)是指商标使用者未向国家商标主管机关提出注册申请,自行在产品或服务上使用的文字、图形或其组合标记。

我国《商标法》对商标注册采取自愿注册为主,强制注册为辅的原则。但是,商标法只保护注册商标。当注册商标和未注册商标相同或相似,却又出现在相同或相似的商品上时,未注册商标将停止使用。

(七)按照商标的驰名度分类

1. 驰名商标

中华人民共和国国家工商总局于2003年4月颁布的《驰名商标认定和保护规定》(6月1日起施行)第二条第一款规定:驰名商标是指在中国为相关公众广为知晓并享有较高声誉的商标。由于驰名商标(well-known trademark)是众所周知的,蕴涵着巨大的市场经济利益,世界各国都对驰名商标给予特殊保护。

2. 著名商标

各国对著名商标(famous trademark)这一概念都有不同的理解,所以著名商标的概念在正式生效的有关国际公约中尚未见到。大陆法系的国家,包括法国、德国、西班牙、挪威、丹麦、日本等,都把"著名商标"认定为声誉和知名度比"驰名商标"更高的商标。我国从法律上没有对著名商标作出明确规定,但是从20世纪90年代初开始,许多省、市、自治区都举行了由政府主管机关组织、民间组织参加的"著名商标评选认定活动",并下发了认定评选办法等文件。

三、商标的作用

商标作为产品和服务的专用标记,在市场经济中扮演着重要的角色,其功能也随着经济的发展日趋完善。人们一般是按照商标与其所有者和消费者的关系对其功能进行说明的。通常,我们认为商标的作用主要体现在以下三个方面。

(一)区别商品的生产者、经营者、服务者、进货来源及档次

同一类商品往往有若干家生产者、经营者或若干个产地。消费者可以通过商标来辨别商品的产地、经营者或生产者,以便于消费者精心选购其心目中的名牌产品及有良好信誉的生产者或经营者的产品。此外,商标往往还能说明产品的档次,如汽车中的奔驰

和宝马代表德国产的高档车,而丰田则代表日本产的中档车。

（二）代表商品质量和服务质量

消费者总是把商标和产品质量联系在一起,消费者心目中的著名商标是逐渐树立起来的,并以长期保持高质量和周全的售后服务赢得的。因此,商标一般是产品质量的象征和生产企业的商誉。在目前的国际贸易中,有很大比例的交易是凭商标进行买卖的。

（三）有助于商品和服务的广告宣传

一个好的商标设计,往往图形醒目、文字简练,便于消费者识别和记忆。用商标做广告,其效果远比冗长的文字说明要好,可使消费者对商品的质量、性能、用途、式样、耐用程度等有一个完整而又美好的印象,从而加深消费者对该商品的印象,增加消费者对该商品的购买欲望。

第二节 商 标 法

一、商标法的概念和内容

（一）商标法的概念

商标法是调整因商标注册、使用、管理转让和保护而产生的各种社会关系的法律规范的总和。

商标法分为狭义和广义上的概念。狭义上的商标法是指由国家立法机关制定的商标法,在我国指《中华人民共和国商标法》和《关于修改〈中华人民共和国商标法〉的决定》;广义上的商标法不仅包括由国家立法机关制定的商标法,还包括其他规范商标关系的法律规范,例如在我国民法、刑法等法律法规中涉及的有关商标方面的法律规范。具体地说,广义上的商标法是指《中华人民共和国商标法》和《关于修改〈中华人民共和国商标法〉的决定》,宪法、民法、刑法等法律中有关商标的规定,国家立法机关作出的立法解释,国家最高行政机关及其主管部门制定的实施商标法的行政法规、部门规章,最高司法机关作出的适用商标法的司法解释,我国缔结或参加的有关商标的国际条约等。

（二）商标法的内容

商标法一般包括以下十一个方面的内容。

（1）商标权的主体。商标权的主体一般包括：商标注册申请人、商标权所有人、商标使用人、商标的利害相关人。也就是说,我国商标法对商标权主体几乎没有什么限制,个人、法人和组织都能注册商标。

（2）商标权的客体。商标权的客体是指已核准注册的商标。

（3）商标权的内容。商标权的内容包括：专有使用权、禁用权、许可使用权、转让权、续展权等。

(4) 商标获得注册的条件。包括形式条件和实质条件。

(5) 商标的注册申请、审查和核准程序。包括申请、退回、补正、审查、驳回、公告、复审、撤销、核准等。

(6) 商标的续展、转让和使用许可、争议裁定。

(7) 商标使用的管理。

(8) 注册商标专用权的驳回。

(9) 商标代理。

(10) 涉外商标注册。

(11) 费用。

二、商标法的基本原则

(一) 注册原则

世界上对商标专用权的确定主要采取两种不同的制度,即注册原则和使用原则。

1. 注册原则

注册原则是指商标、所有人对其商标必须通过标准注册才能取得对该商品专用权的确认。我国《商标法》第三条规定:"经商标局核准注册的商标为注册商标,包括商品商标、服务商标和集体商标、证明商标;商标注册人享有商标专用权,受法律保护。"我国采取的就是注册原则。

2. 使用原则

使用原则是指商标在该国使用就产生权利,商标专用权归首先使用人,未经过使用的商标不得申请注册,注册后的一定期限内必须提出试用证明,否则注册无效。这一制度的代表国是美国。

除了上述两种制度之外,大多数的英联邦国家采取"根据使用或注册均可取得商标权"的制度。这一制度通过使用原则避免了单一的注册商标原则下有时会产生利益分配的不均,又通过注册原则解决了使用原则下权利的不确定性。

(二) 自愿注册原则

自愿注册原则是指商标使用人可以自行决定是否将其商标予以申请注册。依据注册原则,只有注册商标所有人才享有商标专用权,未注册的商标,商标权归属不定,不能禁止他人使用。我国除烟草制品实施强制注册外,均实行自愿注册原则。

(三) 申请在先原则

申请在先原则是在商标权的确立上采取注册原则的国家,对不同的申请人提出的相同或近似的商标申请,以提出申请日期的前后决定商标权的归属。与申请在先原则相对应的是使用在先原则,谁先使用就可以获得该商标的权利,不考虑申请的先后。

我国《商标法》对申请在先原则作出了规定,表明在申请日期不同的情况下,初步审定并公告申请在先的商标;在同一天提出申请的情况下,商标权属于使用在先的申请人。我国《商标法》本着公平和诚信的原则,对于先使用的商标有条件地予以保护,《商标法》第二十九条规定:"两个或者两个以上的商标注册申请人,在同一种商品或者类似商上,以相同或者近似的商标申请注册的,初步审定并公告申请在先的商标;同一天申请的,初步审定并公告使用在先的商标,驳回其他人的申请,不予公告。"《商标法》第三十一条规定:"申请商标注册不得损害他人现有的在先权利,也不得以不正当手段抢先注册他人已经使用并有一定影响的商标。"

(四)审查原则

对于提出申请的商标能否予以注册,在国际上一般采用两种原则,一种是审查原则,一种是不审查原则。审查原则是商标局在确认商标专用权之前,对商标注册申请,依照法定的形式和实质审查的条件进行审查,符合注册条件的才准予注册。我国采取的就是审查原则。

不审查原则是指商标局对商标申请不进行实质审查,仅对申请人的商标注册手续是否齐全进行审查,符合条件就予以注册。

(五)司法审查原则

司法审查是一个国内法的概念,是纠正行政不法行为的基本措施,对保障当事人的合法权益有着重要的意义。

根据 TRIPS 协议第六十二条的规定,有关获得和维持知识产权的程序中作出的终局行政决定,均应接受司法或者准司法当局的审查。因此,我国修订后的《商标法》规定,由商标评审委员会负责处理商标争议事宜,当事人对于商标局有关商标确权的事宜不服的,可以向商标评审委员会申请复审,由商标评审委员会作出裁决;对已经注册的商标有争议的,可与自该商标经核准注册之日起 5 年内,向商标评审委员会申请裁定。当事人对商标评审委员会的裁定不服的,可以自收到通知之日起 30 日内向人民法院起诉。

(六)商标行政实行统一注册分级管理的原则

在市场经济条件下,结合商标自身的特点,商标注册必须统一由商标局(即国家工商总局商标局)审查、核准注册。我国《商标法》第四条规定:"自然人、法人或者其他组织对其生产、制造、加工、拣选或者经销的商品,需要取得商标专用权的,应当向商标局申请商品商标注册。自然人、法人或者其他组织对其提供的服务项目,需要取得商标专用权的,应当向商标局申请服务商标注册。"

分级管理是中国商标法制的特点。商标管理工作由县级以上的工商行政管理局负责。

(七)国民待遇原则

此原则是根据《保护工业产权巴黎公约》(简称《巴黎公约》,我国于 1985 年 3 月 19 日正式加入这一公约)所确立的国际工业产权保护制度的一项重要原则。此原则要求《巴黎公约》的成员国必须在工业产权方面给予本国国民和其他成员国国民同样的保护,并且不得要求他们在本国有住所或营业场所,以作为享有工业产权保护的条件。对于非成员国国民,如果他们在某一成员国有住所或真实有效的营业场所,则公约成员国也必须给予他们相同的国民待遇。

国民待遇原则并不要求在司法、行政程序手续方面对外国人也完全一样。《巴黎公约》第二条第三项规定,这些方面成员国可以按国内法明确保留。例如,规定外国人请求工业产权保护必须通过指定的代理人,外国人提起诉讼要求外国人或者外国企业在中国申请商标注册和办理其他商标适宜的,应当委托国家认可的具有商标代理资格的组织代理。

(八)优先权原则

优先权原则也是《巴黎公约》所确立的国际知识产权保护制度的一项重要原则,主要体现在要求保护工业产权的申请程序方面。我国于2001年12月11日加入世界贸易组织,而TRIPS协议中重申了这一原则,所以我国无疑有履行优先权规定的义务。

优先权是指任何一个公约成员国国民,向任何一个公约成员国就工业产权保护提出正式申请以后的一定期限内,这一申请的日期在其他所有成员国都享有优先的地位。即同一申请在向一个成员国提出第一次申请后,在一定期限内,再向其他成员国提出申请时,受理其申请的成员国应当视第一次申请日期为该申请人在申请国的申请日期。

通常,专利和实用新型的优先权期限为12个月,商标和外观设计的优先权期限为6个月。

第三节 商 标 权

一、商标权概述

商标权是指法律赋予商标所有人对其注册商标所享有的支配性权力。世界上绝大多数国家都对商标实行法律保护,这种保护主要是通过制定商标法授予商标权(trademark right)来实现的。我国《商标法》使用"商标专用权"一词来指代通常意义上的商标权,与商标权有关的规定分别在《商标法》第三条、第三十九条、第四十条、第五十一条和第五十二条中。

(一)商标权的含义

通常要取得商标权,商标所有者必须向商标主管部门(商标局)办理申请手续,经批准注册后取得商标专用权。在很多国家,驰名商标(well-known trademark)不必申请注册便可获得商标权保护,而且保护的范围更大。除商标权保护外,商标也可以通过制止不正当竞争行为来取得保护,在不拥有商标权的情况下,只要商标经过使用后已经产生商誉,其他人就不得以不正当手段使用该商标或与它相近似的标记。英国的《商品标识法》,德国、日本制定的《不正当竞争防止法》等都对此作了详细规定。美国有关制止不正当竞争保护商标的内容则包括在商标法之中。然而,虽然商标可以通过制止不正当竞争来保护,商标权保护仍是保护商标的最重要手段。

TRIPS协议第十六条对商标权作了如下规定:注册商标所有人享有排他权,即有权禁止任何第三方未经其许可在相同或类似的商品或服务上使用与其注册商标相同或近似的商标。

我国《商标法》第五十一条规定了注册商标专用权的范围:"注册商标的专用权,以核准注册的商标和核定使用的商品为限。"注册商标专用权人只是在核定使用的商品上享有专用权,他人在不类似的商品上申请注册或使用相同或近似的商标,原则上是允许的。

(二)商标权的特点

1. 独占性

独占性是指商标是其所有人的财产,所有人对其享有排他的使用权,并受到法律保护,其他人不得使用。商标的独占性一般表现在两个方面:一是所有人享有在核定的产品上独家使用权,未经所有人的同意,其他人不得乱用或滥用;二是商标所有人享有禁止权,即其他人不得将与商标所有人的注册商标相同或近似的商标用于同一类或类似的商品上。商标权只能授予一次,其他人在一种或类似商品上再提出相同或近似商标的使用申请,则得不到国家主管机构的授权。

2. 限制性

商标权与该商标所"核定使用的商品或服务"密不可分。商标的独占使用权是受到限制的。商标权人只能在"核定使用的商品或服务"上享有独占使用权,无权禁止他人在"核定使用的商品或服务"以外的"商品或服务"上使用相同或近似的商标。著作权对于作品、专利权人对于专利技术均享有排他性的独占权。

3. 地域性

与专利权一样,商标权人所享有的专有权只在授予该项权利的国家内受到保护,在其他国家并无法律效力。如果某一商标也需要得到其他国家的法律保护,必须按这些国家的法律规定在这些国家申请注册。

4. 时间性

商标权的保护有时间限制,一般为10—15年,中国为10年。但与专利权所不同的是,在商标保护期届满时,可以申请续展,而且对续展的次数不加以限制。只有在商标权所有人按期交纳费用并按期办理续展手续的前提下,方可永远保持商标的所有权。

二、商标权的主体和客体

(一)商标权的主体

商标权的主体即享有商标权的人,被称为商标所有人。商标由申请人依法申请注册,经商标局核准后,该申请人即成为该注册商标的商标权人。商标权人依法享有商标专用权,并承担相应的义务。对不符合商标权主体条件的人提出的商标注册申请,商标局将予以驳回。如果未经驳回而最终取得了商标注册,则商标注册后,其他任何人可以提出异议请求商标局将其撤销或宣告无效,使该商标权归于消灭。

各国法律规定,本国的自然人和法人或者其他组织都可以申请注册商标而成为商标权的主体。外国人申请商标注册时,按其所属国与本国签订的协议或共同参加的国际公约,或按互惠原则办理;在该国没有住所或营业所的外国人必须委托该国的商标代理机构代为申请。但在一些国家,包括美国、英国、瑞典、丹麦、澳大利亚、巴基斯坦、印度,以及墨西哥、阿根廷等拉丁美洲国家,对外国人申请注册商标不要求互惠条件,任何外国人都可以自由申请注册。此外,各国法律还规定,两个或两个以上的人共同拥有的商标,可以以共有人的名义申请注册,取得商标权后,全体共有人为该商标权的所有人。

我国《商标法》第四条规定:"自然人、法人或者其他组织对其生产、制造、加工、拣选或者经销的商品,需要取得商标专用权的,应当向商标局申请商品商标注册。自然人、法人或者其他组织对其提供的服务项目,需要取得商标专用权的,应当向商标局申请服务商标注册。"对于外国人或者外国企业在我国申请商标注册,我国《商标法》第十七条规定:"外国人或者外国企业在中国申请商标注册的,应当按其所属国和中华人民共和国签订的协议或者共同参加的国际条约办理,或者按对等原则办理。"由于我国已加入《巴黎公约》,凡《巴黎公约》成员国国家的个人和企业都可以在我国办理商标注册,而非《巴黎公约》成员国国家的个人和企业在我国申请商标注册的,应当按其所属国与我国签订的协议或者按对等原则办理。

（二）商标权的客体

商标权的客体,是指经国家商标局核准注册受商标法保护的商标,也即注册商标。申请注册的商标必须是符合法律规定的标记。一般来说,一项标记要成为商标权的客体,必须同时具备以下五个条件。

1. 必须具备法定的构成要素

按照大多数国家的规定,商标的构成要素主要是文字（包括字母、数字）、图形、文字图形组合及色彩组合。也有些国家规定,除上述外,音响商标、气味商标、立体商标也能申请注册,成为商标权的客体。WTO《与贸易有关的知识产权协定》规定,任何能够将一企业的商品或服务与其他企业的商品或服务区分开的标记或标记组合,均应能够构成商标。这类标记,尤其是文字（包括人名）、字母、数字、图形要素、色彩的组合,以及上述内容的任何组合,均应能够作为商标获得注册（TRIPS第十五条第一款）。我国修改后的商标法规定可作为商标注册的标记包括文字、图形、字母、数字、三维标志和颜色组合,以及上述要素的组合（《中华人民共和国商标法》第八条）。

2. 必须具备识别性

识别性,又称显著特征,是指商标的特征必须能使消费者区别商品的来源,即商品生产者或经营者。只有具有区别不同商品生产者或经营者能力的、具有显著特征的商标,才应获准注册。根据这一要求,以下名称或标记通常都不能作为商标权的客体。

（1）商品的普通名称（generic name）。

（2）通用标记。

（3）说明性或暗示性标记（descriptive or suggestive mark）。

（4）常用的姓氏名称。

（5）地理名称（name of place）。

（6）过于精密复杂或过于简单的文字、图形组成的商标。

3. 必须用于商品上

商标是识别商品的标记,其存在必然要与商品联系在一起,脱离商品而存在的标记,不能成为商标权的保护客体。对于与商标相联系的商品的含义,在各国的商标法中大多没有作具体规定,一般认为商标法意义上的商标必须具备以下三个条件。

(1) 必须是可移动的有体物。

(2) 必须具有重复性。

(3) 必须具有使用价值与交换价值，可以作为交易对象的物品。

4. 必须是非禁用标志

各国商标法中规定的某些不得使用的文字、图形或其组合，成为禁用标志。我国商标法规定了以下八种情况不得作为商标的标记。

(1) 同中华人民共和国的国家名称、国旗、国徽、军旗、勋章相同或者近似的，以及同中央国家机关所在地特定地点的名称或者标志性建筑物的名称、图形相同的。

(2) 同外国的国家名称、国旗、国徽、军旗相同或者近似的，但经该国政府同意的除外。

(3) 同政府间国际组织的名称、旗帜、徽记相同或者近似的，但经该组织同意或者不易误导公众的除外。

(4) 与表明实施控制、予以保证的官方标志、检验印记相同或者近似的，但经授权的除外。

(5) 同"红十字""红新月"的名称、标志相同或者近似的。

(6) 带有民族歧视性的。

(7) 夸大宣传并带有欺骗性的。

(8) 有害于社会主义道德风尚或者有其他不良影响的(《中华人民共和国商标法》第十条)。

5. 必须与他人已注册的商标或驰名商标不相同或不近似

所谓"与他人已注册的商标相同或近似"，是指与他人使用在同一种商品或类似商品上的已注册商标完全相同或大体上相同。此外，任何与驰名商标相同或近似的标记，也不应允许其注册，即使是申请注册商标是用于完全不同的商品上也是如此。

三、商标权的内容

商标权的内容通常包括商标的使用权、禁用权、转让权、许可使用权、商标续展权等权利。

(一) 商标使用权

商标的使用权即专有使用权，是商标的各项权利中最基本的一项权利，占据核心地位，其他权利均从商标使用权中衍生而来。

商标使用权是指商标权人在核定使用的商品上专有使用核准注册的商标，取得合法利益的权利。我国《商标法》第五十一条规定："注册商标的专用权，以核准注册的商标和核定使用的商品为限。"一方面，如果商标权人对注册商标进行改变，改变后的商标不享有专有使用权；另一方面，专有使用权是以核定使用的商品为限，商标权人只有将注册商标使用在"核定使用的商品"上时才享有专有使用权，如果在超出"核定使用的商品"以外的商品上使用其注册商标，则不享有专有使用权。

（二）商标禁用权

商标所有人有权向有关部门提起诉讼，请求停止他人的侵权行为，可要求侵权人赔偿其经济损失，并追究侵权人的刑事责任。我国《商标法》第五十二条第一款规定了商标权人所享有的禁用权，即"未经商标注册人的许可，在同一种商品或者类似商品上使用与其注册商标相同或者近似的商标的"，属侵犯注册商标专用权。

商标禁用权的效力范围不仅限于"核准注册的商标和核定使用的商品"，还扩展到与"核准注册的商标"近似的商标以及与"核定使用的商品"类似的商品。当注册商标是驰名商标时，禁用权的效力范围还将进一步扩大到不相同或者不相类似的商品或服务上。

（三）商标转让权

商标转让权是指商标权人依据法律规定，享有将其注册商标有偿或无偿转让给他人，并放弃一切权利。我国《商标法》第三十九条规定："转让注册商标的，转让人和受让人应当签订转让协议，并共同向商标局提出申请。受让人应当保证使用该注册商标的商品质量。转让注册商标经核准后，予以公告。受让人自公告之日起享有商标专用权。"

注册商标的转让必须经过商标主管部门核准，没有商标主管部门的核准，即便双方就注册商标的转让达成一致，意思表示真实，受让人也无法取得商标权。

（四）商标许可使用权

商标许可使用权是指商标权人依据法律的规定，许可他人使用其注册商标的权利。注册商标的许可使用可分为普通使用许可、排他使用许可和独占使用许可。商标的使用是实现商标功能的唯一途径，商标只有通过使用才能显示其价值。注册商标可由商标权人自己使用，也可以与他人签订商标使用许可合同，许可他人使用其注册商标。

被许可人在使用被许可使用的商标时应当保证其商品或服务的质量。对此，我国《商标法》第四十条规定如下："商标注册人可以通过签订商标使用许可合同，许可他人使用其注册商标。许可人应当监督被许可人使用其注册商标的商品质量。被许可人应当保证使用该注册商标的商品质量。经许可使用他人注册商标的，必须在使用该注册商标的商品上标明被许可人的名称和商品产地。商标使用许可合同应当报商标局备案。"

（五）商标续展权

商标续展权是指商标权的保护期届满时，商标权人有权依法定程序延展其已注册商标的有效期的权利。我国《商标法》第三十八条规定："注册商标有效期满，需要继续使用的，应当在期满前六个月内申请续展注册；在此期间未能提出申请的，可以给予六个月的宽限期。宽限期满仍未提出申请的，注销其注册商标。每次续展注册的有效期为十年。续展注册经核准后，予以公告。"

续展注册可以无限制重复申请，续展注册经商标局核准后，商标权人就可继续享有商标权。

四、商标权的取得、续展和维持

（一）商标权的取得

1. 商标权的取得方式

商标权的取得一般有两种方式，即原始取得和继受取得。

原始取得，是指商标所有人对其商标权的取得是最初的，由商标注册机关直接授予的或经使用取得的，不是以已经存在的商标权为依据而产生的。

继受取得，商标所有人的商标不是由商标注册机关直接授予的，而是以已经存在的商标权为依据而产生的。继受取得有五种情况：第一种是根据合同转让，受让人有偿或无偿地从出让人那里获得商标权；第二种是根据继承程序，由法定继承人在符合法定情形时继承被继承人的商标权；第三种情况是以接受他人赐予商标的方式取得；第四种是因合伙而共有商标权；第五种是因企业合并，新企业或变更后的企业承受被合并企业的商标权。

2. 商标权的取得制度

根据目前各国立法的规定，商标权的取得制度可分为使用制度、注册制度、使用与注册并行的制度。

（1）根据使用取得商标权，是指根据商标使用的先后确定商标权的归属，最先使用某一商标的人即为该商标的商标权人。根据使用取得商标权的做法注重的是商标的功能，因为商标的使用恰好是实现商标功能的唯一途径。美国是采用使用制度的典型国家，美国司法界认为商标是商业活动的附属物，只有在与商业活动相联系时商标才有可能存在，商标在受到保护之前必须已在使用，商标权的取得必须通过并且只能通过在先使用才能获得。

（2）根据注册取得商标权，是指根据申请注册的先后来确定商标权的归属，谁的申请日期在前，商标权就授予谁，商标权因注册而产生。自1857年法国颁布《注册商标法》以来，绝大多数国家的商标立法都规定了商标权由注册取得的制度，我国《商标法》也规定了商标权经由注册取得。根据注册取得商标权的优点是，在这种制度下产生的商标权相对于使用制度下取得的商标权具有更大的确定性，发生侵权纠纷时也易于取证。

（3）使用与注册并行的制度，即无论是注册还是使用都可以产生商标权。在这一制度下，即使商标已经注册，在规定的期限内，该商标的在先使用人可以依法提起诉讼，要求撤销该注册商标。以英国为代表的大多数英联邦国家采取"根据使用或注册均可取得商标权"的制度，一些大陆法系国家的商标法中也有此类规定。我国《商标法》也提出了对未注册的驰名商标的保护。总的来说，这一制度通过传统的"适用原则"避免了单一的注册原则下有时会产生商标确权不公平的现象，如商标恶意抢注现象；同时，又通过"注册原则"解决"使用原则"下的权利的不确定性。

（二）商标权的续展和维持

商标权不是无限期的。各国商标法都规定了商标权的有效期（见表6-1）。注册商标有效期满时，需要继续使用的，应由商标权人办理续展手续。逾期不办理或虽提出续展申请但被主管机关(商标局)驳回的,商标权即终止有效。WTO《与贸易有关的知识产权协定》(TRIPS)规定,各成员提供的商标权期限至少为7年,并可以无限次地续展。

但是,即使在商标注册的有效期(包括商标续展注册的有效期)内,商标也可能失效,例如商标注册被撤销或被宣告无效等情况。与其他许多知识产权一样,商标权是一种特殊的权利,既然它可以按法律规定的程序取得,也可以因各种原因依法消灭。

表6-1 一些国家商标权有效期的规定

国 家	起算时间	期 限	续 展 规 定
美 国	注册日	10年	可续展10年,续展次数不限
英 国	注册日	10年	可续展10年,续展次数不限
德 国	申请日	10年	可续展至第10年年终,续展次数不限
法 国	申请日	10年	可续展10年,续展次数不限
日 本	注册日	10年	可续展10年,续展次数不限
俄 罗 斯	申请日	10年	可续展10年,续展次数不限
中 国	注册日	10年	可续展10年,续展次数不限

商标权的失效通常是由于下列四种原因。
(1) 因不使用注册商标而被撤销。
(2) 因擅自改变注册商标、注册人名义或抵制而被撤销。
(3) 因产品质量低劣而被撤销。
(4) 因利害关系人的异议而被撤销或宣告无效。

综上所述,要保持所取得的商标权的有效性,商标权人除按规定在期满前申请续展之外,还应注意按注册时的商标原样实际使用该商标;使用时正确标明厂商名称和地址,并保证使用该注册商标的商品质量。此外,为避免日后发现注册商标不符合授予商标权的条件而被撤销或判为无效,在申请注册时,尤其应对商标的可注册性加以考虑。否则即使批准注册,也可能因各种原因被撤销或宣告无效。

五、商标权的终止

商标权的终止是指注册商标不再受法律保护,商标权人不再享有法律上的专用权。商标权终止后,有的商标仍可以使用,有的商标则不能使用,要视终止原因及其他事实而定。导致商标权终止的法律事实一般包括:注册商标因有效期满被注销;注册商标因商标注册人申请被注销;注册商标因无人继承被注销等。

这里需要区别商标权终止和商标权失效两个概念。虽然商标权的终止和商标权的失效都是由商标局或者商标评审委员会确定的,但商标权的终止的前提是有效的商标权的存在,所以,是从公告之日起终止权利;注册商标争议裁定撤销和注册不当商标撤销,其对象是失效的注册商标,所以,视为自始即不存在。

第四节 特殊商标的保护

一、驰名商标的特殊保护

(一) 驰名商标概述

驰名商标(well-known trademark)这一名称最早出现于1883年的《巴黎公约》中,是指经过长期使用后成为公众普遍熟知并享有卓越信誉的知名商标。随着经济全球化的发展,驰名商标在市场经济中的地位日益凸显,各国企业都将其作为企业的一项重要资产。目前,《巴黎公约》、TRIPS和各国的商标法大都确认对驰名商标的法律保护,但对驰名商标没有作出统一定义,只是规定了认定驰名商标的标准。驰名商标一般具有以下两项基本特征:一是具有较高的知名度;二是具有卓越的社会信誉。

由于驰名商标的商品具有优良的质量和较强的信誉保证,在市场竞争中占有优势地位,能够为企业带来极大的经济效益,因而驰名商标本身具有很高的商业价值(见表6-2)。也由于这个原因,驰名商标的侵权现象比普通商标侵权更加普遍、频繁和严重。一项普通商标要成为驰名商标,商标所有人不仅需要付出长期艰辛的努力,而且还需投入比普通商标大得多的费用,如可口可乐(Coca-Cola)、索尼(SONY)等一些著名品牌每年需投入的宣传费用就达3 000万美元以上。因此,尽管目前世界各国对驰名商标的认定标准、认定方式以及保护范围规定不尽一致,但对驰名商标实行特殊保护的必要性已基本达成共识。

表6-2 最有价值的商标年度排名(2016)

2011年排名	商　　标	2016年价值(100万美元)
1	APPLE	178 119
2	GOOGLE	133 252
3	COCA-COLA	73 102
4	MICROSOFT	72 795
5	TOYOTA	53 580
6	IBM	52 500
7	SAMSUNG	51 808
8	AMAZON	50 338
9	MERCEDES-BENZ	43 490
10	GE	43 130

(二) 驰名商标的特殊保护制度

对驰名商标的特殊法律保护通常是指:一项商标只要被认定为驰名商标,则无论该商标是否已经注册,商标所有人都可依据有关法律取得"跨类保护"的商标专用权。所谓跨类保护,是指不论他人将该驰名商标用于相同或类似商品或服务上,还是用于完全不同的商品或服务上,商标所有人都可以对这种行为提起侵权诉讼,法院都将判决对该商标构成侵权。

各国对驰名商标特殊保护的立法形式不尽相同,但大都通过以下一种或几种法律加以保护:(1)商标法;(2)反不正当竞争法;(3)反淡化法。迄今为止,涉及驰名商标保护的国际知识产权公约主要是《巴黎公约》和 TRIPS。除此之外,世界知识产权组织(WIPO)为了协调各国对驰名商标的保护,正在酝酿一项新的驰名商标国际公约。目前,该条约草案仍在讨论之中。另外,近年来签订的一些地区性的国际条约,也都涉及驰名商标,如《北美自由贸易协定》和拉丁美洲安第斯组织的《卡塔赫纳协定》,这两个协定对驰名商标的认定标准都作出了相关的规定。

二、服务商标权的保护

服务业的迅猛发展使得服务行业在世界范围内的竞争日益激烈。服务商标作为区别不同服务提供商的标志,其法律保护也日益得到广大提供商和消费者的关注。美国是世界上最早将服务商标列入商标法进行保护的国家,而至今世界上已有100多个国家和地区对服务商标提供法律保护。

(一)服务商标概述

服务商标又称服务标记,是提供服务的企业、组织、个人,为使自己的服务与其他主体的同类或类似服务相区别而使用的识别标记,例如旅馆、餐厅、航空公司、旅行社、出租汽车公司、洗衣房等使用的各类标记。

TRIPS第十五条规定:"任何能够将一企业的商品或服务与其他企业的商品或服务区分开的标记或标记组合,均应能够构成商标。区类标记,尤其是文字(包括人名)、字母、数字、图形要素、色彩的组合,以及上述内容的任何组合,均应能够作为商标获得注册。

(二)服务商标的保护方式

1. 商标法保护

各国对服务商标主要通过商标法进行保护。按照商标法保护的优点在于,未割裂商品商标和服务商标的联系性,保护程度较高,效果较好。商标法保护具体可分为以下两种情况。

(1)在商标法中,将商品商标的保护规定运用于服务商标。如我国《商标法》第四条就规定:"本法有关商品商标的规定,适用于服务商标。"通常,只要法律没有就商品商标的适用作出特别说明,所有关于商品商标的条款均自动适用于服务商标。

(2)"商品商标"(一般简称"商标")和"服务商标"并称,同时对两者作出规定。

2. 反不正当竞争法保护

与商品商标一样,服务商标也可通过反不正当竞争法进行保护。世界上大部分国家都将非法利用他人商标的行为也视为不正当的竞争行为,追究行为人的法律责任,这种保护方式在服务商标未被列为商标法保护客体的国家来说尤为重要。即使在服务商标受到国际社会广泛认同和保护的今天,仍有许多国家在国内服务商标保障机制尚不完全的情况下,广泛使用这种保护方式,作为对商标法保护的一种有效补充。这种方式的优点是:一是保护范围较商标法广;二是不必以注册为保护前提。

(三) 服务商标保护的有关制度

1. 各国服务商标保护的历史沿革

(1) 美国。最早将服务商标保护列入商标保护体系的国家是美国。1946 年美国制定的《商标法》(《兰姆法》),将服务商标与商品商标置于同等重要的保护地位,并对服务商标的使用方法、注册程序等作出了相应的规定。《兰姆法》第四十五条规定,服务商标的含义是指:在提供服务时或在广告中用以区别其服务于他人的服务的标志。广播或电视节目中的标题、人物名和其他显著的特别形象,即使该标记或节目是为赞助人的商品做广告的,仍可注册为服务商标。

美国的《兰姆法》正式以立法形式将服务商标列入保护范围,突破了以往各国商标法仅仅保护商品商标的传统规定。虽然《兰姆法》对服务商标的规定基本沿袭对商品商标的保护方式,但在细节上仍有所区别。根据《兰姆法》中的规定,不仅服务企业使用的标志,而且广告企业所做的商品广告,也可以作为服务商标取得注册。

(2) 欧州共同体。欧州共同体(简称欧共体)1993 年 12 月 20 日第(EC)40/94 号令发布的《欧洲共同体商标条例》对商品商标和服务商标一并作了规定,该条例所称"共同体商标"(条例第 1 条)即指商品商标或服务商标。在此条例颁布之后,欧共体成员国纷纷依照《欧共体商标条例》对本国立法进行修改。德国 1995 年新修订的《商标法》,对商标法的内容作了较大扩充,保护对象包括商品商标、服务商标和集体商标。

(3) 中国。我国 1982 年《商标法》仅规定对商品商标的保护。1993 年《商标法》修改后,将服务商标正式列入商标保护范围,与商品商标享有同等的保护地位。这一重要修改既是出于我国国内服务贸易发展的迫切需要,也是为了满足有关国际公约的要求。2001 年,我国对《商标法》进行了第二次修改,就商品商标和服务商标的商标权主体而言,增加了自然人申请商标注册的规定,对商标的构成要素也作了增加。我国现行商标有关对服务商标的规定,与 TRIPS 协议的要求已基本一致。

2. 有关服务商标保护的国际公约

(1) 保护工业产权巴黎公约。《保护工业产权巴黎条约》(以下简称《巴黎公约》)是最早对服务商标作出规定的国际公约。《巴黎公约》第一条中规定:工业产权的保护对象是专利、实用新型、工业外观设计、商标、服务商标、商号、产地标记或原产地名称以及制止不正当竞争。《巴黎公约》对服务商标的保护具有开创性的意义,但缺点是没有将服务商标与商品商标置于同等的保护地位,而且有关服务商标的规定不够具体、全面。

(2) 商标国际注册马德里协定及其议定书。《商标国际注册马德里协定》(以下简称《马德里协定》)所规定的商标包括商品商标和服务商标。该协定于 1891 年 4 月 14 日签订,1892 年生效。《马德里协定》第一条规定:任何缔约国的国民,可以通过原属国的注册当局,向世界知识产权组织国际局提出商标注册申请,以在其他本协定成员国取得其

已在所属国注册的用于商品或服务项目的标记的保护。应该说,《马德里协定》为各成员国国民提供了一条商品商标和服务商标国际注册的简便途径。

《商标国际注册马德里协定议定书》(以下简称《议定书》)是在《马德里协定》基础上发展而成的,于1989年6月27日在西班牙首都马德里签订,1996年4月1日生效。《议定书》对国际注册的申请条件、审查周期、工作语言、收费标准和方式,以国际注册与起源国基础注册的关系等都作了重要修改。而且该议定书还规定,除《巴黎公约》的成员国外,政府间组织(如欧洲共同体)也可以加入。

(3) WTO与贸易有关的知识产权协定(TRIPS)。TRIPS的签署标志着服务商标首次在世界范围内正式获得与商品商标完全相同的保护地位。TRIPS第二部分第二节"商标"的第十五条规定:商标保护的客体是,"任何能够将一企业的商品或服务与其他企业的商品或服务区分开的标记或标记组合,均应能够构成商标"。TRIPS极其明确地确立了服务商标的保护地位,而且还在《巴黎公约》的基础上扩大了服务商标的保护范围,规定关于驰名商标的保护,应原则上适用于服务商标,并原则上适用于与注册商标所标示的商品或服务完全不同的商品或服务;此外,根据TRIPS的规定,《巴黎公约》第四条规定的有关服务商标优先权的规定同样也适用于服务商标。TRIPS的规定形成了服务商标保护的国际化趋势,将服务商标保护推向一个崭新的历史阶段。

(4) 为商标注册目的而使用的商品与服务的国际分类协定。《为商标注册目的而使用的商品与服务的国际分类协定》(又称《尼斯协定》),签订于1957年6月15日。截至2003年10月15日,已有72个成员国。我国已于1994年8月9日加入该协定。

《尼斯协定》建立了商标注册用商品和服务的国际分类,将商品分为24个大类,服务分为8个大类。《尼斯协定》成员国的注册机关应当在商标注册或公告中标明商品或服务的国际分类的类别号。此外,按照《马德里协定》及《议定书》办理的商标国际注册,也必须使用《尼斯协定》的国际分类。

(5) 商标法条约。《商标法条约》(英文简称TLT)对商品商标及服务商标都同样适用,该条约是在WIPO的主持下,一些国家在《商标国际注册马德里协定议定书》的基础上,于1994年10月27日在日内瓦召开的外交会议上签订的。截至1995年10月27日(即该条约开放签字的截止日期以前),共有50个国家和1个国际组织在该条约上签字。我国为条约签字国之一,但尚未经法律程序予以批准。签订该条约的目的在于使各国或地区的商标注册体系更便于当事人使用。具体实现办法是通过简化、统一程序,特别是消除程序中的不明确之处,来使注册程序对商标所有人及其代表人更加有利。

 ## 本章小结

作为区别商品或者服务不同来源的标志,商标是商品经济深入发展的产物,与我们的日常生活息息相关。本章第一节对商标的概念、种类和作用进行了阐述,介绍了商标按不同标准进行的不同分类,以及商标的三个主要作用。第二节对商标法的概念、内容和基本原则进行了阐述。第三节阐述了商标权的含义、内容、特点和主客体。第四节对驰名商标和服务商标权的保护进行了描述。本章关于商标、商标权和商标法的内容，使读者能够掌握和熟悉关于商标的基本知识，为全面了解知识产权和技术贸易打下基础。

关键词

商标　商标权　商标法　特殊商标保护　驰名商标　服务商标权

思考题

1. 商标是如何进行分类的？
2. 商业与其他商业标志有哪些区别？
3. 服务商标有哪些保护方式？
4. 商标权的特点是什么？
5. 商标的作用是什么？

案例分析

案例一：

2016年11月17日，因为商标纠纷，北京稻香村食品有限责任公司（下称北稻）将苏州稻香村食品有限公司（下称苏稻、稻香村集团前身）旗下三个公司：稻香村食品集团有限公司、苏州稻香村食品有限公司、北京苏稻食品工业有限公司，以侵害商标权纠纷和不正当竞争为由起诉至法院，要求苏稻变更企业名称，变更后的企业名称必须在"稻香村"前面添加"苏州"二字。11月17日上午9点，北稻与苏稻商标纠纷案在朝阳区人民法院开庭。在开庭后，北稻提出了6点诉讼请求，分别是要求苏稻变更其企业名称，并且在变更后加上"苏州"二字，停止在其旗下和平东桥店、王府井旗舰店、王府井体验店和前门体验店使用"稻香村加扇形边框"和"稻香村"商标；并赔偿经济损失及合理维权费用350万元等。

北稻认为，尽管北京市高级人民法院和最高人民法院在2014年就已作出二审判决和再审裁定，明确指出苏稻使用的商标与北稻使用的商标会造成市场混淆，不予核准注册和使用，并指出苏稻应当划清彼此商标标识，避免双方标识之间存在混淆误认。但至北稻起诉之日，苏稻仍在持续大量使用相似商标，并且在北京地区加速扩张开店，且均以"稻香村"为店面招牌，造成越来越严重的市场混淆的后果。

对此，苏稻代理律师罗铭君在法庭上回应称，该扇形稻香村商标在此前最高人民法院已经查明证实，印证了苏稻创立于乾隆年间的说法，而且苏州稻香村就稻香村有充分的在先权利，并且不认可赔偿数额。

"1997年,北京稻香村之所以能成功注册稻香村商标,原因在于其主张3007类饺子、粽子、元宵与3006类糕点不是类似商品。但2006年苏州稻香村注册商标时,北京稻香村却又认为其是近似商品,前后说法互相矛盾。苏州稻香村是糕点类稻香村商标的唯一权利人,并就稻香村享有绝对的在先字号权、在先著作权、在先注册商标权、在先中国驰名商标称号,在糕点类食品上的使用具有绝对的排他权利。"罗铭君表示。

苏稻始于1773年,北稻始于1895年,都有历史积淀,双方亦多有合作,此前苏稻还曾两次授权北稻商标使用权。在业界看来,北稻与苏稻十年来的商标纠纷,实际是原有地域格局随着市场的变化而逐渐被打破,也逐渐引发了南北稻香村商标之争。

南北稻香村十年商标之争的背后,更折射出传统老字号在传承与振兴过程中的焦虑与无奈。

资料来源:21世纪经济报道(广州)

案例二:

小米科技有限责任公司认为北京华忠科技有限公司未经许可擅自使用小米商标,导致消费者混淆,要求其停止侵权,消除不良影响,并赔偿经济损失100万元人民币。此案于2016年3月22日在北京市海淀区人民法院开庭审理。被告坚称没有侵权。

小米科技公司诉称,小米公司依法享有"小米""MI"及"XIAOMI"等系列注册商标的专用权。但是被告北京华忠科技公司未经许可,在其开办运营的名为"小米e贷"网站的显著位置上,擅自使用小米的系列注册商标进行宣传。

小米科技公司认为,被告运营与小米公司互联网金融业务完全相同的业务,并将小米的注册商标作为服务名称。此行为企图诱导消费者认为被告提供的服务与小米存在一定联系,从而导致消费者混淆误认,据此谋取不正当利益。小米的注册商标遭受擅用,因此诉至法院。

此案亮点是华忠科技公司所使用的单个标识及标识之间的组合,是否与小米科技公司注册的商标构成相同或者近似。

华忠科技公司在法庭上说:"我们'小米e贷'使用的LOGO图标,是由图形、文字和字母组成,与小米科技公司的MI商标在字形、图形、颜色及各要素组合后的整体结构完全不同,不容易引起公众的误认和混淆。"

华忠科技公司强调,小米作为粮食,是北方地区长期食用的主食。小米科技公司不能限制他人对"小米"一词的合理利用,也不能限制他人对"小米"一词的延伸扩展使用。因此,华忠科技公司认为自己没有侵权。

小米科技公司认为,华忠科技公司在其网站及微博上使用小米科技公司的商标,且作为商品名称使用,其行为侵犯了小米的商标专用权,而且侵权行为一直持续至今,主观存在过错,获利巨大,应立即停止侵权,赔偿损失。此案当天没有宣判,将择日判决。

资料来源:中国新闻网

案例思考:

根据商标权的特点对上述两个案例进行分析。

第七章

专有技术

经济生活中经常可以看到有关窃取商业机密或商业间谍的报道,专有技术是商业机密的重要内容之一。本章将介绍专有技术的概念、专有技术与专利的区别、专有技术转让合同及专有技术侵害与法律保护。

学习目标

通过对本章的学习,你应该能够:
1. 理解专有技术的概念,掌握专有技术与专利的区别;
2. 了解专有技术转让合同的主要条款,注意其与专利许可合同的异同点;
3. 了解侵害专有技术的表现形式;
4. 了解专有技术的法律保护。

第一节 专有技术概述

一、专有技术的概念

专有技术的说法源自英语中的 know-how 一词,中即"I know how to do it"的缩写,其意为"我知道怎么干"。它最早是人们对中世纪手工作坊师傅向徒弟传授的技艺的统称。第一次作为书面用语是出现在 1938 年 7 月 14 日的美国《纽约》杂志上。1944 年作为法律术语最早出现在美国纽约州高等法院关于费尔查尔德引擎及飞机公司诉考克斯一案的判例中,然后自 20 世纪 50—60 年代在美国和英国较早被使用,目前在世界上已经被广泛使用。

第二次世界大战以后,尤其是 20 世纪 60—70 年代以来,随着技术贸易的迅速发展,专有技术的转让数量占国际技术贸易量的比例日益提高,甚至超过了专利技术的交易量。例如,在中国引进的技术中,90%以上都属于专有技术。因此,随着专有技术作为国际贸易的标的之一的盛行,我国在 20 世纪 60 年代中期的技术引进合同中,开始使用"know-how"这一术语,但对其译法却不一致,有的译为"技术秘密""技术诀窍""非专利技术"等,或直接译为"诺浩"。1980 年财政部公布的《中华人民共和国中外合资经营企业所得税法实施细则》首次在立法中将"know-how"称作"专有技术"写进条文。此后我国立法、有关解释及商业实践基本沿用"专有技术"的提法。

长期以来,世界各国的专家学者对专有技术的概念有过多种见解,一些国际组织也试图对这一概念的内涵进行界定,但迄今为止,对专有技术的确切定义,国际上尚无统一的认识。从总体来看,可以把专有技术的定义分为两大类,即狭义和广义的专有技术概念。

狭义的定义通常把专有技术仅限于工业目的,认为专有技术是指用于工业生产的技术知识,例如设计图纸、工艺流程、配方、公式、生产数据等。

广义的定义将专有技术的概念扩展到工业、商业和管理三个方面,认为除工业技术外,还包括生产管理和商业经营方面的知识。例如原苏联学者梅尔尼科夫认为,专有技术通常是指生产所必需的、不享有专利保护的三种专门技术:工业技术、商业技术和管理技术。其中，工业技术是指生产已经采用或将要采用的，只限于少数人知道的、不享有工业产权的其他形式保护的生产、装配、维修和经营的秘密，以及其他技术知识和经验；商业技术是指秘密性质的市场情况，如原料价格、销售市场和竞争公司的情况等；管理技术是指组织生产的秘密。

目前，比较权威的关于专有技术的概念有以下三种定义。

（一）世界产权组织关于专有技术的定义

1958年，世界知识产权组织的会议报告中指出："关于产品制造的方法和技术实施的全部知识、诀窍和经验可以成为专有技术。"世界知识产权组织国际局在1964制定的《发展中国家发明样板法》中曾对专有技术定义："所谓专有技术是指有关制造工序，以及产业技术使用知识。"世界知识产权组织1980年出版的《发展中国家示范法》第二部分第二百零一条规定，专有技术是指"来自经验或技艺，能够实际应用，特别是工业上应用的工业情报、数据、资料或知识"。

（二）国际商会关于专有技术的定义

国际商会拟定的关于保护专有技术的标准条款草案中认为："专有技术是为了完成某种在工业上有贡献的技术，或为了使其能在实际上应用所必要的秘密的技术知识，或此种知识的积累。"

对专有技术作出的较有影响且被许多国家采用的定义为1969年在布达佩斯召开的保护工业产权国际联盟会议上通过的匈牙利代表团的提案："专有技术指享有一定价值的可以利用的，为有限范围专家知道的，未在任何地方公开过其完整形式和不作为工业权取得任何形式保护的技术知识、经验、数据、方法或者上述对象的组合。"

目前，被广泛接受并采用的专有技术的一般含义是指为制造某一特定产品或使用某一特点的工艺所需要的一切知识、经验和技能，它包括各种工艺流程加工工艺、产品设计、图纸、技术资料、配方、技术规范等秘密的技术知识，在有的情况下，还包括有关管理、商业、财务等方面的内容。

（三）我国采用的专有技术的定义

我国对专有技术的理解基本上与国际上通常采用的定义相类似。但未对专有技术的定义作直接明确的规定，而是从工业技术和生产管理及商业经营等方面，即从广义的角度有所侧重地对专有技术的定义作出界定。从工业技术和生产管理方面的界定，如1985年国务院发布的《中华人民共和国技术引进合同管理条例》第二条第二款规定："以图纸、技术资料、技术规定等形式提供的工艺流程、配方、产品设计、质量控制以及管理等方面的专有技术。"1988年对外经济贸易部发布的《中华人民共和国技术引进合同管理条例施行细则》第二条第二款规定："专有技术许可合同是指提供或者传授未公开过的、未取得工业产权法律保护的制造某种产品或者应用某项工艺以及产品设计、工艺流程、配方、质量控制和管理等方面的技术知识的合同。"在商业经营领域中，《反不正当竞争法》第十条中未明确规定"专有技术"，但对"商业秘密"的界定里明显涵盖了专有技术的内容。

二、专有技术的表现形式

专有技术的表现形式,既可以是有形的,如图纸、配方、公式、操作指南、技术记录、实验报告等,也可以是无形的,如技术人员所掌握的、不形成书面的各种经验、知识和技巧。不管是有形的还是无形的专有技术,其表现形式主要有三种。

（一）文字图形形式

这种表现形式是大量的,诸如图纸、资料、照片、缩微胶卷、磁带、软盘等。

（二）实物形式

实物形式是指尚未公开技术的关键设备、产品的样品和模型等。

（三）口头或操作演示形式

这种表现形式主要是存在于少数专家头脑中或个人笔记中的有关生产管理和操作的经验、技巧以及一些关键的数据、配方等。从技术贸易的角度来看,这种形式的专有技术十分重要,能否掌握它,往往直接关系到技术转让的成败。

专有技术以什么形式表现出来,取决于这一技术本身的特性和状态。然而,从实践中看,同一专有技术往往是以不同形式表现出来的,既有文字、图形等有形的形式,也有口头传授或人工演示等无形的形式。随着科学技术的发展,单纯的一种形式表现出来的专有技术将会相对减少,越来越多的专有技术将同时以两种或两种以上的形式表现出来。

第二节　专有技术的基本特征及其作用

一、专有技术的基本特征

专有技术不像专利技术和商标一样经过法律的认可而得到保护,它是一种非法定的权利,因此,它往往具有以下四个方面的特征。

（一）知识性

专有技术是一种不受法律保护的技术知识,是人类智力劳动的产物,具有非物质属性。尽管其往往通过图纸、配方、公式、操作指南、技术记录、实验报告或关键设备等有形的物质形式表现出来,但这些物质形式仅是其物质载体,是外在的表现形式,而不是专有技术本身,专有技术是无形的。

同专利相比,专有技术的知识性在内容上是相当广泛的,不仅包含全部生产领域的技术知识,而且还包括与之相关的管理知识和商业知识。

从法律角度看,认识专有技术的这一特征,有助于加强对专有技术的保护。

（二）保密性

无论哪一种形式体现的专有技术,其内容一般都是秘密的,而且对生产具有一定的实用价值。专有技术是不公开的,是没经法律授权的秘密技术。因此,凡是以各种方式为公众所知的技术都不能称为专有技术。由于专有技术未经法律程序授权得到保护,因此,专有技术的所有者只能依靠自身的保护措施来维持其技术的专有权。保护措施可以是各种形式,如规定机密资料的借阅手续以及限制接触机密资料的人员范围等。如美国可口可乐公司研究出可口可乐的配方后,没有去申请专利,而是将配方分为两部分,总经理和总工程师各持其中的一部分,以此为手段将可口可乐的配方从1886年保持至今。专有技术往往也会因保密措施不当而变为公开技术,从而丧失其商业价值。如果一项专有技术不是因为申请专利的原因被公开了全部内容,进入了公有领域,则任何人都有权无偿使用,无须再通过技术贸易以支付费用为代价获取这一技术,该项技术将失去作为商品进行交换的价值。因此,秘密性是专有技术赖以存在的基础。正因为如此,无论在国内或国外,都有人将专有技术称为"技术秘密"。

专有技术之所以没有取得专利权主要有两方面原因:一方面原因是,它不具备取得专利权的条件;另一方面原因是,专有技术虽然具备取得专利权的条件,但专有技术的所有者愿意自行保密而没去申请专利。因此,专有技术的范围比专利技术更为广泛。专有技术之所以能进行有偿转让,其基础也在于其秘密性。

(三)经济性

专有技术的经济性,也称为实用性,是指它是可以应用于生产实践并能够产生经济利益的技术知识。专有技术也是人类智慧的结晶,但它也必须能应用于生产和服务等行业,当然也会产生经济效益。否则就称不上技术,也不会成为技术贸易的标的。专有技术的经济性在形态上,既可以是从产品的开发到最终制成品的总体系列技术,也可以是以一项或几项产品的配方、工艺或产品设计方案为主的单项技术。

经济性是专有技术商品属性的具体体现,也是构成专有技术的一个必要条件。有些国家,如美国,将专有技术必须具有经济性作为向其提供法律保护的前提条件,法律对不具有经济性的专有技术不予保护。

从理论上说,专有技术的经济性与专利技术的经济性基本相同。但是从技术贸易实践的角度看,专有技术的实用性更强。因为作为专有技术转让合同标的的技术,一般都是经过实践证明能够取得良好经济效益的技术。所有在专有技术转让合同中,一般都要求专有技术的许可方提供技术保证,保证其转让的技术能够达到合同规定的技术指标。

与权利保护范围十分明确、固定的专利技术截然不同,专有技术的经济性是处在一个不断发展的变动状态中。为了获得更好的经济效益,专有技术总是在不断更新、不断完善,永远不会停留在一个水平,呈现出新旧交替、阶段性发展的演变过程。因此,法律对专有技术的保护也随之扩展到对专有技术的各种改进之上。

(四)可传授性

专有技术作为一种技术必须能以言传身教或以图纸、配方、数据等形式传授给他人,而不是依附于个人的天赋条件而存在的技术。正因为专有技术具有这一特征,它才能成为技术贸易的标的。

专有技术的可转让性基于其自然属性,即知识的可传授性。此种知识能被同等专业人员所掌握,他们应用同样的技术能产生同样的结果。不可转让的技术,如个人的特长、绝技等,与个人天赋和生理特点相联系而无法转让给别人的,不属于专有技术之列。

专有技术的可转移性还在于其具有确定性,即通过技术指标、质量标准等参数,能够确定其存在着经济价值。

专有技术的可转移性,要求技术转让的引进方应具有一定的专业知识水平及接收和实施技术的能力。否则,再好的技术也无法实现转移。

二、专有技术与专利的区别与联系

专有技术和专利都是精神创作的成果,都具有技术价值与产权价值的特性,而且两者往往共处于实施一项技术所需的知识总体之中,相互联系,但是,在法律上专有技术与专利又有区别。

（一）专有技术与专利的区别

(1) 法律保护不同。专利是一种工业产权,受到国家专利法的保护。专有技术因没有申请或不能申请专利而不受专利法保护,其主要受民法、刑法、反不正当竞争法以及有关工商秘密立法的保护;专有技术是事实上的占有,而不是法定的占有。

(2) 保密性不同。专利是公开的,而专有技术是保密的,取得专利时,按照国际专利法的规定,发明人必须把专利的技术内容在申请书中予以披露,由专利主管部门在官方的"专利公告"上将其发表,因而专利成为公开的技术。专有技术则不同,它完全是靠保密来加以保护,一旦公开,法律就不再给予保护。

(3) 时效性不同。专有技术不像专利那样有一定的保护期限。专利的保护期限一般为 10—20 年;而专有技术的保护期限,全取决于对它的保密,只要专有技术所有人能够保密,就可以专有。当它被公众所知后,也就不称其专有技术了。

(4) 表现形式不同。专有技术既可通过文字、图纸来体现,也可能是技术人员头脑中的观念、经验和技能的表现,并无任何规定限制其应以何种形式表现,而专利则必须根据专利法的规定,采用专利技术说明书的书面形式。

(5) 涉及范围不同。专有技术的内容比专利的内容广泛,专利只限于能应用于工业生产的技术,而专有技术的内容除用于工业生产目的的技术之外,还包括商业、管理等有助于工业发展的技术。

(6) 地域性不同。专有技术没有地域限制,在任何未知其内容的地域内都是专有技术;专利则受批准的国家所辖地域的限制,在没有被批准的国家所辖地域则不视为专利,可以不受限制地加以实施。

(7) 在任何情况下,专有技术在符合专利法规的条件下可以转化成专利技术,但专利技术无法转变为专有技术。

（二）专有技术与专利的联系

(1) 专有技术与专利技术都是人类创造性思维活动的成果,都是非物质形态的知识。

(2) 专有技术与专利技术通常共处于实施一项技术所需的知识总体之中,即实施一项技术仅有专利技术是不能完全实施的,必须同时具有专有技术,才能使一项技术得以顺利实施。

(3) 在技术贸易中，一项技术转让合同往往同时包括专有技术与专利技术许可两项内容，它们相互依存，共同完成一项技术转让交易。

三、专有技术的作用及其存在原因

随着现代科学技术的发展和国际技术贸易规模的扩大，专有技术在促进各国科学技术进步和经济发展中的作用越来越重要，甚至在一定程度上超过了专利技术。这种重要作用首先表现为专有技术所包括的内容和应用范围十分广泛，几乎涉及人们经济生活的一切生产方面。在各个生产部门、各个专业技术领域，乃至某一生产工业的各个环节，都会有专有技术的存在。

专有技术的重要作用，还可以从其存在的原因方面得到证明。纵观世界各国，各个技术领域内大量存在着专有技术，究其原因，不外乎以下四种情况。

（一）技术所有人不能获得专利

按照各国法律的规定，不能获得专利的技术主要有以下两类。

(1) 根据专利法的规定，此种技术被排除在专利授权之外。如我国《专利法》第二十五条规定："对下列各项不授予专利权：① 科学发现；② 智力活动的规则和方法；③ 疾病的诊断和治疗方法；④ 动物和植物的品种；⑤ 用原子核变换方法获得的物质；⑥ 对平面印刷品的图案、色彩或者两者的结合作出的主要起标识作用的设计。"凡属《专利法》第二十五条所列各项范围内的技术，均无法获得专利权。该项技术的发明人，为保护其技术，通常只能采用专有技术的形式。

(2) 根据专利法的规定，此种技术不具备专利性或无法通过专利审查程序，无法获得专利权。例如，有的技术新颖性或创造性不够充分，难以通过专利审查；有的技术本身仅存在于技术人员的头脑中，难以用文字、图形等方式表达为专利请求权限项的技术成果，无法提出专利申请。凡属于此种类型的技术，该技术所有人通常只能以专有技术的方式保护其技术。

（二）技术所有人不愿申请专利

技术所有人不愿将技术全部或部分申请专利主要有以下两种情况。

1. 申请专利时有意保留

在实际生活中，技术发明人在提出专利申请时，往往把其中核心部分作为专有技术保留下来，其目的在于更加充分地保护其发明。尽管按照多数国家专利法的规定，一项发明在申请专利时必须"充分公开"，并将此作为获得专利的先决条件，但"公开"到什么程度才算"充分"，法律并没有明确具体的规定。实践中各国专利审查机关通常以"同专业一般技术人员能据以实现"为准，而"一般技术人员"的实际判定完全取决于专利审查员自身的水平。所以，专利申请人在提出专利申请时，一般仅以"充分公开"得以获得批准为原则，对不影响获权的核心内容尽可能地保留下来。这种做法甚至已成为技术发明人有效保护其发明的最佳选择。

2. 发明人不申请专利

在实践中有大量的发明，这些发明本身具有专利性，但发明人出于种种考虑而不去申请专利,以求长久地维护其技术的垄断地位。就发明人而言,一项具体的发明是选择专利保护的手段,还是选择专有技术的保护手段,通常考虑以下四个方面的因素。

(1) 应考虑其他竞争厂家研制、开发或发明此项目的难易程度。如果其他厂家很容易研制或发明此项目,则一般应及时申请专利,求得专利法保护;反之,如果该项发明即使为申请专利而公开,其他竞争对手亦难以仿制,则可以不申请专利。

(2) 应考虑此项发明作为专有技术保护的可能性。如果发明人利用其发明大量制造产品,而其他竞争对手通过产品,包括通过"反向工程"也无法掌握其发明的技术奥秘的,则可以不去申请专利,仅将此项发明作为专有技术保护起来。在实践中,这种专有技术是大量存在的,大到波音747飞机制造技术,小到可口可乐的配方。尽管利用这些技术生产的产品已经遍及全球,但其技术内容仍难为他人所知晓。

(3) 应考虑到当一项发明因申请专利而公开后,如果有人非法利用这一技术,发明人能否较容易地发现,并能采取有效的措施予以制止。如果很难发现,或虽然能发现,但难以提出充分的证据,且很难采取有效的措施制止这种侵权行为,则一般不宜申请专利,而应采用专有技术的保护形式。

(4) 应考虑到此项发明的技术状况。如果此项技术的生命周期较短,更新的速度很快,在获得专利审查批准之前可能已被新的发明所取代,则可考虑不去申请专利。此外,技术发明人还应考虑,此项技术是否还被其他人所掌握,以及其他人提出专利申请的可能性。如果一项专有技术已被其他人所掌握,而且其他人可能会提出专利申请,并且此种申请也可能获得批准,则发明人应尽快提出专利申请,以免此项发明被他人抢先申请专利。

(三) 技术所有人在提出专利申请后所获得的技术

技术所有人在提出专利申请后,通常要对其发明进行进一步的研究改进,使其趋于完善。特别是一项发明被授予专利权,并不意味着它具备了投入批量生产或商业运用的条件。要想使此项专利技术得以顺利实施,需要做大量的研究开发工作。在这些过程中,往往会产生许多新的改进和发明,这些改进和发明一般都作为专有技术而保护起来。

(四) 作为专有技术的管理技术和商务技术

管理技术和商务技术本身不具有专利性,无法获得专利权。对于这些管理技术和商务技术,只能以专有技术的方式保护起来。

因此可以得出以下结论:专有技术是一种独立的技术形态,从保护技术发明的角度来看,它是与专利制度并行不悖、对技术发明实施有效保护的不可或缺的方式之一。由于专有技术有其特定的保护方法和保护领域,而专利又存在着时间性、地域性以及费时耗资的繁复的审批程序等缺陷,所以,专有技术的重要性既不会因为专利制度的建立而被取代,也不会由于专利制度的发展而被削弱。恰恰相反,随着科学技术的发展,大量的技术发明将会以专有技术的形式保持下来,并以此方式弥补专利保护的不足,与专利技术相互交叉补充,共同促进科学技术的进步和社会经济的发展。

第三节　专有技术转让合同的主要条款

由于专有技术所有人不具有独占权利,当专有技术泄露或他人通过独立研究获得同样的专有技术时,不需要征得原专有技术所有人的许可即可使用,所以单纯转让专有技术时一般不称许可合同,而称转让合同。专有技术转让合同的主要条款与专利许可合同有相似之处,下面简单介绍一下专有技术转让合同包含的主要条款。

一、前言

前言部分包括合同名称,合同编号,当事人法定名称及地址,合同签订的时间、地点和有效期限及鉴于条款等。

二、定义

对于"专有技术"的定义双方若有不同理解尤其需要在定义条款中约定。

三、合同的内容和范围

此条款说明专有技术的名称、产品的技术性能或指标、授权范围和专有技术转让方式。

专有技术的授权范围只包括使用权、制造权和销售权三种,授权形式有独占使用权和普通使用权两种。由于专有技术没有专门的法律予以保护,当专有技术泄露或他人自行开发出相同的专有技术时,专有技术转让方并不能阻止他人使用此专有技术,因此专有技术的独占使用授权并不是绝对独占。

专有技术的转让方式通常有提供技术资料、培训受让方技术人员和转让方技术指导三种。

四、费用及支付

专有技术的转让费用包括入门费、使用费、使用费的变种、图纸资料费和培训费用等。

入门费是受让方向转让方预先支付的费用。双方在商谈转让合同时受让方通常要支付入门费,实际上相当于一种担保,因为双方商谈合同时转让方必然要向受让方展示其专有技术,如果受让方了解技术之后不予购买,则转让方就会蒙受损失。入门费有时分几次支付,转让方每进一步展示其专有技术就要收取一次入门费。入门费不等于专有技术使用费,双方同意合作后使用费须另行商定。

专有技术使用费通常有三种计算方法:按价格使用费,即按合同产品的净售价的一定比率计算;按量使用费,即按合同产品的产量、重量或产能规定每单位产品须支付的费用;定额使用费,即规定一定时期(如一年)须支付多少费用。

使用费的变种包括预付使用费和最低使用费。预付使用费是使用费的一部分或全部提前支付,支付预付使用费后又须支付使用费时应扣除预付部分;最低使用费是指规定在合同期间没有产生使用费,或虽然产生了但未能达到转让方希望得到的金额时,受让方要补足实际使用费与转让方期望使用费的差额部分。最低使用费通常有下面四种规定方式:保证整个合同期间应付使用费的最低限额,当支付的使用费总额达不到最低限额时,受让方一次补足差额;从合同期限中扣除生产和销售合同产品的准备时间,在其余时间里支付最低使用费;在开始的一定期间支付最低使用费;在合同期限的各个年度或各个时期支付最低使用费。

专有技术转让方向受让方提供图纸资料时在一定范围内是免费的,或只收成本费,但转让方为受让方特别设计、绘制的图纸资料要加收费用。

五、技术资料的交付

规定技术资料的交付时间、地点、方式、风险划分、资料包装要求和资料短缺的解决办法。

六、技术改进和发展

技术改进指在原技术水平上完善技术性能、提高产品质量或制造工艺等,并未改变原有技术的基本特征。

技术发展指在原技术水平上获得突破性进步,产生显著进步的新技术,与原技术相比发生了质的变化。

拟订此条款时必须坚持对等原则,即交换的义务是双向、对等的,若转让方要求订入单方返授条款,则受让方不应接受,单方返授条款是限制性商业惯例的一种。

七、考核和验收

规定考核和验收的时间、内容、组织及考核结果的评定与处理。

八、保证和索赔

转让方应保证所提供技术资料的完整准确,保证为受让方提供合格的技术培训,保证在正确使用所转让技术的情况下能生产出合格的产品,保证不泄露受让方的生产经营秘密。

受让方应保证实施所引进技术,保证按时支付费用,保证不泄露专有技术。

违约索赔条款应就双方各种可能的违约情况规定补救或处理办法。

九、保密条款

专有技术的重要特点就是保密性,在转让专有技术时转让方必须要求受让方承担保密义务。保密条款包括保密范围、保密措施、保密期限和泄密责任等。

确定保密范围时应将技术资料分为一般资料和核心资料,采用排除法排除受让方无须承担保密义务的内容,避免受让方承担过多保密义务。

保密措施包括指定保密人员、指定机密资料存放地点、规定机密资料借阅手续、对接触机密资料的人员进行限制等。对接触机密资料的人员进行限制包括：与这些员工签订保密协议,规定员工在职期间和离职后一定时间内不得向第三方透露专有技术内容或发表与专有技术有关的文章。

保密期限视技术的先进程度或经济价值而定,一般等于合同有效期,对于高精尖技术或高价值技术,保密期限可以长于合同有效期,各国法律都允许合同届满后再保持3—5年的保密期。

转让方和受让方都有可能发生泄密行为,保密条款应对双方各自可能的泄密行为规定应承担的责任。若泄密是一方员工所为,则应追究其刑事责任。

第四节　专有技术的保护

一、国际技术贸易中的专有技术贸易问题及其保护

专有技术有其实用价值,它为少数人甚至某些个人所有,能使人们获得竞争优势。对于掌握、占有某项专有技术的人来说,这项专有技术是一种有价值的财产,它要靠保守秘密来享有其产权。但是,技术保密的结果必然是导致技术封锁,这对社会的发展和技术的进步是非常不利的。为促进技术的发展,正像实行专利制度一样,应对专有技术的产权予以保护,只有在保护的前提下,才可能使掌握和占有专有技术的人愿意转让他们的技术,从而有利于社会的技术进步。

在现代知识产权制度下,专有技术作为国际技术贸易的主要标的,是一种含有巨大经济利益的财产权。这种财产权在现实的商业交易中形成了纷繁复杂的权利义务关系,对传统的知识产权保护制度提出了新挑战,目前对专有技术的保护与专利保护不同,世界各国还没有制定保护专有技术的专门法律,国际上也尚未形成系统的法律保护专有技术,因此,只能援引有关的法律对专有技术进行保护,如合同法、侵权行为法、反不正当竞争法和刑法等。因此,对于专有技术的法律保护还不够充分,是一种不完全的保护。各国法律原则上都承认专有技术应当受到法律保护。即凡以不正当手段擅自泄露、篡夺、利用和损害他人专有技术均应受到一定的法律制裁。因此,有必要对专有技术进行法律保护,其合理性主要体现在以下三个方面。

（一）补充专利保护的不足

专有技术与专利同属工业技术,但经过法定行政程序审批的专利权显然比专有技术受到更有效的保护。这并不能说明对专有技术的保护一定要向专利权标准靠近。相反,随着科学技术的发展和国际贸易规模的日益扩大,专有技术在促进各国科学技术进步和社会经济发展中的作用越来越大。在专利权无法涵盖的领域,留给了专有技术大有作为的空间。具体可从专利权如下特征分析。

1. 国家对专利权的客体有不同的法律规定

各国对专利权的客体有不同的规定,如有的国家将植物新品种、不够发明专利条件的小发明作为专利权的客体,而我国则不是这样。WTO《与贸易有关的知识产权协定》(TRIPS)第二十七条第二款和第三款便明确列举了允许成员排除获得专利保护的产品和工艺有:(1)人类或动物的疾病诊断、治疗和外科手术方法;(2)除微生物之外植物和动物,以及本质上为生产植物和动物的除非生物方法和微生物方法之外的生物方法。我国《专利法》第二十五条也规定了不授予专利权的内容。

2. 时间性和地域性是专利权的法定特征

各国法律及国际条约均明确规定了专利权期限和适应范围。专利保护一旦超过期限即进入公有领域,不再享受法律保护。而专有技术所有人则靠保密享有实际专有权,禁止他人非法获得该技术和禁止不正当竞争,往往不受时间和地域限制。专利权保护期一般为20年,但专有技术的保护期可能很短,也可能是永久的,完全取决于权利人的保密程度。

3. 各国专利法均规定,申请专利的发明必须"充分公开"

专利与发明说明书相关联。专有技术的商业价值恰恰在于其"秘密性",即使有所公布,也不会像专利那样与某种明显的公开信息相联系。有的专有技术只是一种方法或功能的观念,难以具体物化为图纸、数据之类的"可视物"。但这正是专有技术的经济价值所在。

由此可见,专有技术是一种独立的技术形态,它与专利制度并行不悖,是有效保护技术发明创造的一种方式。它不会被专利制度取代,也不会由于专利制度的发展而受到削弱。专有技术与专利制度可以相互弥补各自所存在的制度缺陷,两者共同促进人类技术进步和经济发展。

(二)有利于激励技术创新

专有技术作为知识产权的一种,是能够为权利人带来收益的财产权。一方面,对这种财产权加以明确,予以合理的保护,对权利人来说,保障了其因合法持有专有技术而支付的成本得到回报,使其能够合理地预见到所持专有技术通过应用、流通、转让所获利润的可能性,从而促使权利人为追求成本最小化、利益最大化而合理、节约地使用资源,激励人们勇于承担知识技术开发的高风险、高成本,推动技术创新。另一方面,可促进专有技术的流通转让。如果专有技术未成为法定财产权,专有技术持有人所享有的权益便只能通过单个特定交易相对人的认可来保障。这样会使每一项权利的行使陷入不确定状态中,而且在交易中也难以维持专有技术的秘密性。过高的交易成本阻碍了专有技术价值的发挥,也助长了他人寄希望于不正当转移技术,从而低价占有的心态,无益于资源的有效利用和增进社会效益。

(三)符合社会基本价值观

专有技术的产生不是上帝的恩赐,而是来源于对现有一般信息进行加工、筛选、储存、处理和获得的结果,是凝聚着人类脑力劳动和经济成本的特殊智力资产。其价值性体现了人类结合经济工具和智力活动凝聚成劳动结晶的追求,反映了劳动促进财富增值的恒定信仰。劳动是公平取得财产的基本途径。这种所有权一定程度上包含着社会的肯定、尊重、支持和容忍,在社会中达成了共识。这种共识必须通过一定的规范、体制和法律手段加以支撑和确认,才能有效地排除搭便车、寄生、盗用等行为。同时,这种确认不应排斥他人通过独立开发、反向工程等正当合法的劳动获得相同或相似的专有技术。否则,便会抑制社会公共利益的增进。

二、专有技术贸易的法律保护

(一) 专有技术的侵权表现

专有技术的侵权表现有以下五种。

1. 雇员利用雇佣关系,将雇主委托或者在业务中熟悉的专有技术泄露给他人。
2. 以不正当手段获悉他人的技术秘密,并加以利用或泄露给他人。
3. 利用他人窃取或泄露别人的技术秘密。
4. 为了竞争和牟利,以不法手段利用或泄露在交易中获得的技术秘密。
5. 明知他人非法把技术秘密泄露给自己,但仍加以利用或泄露。

根据《中华人民共和国反不正当竞争法》第十条规定:"(1) 以盗窃、利诱、胁迫或者其他不正当手段获取权利人的商业秘密;(2) 披露、使用或者允许他人使用以前项手段获取的权利人的商业秘密;(3) 违反约定或者违反权利人有关保守商业秘密的要求,披露、使用或者允许他人使用其所掌握的商业秘密。第三人明知或者应知前款所列违法行为,获取、使用或者披露他人的商业秘密,视为侵犯商业秘密。"

由此可见,所有上述的专有技术的侵权表现均为侵犯商业秘密的行为,即触犯了法律。

(二) 保护专有技术的法律法规

1. 专有技术的国内保护

迄今为止,绝大多数国家都没有制定有关保护专有技术的专门性法律,对专有技术的保护分散地规定在不同的法律中。各国通常援引以下法律中的有关规定对专有技术进行保护。

(1) 合同法。合同法对专有技术的保护主要体现在两方面。一方面是专有技术转让合同。专有技术转让一般通过专有技术转让协议来实现。协议除普通技术许可的一般条款外,还须详细制定特殊条款,明确各当事人的权利与义务。其中保密条款最为重要。我国《技术引进合同管理条例》及其《实施细则》规定:"受方应当按照双方商定的范围和期限,对供方提供的技术中尚未公开的秘密部分,承担保密义务。"《中华人民共和国合同法》第三百四十八条规定:"技术秘密转让合同的受让人应当按照约定使用技术,支付使用费,承担保密义务。"另一方面是劳动合同。专有技术对直接运用技术的雇员是无法保密的。所以在劳动合同中,一般明确规定雇员在受雇期间及解雇或离职后一定时期内,对其因职务上的原因所接触到的一切技术秘密,承担保密义务。许多国家都在其雇工法中作出这样的规定。我国《劳动法》第二十二条便规定有类似内容。

(2) 侵权行为法。专有技术作为财产权,当权利受到侵害时,可直接运用民法中的侵权行为法对其加以保护。凡因过失、故意或不法行为侵害他人权利,使他人遭受损害者就构成侵权行为,侵权者必须承担赔偿责任。侵犯他人的秘密技术构成侵权行为,受损害一方可以以侵权行为为理由对侵权者起诉,原告只要证明第三者以非法手段取得或使用了他的秘密技术,就可以要求被告赔偿损失,而不需要原告与被告之间存在合同关系为前提。法院将根据防止侵权行为法来作出裁决,从而使专有技术得到保护。

如英美等承认专有技术为财产权的国家均有此立法。对于德国、日本等不承认专有技术为财产权的国家来说,当专有技术受到侵害时,只能以公平竞争的权利受到侵害而间接获得侵权行为法的保护。日本民法典第七百零九条明文规定:"因故意或过失损害他人的权利者,应承担由此所产生的损害的赔偿责任。"因此,侵犯专有技术应认为构成侵权行为,受损害的一方可以要求侵权者赔偿其损失。在以侵权行为为理由起诉时,原告只要证明他有某种权利,而这种权利受到被告的侵害,就可以要求被告赔偿损失,而不要求在原告与被告之间存在某种合同关系。这对专有技术所有人对付第三人非法窃取、使用或披露其专有技术,是一种可行的保护方法。我国对专有技术的法律性质还未确定,专有技术侵权行为还得不到侵权法的直接保护。

(3) 反不正当竞争法。将侵害专有技术认定为一种不正当竞争的行为,为大多数国家的法律、判例及学者所认可。大多数市场经济国家均制定了反不正当竞争法来制止这种行为。反不正当竞争法对专有技术进行法律保护可有效地约束他人对专有技术的侵害行为,保障经营者正当的竞争权利,创造公平竞争的环境。

在西方国家的反不正当竞争法中,有些涉及专有技术的保护。其中以德国 1909 年制定的《防止不正当竞争法对技术秘密和商业秘密的保护规定》对专有技术的保护最为详尽。这项法规规定了惩罚那些为了竞争或自私自利目的,在业务交往中擅自滥用提供给他的保密样品或技术规范(特别是图纸、模型、样板、试样和配方等)或将它们泄露给别人的人,其中也包括获取保密样品或技术规范并加以利用的人。专有技术所有人有权援引反不正当竞争法,对侵害者提出指控,一旦指控成立,侵害者除了要赔偿经济损失外,还可能承担刑事责任。我国《反不正当竞争法》第十条也有明确的规定。

(4) 刑事立法。利用刑事立法对专有技术进行法律保护可有效地弥补民事立法的不足,许多国家都在刑事法典或刑事判例中规定了对专有技术保护的内容,也体现了专有技术在经济发展和市场竞争中地位的日趋重要性。如德国的《防止不正当竞争法》、美国的《刑法典》、奥地利的《刑法》等均明确规定有刑事责任,日本还单设了"泄露企业秘密罪"等罪名。我国《刑法》第二百一十九条、第二百二十条规定了侵犯商业秘密行为的刑事责任。

(5) 工业产权法。专有技术是否属于工业产权,这是长期以来一直争论不休的问题。自 20 世纪 60 年代起,一些国际组织在这方面做了大量的工作,试图按照保护工业产权法的某些原则,建立一种新的保护专有技术的法律制度。

国际商会于 1961 年制定了有关保护专有技术的草案。世界知识产权组织在 1965 年制定的有关专利权的示范法草案中也涉及专有技术的保护问题。这两个文件均主张对具有秘密性的专有技术予以保护。对于第三人非法披露、传授、使用他人的专有技术的行为,专有技术所有人有权单独或同时提起非法侵害之诉和损害赔偿之诉。但是,由于这两个文件仅仅是草案,并无法律约束力。

20世纪80年代以来,一些国家的立法机关也在考虑制定专门的专有技术保护法,或将专有技术列入工业产权法之中。1981年,英国国会授权的法律委员会将其9年的研究成果,长达15万字的《关于"保护秘密权利法"立法报告》提交国会,该报告建议将专有技术作为一种"特殊产权"对待,对侵犯专有技术的行为予以法律制裁。1983年,瑞典法律委员会在一场报告中也提出,应制定专门的"商业秘密法",以改变目前依靠"反不正当竞争法"保护专有技术的状态,使专有技术得到更充分的保护。加拿大、法国、日本等国的一些法律研究机构,也相继提出制定专门的专有技术保护法的建议,主张将专有技术列入工业产权的保护范畴。

值得一提的是,墨西哥立法机关于1991年6月28日公布了经过修改的《促进和保护工业产权法》,首次将专有技术列入工业产权的保护范围。对专有技术提供了较充分、较强有力的保护,这是保护专有技术法律制度上的一个突破。

除此之外,有的国家还在外汇管制法、代理行为法、版权法和有关隐私权保护法等法规中对专有技术直接或间接加以保护。但应看到的是,各种途径均不同程度地存在一定的缺陷。而且各种法律法规对专有技术的保护侧重不同,在同一国家内对专有技术的界定也不一致,适用起来亦存在问题。因此,应在国内立法中,待时机成熟后予以专门立法,从而更有效地保护专有技术持有人的合法权利。

在我国,可以通过《反不正当竞争法》《合同法》以及《刑法》的有关规定来对其进行保护。如1993年9月2日颁布的《中华人民共和国反不正当竞争法》规定:对于非法侵犯他人商业秘密的行为,监督检查部门可以责令其停止违法行为,并据情节处以1万元人民币以上20万元人民币以下罚款。又如《民法通则》第一百一十八条规定:"公民、法人的著作权(版权)、专利权、商标专用权、发现权、发明权和其他科技成果权受到剽窃、篡改、假冒等侵害的,有权要求停止侵害,消除影响,赔偿损失。"同时,对于非法严重侵犯技术秘密的行为,《刑法》第二百一十九条规定可判处3年以上、7年以下徒刑,即已经涉及刑事责任。

2. 专有技术的国际保护

专有技术在实践中的大量存在,在国际许可贸易中,该种许可协议的数量位居第二,占30%,但国际社会对知识产权的国际保护,发达国家与发展中国家之间歧义较多。对专有技术的国际立法,更是晚近才开始关注的事。

专有技术这一术语出现近70年来,从未独立出现于国际知识产权保护协定中。WTO《与贸易(包括假冒商品贸易)有关的知识产权的协定》(TRIPS)首次将"未披露信息"(undisclosed information)作为知识产权加以保护。该协定第七节第三十九条规定此类信息的三个要件为:其作为一个整体或作为其组成部分的确切构造或组合,未被通常从事该类信息工作的人们普遍知悉或容易获得;由于秘密而具有商业价值;合法控制该信息的人根据情况采取了合理的保密措施。普遍认为,TRIPS中有关"未披露的信息的保护"的规定就是商业秘密的规定,但其中也涵盖了专有技术的法律特点,可以说也是对专有技术持有人的权利第一次在知识产权国际条约中予以保护。使用"未披露信息"的提法,无疑增加了条款适应的弹性。TRIPS 协定的规定为以后与专有技术相关知识产权国际立法制定了示范性标准。后于 TRIPS 协定而签订的《北美自由贸易协定》第一千七百一十一条第一款有关保护商业秘密的规定便完全照搬了"未披露信息"条款的内容,只是将"未披露信息"换成"商业秘密"。各国在立法和司法实践中还应进一步作出规定,明确将专有技术纳入"未披露信息"或者"商业秘密"进行保护。

(1) 利用反不正当竞争法。"反不正当竞争"这个概念自出现以来,便与知识产权保护具有密切的联系。一些国际民间组织多次指出反不正当竞争应主要立足于对知识产权的保护。近年来,保护商业秘密,尤其是其中的技术秘密,又成为反不正当竞争的另一个热点。世界知识产权组织在其 1993 年草拟的"对反不正当竞争的保护"及 1996 年起草的《反不正当竞争示范法》(以下简称《示范法》)中,便明确规定"侵犯商业秘密"(secret information)为不正当竞争。《示范法》第六条第三项对"侵犯商业秘密"的解释与 TRIPS 第三十九条"未披露信息"(undisclosed information)的含义一致。虽然《示范法》最终因发达国家与发展中国家的分歧而未能通过,但其作为示范法对知识产权的国际立法及国内立法作用不可忽视。而且随着国际社会国家间经济联系日益密切,相信国际社会协调一致的《反不正当竞争法》最终能得以通过。

(2) 国际技术贸易规则。20 世纪后期,各国均强烈意识到国际技术转让在国际贸易中的地位。从 20 世纪 70 年代初开始,在联合国的主持下,国际社会一直在努力建立调整国际技术转让行为的国际统一法。在发展中国家的推动下,联合国于 1974 年 5 月 1 日通过了关于起草国际技术转让的行动守则的决议,经过几年的努力,1978 年分别由 77 国集团、西方发达国家、苏联、东欧集团和蒙古等国提出草案大纲,然后由专家组综合写成《国际技术转让守则草案》,并正式提交国际贸易发展会议第五届会议讨论,终因在许多主要问题上各国立场相去甚远而未能通过。另外,联合国工业发展组织于 20 世纪 70 年代初到 80 年初提出过 10 多份有关技术转让的文件,如 1979 年《合同评价指南》中着重于专有技术转让合同谈判中受方可提出的要求,包括要求供方明确专有技术的定义、明确标的物秘密的范围、提供该技术足够的情报及必要的辅助情报、保证技术的合格性和合法性等,为各国进行技术贸易提供了可资借鉴的合同蓝本。

三、专有技术保护的发展趋势

专有技术不是知识产权的保护对象。知识产权是以公开为条件,授予一定期限的独占权。专有技术是不公开的,所以就不能给予这种保护。但是研究开发专有技术同样需要投资,而且实际工业应用证明了专有技术有其财产价值。对于这种有财产价值的技术知识和经验,理应给予某种形式的保护。目前虽然大多数国家的现行法规都从不同角度在一定程度上对专有技术给予保护,但这些保护总的来说是十分不够的。特别是 20 世纪 70 年代以来,各国盗窃企业秘密和所谓工业间谍事件不断发生,使被盗企业和国家的利益受到侵害。因此,专有技术在国际范围内的保护日益成为各国,尤其是发达国家普遍关注的问题。近年来,有不少国家已开始考虑制定保护专有技术的专门法规,如英国正在拟制《保护秘密权利法》，法国、日本等正在研究制定《专有技术法》。为了加强对专有技术的国际保护，有一些国际组织也提出了有关保护专有技术的保护法草案，如国际商会制定的《有关保护专有技术的草案》，保护工业产权国际协会的《保护专有技术的示范法》等。

根据目前的发展趋势，可以预料在不久的将来，世界各国特别是工业发达国家都将陆续制定保护专有技术的专门法律，专有技术将得到更进一步的法律保护。

本章小结

对专有技术最有影响的定义之一是：专有技术是指具有一定价值的，可以利用的，为有限范围的专家知道的，未在任何地方公开过其完整形式和未作为工业产权取得任何形式保护的技术知识、经验、数据、方法或其组合。

专有技术的特点是知识性、经济性、秘密性、历史性。

侵害专有技术的表现形式包括：雇员利用雇佣关系，把雇主托付或工作中获悉的专有技术泄露给他人；用非法手段获得他人的技术秘密，并加以利用或泄露；引诱他人窃取或泄露专有技术，如通过经济间谍窃取技术秘密；以竞争或获利为目的，把在交易中得到的技术资料、图纸或制造方法泄露给他人。

专有技术的法律保护包括下列法律：合同法、保护商业秘密的法律、防止不正当竞争法，援引"不当得利"、侵权行为法和刑法。

关键词

专有技术　专有技术转让合同　专有技术侵害　专有技术保护

思考题

1. 什么是专有技术？
2. 专有技术的特点是什么？
3. 专有技术与专利有何区别？
4. 专有技术转让合同主要条款有哪些？
5. 侵害专有技术的表现形式和法律保护途径是什么？

案例分析

明明是自家独有技术才能生产的刃具，却在市场上发现了大量"李鬼"。2015年8月，哈尔滨市公安局根据举报顺藤摸瓜，破获一起原企业员工泄露商业机密案，该案给一企业造成经济损失近500万元。

哈尔滨正德科技开发公司是一家从事木工、纸张工业刃具研发、生产的高新技术企业，在该领域销售额排名国内第一。从2013年起，正德公司发现市场上突然出现了与自家产品工艺相似的仿制刃具且价格更低，导致正品销量锐减。

2014年1月14日，正德公司通过上级主管部门——哈尔滨市商务局向市公安局报案。接到案件的刑侦支队二大队副大队长史向晨、侦查员贺岩经过一年多的仔细排查，四下江浙，最终查实市场上的"李鬼刃具"系由浙江省金华市从事木工刃具行业的翁某某生产。在突击检查时，专家现场鉴定，翁某某工厂的焊接专用设备、硬质合金刨刀片焊后侧面变形碾压校直方法及专用设备，与正德公司已申请"非公知技术"保护的方法、专用设备质相同，属侵权行为。

据翁某某交代，2010年左右他与正德公司前技术人员韩某结识，两人协商后，翁某某支付给韩某5万元，委托其制作正德公司专有的生产硬质合金木工刨刀机床，并由韩某负责指导工人生产出成品硬质合金木工刨刀。2015年2月，警方在哈尔滨市一出租屋内将涉案嫌疑人韩某抓获。经审理，韩某承认将正德公司商业机密出售给翁某某。

据正德公司负责人介绍，韩某于2003年进入正德公司担任技术员，与公司签署过技术保密协议，后主动离职。韩某离职后，曾与朋友创办过一家生产刃具的公司，被正德公司以侵犯技术秘密起诉，法院于2008年判处韩某所在公司停止侵权行为，并承担案件受理费。这次把技术转卖给浙江工厂，已是韩某第二次通过泄露技术机密牟利。

经查证，翁某某、韩某生产的"李鬼刃具"共实现销售收入453万余元，实现利润185万余元，为正德公司造成经济损失近500万元。

资料来源：东北网

案例思考：

结合本章介绍的专有技术相关知识，分析民营企业如何维护自己的专有技术权益不受侵犯。

第八章

商业秘密

商业秘密是权利人通过一定的投入所获得的一种信息。在市场竞争中,拥有一定的商业秘密可以维持企业的优势地位,商业秘密从古到今一直是商家在竞争中战胜对手的秘诀,是在激烈的市场竞争中保持不败的"秘密武器"。商业秘密可以决定一个企业的兴衰,商业秘密纠纷也已成为司法审判的热点。本章介绍了商业秘密的各种不同定义,什么是侵犯商业秘密权的行为,法律对商业秘密的保护以及商业秘密的要件与范围。

第八章　商业秘密

 学习目标

通过对本章的学习,你应该能够:
1. 理解商业秘密的概念及范围;
2. 掌握商业秘密的构成要件;
3. 理解商业秘密权的含义及其内容;
4. 了解商业秘密的保护。

第一节　商业秘密的概念及范围

一、商业秘密的概念

商业秘密是一种特殊的知识产权,是指可以为权利人带来经济利益或能使权利人取得竞争优势,经权利人采取保密措施加以保护的技术信息和经营信息。知识经济时代,商业秘密已经成为人类智力成果的最重要表现形式之一。随着经济全球化、一体化发展的趋势日益明显,企业应当巧妙地掌握并运用商业秘密来提升自己的国际竞争力。

商业秘密与专有技术有着极深的渊源,但专有技术比商业秘密出现的时间晚。两者常常被用作同义语,但又不尽相同。这主要体现在两个方面:一是专有技术可以是商业秘密的一种,但有些也并非是商业秘密的内容;另一方面,并不是所有的商业秘密都涵盖在专有技术之中。商业秘密不仅包括那些不能独立形成一整套完整的技术内容、没有专利性、为少数人所知、能应用于生产实践并产生较好技术效益、经济效益的秘密的技术知识和经验,还包括那些具有专利性,但是发明人不愿公开而未申请专利,可以在工商业中使用并在商业流通中获得利益的秘密。因此,虽然国际上对两者的联系和区别尚未有统一规定,但正确认识和把握商业秘密的定义和特征,对更好地认识和把握专有技术具有重要意义。

目前国际上尚未对商业秘密形成一个统一的定义,各国以及各国际组织对商业秘密的范围、其构成要件等方面还存在不同的理解,尚未达成共识。当今国际上对商业秘密的定义分别有以下五类。

(一)世界贸易组织的定义

世界贸易组织在《与贸易有关的知识产权协定》中对"未披露信息"作出了相应的规定。目前,理论界大部分观点都认为 TRIPS 中的"未披露信息"就是指商业秘密。世界贸易组织在 TRIPS 中规定,需要满足以下条件的信息即可称之为未披露信息,应当得到相应的保护。

(1) 在一定意义上,其属于秘密,就是说,该信息作为整体或作为其中内容的确切组合,并非通常从事有关该信息工作领域的人们所普遍了解或者容易获得的。

(2) 因其属于秘密而具有商业价值。
(3) 合法控制该信息之人,为保密已经根据有关情况采取了合理的措施。

(二) 世界知识产权组织的定义

世界知识产权组织在其国际局拟定的《反不正当竞争示范法》第六条中将商业秘密称为秘密信息,并作出了以下定义:"具备下列条件的信息才被认定为'秘密信息':(1) 作为一个整体或作为其组成部分的具体构造或组合,它未被通常从事该类信息工作的领域内的人们普遍知悉或者容易获得。(2) 由于是秘密而具有商业价值。(3) 权利人根据情况采取了合理措施以保持其秘密性。"

(三) 美国法中的定义

一百多年前工业化的初期,美国法院就已经开始承认商业秘密是一种财产权,并开始加以保护。

1939年,美国法律协会制定了《侵权行为法第一次重述》,首次以列举的方式陈述了商业秘密的定义:"一件商业秘密可以包括任何配方、样式或任何信息的编辑产品,其在某人的商业活动中被使用,且由于这种使用给该人以机会,相对于不知或未使用该商业秘密的竞争对手,可以取得优势地位。商业秘密可以是一种化学混合物的配方,一种材料的加工、处理、储存工艺,一种机器或其他装置的样式,或一份客户名单。""商业秘密应该是在某人的商业活动中连续使用的一种工艺或者装置。"

1979年,美国统一州法律委员会制定了《统一商业秘密法》,它拓宽了《侵权法重述》对商业秘密的定义范围,将包括方法和技巧在内的富有商业价值的信息也纳入保护的范围,对权利人的保护更为有力。具体的条款为:"'商业秘密'意为特定信息,包括配方、样式、编辑产品、程序、设计、方法、技术或工艺等。"相关条款还规定可以被列为商业秘密的信息必须将独立导致实际的或潜在的经济价值,不为公众所周知,无法由他人通过正当方法轻易获得,然而可以从这种信息的解释或使用中获得经济价值;而且,持有人在特定情势下已经尽了合理的努力去维持它的秘密性。

1996年,美国国会制定的《经济间谍法》对商业秘密也作出了定义:商业秘密是权利人采取了保密措施,不为普遍知悉,公众不易通过正当手段获取,具有独立经济价值的任何金融的、商业的、科学的、技术的、经济的、工程的信息。

(四) 日本法中的定义

日本的《不正当竞争防止法》的第一条对商业秘密进行了定义:"商业秘密是指作为秘密进行管理,尚未众所周知的生产方法、销售方法及其他经营活动中使用的技术上和经营上的情报。"

(五) 中国法中的定义

在我国,"商业秘密"最早作为一个法律术语出现是在1991年的《民事诉讼法》中,但该法没有从立法上对商业秘密的内涵和范围作出明确的规定。

1991年4月12日,中美两国签订了《关于延长和修改两国政府科学技术合作协定的协议》,该协议在附件中对商业秘密进行了定义:"符合下列条件的信息应当确认为商业秘密:拥有该信息的人可以从中获得经济利益或者据此取得对非拥有者的竞争优势,该信息是非公知的或者不能从其他公开渠道获得,该信息的拥有者未曾在没有保密义务的安排的情况下将其提供给他人。"

1992年,最高人民法院在《关于适用〈民事诉讼法〉若干问题的意见》中规定,商业秘密"主要是指技术秘密、商业情报及信息等,如生产工艺、配方、贸易联系、购销渠道等当事人不愿意公开的工商业秘密"。这是我国首次对商业秘密作出司法解释。

1993年12月1日起施行的《反不正当竞争法》第一次从立法的角度上界定了商业秘密的含义。其中第十条将商业秘密定义为:"不为公众所知悉、能为权利人带来经济利益、具有实用性并经权利人采取保密措施的技术信息和经营信息。"

1995年11月23日,国家工商行政管理局颁布了《关于禁止侵犯商业秘密行为的若干规定》,其中对《反不正当竞争法》中关于商业秘密的定义作出了进一步的阐释:技术信息和经营信息包括设计、程序、产品配方、制作工艺、制作方法、管理诀窍、客户名单、货源情报、产销策略、招投标中的标底及标书内容等信息。

以上几个国家及国际组织对商业秘密概念的表述并不完全相同,但通过比较我们可以看到这些定义是具有一些相同点的。比如定义中的商业秘密基本上都涵盖了技术信息和营业信息,这些信息都不为公众所知并且可以为权利人带来竞争优势,权利人对其都进行了保密措施加以管理等,可以说在商业秘密基本属性方面的规定是大体相同的。

二、商业秘密的范围

各国在对商业秘密涵盖的范围方面意见比较统一,即将商业秘密分为技术性商业秘密和经营性商业秘密。

(一) 技术性商业秘密

技术性商业秘密也称专有技术、技术诀窍等,这一术语来源于英文的"know-how",指应用于工业目的的没有得到专利保护的、仅为有限的人所掌握的技术知识。1969年在布达佩斯召开的保护工业产权国际联盟会议上,匈牙利代表团就专有技术定义提出了一个提案,认为"专有技术是指享有一定价值的,可以利用的,为有限范围的专家知道的,未在任何地方公开过,其完整形式和未作为工业产权取得任何形式保护的技术知识、经验、数据、方法或其组合"。这一提案普遍被认为是迄今为止对专有技术所作出的最有影响的定义之一。

德国学者赫伯特·斯顿夫将技术信息的表现形式进行了罗列,他认为技术信息的表现形式包括:结构图、研究结果与记录、发展工作的记录、专门应用于特定产品的通用图表和计算结果、统计报表(计算)、处方和配方、零件清单、材料质量的详细资料、含有结构细节的零件图、反映工作成果信息的说明书、有关连续技术改进的情报、工作进展表、制造规范、图纸、制造数据、生产报告、标准零件的最佳尺寸、检查和试验规范、建设报告和设备、外部建设的数量计算、有关工作进展和安排的资料、对其他公司人员的培训。

20世纪60年代中期,我国在技术引进合同中开始使用这一术语;1985年财政部公布了《中华人民共和国中外合资经营企业所得税法实施细则》,这是我国首次在官方文件中把"know-how"称作专有技术;1985年5月,国务院在发布的《技术引进合同管理条例》

及其于1988年发布的《施行细则》中规定了专有技术的引进。

按照相关法律规定,技术性商业秘密是指未公开过,未采取工业产权法律保护的,以图纸、技术资料、技术规范等形式提供的制造某种产品或者应用某项工艺以及产品设计、工艺流程、配方、质量控制和管理方面的技术知识。技术秘密是人们从生产实践经验或者技艺中得来的具有实用性的技术知识,具体可以表现为以下六种形式。

1. 设计图纸

各种工艺流程或者产品的设计图纸是技术性秘密的主要组成部分之一,权利人有权将其自行开发设计的图纸作为商业秘密进行保护。

2. 配方

各种工业配方、化学配方、药品配方都是商业秘密常见的表现形式,通常在某种配方中各种成分的比例也属于商业秘密。

3. 工艺流程

机器设备本身是不具有秘密性的,但是在经过了特定的组合之后可能会产生出新的工艺、衍生出先进的操作方法导致生产效率的提高,这就有可能成为技术性商业秘密。某些生产厂商所保有的"技术诀窍"就属于这一类型的商业秘密。

4. 研究成果和研究报告

记录研究和开发活动内容的文件也属于技术性商业秘密。如蓝图、图样、实验结果、设计文件等都属于技术秘密。

5. 技术的预测

对技术水平、技术潜力、新技术前景、新技术影响的预测等均属于技术性商业秘密。

6. 公式和方案

特定主体对某些数据进行测算时推导出的公式,或是经研究针对某些特定问题提出的方案属于技术性商业秘密。

除了以上六种形式,技术性商业秘密还包括一些数据、操作技巧、计算机程序等。技术秘密作为一种处于保密状态的信息,既可以表现为具有信息载体的技术成果,也可以表现为存在于科技人员头脑之中的某些思想;既可以表现为文件性载体,也可以表现为实物性载体。

(二) 经营性商业秘密

经营性商业秘密是指一切与企业营销活动有关的具有秘密性质的经营管理方法和与经营管理方法密切相关的信息及情报。经营性商业秘密从涉及的内容上可以分为经营秘密和管理秘密。经营秘密通常是指企业的一些职能部门在日常经营活动中发生的一些相关的信息情报,比如企业的投资计划、财务收支、推销计划、销售渠道、客户名单;管理秘密则涉及一个经济实体在组织管理方面的一些信息,比如企业组织机构的变更计划、企业的管理经验、管理模式等。赫伯特·斯顿夫将经营性商业秘密的表现罗列为:供应商一览表、用户一览表、有关销售和销售组织的资料、广告宣传的方法、对其他公司商务人员的培训等。我国工商管理局实施的《关于禁止侵犯商业秘行的若干规定》也列举了典型的经营性商业秘密:"管理诀窍、客户名单、货源情报、产销策略、招标投标中的标底及标书内容"。

作为商业秘密的两个组成部分,技术性商业秘密和经营性商业秘密各自具有不同的特点。技术性商业秘密侧重于工业中的技术知识和经验,而经营秘密则侧重于在经营、管理中的知识和经验。除了工业领域之外,经营性商业秘密还涉及商业、服务业等产业领域。技术秘密比商业秘密具有更明显的财产价值,对技术秘密的认定相对于经营秘密来说比较容易一些,而经营性商业秘密在构成条件和范围上存在较多不易确定的地方。

客户名单是经营性商业秘密中的一个重要组成部分,在商业秘密侵权案中最易引起纷争。客户名单的泄露主要是由于人才的流动造成的。在现代经济社会中,人才的流动性非常高。随着人才的流动往往会出现某些企业的技术秘密、经营策略、管理诀窍、客户名单等秘密情报被泄露的事件。客户名单由于具有秘密性不高的特点,又常处于动态变化中,内容和范围都不易确定,其秘密属性的认定在国内外商业秘密案件中都是一个难点。通常在判断一份客户名单是否具有秘密性时需要考虑以下两种因素。

1. 客户名单的可获得性

如果一份客户名单可以轻松取得,比如可以从公开的刊物、网站、黄页等载体上获得,非权利人的个体或组织在获得该客户名单时并没有耗费多少人力、财力和智力,则该客户名单并不属于经营性商业秘密。

2. 权利人采取保密措施的程度

权利人应对相应的商业秘密采取一定的保密措施,努力保持其秘密性。权利人采取的保密措施是否合理,应依具体情势进行判断。

第二节　商业秘密的构成要件

现代社会充斥着各种信息,并非任何与技术、经营或商业有关的信息都是商业秘密。某种信息,只有在具备了商业秘密所要求的构成要件时才可以被看作是商业秘密。商业秘密的构成要件是指与社会竞争和物质利益有关的信息,在想要得到相关法律的保护时必须要满足的相关法律条件。与社会竞争和物质利益有关的信息是商业信息,当商业信息进一步符合商业秘密的构成要件时,该商业信息就成为了商业秘密,可以受到商业秘密法的保护。商业秘密的构成要件使商业秘密同国家秘密、个人隐私等其他秘密区别开来,同时也使商业秘密同专利、商标等其他知识产权进行了区分。

目前,国际上广泛接受的商业秘密的构成要件包括秘密性、新颖性、实用性和价值性。

一、秘密性

秘密性包括两层含义:一是不能为公众所知悉;二是权利人采取了合理保密措施予以保密。商业秘密的秘密性是商业秘密得以存在的关键,是其区别于其他知识产权的主要标志之一,也是商业秘密受到法律保护的事实基础。

（一）不为公众所知悉

1. 秘密性的相对性

"不为公众所知悉"表明商业秘密是一定范围内的人所掌握和知晓的信息。从这里我们可以看到，商业秘密其实是一种相对秘密，不需要绝对地不被权利人所公知，只要求其确切的内容为负有义务的特定范围内的人所知。由于商业秘密是一种具有价值性的信息，只有通过实施才能体现其价值，而在社会化大生产条件下，其实施往往需要借助诸多具有实施能力的人。如果商业秘密的秘密性必须是绝对的，那么则意味着权利人只能一人独自实施，这在现代社会中是完全不具有现实性的。

2. 对"公众"的界定

到目前为止，不论是法律法规或是司法解释对于"公众"的范围都没有一个明确的界定。在理论界存在着两种观点，一种认为"公众就是指任何人，即任何一个不特定的人。就是说商业秘密对于社会上的任何一个不特定的人来讲都是秘密的"。另一种则认为"公众是一个相对的而非绝对的概念，也不是泛指一般的社会公众，通常指相关信息所属领域的不特定多数人"。在现实中，越来越多的人开始倾向于第二种解释。

3. 对"公众知悉"的判断

在判断某一信息是否为公众所知悉时，通常应当考虑以下四个因素。

（1）是否在公开出版物中有记载。如果一项信息作为一个整体或者是其部分的具体排列组合已经在公开发行的出版物上有所刊登，则可认定该信息已为公众所知悉。

（2）是否通过使用而公开。当某种产品投入市场后，其尺寸、材料、结构、部件组合等通过人们观察产品本身就可直观得到的信息即视为通过产品的使用而公开的信息。但如果某一信息表现为一种产品的配方、制造方法等，在产品进入市场后他人难以直接获得这种信息，则不能认为该信息通过使用而公开。

（3）获得该信息的难易程度。包括信息持有人获得或者产生该信息所付出的努力和代价，以及他人获悉该信息所付出的努力和代价。如果一项信息的各组成部分可以在有关公开出版物上得到，但要把这些组成部分完整地组合起来使之成为一个整体并产生积极的效果需要付出努力和代价，则这样的信息仍可认为是不为公众所知悉的。

（4）是否容易被模仿。一项产品如果很容易被模仿，则其制造方法在该产品公开销售和展示后不再是商业秘密。

（二）合理的保密措施

权利人要对相应的信息采取一定的保密措施，即指权利人对这些信息在主观上有保密意识，并在客观上采取了适当的、合理的保密措施。采取保密措施而保障商业秘密不为公众所知悉在法庭上是客观证据。商业秘密的诉讼过程是一个证据对证据的过程，如果商业秘密权利人平时注意采取各种保密措施，对于在日后可能发生的诉讼中获胜是非常重要的。

通常对商业秘密的保护措施包括以下六种。

（1）限定知悉商业秘密的人员的范围，例如可以将商业秘密的一道工序或者一个配方分解为若干部分，只让雇员接触其必须完成任务的部分，不让其接触其他部分，可以采

用密码柜、门禁系统等先进的硬件设备防止他人越权接触。

（2）限制其他人员接触知悉或直接使用商业秘密的人，或者是限制其他人员接触存放商业秘密的场所。例如可以采用严格的门卫制度，当员工或前来办事的外部人员欲进入厂区时要进行登记，并防止参观者随意参观保密区，对员工也应禁止随意进入保密区域。

（3）制定保密规则，加强保密文件的管理，例如可以对文件进行编号、划分等级，配置必要的保密、防盗设备，确保秘密文件及其所处区域的安全。

（4）采取数据加密、密码设定、数字签名、身份认证、防火墙等科技手段对网络信息的访问和传输进行限制，防止商业秘密通过高科技的手段泄露出去。

（5）与知悉秘密信息的人员，包括秘密文件的保管人员、接触秘密的人员，以及知悉秘密信息的第三人签订保密协议，防止这些人员将秘密信息对外泄露。

（6）对即将调离或退休的知悉某秘密信息的人员进行保密检查，提醒他们履行保密义务。

如果权利人采取了保密措施，但在执行时发生了失误使得他人的侵权行为得逞，若此时这种侵权行为只是导致了商业秘密的泄露，并没有引起该秘密的公开，则相关法律可以酌情考虑判定这种"意外的泄露"不造成商业秘密权的丧失。

二、新颖性

商业秘密的新颖性是要求作为商业秘密的信息应当具有一定程度的难知性、非显而易见性，即该信息达到了一定的技术高度或具有一定的难度，无论是所属技术领域普通技术人员还是同行业竞争者，不经过一定的努力是无法从公开渠道直接获取的。这是将商业秘密与公有领域、公众技术和公众信息相区别的一个标准。

商业秘密的新颖性与专利的创造性在功能上有些类似，但在程度上有很大的差别。人们一般公认，商业秘密的新颖性要求低于专利技术的创造性要求。例如，我国的《专利法》中对专利的新颖性要求为"使之同申请目前的已有技术相比，该发明有突出的实质性特点和显著的进步"；而商业秘密的新颖性只是一个"不为公众所知悉"的否定性要件，只要该商业秘密不是本行业内众所周知的普通信息而且又能够与普通信息保持最低限度的不同性，就可以构成商业秘密。美国法律中也有类似的规定，美国《侵权行为法重述》第七百五十七条评论作出了如下陈述："商业秘密可以是一种可获得专利权的装置或工艺，但并非必须如此，其也可是从已有技术中能明显预期的装置或工艺，或一个好的技工即可作出的仅仅机械方面的改进。商业秘密不要求像专利那样的新颖性和创造性，但这些要求对专利来讲是必要的，因为专利保护要禁止的是对专利装置或工艺的未经允许使用，甚至包括正当的独立开发者。专利垄断是授予发明者的一种奖励，商业秘密保护并非如此。商业秘密保护不是基于回报或鼓励开发秘密装置或工艺的政策要求，其反对的仅是违反善意原则和以应谴责方式获取他人的商业秘密。对这种有限保护，要求专利那样的新颖性和创造性是不合适的。"

不同的商业秘密对新颖性的要求是不同的。有的信息仅仅是通过对既存公知信息进行收集、整理、加工即可得到,与权利人处于同一领域的其他人只要以相同的方法进行相似的劳动也可以得到该信息,则这种信息的新颖性就比较低。但如果同行未进行同样的行为,那么这种新颖性很低的信息仍可构成商业秘密,该信息的拥有人有权禁止他人用不正当手段获知及使用。有的信息新颖性很高,甚至已经构成专利所要求的水平,完全可以申请专利,但拥有者仍愿意以商业秘密这种方式对该信息进行保护。

在判断某一商业秘密是否具有新颖性时往往要考虑地域范围,目前体现在各国立法中的主要有以下三种判断新颖性的地域标准。

(1) 全世界新颖性标准。法国、德国和英国的专利法采用这种标准,他们认为,一项技术在全世界任何地方都没有公开过才可被称为是具有新颖性。如果该项技术在世界某个地方已经进行了公开,无论采取的是怎样的形式,都认为其已经失去新颖性。

(2) 本国新颖性标准。澳大利亚等国的专利法采取的是这种标准。这种标准认为,一项技术成果只要在本国没有以任何方式公开过,就认为具有新颖性,它在外国的公开与否不予考虑。

(3) 混合标准。美国、日本还有我国的专利法采取了这种地域标准。这种标准规定,某项技术在有形出版物上公开采取全世界标准,以其他方式公开采取本国标准。

三、实用性

商业秘密的实用性是指商业秘密可以在生产经营中应用,并为持有人带来经济利益。

(一) 现实的实用性与潜在的实用性

商业秘密的实用性可以包括现实的实用性和潜在的实用性两种情况。现实的实用性要求商业秘密必须已经应用于生产经营活动,而潜在的实用性则仅要求该商业秘密具有应用于生产经营活动的潜质,可以尚未实施。

世界大多数要求实用性的国家仅强调商业秘密能够付诸实施,而非要求已经实施,即仅要求潜在实用性。但是,日本的商业秘密法律制度则要求商业秘密必须具有现实的实用性,即商业秘密已经在经营活动中被实际运用。"日本法律不保护束之高阁的商业秘密,意在促进商业秘密的使用与传播。"但是如果要求商业秘密必须具有现实的实用性,很可能会将某些信息产品排除到商业秘密法律保护的范围之外。

(二) 实用性的表现方式

实用性是商业秘密能够在工业或产业上应用的本质特征,它的内涵主要表现在以下三个方面。

1. 具体性

具体性要求一项信息如果想要得到法律上的保护,必须转化为具体的、可以据以实施的方案或形式,法律并不保护单纯的构想、大概的原理和抽象的概念。抽象的、模糊的原理或观念本身并不能直接转化为竞争优势和经济利益,因此没有保护的必要。而且,抽象的原理和概念覆盖范围极为宽泛,如果法律对之加以保护,很可能会束缚了他人的手脚,对整个社会的进步产生不利影响。

实用性的具体性主要包含以下三个方面。

(1) 形式的可表现性。商业秘密的形式应该是可以表现的。很多商业秘密都表现为一个完整的方案,尤其是技术秘密,拥有特定的、完整的技术内容,可以构成一项产品或一道工艺。

(2) 在时间与空间上具有具体性。一项完整的商业秘密在时间上通常可以表现为一系列连续的过程,包括项目的选定、论证,对项目进行研究投资,对成果进行测试与鉴定等。一项商业秘密在空间上一般都要有明确和具体的范围,它可以表现为产品当中的个别部分、具体功能或作用原理等。

(3) 内容具有可传授性。商业秘密的内容应该可以脱离主体而独立存在,并且可以借助交换活动顺利地由另一个主体所承接。

2. 确定性

确定性是指商业秘密权利人应该能够说明商业秘密的详细内容和划定其外延边界。例如,权利人须能够说明该商业秘密是由哪些信息组成,各组成部分都包括哪些具体内容,它们相互之间具有怎样的关系,该信息与其他相关信息之间具有怎样的区别,如何将该信息付诸实施等。如果商业秘密不具有确定性,则权利人的权利无法明确,法律自然也就无法对该信息进行保护。

3. 客观性

商业秘密的客观性是指某项商业秘密对权利人必须是客观上有用的,具有形式的可表现性。如果某些主体仅是在主观上臆断某些信息对其具有价值,在客观上实际并没有这样的作用,那么这一信息并不构成商业秘密。

四、价值性

商业秘密的价值性是指商业秘密通过现在的或者将来的使用,能够给权利人带来现实的或者潜在的经济利益。价值性最本质的体现是权利人因掌握商业秘密而保持竞争优势。价值性是商业秘密受到法律保护的根本原因,一项商业秘密必须具有价值才有保护的必要。但这里所说的价值性仅仅是指信息具有经济价值或商业价值,如果一项信息仅有精神价值、社会价值等其他方面的价值也不能构成商业秘密。

(一) 价值性的内涵

商业秘密的价值性主要包括以下三个方面。

1. 经济利益

对经济利益的追求是权利人取得商业秘密并努力维护所享有的商业秘密权的内在动力。商业秘密的权利人在开发研究商业秘密的过程中,已有明确的工业化或商业化目标,这无疑是出于谋求经济利益的考虑。

2. 竞争优势

竞争优势指竞争中的强势地位,是商业秘密价值性的另一种表现。从商业秘密的实施利用结果来看,权利人因使用了自己所掌握的技术秘密或商务信息,可以取得在市场竞争中的优势地位。例如可以取得降低产品的生产成本、提高产品质量、节约资源和能源消耗的经济效益，或是能够实现保护环境、减少污染、实行安全生产、加强劳动保护的社会效益等，这些都可以增强权利人在市场竞争中的竞争力，使其创造出更多的利润。

3. 独立性要求

这一点是美国相关的商业秘密法律中提出的要求。所谓"独立"是要求商业秘密可以独立存在，在实施商业秘密时能不依附于其他事物而单独存在。有些时候，权利人主张的商业秘密很可能是紧密地附着在某些其不应该享有权利的公知知识上，或者与他人的知识产权，与劳动者的一般知识、技能、经验结合得非常紧密，同时在整体上处于从属地位。此时保护了该权利人的商业秘密，就会不合理地损害社会、他人的合法权益，因此要求商业秘密在使用中可以独立存在，而不必依附于其他信息、构思存在，或者依附于劳动者的一般知识、技能、经验而存在。

(二) 价值性的界定

在判断一项信息是否具有价值性时，可以从以下三个角度出发。

1. 现实的价值和潜在的价值

不论是现实的、可直接使用的商业秘密，还是正处于研究、试验、开发过程中具有潜在的、可预期的价值的信息，都可以构成商业秘密，在法律上受到保护。

2. 积极信息和消极信息

积极信息是指行为人经过实质性的研究开发获得的，对自己的生产经营活动直接有用的信息；消极信息是指行为人经过实质性的研究开发得知的，对自己的生产经营活动没有任何效用的信息，例如对于自身已经撤退行业、领域中的科研、生产、经营等方面的信息。积极的信息可以直接为权利人带来经济利益，构成商业秘密；消极信息虽然对其拥有者不能产生直接效用，但若被同行业竞争者获知，获得者就可以从中得到借鉴，避免重蹈覆辙，从而节省许多无谓的浪费，强化了在市场竞争中的地位，由此会导致该信息的原持有人相对竞争优势被削弱。因此，消极信息也可以构成商业秘密。

3. 持续使用信息和短暂信息

信息使用时间的长短或是频率的高低只能影响价值性的高低，并不能决定信息价值性的有无。无论是持续使用的信息，还是短暂的信息，只要具有价值性就可以构成商业秘密。

第三节 商业秘密权

一、商业秘密权概述

(一) 商业秘密权的界定

商业秘密是其原始持有者通过投入一定的人力、物力、财力所创造出来的劳动成果，能够为其持有者带来经济利益。商业秘密权是国家以法律形式赋予商业秘密持有人对其商业秘密的支配性权利,具体而言是指商业秘密持有人依法享有的控制、使用、收益、处分商业秘密,并排除他人非法侵犯的权利。商业秘密权依附于商业秘密存在,没有商业秘密就谈不上商业秘密权。

目前,对于商业秘密权是否属于知识产权范畴理论界尚存在不同的认识。传统观点认为,知识产权具有专有性、无形性、地域性、时间性等基本特征,而商业秘密权不完全具有知识产权的这些基本特征。例如,商业秘密权利人无法排斥他人以合法方式取得或者使用商业秘密,而且商业秘密不受地域和时间的限制,其效力完全取决于保密的情况。持相反观点的人则主张,虽然作为商业秘密的技术信息本身不具有知识产权形式上固有的专有性、地域性、时间性等特征,但就技术信息或技术诀窍本身而言的确是一种实实在在的智力创造,与商标、专利或文学艺术作品并无本质上的区别,因此将商业秘密纳入知识产权保护也并无不当。

随着知识产权理论和实践的不断发展,商业秘密是一种特殊的知识产权、应得到法律充分有效保护的观点逐渐被越来越多的人所接受。世界贸易组织《与贸易有关的知识产权协定》的签订,更是将商业秘密权提升到了一个前所未有的高度,使其与著作权、专利权、商标权一起构成了现代社会知识产权的四大支柱。

(二)商业秘密权的特征

1. 客体的非物质性

客体的非物质性是知识产权的本质属性,也是商业秘密权的基本特征。商业秘密权的客体是一定的信息,通常包括技术信息和经营信息,是人类通过智力创造活动或者投入一定的物化劳动而产生的成果。虽然这些信息往往是通过一些有形载体将之表达出来并为人们所感知,例如设计图纸、实验报告、经营策略、配方、公式、方案等,但商业秘密有别于动产、不动产等有形物质,本身不具有物质形态,不占据空间,不能发生有形控制的占有。物化载体所体现出来的内容本身才是商业秘密权的客体。

2. 权利取得的自发性与保护的自立性

商业秘密权的原始取得,单纯基于权利人的智力劳动,完全不需要任何法定程序予以确认或者授予,与著作权的取得方式相同。作为工业产权的专利权和商标权却需要有关主体向专利或者商标行政管理部门就其所研制的发明创造或者使用的商标提出申请,经有关部门审核批准,并颁发专门的证书予以公告,申请人才可取得相应的专利权或商标权。

由于商业秘密权是自发取得的,因此权利人应当自己采取措施保障商业秘密不为公众所知悉,进而为其带来现实或者潜在的经济利益或竞争优势。这并不是说法律不保护商业秘密权利人的利益,而是指通常法律对商业秘密的保护并不深入商业秘密的保密阶段。当发生对商业秘密的侵害时,商业秘密权利人享有请求法律对侵权人予以制裁的权利。

3. 相对专有性

商业秘密权的专有性具有极其明显的相对性特点。一项技术秘密或者经营信息,它的第一个获得者在无任何第三者掌握同一秘密时具有事实上的独占权。但如果其他人以合法方式,如自行研发取得同一内容的商业秘密时,这些人便与第一人一样,在一定范围内对该商业秘密在事实上掌握着相对的专有权。即商业秘密权利人无法禁止他人通过正当手段获取或者自行研制出具有相同内容的技术信息和经营信息,也就是说一项商业秘密权可以由不同的多个主体分别拥有,他们对同一项技术信息和经营信息所取得的专有权效力完全一样。实际上,由于信息渠道的隔绝,相同内容的商业秘密很可能被不同的主体所掌握,他们各自在主观上仍认为该信息在本地区或本行业可以带来经济利益或者竞争优势,因此对这一信息采取了相应的保密措施,这样一来就形成了多数主体同时拥有同一商业秘密的情形。

4. 保护期限的不确定性

相关法律对商业秘密权的保护期限并未作出统一的规定,其受保护的期限完全取决于保密的时间。一项商业秘密只要保护得当,就能一直为权利人带来经济利益或者竞争优势,就可以永久地成为权利人的无形资产。同时,一些技术经营信息也可能只有极为有限的生命周期,在很短的时间内就成为公知公用的信息资源,或者是为更新的先进技术所取代。

通常来讲,商业秘密权终止的原因主要有以下两方面。

(1) 商业秘密权因权利人自身的泄密行为而终止。商业秘密权保护的自立性是其最重要的特征之一,如果权利人缺乏保密意识、保密制度不够健全,商业秘密权往往会由于权利人的无意泄密而终止。

(2) 商业秘密权因其他外来原因而终止。我国的《反不正当竞争法》第十条对商业秘密权因其他事由而终止的几种情形作出了规定:"(1) 以盗窃、利诱、胁迫或者其他不正当手段获取权利人的商业秘密;(2) 披露、使用或者允许他人使用以前项手段获取的权利人的商业秘密;(3) 违反约定或者违反权利人有关保守商业秘密的要求,披露、使用或者允许他人使用其所掌握的商业秘密。第三人明知或者应知前款所列违法行为,获取、使用或者披露他人的商业秘密,视为侵犯商业秘密。"外来侵害虽然能通过司法途径获得救济,但商业秘密权人可能会因此而永久丧失自己的商业秘密权。

二、商业秘密权的主体、客体和内容

(一) 商业秘密权的主体

商业秘密权的主体是指在商业秘密法律关系中享有商业秘密权利的一方主体,即商业秘密权利人。商业权利的主体,即商业秘密的合法控制人,可以是自然人、法人,也可以是其他组织,其中大多为开发并拥有该秘密的企业,也包括那些通过合法手段受让商业秘密的主体。

按照不同的标准,商业秘密权的主体可以分为以下三类。

1. 自然人主体、法人主体与其他组织主体

自然人、法人,以及其他组织可以通过开发拥有商业秘密,也可以通过其他合法途径获取、控制商业秘密,成为商业秘密权的主体。

2. 单一主体与共同主体

如果商业秘密的合法控制人是某一企业、组织或某个公民,则该商业秘密的主体属于单一主体;如果该商业秘密的合法控制人为两个或两个以上的企业、组织或公民,则该商业秘密权的主体为共同主体。商业秘密的转让可能形成共同主体,企业或自然人之间的协作、研制某种技术或共同经营行为也可能会形成商业秘密权的共同主体。

3. 原始主体与继受主体

根据商业秘密权利人取得权利的途径不同,权利主体可以分为原始主体和继受主体。原始主体是指通过生产、研发或反向工程等方式获得技术秘密,或者通过自身经营经验的积累而获得经营信息,或者通过委托、合作等合同约定而获取技术秘密和经营信息的权利人;继受主体是指通过合同转让、许可、受赠等其他合法手段获得商业秘密的权利人。

(二)商业秘密权的客体

商业秘密权的客体,是指商业秘密权利、义务所共同指向的对象,即商业秘密本身,包括技术信息和经营信息。技术信息或是经营信息都是人类创造性劳动的结晶,其获取都耗费了大量的脑力和体力,并且它们具有稀缺性的特点,可以为其拥有者带来巨大的效益。商业秘密本身具有的这些特点使其相应地成为商业秘密权的客体。

(三)商业秘密权的内容

商业秘密权是一种财产权,因此它相应地具备财产权的四项基本内容,即占有、使用、收益和处分。

1. 占有权

商业秘密所有人对其商业秘密进行事实上的管理和控制,未经所有人许可,他人不得以违法手段获取、披露、使用或许可他人使用权利人的商业秘密。占有权体现为当他人有侵犯所有人商业秘密权的行为时,所有人可采取相关措施加以保护,以避免自己的商业秘密失去控制。

2. 使用权

使用权是指所有人可以将其拥有的商业秘密用于自己的生产经营或贸易活动,商业秘密的经济价值主要通过权利人的使用得以实现。只要权利人的使用不损害国家、集体或者第三人的利益,不损害社会公共利益,不违反公序良俗和法律的强制性规定,其他人不得进行干涉。

3. 收益权

收益权是指商业秘密权人收取基于商业秘密而产生出来的新增经济价值的权利。商业秘密权利人可以自己使用或者通过许可他人使用来获取经济利益,也可以转让商业秘密权,从受让人处获取经济利益。

4. 处分权

商业秘密处分权是指商业秘密权利人依法对商业秘密进行处置,从而决定商业秘密命运的权利。处分权一般包括以下内容。

(1)转让权。商业秘密权利人可以选择将自己拥有的商业秘密转让给他人所有,从而受让人取代了该商业秘密的原所有人获得了商业秘密权。

（2）许可权。商业秘密权利人可以在保留所有权的前提下许可他人有偿或无偿使用该商业秘密。

（3）投资权。商业秘密权利人享有将商业秘密作为出资方式进行投资的权利。由于商业秘密权是一项财产权，商业秘密具有使用价值和交换价值，权利人可以将其作为出资方式进行投资，投资权也是一种特殊形式的转让权。

（4）公有化权。商业秘密权利人有权决定将自己的商业秘密公之于众，使之进入公有领域。一般情况下，商业秘密的公有化有利于社会整体福利的增加，公有化行为应当受到鼓励；但若是商业秘密权人已经将其所有的商业秘密转让给他人或是许可使用的情况下，这种权利应当受到一定的限制。

第四节　商业秘密许可合同的主要条款

一、商业秘密许可(转让)合同的种类

商业秘密的涵盖范围分为技术性商业秘密和经营性商业秘密，因此，商业秘密许可合同的标的有两种，即合同标的为技术信息和合同标的为经营信息。

二、商业秘密许可合同的主要条款

（一）合同标的为技术信息的合同主要条款

标的为技术信息的合同即为专有技术的转让合同，已在第七章第三节"专有技术转让合同的主要条款"中作了详细的介绍，此处不再赘述。

（二）合同标的为经营信息的合同主要条款

1. 序文

序文包括合同的名称，即"商业秘密使用许可合同"、合同编号、合同当事人的法定名称和地址、合同签订的时间和地点、合同的有效期限等。

2. 定义

对合同中涉及的技术、法律、经济术语进行双方同意的统一解释。

3. 合同的内容与范围

（1）此款要说明商业秘密的主题，授权使用范围、使用的地区、使用的方式及时间等。

（2）许可的性质。

（3）披露的具体内容与形式。

（4）为使被许可方取得预期的收益，许可方应采取的相应措施，如咨询、培训等。

4. 保密条款

商业秘密的构成要件之一就是在于它的保密性，因此在转让商业秘密时必须要求受让方签订保密条款。保密条款主要涉及保密的范围、保密的期限、保密的措施、合同届满

后保密的义务及泄密责任。

5. 保证与索赔

许可方要保证按合同约定提供完整准确、实用可靠的有关资料,保证对所提供信息保密。

被许可方保证按合同约定使用所提供的信息,保证按约定及时支付费用,保证不泄露商业秘密。

6. 违约责任

许可方发生以下违约行为时,应承担违约责任,包括支付违约金和赔偿损失。

(1) 未按照合同约定向被许可方提供完整有效的商业秘密资料。

(2) 违反约定向其他第三者提供有关商业秘密资料或签订许可合同。

(3) 违反应承担的保密义务,包括主动和过错。

被许可方发生以下违约行为时,应承担相应的违约责任。

(1) 未按合同约定支付使用费。

(2) 违法合同约定的授权范围。

(3) 违反保密条款,包括主动和过错。

7. 使用费与支付方式

8. 争议的解决方法

第五节　商业秘密的保护

一、商业秘密权的侵害

商业秘密是一种智力成果,是一种无形的存在,因此不像物的所有权那样容易控制,极易受到侵害。商业秘密侵权行为是指他人未经权利人的许可,以非法手段获取商业秘密并加以公开或者使用。通常对商业秘密的侵害行为包括以下四种。

(一) 以不正当手段获取商业秘密

不正当手段是指违反诚实信用原则和公认的商业道德的手段,主要包括盗窃、利诱、胁迫等。

(1) 以盗窃方式获取商业秘密是指行为人在认为权利人不知晓的情况下,采用复印、照相、监听等秘密方式窃取权利人的商业秘密。行为人对商业秘密的盗窃,既可以是将载有商业秘密的文件据为己有,也可以是复制后退回原件保留复制品,还可以表现为将商业秘密的内容记忆下来。

(2) 以利诱的方式获取商业秘密是指利用报酬、工作待遇或其他物质、精神利益引诱知悉商业秘密的人员泄露商业秘密。实践中,以高薪为诱饵,通过挖走知情雇员而取得商业秘密的现象较为多见。

(3) 以胁迫方式获取商业秘密是指行为人对知悉商业秘密的人以生命、健康、荣誉、名誉、财产等进行威胁,以期达到对精神上的强制,迫使其披露商业秘密的内容或交出有关商业秘密的文件或其他载体。

与利诱不同,胁迫手段的对象范围不但包括一般的商业秘密知情人,还包括商业秘密权利人。

除了以上三种方式,以其他不正当手段获取他人商业秘密也构成侵权行为。由于获取权利人的商业秘密所用不正当手段的种类是一个不可穷尽的概念,所以只能根据诚实信用原则和公认的商业道德来认定手段是否得当。

(二)不正当获取商业秘密后的继续侵害行为

行为人在以不正当手段获取商业秘密后继续进行侵害的行为包括披露、使用或允许他人使用以不正当手段获取的商业秘密的行为。这类侵害行为的危害后果更为严重。

(1)"披露"是指行为人将其以不正当手段获取的商业秘密以口头、书面或者其他方式向他人传播的行为。

依据传播的范围不同,披露行为可以分为有限范围披露和社会范围披露。有限范围披露是指行为人将该商业秘密向特定的对象或者是特定的少数人进行公开,社会范围披露则是指行为人将该商业秘密向社会公众进行公开。

(2)"使用"是指行为人自己或许可他人将不正当手段得到的商业秘密运用于生产经营活动中,实现其预期经济目的的行为。运用在生产中可以表现为使用商业秘密改进自己的生产工艺、进行技术革新等,运用在经营中可以表现为扩宽原有的销售渠道、加强广告宣传等。

(三)来源正当但违背诚实义务的行为

这种行为主要是指行为人违反约定或违反权利人有关保守商业秘密的要求,披露、使用或者允许他人使用其所掌握的商业秘密。来源正当的行为人,其获取商业秘密的手段是正当的,但由于对权利人负有明示或默示的义务,因而不得披露、使用或允许他人使用已经知道的商业秘密。当这种行为人违反了约定或是违反了权利人有关保守商业秘密的要求,擅自将该商业秘密进行了泄露或是使用时,就构成了此种侵害商业秘密权的行为。

实施这类行为的主体只能是因工作关系、业务关系、许可关系等受商业秘密权利人授权或委托,并与权利人订有保密约定的知悉、掌握、使用商业秘密的有关人员或单位。

(四)第三人的侵权行为

第三人是指直接获得权利人商业秘密的行为人以外的人,通常有善意第三人和恶意第三人之分。

1. 善意第三人的行为

善意第三人的行为是指第三人不知道且不应该知道第二人是通过侵权的方式获得他人商业秘密的行为。善意第三人由于不知道并且不应知道第二人的侵权行为,因此其获取、使用、披露他人商业秘密的行为在主观上并没有过错,通常不应承担法律责任;但自其知悉行为人的违法行为后,应当经权利人的同意而继续使用,并向权利人支付相应的使用费用。

2. 恶意第三人的行为

恶意第三人的行为是指明知或应知第二人是通过侵权的方式获得他人商业秘密的行为。

恶意第三人的侵权行为有以下两大构成要件。

(1) 主观要件，即第三人对第二人的违法行为在主观上是"明知或应知"的。如果是"明知"，则该第三人在主观上是一种故意的状态；如果是"应知"，则该第三人在主观上应是一种过失的状态。

(2) 客观要件，即第三人自己在客观上实施了违法行为，包括从第二人那里获取商业秘密，使用或允许他人使用该商业秘密，披露该商业秘密。

二、侵犯商业秘密的法律救济

由于商业秘密对其权利人具有很高的价值，所以对商业秘密进行保护就显得尤为必要和重要。每个国家都通过制定法律法规的形式对侵犯商业秘密的行为加以规制，以确保权利人的利益，鼓励技术创新，尊重商业道德，维护竞争秩序。在现实中，对侵犯商业秘密的行为的处理通常涉及民事救济、行政救济和刑事救济。

（一）民事救济

侵犯商业秘密的民事救济是通过追究民事违法者的民事责任体现的。由于商业秘密保护的基础有违反合同和侵权行为两种，因此侵犯商业秘密的民事责任包括违约责任和侵权责任。承担违约责任的主要方式是停止违约行为、支付违约金或者赔偿损失等；承担侵权责任的主要方式是停止侵权行为、赔偿损失、返还商业秘密附着物；因侵权行为给权利人造成不良影响的，还应消除影响、赔礼道歉。

1. 消除危险

消除危险指法院判决、命令被告消除即将发生的商业秘密披露、使用危险，在商业秘密侵权责任中有重要地位。消除披露、使用危险还包括责令侵权人停止雇用权利人单位的职工，或限制其工作岗位等。

2. 返还财产、恢复原状

侵权人应当返还或销毁侵害商业秘密权的一切文件或实物，对于已经散发出去的应当负责追回。

3. 恢复名誉、消除影响、赔礼道歉

对于因侵害他人的商业秘密造成名誉损失的，应当在侵权行为造成恶劣影响的范围内予以澄清，可以通过新闻媒介公开声明。

4. 停止侵害

法院责令侵权人停止侵犯商业秘密权的一切行为，不仅包括正在进行中的侵权行为，还包括将要进行、准备进行的侵权行为。这种救济方式主要适用于被侵犯商业秘密权尚未丧失秘密性的情况，如果商业秘密已经被广泛传播，责令停止侵权也就失去了意义。

5. 赔偿损失、支付违约金

责令侵权人赔偿权利人因侵权行为所受到的经济损失最常用到的救济是赔偿损失

和支付违约金。

在进行损失赔偿时通常要考虑的赔偿范围包括权利人的直接损失和间接损失,以及侵权人侵权行为带来的利润。直接损失包括权利人为制止侵权人行为、防止损失扩大所支付的直接费用,还包括商业秘密权遭到侵害而受到的直接经济损失;间接损失是指权利人预期合理收入的减少,即通常所说的可得利益的减少。侵权人侵权行为带来的利润是指侵权人在侵权期间因侵权行为所获得的利润,此外,还应适当考虑侵权人因侵犯商业秘密所获得的竞争优势以及因此节约的成本。

支付违约金发生在违反合同的情况下,如果当事人一方违反了对商业秘密的相应保密义务,则应承担支付违约金的违约责任。

（二）行政救济

商业秘密权是一种私权,对侵犯商业秘密的人进行行政处理,目的是通过惩罚侵犯商业秘密的行为人以维护行政管理秩序、维护公平的竞争秩序。

对侵犯商业秘密的行为进行的行政救济包括责令停止违法行为和罚款两种手段。

1. 责令停止违法行为

对于侵犯商业秘密的,监督检查部门应当责令停止违法行为。此处的"违法行为"包括正在进行的非法获取行为、使用非法获得的商业秘密的行为、非法允许他人使用商业秘密的行为等。相关管理机关对侵权物品可以进行如下处理：责令并监督侵权人将载有商业秘密的图纸、软件及其他有关资料返还权利人；监督侵权人销毁使用权利人商业秘密生产的、流入市场将会造成商业秘密公开的产品,但权利人同意收购、销售等其他处理方式的除外。

2. 罚款

罚款是一种选择使用的处理方式。是否罚款,以及罚款的金额大小应根据侵权人侵犯商业秘密的情节,如侵权手段的恶劣程度、商业秘密的经济价值大小、侵害后果的严重程度等来决定。

（三）刑事救济

刑事责任是最严重的一种制裁方式,TRIPS 专门规定了刑事程序,其刑罚有监禁或罚金。目前,世界上已有不少国家的刑法对侵犯商业秘密的行为设立了专门的处罚规定。

我国的刑法对侵犯商业秘密罪的处罚有两个量刑幅度：一种为 3 年以下有期徒刑或者拘役,并处或单处罚金;当造成的后果特别严重时,则处 3 年以上 7 年以下有期徒刑,并处罚金。这两个量刑幅度是以"给商业秘密权利人造成损失的后果大小"来区分的。

本章小结

本章主要介绍了什么是商业秘密,商业秘密的内容和界定,重点介绍了商业秘密的四个构成要件：秘密性、新颖性、实用性以及价值性。在实际应用中,关于商业秘密权包括的内容、主客体要素,以及商业秘密权的保护等问题,本章也进行了一定的探讨。

关键词

商业秘密　构成要件　秘密性　实用性　新颖性　价值性　商业秘密权

思考题

1. 国际上主要有哪些商业秘密的定义？各有什么特点？
2. 试述商业秘密的要件。
3. 商业秘密权包括哪些内容？侵害商业秘密权的行为分为哪些种类？
4. 法律上对商业秘密侵害存在哪些救济？

案例分析

【案情简介】

北京某股份有限公司于2005年独家投资成立上海某信息科技有限公司（下称上海某公司），将上海某公司定位为北京公司的产品研发中心。北京公司向上海某公司安排研发任务，提供运营资金，要求上海某公司对相关科技产品进行技术开发，形成技术信息并投入生产。因此，上海某公司及北京公司均是上述技术信息的所有人及使用人。张某、泽某分别于2006年、2005年加入上海某公司时，均与该公司签订《员工保密合同》，承诺对该公司在研发、生产产品期间形成的技术信息履行保密义务。2010年，张某、泽某分别担任上海某公司专业产品事业部总经理、研发经理，并在组织、领导一款名为E750型的GIS采集器的研发期间，掌了对该产品研发成功起核心作用的PCBA板设计的有关技术信息。自2011年年初，张某、泽某经共谋，违反上述有关保守商业秘密的约定，结伙使用上述技术信息，以提供相应设计图纸方式先后委托其他单位生产PCBA板，再采购其他零部件，组装为GIS采集器。其间，张某、泽某于同年3、4月份从上海某公司离职，以同期成立的另一家公司名义，将上述GIS采集器命名为S10、S12型号对外销售，并招揽曾在上海某公司任职的多名员工参与产品的生产、测试等各项活动。经司法鉴定，上海某公司在E750型GIS采集器中的PCBA板设计等方面的技术具有新颖性；上述PCBA板与S10、S12型GIS采集器中的PCBA板之间高度相似，两者设计不具备独立性。经司法审计，至案发，张某、泽某销售GIS采集器共计1 520台，给权利人造成的损失数额共计人民币370万余元。

【判决结果】

2015年3月4日，徐汇区人民法院判决：张某犯侵犯商业秘密罪，判处有期徒刑一年三个月，缓刑一年三个月；泽某犯侵犯商业秘密罪，判处有期徒刑一年，缓刑一年。判决宣告后，张某、泽某未提出上诉，一审判决发生法律效力。

【评析意见】

本案两名被告人具有高学历和相关的专业背景，反侦查能力、诉讼抗辩的意识极强，坚持辩称本案被侵权的设计及技术信息并非商业秘密，侵权产品也没有侵犯本案所谓的商业秘密，给司法机关查证、取证、认定犯罪行为方面带来了阻碍，案件侦办、审理工作长达四年之久。检察机关多次委托鉴定机构鉴定，组织行业专家对案件中遇到技术难题进行详细论证，逐一解决本案商业秘密认定和侵权行为判别的难题，最终被告人对判决结果认罪伏法。

资料来源：正义网

案例思考：

1. 结合本案例分析商业秘密的重要性。
2. 我国企业应如何保护商业秘密权。

第九章

国际技术贸易的其他标的

在当今这个知识经济时代,计算机软件技术保护日益受到人们的关注,在软件许可的早期,唯一可用来保护软件的手段是保密。今天,在许多国家,甚至可以说是大多数国家,计算机程序也可以获得版权保护。即使是可利用版权保护,保密的方法对程序保护仍然是很重要的。本章介绍了国际技术贸易中的其他标的,如计算机软件、工业品外观设计、版权和版权邻接权、工业产权、集成电路布图设计等内容。

第九章 国际技术贸易的其他标的

学习目标

通过对本章的学习,你应该能够:
1. 了解国际技术贸易其他标的的基本知识;
2. 熟悉集成电路布图设计专有权的含义;
3. 熟悉计算机软件保护的相关规定以及我国计算机软件行业的发展情况;
4. 掌握版权和邻接权的含义与范畴;
5. 了解保护工业品外观设计的目的。

第一节 计算机软件

一、计算机软件的概念

目前,世界上对于计算机软件的概念并没有完全一致的表述,通常比较流行的是世界知识产权组的定义,根据其定义,计算机软件的概念可以描述为:能使计算机执行特定作者的意图而产生一定结果的信息处理指令的集合,以及有关说明和解释。

我国 2002 年 1 月 1 日起实施的新的《计算机软件保护条例》第二条规定:"计算机软件是指计算机程序及其有关文档。"

《计算机软件保护条例》第三条规定:"计算机程序是指为了得到某种结果而可以由计算机等具有信息处理能力的装置执行的代码化指令序列,或者可以被自动转换成代码化指令序列的符号化指令序列或者符号化语句序列。"计算机程序包括源程序和目标程序。源程序是指用高级语言或汇编语言编写的程序;目标程序是指源程序经编译或解释加工后可以由计算机直接执行的程序。同一程序的源程序与目标程序应视为同一作品。

文档是指用来描述程序的内容、组成、设计、功能规格、开发情况、测试结果及使用方法的文字资料和图表等,如程序设计说明书、流程图、用户手册等。

二、计算机软件的分类

计算机软件可以从不同角度划分为三大类。

(一)按构成程序的语言的不同分类

(1)源程序软件,由人类可读的高级计算机程序设计语言,如 FORTRAN 语言构成的。

(2)目标程序,是把源程序译成计算机可读语言后的产物。

(二)按软件在计算机系统上的不同用途分类

(1)系统软件,即系统程序、控制程序或管理程序,用于启动与中止输出输入部件的运行,分配中央处理机在各终端机的使用权等,均属该类软件的功能。

(2) 应用软件,即为解决具体的计算问题、数据处理、信息存储等问题而设计的程序。

(3) 数据库,即为计算机存储、安排及检索数据而使用的软件。

(三) 按软件标准化程序的不同分类

(1) 专用软件,即计算机的用户为解决自己的专门问题而专用的软件。

(2) 通用软件,也叫软件包,是同类计算机的所有用户在解决同一类问题时,都可以使用的软件,如国际上通用的统计与统计分析使用的 SAS、SPSS 等,都属于通用软件。

(3) 定做软件,是按用户的特殊需要设计,或把原软件进行特殊修改以适应用户需要的专用软件。除上述分类方法以外,还有其他分类方法。

三、计算机软件的性质和特点

(一) 计算机软件的性质

计算机软件是一种编辑的作品,其性质与文字作品或图形作品一样。这一点在国际保护知识产权公约中均有反映,如《保护文学艺术作品的伯尔尼公约》、《世界版权公约》以及 WTO《与贸易有关的知识产权协定》。特别是《与贸易有关的知识产权协定》第十条明确指出:"无论以源代码或目标代码表达的计算机程序,均应作为《伯尔尼公约》1971 年文本所指的文字作品给予保护。"

(二) 计算机软件的特点

(1) 软件是一种逻辑实体,不是具体的物理实体,具有抽象性。人们可以把软件相关程序记录在纸面上,保存在计算机的存储器内部,也可以保存在磁盘、磁带和光盘上,但却无法看到软件本身的形态,而必须通过观察、分析、思考、判断,去了解其功能、性能和其他特性。

(2) 软件的生产与硬件不同。在其开发过程中没有明显的制造过程,也不像硬件那样,一旦研制成功,可以重复制造,在制造过程中进行质量控制。软件是通过人的智力活动,把知识与技术转化成信息产品。一旦某一软件项目研制成功,即可大量复制,所以对软件的质量控制,必须着重在软件开发方面下工夫。也正是由于软件的复制非常容易,因此出现了对软件产品的保护问题。

(3) 在软件的运行和使用期间,不会出现硬件的机械磨损、老化问题。任何机械、电子设备在使用过程中,其失效率大都遵循"浴盆曲线"。在刚投入使用时,各部件尚未做到配合良好、运转灵活,容易出现问题,经过一段时间的运行,即可稳定下来。而当设备经历了相当长的时间运转,就会出现磨损、老化,使失效率越来越大,当达到一定程度时,就达到了寿命的终点。而软件不存在磨损和老化问题,只存在退化问题。在软件的生命周期中,为了使其能够克服以前没有发现的问题,使其能够适应硬件、软件环境的变化以及用户的新的要求,必须多次修改(维护)软件,而每次修改又不可避免引入新的错误,导致软件失效率升高,从而使软件退化。

(4) 软件的开发和运行常常受到计算机系统的限制,对计算机系统有着不同程度的依赖性。软件不能完全摆脱硬件而单独活动。有些软件依赖性大,常常为某个型号的计算机所专用,有些软件依赖于某个操作系统。

(5) 软件的开发至今尚未摆脱手工艺的开发方式。软件产品大多是"定做"的,很少能做到利用现成的部件组装所需的软件。近年来,软件技术虽然取得了很大进展,提出了很多新的开发方法,例如利用现成软件的复用技术,自动生成系统研制了一些有效的软件开发工具和软件开发环境,但在软件项目中采用的比率仍然很低。由于传统的手工艺开发方式仍然占统治地位,软件开发的效率自然受到很大限制。

(6) 软件本身是非常复杂的。一方面,软件的复杂性可能来自它所反映的实际问题的复杂性,例如,它所反映的自然规律,或是人类社会的事物,都具有一定的复杂性;另一方面,也可能来自程序逻辑结构的复杂性。软件开发,特别是应用软件的开发常常涉及其他领域的专门知识,这对软件开发人员提出了很高的要求。软件的复杂性与软件技术的发展不相适应的状况越来越明显。

(7) 软件的开发成本相当昂贵。软件的研制工作需要投入大量的、复杂的、高强度的脑力劳动,因此其成本比较高,美国每年投入软件开发的费用要高达几百亿美元。

(8) 相当多的软件工作涉及社会因素。许多软件的开发和运行涉及机构、体制及管理方式等问题,甚至涉及人的观念和心理。

(9) 计算机软件的价值在于软件编制者的总体设计思想,其是软件的精华,而不在于表达形式,软件的表达形式十分有限。因此,与一般著作权法不同,计算机软件的保护更多的是要求保护内容,而不光是保护形式。另外,计算机软件可援引多种法律保护,文字作品则只能援引著作权法,而且计算机软件的法律保护是有条件的,文字作品的保护遵循"自动保护原则",计算机软件虽也采用自动保护原则,但一般要履行登记手续,登记不是取得著作权的前提,但登记是依法提出软件权利纠纷行政处理或进行法律诉讼的前提,因此,登记对计算机软件的法律保护具有重要意义。

四、计算机软件产业的发展

计算机软件是相对计算机硬件而言的。在计算机产业发展的初期,计算机软件通常与计算机硬件一起发售。随着科学技术的迅猛发展和 PC 机的迅速普及,计算机软件逐渐与计算机硬件分离,生产计算机硬件的企业与编制计算机软件的企业分离,从而出现专门从事计算机软件编制和软件贸易的公司。同时,随着专门从事计算机软件编制的公司日益增多和壮大,在一些国家形成了重要的产业部门,通称为"计算机软件产业"。另外,在工业发达国家和一些智力资源比较丰富的国家还出现了软件市场,最早是在美国、欧洲,后来在印度、中国等国家或地区。

世界计算机软件产业发展大体分为以下四个阶段。

第一阶段(1949—1969 年),计算机软件基本上是随着计算机硬件的发展而发展的,到 1969 年 6 月 23 日,美国 IBM 公司才首先将计算机软件单独计价出售,使计算机软件成为一个独立的商品,开始了计算机软件产业的新纪元。

第二阶段(1970—1983 年),计算机软件走上了产业化、系统化的轨道,计算机软件设计、生产逐步与计算机硬件制造分开,陆续出现了计算机软件专业公司,如 Microsoft、CA、Novell、Lotus 等,国际上主要计算机软件公司都是在这一时期成立的。

第三阶段(1984—1995年),计算机软件平台化、开放化阶段,一些重要的计算机软件,如 Windows、Java 等计算机软件形成平台,成为计算机软件开发的基础和发展的基点。

第四阶段(1996年至今),计算机软件向集成化、网络化发展,用户可以根据需要,随时从网络中调用程序或设计各种解决方案。目前,世界计算机软件产业已进入蓬勃发展时期,其前途不可限量。

五、计算机软件的贸易方式

计算机软件的贸易方式主要有以下三种。

(1) 发行计算机软件。著作权人拥有软件的使用权,发行是使用方式的一种,采用发行方式的软件一般是系统软件,如"Windows""Lotus",像发行书刊一样,采取买卖方式进行,无需通过签订合同。

(2) 软件使用许可。软件的著作权人或其受让者,在软件著作权保护期内,根据有关法规,与被许可方签订书面合同,许可被许可方在合同规定的方式、条件、范围和时间内行使软件著作权人或其受让者拥有的使用权。一般软件使用许可的标的多为专用软件,如银行财会软件、项目评估软件、质量控制与检测软件等。

(3) 软件使用权转让。在软件著作权保护期内,软件著作权人和使用许可权的享有者,可以把使用权和使用许可权转让给他人。转让之后,著作权人和使用许可权的享有者即不再享有软件的使用权和使用许可权。软件转让只涉及软件使用权,不涉及软件的人身权利,人身权利不能转让。软件使用权转让需根据我国有关法律规定,以签订和执行书面合同的方式进行。

上述三种贸易方式,只有软件使用权许可属于技术贸易的范畴,其他两种方式则属于买卖的范畴。

交钥匙合同。计算机软件交易中,还包括一种综合的贸易方式,即计算机硬件与软件使用许可或转让结合,通称为"交钥匙合同"(system turnkey agreement)。计算机交钥匙合同一般包括:有关计算机系统详述;硬件、附件和外围设备;系统软件与应用软件;硬件与软件测试;技术服务;实现合同的规划等。

六、计算机软件许可合同的主要条款

计算机软件许可合同是计算机软件的许可方(licensor)与被许可方(licensee)为许可某项软件(专用软件、定做软件或通用软件)的使用权,经协商所达成的具有法律约束力的文件。由于通用软件可以大批量生产,软件公司与大量的用户之间所签订的合同大多是简单的格式合同,规定软件公司转让软件之后提供必要技术服务的义务,用户承担不复制、不自行转让有关软件的义务。因此,这里不准备对这类合同作过多的介绍。定做软件与专用软件的法律地位相同,用户获得的使用权也多是专用的,故以下着重介绍专用软件许可合同的主要条款。计算机软件贸易作为技术贸易的重要内容之一,时间还不长,其许可合同也未形成完整固定的体系,正如其他技术贸易对象处在进行贸易的初期

阶段一样,被许可方考虑的重点都是怎样获得和使用技术一样,没有更多地考虑怎样使许可方也承担更多的义务。因此,现在很多软件合同多是规定如何维护许可方利益的,例如,如何维护许可方对软件的专有权,被许可方不得复制、转让、转售等。随着软件贸易的不断发展,越来越多的被许可方感到这种"一边倒"式的合同是很不合理的,应该加以改变,应该订立更多一些能够保护被许可方利益的合同条款。由于软件许可合同的内容与结构和其他许可合同具有相同的结构和一些共性的条款,因此,下面介绍中,略去共同的部分,只就软件许可合同的特殊性条款进行介绍。

(一)鉴于条款

鉴于条款(whereas clause)在软件许可合同中虽然并不是合同正文的组成部分,但起着合同导言的作用。其内容一般是分段叙述,最主要是表明双方签订合同的目的和愿望,以及许可方拥有何种权利、准备授予何种权利、被许可方愿意获得何种权利等。例如:许可方开发了并作为一切权利的所有者对于所述的×××专用程序(proprietary program)拥有所有权和利益;许可方愿意给予被许可方在用于研究的非商业使用该程序的有限的、非独占的使用许可;被许可方希望获得该程序的有限的非独占的使用许可,作为教学工具和非商业的内部研究及行政管理活动的工具,排他地、非独占地、非商业性地使用程序;被许可方承认许可方开发的程序的知识产权价值,承认许可方为本合同的主体并采取一切合理的措施,保护其在知识产权方面的利益。在计算机软件许可合同中,会涉及大量的计算机软件的专有名词和计算机技术上的术语,它们对于解释软件许可合同的有关条款,确定当事人的权利、义务和责任等,起着非常重要的作用。特别是至今许多名词术语尚未规范化的条件下,对于软件许可合同中反复出现的名词术语应该首先在合同开头规定明确的定义,这样可以减少当事人之间的很多误解,甚至纠纷,也有助于合同整体上的一致性。经常需要下定义的名词术语有以下六个。

专用单元(customer unit),指供方所转让的软件可以用在哪种计算机上。

替用单元(substitute unit),指专用单元因维修暂停使用时,可以用哪些其他型号的计算机替代。

软件包(enhancement package),指特别设计的软件程序组,以此可以把源代码(source code)写成除本程序(即所转让的程序)以外的任何语言,但该软件包的使用没有本程序是不可能的。

使用(use),指把本程序的任何部分输入到计算机中或为计算机指导书的加工,说明书的加工或本程序资料的加工,转换到计算机中的行为。

源代码(source code),指以适于由一台计算机、计算机组、转换机的计算机语言来表示的计算机程序。

缺陷(bug),指由于偏离用户程序指导书说明的程序所引起的程序性的错误。

(二)许可的范围和被许可方使用程序的限制

该条款主要是许可方为其本身的利益,对被许可方使用软件程序的范围所作的种种限制性规定,其规定往往是非常具体的,如只限被许可方一家使用,只限某些人使用,只限在某地点使用,只限在某些计算机上使用等。例如:被许可方同意,只由被许可方,即其本系、学生和职员排他地、独占地使用该程序,并保证其系、学生和职员不将该程序的任何部分销售、转让、许可给境内外的任何其他第三者、公司、企业;被许可方进一步同意,将尽其最大努力保证其系、学生、职员和其他人不为其本人和境内外的其他任何第三者对该程序作商业上的使用;被许可方同意,只将该程序用在规定的计算机上;被许可方同意,被许可方及其系、学生或职员未经许可方授权代表的书面许可,都不对该程序作任何改变或扩展。

(三)提供的软件内容及软件的形式许可方提供哪种软件及该软件的表现形式是很重要的,也是许可方与被许可方争论的焦点

作为许可方来说,通常只提供"结果程序(object code),即计算机可读程序,而不愿提供"源代码(source code)。这样被许可方就只能依赖许可方,很难修改或发展所接受的软件。因此,在专用软件的许可合同中,被许可方应坚持许可方提供"源代码"。此外,许可方还应提供程序说明书(specification)和使用手册(users manual)或指导书(supporting material)。程序说明书一般包括:对软件功能的说明(即该软件所能完成的任务、数据处理要求、资料容量等);软件所适用的计算机、储存器、接口等要求;程序工作的条件;软件误差可修正和恢复的程度等。指导书主要包括:怎样输入数据;怎样运用程序;怎样处理意外事故;程序进入工作状态的流程图等。软件的形式包括:磁带、磁盘、穿孔卡片等,合同中要明确提供的形式和数量。例如:合同生效后 30 天内,许可方将向被许可方提供一套以磁盘形式计算机可读程序副本和每台计算机一套使用说明书,但许可方规定并经被许可方同意,将不向被许可方提供"源代码"。

(四)使用软件的地点(sites)

计算机软件通常只限于在某一特定地点使用,它不像其他类型的许可合同中的"地域"概念,而是指某一通讯地址、某一座建筑物。

例如,使用本程序的指定计算机是:计算机制造型号,制造厂序号,工作系统放置地点(完整的街名、地址、城市、国家)。

(五)支付条款(payment)

由于被许可方取得软件的许可后并不能通过软件的使用生产出直接上市的产品,因此,软件的使用费也无法按其直接的效益作为计算的基础。目前,软件使用费大多按以下两种方式计算。

(1)固定计价(fixed price)或固定使用费即软件使用费为一固定数额,在合同有效期内不变。这笔规定的数额通常是根据工作的进度,按比例分期支付。

(2)计时支付(time price)是指按照被许可方使用有关软件的时间计算使用费。这种支付方式是沿用了最早计算机软件以租赁方式使用时的做法。使用这种方式时,最好规定被许可方支付使用费的最高数额,这有利于被许可方支付满一定额度后,继续使用软件而不支付费用。另一方面,在计时支付条件下,许可方往往要求保留中途调整使用费的权利,如被许可方不同意,有权中止合同,这种要求是不合理的,被许可方一般不应轻易接受。

（六）软件支持或支持服务

为了使被许可方更好地使用所提供的软件，许可方应该提供支持服务，一般包括：为适应被许可方使用的计算机，输入所提供的程序，许可方提供一套完整的书面说明；在合同有效期内，免费提供改进或更新的版本；为使用程序的每台计算机配备一套使用手册等。

（七）担保条款（warranties clause）

在软件许可合同中，许可方一般不承担担保责任，特别是赔偿损失的担保，也不担保使用程序的计算媒介的质量。但可以担保程序的功能，担保功能与提供的说明书相符。为了使许可方提供的有限担保不至落空，最好在许可合同中规定"担保期"，并且把担保期与使用费的支付联系起来，以便对许可方有一定的制约。

七、计算机软件的法律保护

（一）计算机软件保护的条件

计算机软件是人类的智力劳动成果。软件的研制与开发过程复杂，特别是大型软件，开发工作量大、周期长、投资多、商品化难度大，但又易于复制或模仿。随着计算机软件及软件产业的迅速发展，人们愈加关注对软件的保护。

计算机软件著作权的保护条件依照《计算机软件保护条例》（以下简称《条例》），中国公民和单位开发的软件，不论是否发表，不论在何地发表，均享有著作权。而且自软件产生起，"自动"受到保护。受保护的软件著作权应具备以下三个条件。

（1）原创性。软件必须由开发者独立开发，即具有独立性或原创性，而不是复制或抄袭他人已开发的软件。

（2）可感知性。计算机软件的核心是一种设计思想，其本身是无形的，只有将这种设计思想附着在某种有形载体上，才能使人们感知其存在，才能供人们在一定条件下反复地、稳定地加以利用。

（3）可再现性。即可复制性，可以把软件转载在其他有形物体上。

（二）计算机软件的国内法律保护

就保护计算机软件的国内法而言，保护的法律有以下五种。

1. 著作权法（Copyright Law）

目前，世界大多数国家采用著作权法保护计算机软件，这种保护方式是20世纪70年代由菲律宾首先采用的，后来美国在修改版权法时，也明确规定，计算机软件属于版权法的保护范围。不仅如此，美国还在国际上竭力推行这种保护制度，美国的这种做法纯粹出于保护自身的利益，因为重新制定保护计算机软件的专门立法需要较长时间，建立统一的国际保护体系需要更长时间，故选择著作权法保护计算机软件，以使美国这个最大的计算机软件出口国的利益得到有效保护。

著作权保护较之专利保护是有其优越性的。若用专利法予以保护，一则申请周期长，申请时的检索麻烦；二则软件产品中符合新颖性、创造性、实用性要求的不多。而著作权保护手续简单、花费少，而且有相当长的保护期限，不失为一种高效的方法。加之各国国内著作权法和国际上存在的著作权公约比较多,对著作权的国内、国际保护体系也比较完善。一旦软件取得著作权保护,软件的国际保护也较容易实现。美国于1976年和1980年两次修订《著作权法》,明确用《著作权法》保护计算机软件,并结合计算机程序的特点作了一些具体规定。此后,其他国家也纷纷效仿。通过著作权途径保护软件,在国际上已成为主流。根据著作权保护的基本原则,即思想(idea)、表达(expression)二分法,著作权法保护思想的表达,却不保护思想本身。如果思想被以某种有形的形式表达,那么这种表达受到著作权法的保护并且不可复制,但是该思想本身可以由他人自由使用。但由于计算机软件的开发本身具有"思想与表达相混合"的特点,所以要想在保护中严格区分思想和表达存在困难。在1992年美国CA公司起诉Altal公司一案中确立了"抽象检测法",即抽象—过滤—对比测试法(abstraction-filtration-comparison test),这种方法的核心思想是将软件分为若干层,然后一层一层抽象出思想,过滤掉共有领域的内容,再将剩下的部分进行对比测试。这种方法虽已被很多专家认同,但对于思想表达复杂性强的计算机软件,在实际操作中仍较难把握。

2. 专利法保护

计算机软件既具有与文字作品相似的表现形式,又是一种技术方案。特别是软件中的"程序",具有文字作品和实用工具的两重性。计算机软件的核心内容是计算机程序,而计算机程序的精华往往不在其表现形式,而在其内涵——计算机程序的设计构思原理、运算模型和运行方法等。因此,依著作权法予以保护,并非尽善尽美。基于计算机程序的特征,它也可以成为专利法保护的客体,也就是说计算机程序的开发思想、方案、程序以及执行步骤,或者以计算机程序为基础、以人类自然语言描述的完整方案,也可以寻求专利法的保护。目前,各国软件保护立法都或多或少地向着工业产权保护的方向发展。如率先采用著作权保护软件的美国,通过司法解释加进了工业产权的内容。1980年10月,美国专利与商标局曾规定,涉及工艺方法、材料配方、计算机操作程序等可以实际应用的计算机软件可以申请专利,但仅包含数学计算公式、计算方法及抽象的理论概念的计算机程序不能申请专利。日本1976年颁布了计算机程序申请发明专利权的范围和审查标准,解决了计算机软件的法律保护问题。其在1985年之后增订版权法时,也加进了工业产权的内容。

美国将计算机软件作为产权受专利法保护,主要是有以下原因。

(1) 以充分激发和保障投资开发计算机软件的合法权益。

(2) 促进计算机软件的广泛普及。

(3) 促进计算机技术的应用,提高生产和管理水平。

3. 商业秘密保护和合同法保护

计算机软件申请专利保护还是不能满足对软件思想内容的保护的要求。因为专利申请有许多限制和条件,比如专利申请必须有技术内容,专利法不保护抽象的数学公式、算法和逻辑推理等,很多软件无法满足这个要求。而且专利的创造性、新颖性和实用性的要求也不是有技术内容的软件就一定能达到的。所以有必要用商业秘密保护和合同法保护。商业秘密保护和合同法保护的优点在于,既能保护体现软件作者思想的"表达",又能保护软件作者的"思想",也不需要履行任何手续。只要软件的思想不为社会所知,这种保护就是有效的。商业秘密保护与合同法的保护是分不开的,商业秘密的保护往往通过合同的方式实现。所以,要想有效地保护软件,一定要利用各种合同。我国的计算机软件著作权和转让合同登记制度为这种保护方式提供了条件。当然,商业秘密保护也存在一些问题,如对善意的第三方使用或销售的行为不能采取任何措施;再如,没有合同关系的第三方通过正当途径(如合法购买、转让)取得软件后,将软件技术扩散,那么,软件权利人对该第三人不能提出诉讼。显然,对于需要在市场上大量销售和使用的软件,这种保护方式就不太有效。因为,一旦了解软件的人增多,保护的可能性就会降低;而且,如果他人独立设计出相同或相似的软件并申请专利,原软件权利人就不仅丧失了商业秘密权利,而且在专利法中采取申请在先原则的国家中,原软件权利人的行为还要受到专利法的约束。

4. 反不正当竞争法保护

软件权利人利用反不正当竞争法的规定,即使在该国没有商业秘密法或软件权利人没有与他人签订合同的情况下,也可以寻求到一定的保护。比如,如果为了达到获得软件开发技术秘密的目的,将竞争企业的"人才"挖走,这是反不正当竞争法所禁止的。

5. 商标法保护

对于大量投放市场的软件,商标保护也是一种必要的、有效的保护手段。软件产品的商标代表了产品开发者或开发企业的信誉,也是其重要的无形资产。商标制度的普及有助于软件开发者对软件的保护。

综上所述,对于计算机软件这样的新生事物,简单地用某一种传统的、单一的方式已难以实现有效保护,软件权利人应该综合运用多种法律手段对计算机软件进行全面的、有效的保护。首先,商标的申请应该在新软件创作出来以前就进行。在这一点上,可以借鉴国外企业的经验。其次,一项计算机程序设计完成之后,可就其中的构思、方法、步骤等申请发明专利,并将其中较有价值的版本办理计算机软件登记。这样,在保护力度和快速占领市场上都取得了主动,特别是在发明专利尚未授权的情况下,必要的软件登记一方面可以起到抑制盗版的作用,另一方面可以保护著作者的潜在权益。

实际上,用著作权法保护计算机软件存在很多缺陷,有鉴于此,不少国家在著作权法下制定了保护计算机软件的单项条例,针对计算机软件的特点,给予更完善的保护。

(三)计算机软件的国际保护

在国际上,保护计算机软件主要是保护著作权的国际公约,《世界版权公约》和《保护文学艺术作品伯尔尼公约》,当然,这两个公约对保护计算机软件并不完备。因此,人们也希望有一个国际上统一的保护计算机软件公约。世界知识产权组织(WIPO)1983年提出了一份《计算机软件保护条约》草案,为缔结一项保护软件的国际公约开辟了道路。公约给软件下了定义,有几条实质性条款,草案提出了参加该条约的成员国国内法律必须达到的最低要求。其总原则是防止和制裁一切非法复制、使用或销售软件的行为。其核心内容有以下五点。

(1) 不得用任何工具,以任何形式复制他人的软件。

(2) 未经软件所有人同意,不得向任何人披露软件的内容,也不允许为任何人储存、复制、披露软件内容创造任何条件。

(3) 不得利用一种计算机程序或程序说明书来制作(即设计)相同的(或实质上相同的)另一种计算机程序或程序说明书。

(4) 不得把上述(即第三项)指的那种仿制的计算机程序储存在计算机中,也不得用它来操作计算机。

(5) 不得为出售、出租、进出口或发放许可证等目的,提供或存放非法复制、复印、仿制的软件。

从上面所介绍的关于计算机软件的法律保护形式可以看出,目前大多数国家对计算机软件的保护,基本上是采用专利法、版权法或商业秘密的保护方式。国际上虽有世界知识产权组织提出了保护软件的条约草案,但尚未得到普遍响应。总之,对计算机软件的保护至今还很不完善,需要各个国家的共同努力,才能较好地解决计算机软件的保护问题。

八、我国对计算机软件的保护

随着信息经济的快速发展,计算机软件贸易在技术贸易中所占的比重也呈现出越来越大的趋势,因此,对计算机软件的保护也变得更加重要。目前,我国关于计算机软件的法律保护主要是著作权法,另外还涉及专利法、商标法、合同法、商业秘密保护等。2001年12月20日根据新修改的《中华人民共和国著作权法》颁布的新的《计算机软件保护条例》,标志着我国对计算机软件保护法律的不断完善。但是也应看到,目前国内计算机软件知识产权保护立法体制仍未建立,国内软件市场侵权、盗版现象盛行,国际软件纠纷不断,因此我国在计算机软件的国内外保护上仍有相当长的路要走。

(一) 软件著作权的侵权行为

根据我国2001年颁布的《计算机软件管理条例》第五条规定:"中国公民、法人或者其他组织对其所开发的软件,不论是否发表,依照本条例享有著作权。"在规定的保护期限内,著作权人享有法律授予的人身权和财产权,除非法律规定不视为侵权行为的情况外,任何人不经著作权人的许可,故意或疏忽侵犯著作权人权利的行为均视为侵权行为。《计算机软件管理条例》第二十三条和第二十四条对侵权行为作了详细的规定,下述行为构成了计算机软件的侵权行为。

(1) 未经软件著作权人许可,发表或者登记其软件的。

(2) 将他人软件作为自己的软件发表或者登记的。

(3) 未经合作者许可,将与他人合作开发的软件作为自己单独完成的软件发表或者登记的。

(4) 在他人软件上署名或者更改他人软件上的署名的。

(5) 未经软件著作权人许可,修改、翻译其软件的。

(6) 其他侵犯软件著作权的行为。

(7) 复制或者部分复制著作权人的软件的。
(8) 向公众发行、出租、通过信息网络传播著作权人的软件的。
(9) 故意避开或者破坏著作权人为保护其软件著作权而采取的技术措施的。
(10) 故意删除或者改变软件权利管理电子信息的。
(11) 转让或者许可他人行使著作权人的软件著作权的。

(二) 侵权行为的法律责任

按照《计算机软件管理条例》上述(1)至(6)应根据情况,承担停止侵害、消除影响、赔礼道歉、赔偿损失等民事责任。

(7)至(11)项,情节较轻的可以采取停止侵害、消除影响、赔礼道歉和赔偿损失等民事处理方法;对于同时损害社会公众利益的情节较严重的侵权行为,由著作权行政管理部门责令停止侵权行为,没收违法所得,没收、销毁侵权复制品,可以并处罚款;情节严重的,著作权行政管理部门并可以没收主要用于制作侵权复制品的材料、工具、设备等;触犯刑律的,依照刑法关于侵犯著作权罪、销售侵权复制品罪的规定,依法追究刑事责任。

此外,有前款第(7)项或者第(8)项行为的,可以并处每件100元或者货值金额1倍以上5倍以下的罚款;有前款第(9)项、第(10)项或者第(11)项行为的,可以并处20万元以下的罚款。

第二节 版权及邻接权

一、版权及邻接权的含义及范畴

版权又称著作权,它是指文学、艺术和科学作品的作者以版权法及相关法律所享有的权利。版权属于民事权的范畴,是知识产权的一个重要组成部分。版权是知识产权的传统形式。与专利权一样,版权持有者有禁止或允许任何人在某一段确定年限内复制他的材料,销售、遗赠或许可的权利。

版权还有一些特点。版权只有在申请时才能确立,没有筛选或接受程序;版权可以跨越很长的时间段,通常是创作者的有生之年至其死后50年;版权争端要在法院解决;版权包含了对某个创意的独特表达方式,并非创意本身,例如一本有关技术转让的书是可以被授予版权的,但书中的观点不能获得版权。

版权法是有关治理创造者权利法律的一个分支。版权规定了治理创造者对其创作品的权利。这些权利为大多数国际的法律确认,其目的是鼓励和激发个人创造力,保护通过包括物质和非物质载体表现出来的创造性知识成果并使这些成果发挥最大作用。在各国版权法中,版权所包含的内涵有狭义和广义之分。狭义的版权包括著作人身权与著作财产权;广义的版权包括著作人身权、著作财产权和著作邻接权。

(一) 著作人身权

著作人身权的内容主要包括发表权、署名权、作品修改权和保护作品完整权。

1. 发表权

发表权是作者所享有的决定作品是否公之于众的权利。文学艺术作品完成之后,其作者有权决定是否将其公之于众,公开的时间、地点、地域范围以及公开的方式都应当取决于作者的意愿。

2. 署名权

署名权是作者在其创作的作品及其复制品上标示自己姓名的权利。署名权只能由作品的实际作者和被认定为作者的法人和任何非法人单位才能享用,实际作者以外的任何其他人都无权享受署名权。署名权说明了只有实际作者署名才是合法行为,其他人员未经允许署名都是非法行为;作者在自己作品署上其他人的姓名也是无效的法律行为,他人也不能够享受署名权及该作品的财产权或人身权。

3. 作品修改权

作品修改权即修改或授权他人修改作品的权利。作品在完成或发表之后,作者均可自行进行修改,也可以授权他人修改其作品。

4. 保护作品完整权

与作品修改权相对应的是保护作品完整权。保护作品完整权是保护作品不受歪曲、篡改、贬抑或其他更改的权利。此处所讲的歪曲是指故意改变事物的真相、事实或内容;篡改是指用作假、伪造的手段对作品进行改动或曲解。

上述作者人身权亦称作者精神权利。根据《知识产权协定》的规定,各成员不对该精神权利的规定承担义务。

(二)著作财产权

著作财产权是著作权人依据著作权法及相关法律通过各种合法形式利用其作品从而享受其带来的经济利益的权利。由于著作权人利用作品可给其带来经济利益,故称之为著作财产权或版权的经济权利。著作财产权因作品的创作依法为著作权人拥有,也因法律规定的期限届满而消灭,并不是永久存在的。著作财产权可以分为复制权、演绎权和传播权三大类。具体来说,根据《中华人民共和国著作权法》第十条规定,著作财产权主要包括以下十三项:复制权,发行权,出租权,展览权,表演权,放映权,广播权,信息网络传播权,摄制权,改编权,翻译权,汇编权及应当由著作权人享有的其他权利。除了上述经济权利之外,版权法还赋予原作者道义权,以确保作者即使在经济权利转让之后也可以声明其作品的作者身份,反对任何歪曲或其他篡改行为,以防败坏或损害作者的声誉。

(三)著作邻接权

邻接权指与版权相邻近的权利。"主要包括唱片制作者对其录制的唱片、编演者对其表演的节目、广播电视组织对其广播的节目所享有的权利。"

广义的版权除了包括著作人身权、著作财产权之外,还应包括著作邻接权。文学艺术作品创作的目的往往是为了在大众中间传播,因此需要那些具有专业技巧和特长的人来赋予作品某种适当的形式,以便增加传播的效果并使社会公众较易接受。所以除了保护作品作者的权利外,还应对作品的表演者、唱片制作者和广播者的权利进行保护。这些中间手段的权利随版权而形成,而且这些权利的行使与版权行使紧密相连,故称之为著作邻接权。

二、版权的主体和客体

（一）版权的主体

因创作成果而享有版权的人。可以是自然人,也可以是法人,少数情况下也可以是国家。就自然人来看,包括从事科学研究、文学艺术创作的专业人员及业余人员;成年人,未成年人以及少数创作了作品(如绘画、书法、表演)的少年儿童;就法人来看,作为版权的主体有编辑刊物、辞书等集体作品的编辑出版单位;也有制订写作计划、组织人员创作并以法人名义发表作品的机构。

版权主体还有个人(独立创作作品)和集体(两人以上的作者合著作品)之分。合著中,有的是一部完整著作,其中各组成部分不能独立存在,全体合著人是版权主体;有的是各组成部分可以分别存在(如歌词与歌谱),全体合著人或各组成部分的作者可分别成为整部作品或组成部分作品的版权的主体。

版权的主体还可分为原始的或继受的主体。前者是直接以创作活动完成作品的人,享有包括人身和财产权益的完整著作权利;后者是依据合同、继承等方式承受著作权利的人,只享有获得财产权益的部分版权。

就版权主体与版权客体之间关系,还可以分为版权所有人和作者。作者是版权的原始所有人,但版权可以通过合同、继承等转归非作者所有。作者在出让版权(一般仅指经济权利)后成为非版权所有人,不能妨碍作为版权所有人的非作者行使权利。在国际范围内,一个受公约保护的作者可以将其权利转让。

（二）版权的客体

版权的客体表现为创作活动的某种客观形式。版权的客体是作品,一般认为其构成要件有三个:一是思想或感情的表现;二是具有独创性和原创性;三是具有有形的表现形式。

版权的客体首先必须是创作,而不是抄袭,否则应对剽窃人追究法律责任。作品中表现的思想不要求是新的,但其文学的和艺术的表现形式必须是由作者首创的。并且,版权与作品的质量和价值无关。

其次,必须使作品内容运用一定形式加以表现,包括文字形式(论著、翻译、创作、注解等);口头形式(演讲、报告、说唱等);其他形式(乐谱、绘画、书法、雕塑、舞蹈、摄影、电影、录像、图表等)。

关于计算机程序的保护。协定规定,计算机程序,无论是原始资料还是实物代码,应根据《伯尔尼公约》作为文学作品来保护。对于数据库或其他材料的集合体,无论是机器可读形式或者其他形式,只要内容的选取或者编排构成智力创作,也将给予保护。

三、版权的保护

（一）版权邻接权保护原则

1. 独立性原则

除《伯尔尼公约》的规定外，世界贸易组织成员版权及邻接权受保护的程度及为保护作者权利而提供保护的方式，完全适用提供保护所在国的法律。但各国不得以本原则为由拒绝为外国作品提供保护。

2. 国民待遇原则

国民待遇原则，即外国商品或服务与进口国国内商品或服务享有平等待遇的原则。

3. 自动保护原则

自动保护原则即作品不论其来源国只要享受及行使国民待遇，无需经过任何手续就可以自动受到保护。按照这个原则，世界贸易组织成员和《伯尔尼公约》签署国国民、在成员国有长期居住权的非《伯尔尼公约》签署国的国民，在其文学艺术作品创造完成时即应自动享有版权，如果非签署国国民在签署国无长期居所地，则其作品首先在成员国出版时享有版权。

（二）最低保护标准原则

以下这些原则是各国进行版权保护时的最低原则。

（1）无论作品表现形式如何，但应当包括文学、科学和艺术领域的一切成果。

（2）各国版权法中的权利限制限定在一定的范围之内。可以未经作者许可将讲课、演讲等公开发表的口头作品以印刷、广播等方式复制并传播。但权利仍属于作者。

（3）只有在特定条件下才能行使限制权利。

（三）版权保护范围

法律不仅保护智力作品创作者的权利，而且保护帮助传播这些作品的辅助者的权利。辅助者对文化成果的传播和保护有十分重要的意义和作用。特别在发展中国家，这些辅助者还起着承接沟通国内外桥梁的作用，有利于国外先进技术信息引进国内，同时还能够帮助保留本国传统文化遗产。

四、版权保护的限制

（一）作品保护期限

一般作品保护期不少于作者有生之年以及死后的50年。其具有的保护时间为：

（1）电影作品不少于与观众见面起50年，若50年尚未与观众见面则为摄制完成的50年。

（2）摄制作品及实用艺术作品作为艺术作品在《伯尔尼公约》成员国受到保护，该国即可自行立法决定其保护期，但该保护期至少维持到该作品完成之后25年。

（3）合作作品或被视为共同创作的作品的其他作品，保护期为共同作者中最后一个去世者有生之年直至死后50年。

（4）匿名或用假名作品，用合法方式证明其假名身份，则保护期为作者有生之年加死后 50 年。只要能够合理推断匿名或假名作者去世已超过 50 年,则不得再要求成员国对其作品予以保护。

《知识产权协定》第十四条第五款规定:对于唱片表演者和制作者的有效保护期为录制或节目表演当年年底开始起算至少 50 年。对广播组织的保护,保护期限一般为广播开始那一年年底起至少 20 年。

(二)关于邻接权的保护范围

《知识产权协定》第十四条规定了表演者、唱片制作者和广播组织的保护范围。

(1)表演者可以禁止下列未经其授权的行为:录制其未曾录制的表演并翻录这些录制品;以无线方式广播和公众播出其现场表演。

(2)唱片制作者有权授权或禁止他人复制发行并获得报酬的权利。

(3)广播组织有权禁止未经其授权的下列行为:录制其广播、复制其广播作品、通过无线方式重播或广播、原样向公众播送电视广播。

(4)唱片制作者享有出租权。

(三)对邻接权保护的权利限制、例外和保留

《知识产权协定》允许各成员国对邻接权的保护作出例外,也允许成员国或地区降低对邻接权的保护标准。

(四)地域限制

作品版权所有人受到一国法律的保护,以禁止在该国内进行受版权限制的活动。为了在其他某个国家取得同样的保护以禁止这些活动,版权所有者必须求助于这个国家的法律。如果这两个国家都是国际版权公约的成员国,那么由于地理界限而产生的实际问题比较容易解决。

第三节 集成电路及布图

一、集成电路和布图设计的基本概念

(一)集成电路

集成电路,是指半导体集成电路,也就是我们平常所说的芯片,是整个电子工业的基础,是信息产业的核心。集成电路作为微电子技术的核心,是目前发展非常迅速的一种新技术,广泛应用于多种产品。

世界知识产权组织《关于集成电路知识产权条约》第二条规定,集成电路,是指"一种产品,在它的最终形态或中间形态将多个元文件,其中至少有一个是有源文件,和全部或部分互连集成在一块材料之中和/或之上,以执行某种电子功能"。集成电路具有下列特征。

1. 集成性

集成电路中的所有电子元件高度集中于一块芯片上。根据集成度(即一块芯片上有多少电子元件)大小,可分为小规模、中规模、大规模和超大规模集成电路。

2. 整体性

集成电路中各元件同时制成,彼此互连,不可分割,任何一个元件的损坏将导致整块集成电路的障碍。

3. 工艺严格

超大规模集成电路要将十几万个元件集成于一块30平方毫米的芯片上,其制作工艺要求极为严格,堪称"精工细作"。

(二)集成电路布图设计

集成电路布图设计(以下简称布图设计),就是集成电路的拓扑图(integrated circuit designs)中至少有一个是有源元件的两个以上元件和部分或者全部互连线路的三维配置,或者为制造集成电路而准备的上述三维配置。布图设计又称掩模作品或拓扑图。布图设计或是以掩模图形的方式存在于掩模板上,或是以图形的方式存在于芯片表面和表面下的不同深度处,或是以编码方式存在于磁盘、磁带等介质中。布图设计要受到保护必须具备独创性。

二、集成电路布图设计专有权的含义

(一)布图设计专有权的概念

布图设计专有权,是指通过申请注册后,依法获得的利用集成电路设计布图,实现布图设计价值得到商业利益的权利。权利人有权禁止未经许可人许可将受保护的布图设计、含有布图设计的集成电路或含有集成电路的物品投入商业利用的权利。布图设计专有权具有排他性和财产性的特征。

(二)布图设计专有权的性质

国际上对集成电路布图设计主要有以下两种方式。

1. 著作权保护

著作权的保护方式,是人们最初的选择,但其存在下列问题。

(1) 版权法所保护的图形作品皆是一定思想、情感的表达形式,而布图设计则是由电子元件及其连线所组成,其根本任务是执行某种电子功能,而不表现任何思想情感。

(2) 造型艺术作品基于其"艺术性"而非"实用性"受到版权法的保护,而与之相反,布图设计作为由多个元件合理分布并相互关联的三维配置是基于其"实用性"而非"艺术性"受到法律保护的。

(3) 即使将布图设计视为作品,版权法亦无法提供充分有效的保护。对集成电路布图设计的复制,是将解剖出的布图设计重新配置在芯片上,这种对立体作品的非表面化复制,在许多国家的版权法中是不被禁止的。

(4) 版权法对作品的保护期较长,一般不少于50年。对处于版权保护期内的作品的修改须经版权人的同意。如果将集成电路布图设计作为作品进行保护,不利于集成电路的更新换代,会限制集成电路产业的发展。

2. 专利保护

布图设计旨在实现某种功能,达到某种技术效果。然而,通过专利法保护亦不合适。其理由是:

(1) 大多数布图设计很难达到专利法所要求的创造性。

(2) 布图设计不决定集成电路的外观,因此亦不能通过工业品外观设计加以保护。

(3) 集成电路技术发展迅速,产品更新换代很快,而专利的申请和审批周期又比较长,因此,通过专利法保护不利于布图设计的及时应用。

可见,布图设计是一种新生的智力成果,现有的知识产权法律保护形式均无法满足保护集成电路布图设计的需要。因此,必须突破已有的知识产权法的界线,采取专门立法予以保护。美国是世界集成电路的生产和出口大国,为了保持其半导体工业的优势和领先地位,1984年由美国国会通过了《半导体芯片保护法》,从而确立了一种新型的半导体芯片法律保护制度。该法对布图设计专有权的保护,借鉴版权法与专利法的有关规则和方法。

在美国的影响下,日本于1985年,欧盟于1986年先后作出了保护集成电路布图设计的法律规定。同时,国际组织也着手研究布图设计的法律保护问题,1989年5月,世界知识产权组织在华盛顿召开的专门会议上通过了《关于集成电路的知识产权条约》(以下简称《集成电路条约》)。该条约对布图设计的客体条件、保护的法律形式及保护范围、国民待遇、权利限制等作了具体规定。《与贸易有关的知识产权协定》亦专节规定了对集成电路布图设计的保护问题。2001年,我国也颁布了《集成电路布图设计保护条例》(以下简称《条例》)及其《实施细则》。

(三) 集成电路布图设计保护取得的条件

布图设计要有独创性,布图设计应当是作者依靠自己的脑力劳动完成的,设计必须是突破常规的设计,或者即使设计者使用常规设计但通过不同的组合方式体现出独创性时,都可以获得法律保护。

布图设计必须经过相关管理部门登记,不履行登记手续,不能取得布图设计专有权。布图设计专有权的取得方式:我国采取登记制,即布图设计创作完成后,创作人或其他欲取得专有权的人必须向有关部门办理登记手续后,才能取得专有权。

(四) 布图设计权的内容

1. 复制权

复制是指重复制作布图设计或者含有该布图设计的集成电路的行为。

2. 商业利用权

商业利用权是指专有权人为商业目的而利用布图设计或含有布图设计的集成电路的权利。

(1) 为商业目的进口、销售或以其他方式提供受保护的布图设计。

(2) 为商业目的进口、销售或以其他方式提供含有受保护的布图设计的集成电路。

(3) 为商业目的进口、销售或以其他方式提供含有该集成电路的物品。

三、集成电路及布图的法律保护

(一) 保护的主体和客体

1. 集成电路布图设计权的主体

(1) 布图设计专有权属于布图设计创作者,但条例另有规定的除外。

(2) 两个以上自然人、法人或者其他组织合作创作的布图设计,其专有权的归属由合作者约定;未作约定或者约定不明的,其专有权由合作者共同享有。

(3) 受委托创作的布图设计,其专有权的归属由委托人和受托人双方约定;未作约定或者约定不明的,其专有权由受托人享有。

(4) 创作人依其职务进行集成电路布图设计,而且主要利用所在的法人单位或非法人单位的设备、材料、资料、场地、经费等进行设计工作,该布图设计的专有权由创作人所在单位享有,除非雇佣合同存在相反规定。

2. 集成电路布图设计专有权的客体

《集成电路条约》第三条规定:"每一缔约方有义务保证在其领土内按照条约规定对布图设计(拓扑图)给予知识产权保护。"法律保护的是集成电路布图设计,而非集成电路本身,也不延及思想、处理过程、操作方法或者数学概念等。

(二) 保护的必要性

(1) 集成电路设计是作者以及相关团队智慧的结晶和脑力的凝结,是开发单位投入资金和精力的最终物化表现。新的集成电路设计可以减少原材料使用量、发热量、体积并提高其性能。对集成电路设计保护是对财产的保护。

(2) 集成电路布图设计成为盗版行为的侵害对象,对集成电路布图设计进行法律保护可以减少因盗版而对开发商造成的损失。

(3) 加强集成电路布图设计保护有利于促进一国集成电路产业的发展。通过立法,建立布图设计专有权保护,保护布图设计创作者的合法权益可以促进整个集成电路产业的良性发展。

(4) 加强集成电路保护有利于促进新的布图设计的产生。集成电路在设计过程中会参考过去的设计方案,只有明确表示保护的形式和范围,才能够防止投入资金和精力设计出的产品有盗版之嫌。

(三) 侵犯集成电路布图设计的表现及处理方法

1. 侵权行为

根据我国《集成电路布图设计保护条例》第三十条规定:未经布图设计权利人许可,有下列行为之一的,即构成侵权行为。

(1) 复制受保护的布图设计的全部或者其中任何具有独创性的部分的。

(2) 为商业目的进口、销售或者以其他方式提供受保护的布图设计、含有该布图设计的集成电路或者含有该集成电路的物品的。

2. 处理办法

(1) 行政处理

行政处理的部门为国务院知识产权行政部门。处理的方式主要有:民事赔偿,调解,责令侵权人立即停止侵权行为,没收、销毁侵权产品或者物品。

(2) 司法处理

未经布图设计权利人许可,使用其布图设计,即侵犯其布图设计专有权,引起纠纷的,布图设计权利人或者利害关系人可以向人民法院起诉。

四、集成电路及布图法律保护的限制

（一）合理使用

《条例》第二十三条规定，下列行为可以不经布图设计权利人许可，不向其支付报酬。

（1）为个人目的或者单纯为评价、分析、研究、教学等目的而复制受保护的布图设计的。

（2）在依据前项评价、分析受保护的布图设计的基础上，创作出具有独创性的布图设计的。该规定又被称为保护"第二布图设计"。

（3）对自己独立创作的与他人相同的布图设计进行复制或者将其投入商业利用的。该规定旨在保护独立创作的第三人的利益。

（二）权利用尽

《条例》第二十四条规定："受保护的布图设计、含有该布图设计的集成电路或者含有该集成电路的物品，由布图设计权利人或者经其许可投放市场后，他人再次商业利用的，可以不经布图设计权利人许可，并不向其支付报酬。"

（三）非自愿许可

《条例》第二十五条规定："在国家出现紧急状态或者非常情况时，或者为了公共利益的目的，或者经人民法院、不正当竞争行为监督检查部门依法认定布图设计权利人有不正当竞争行为而需要给予补救时，国务院知识产权行政部门可以给予使用其布图设计的非自愿许可。"作出上述决定，应当及时通知权利人。非自愿许可的理由消除并不再发生时，应根据权利人的请求，经审查后作出终止使用布图设计非自愿许可的决定。取得使用布图设计非自愿许可的主体不享有独占使用权，无权允许他人使用并应向权利人支付合理报酬，数额由双方协商；双方不能达成协议的，由国务院知识产权行政部门裁决。对国务院知识产权行政部门的决定或裁定不服的，有关当事人可以自收到通知之日起3个月内向人民法院提起行政诉讼。

（四）反向工程

所谓反向工程，又称"还原工程"，是指对他人的布图设计进行分析、评价，然后根据这种分析评价的结果创作出新的布图设计。运用反向工程对布图设计进行复制，不构成侵权。

（五）合理使用

合理使用即为个人目的或者单纯为评价、分析、研究、教学等目的而复制受保护的布图设计的，可以不经布图设计权利人许可，不向其支付报酬。

（六）权利穷竭

权利穷竭，也称首次销售、权利用尽制度，其含义是指布图设计权利人或经其授权的人将布图设计或含有该布图设计的集成电路产品投放市场后，对与该布图设计有关的商业利用行为，不再享有控制权。

（七）善意买主

如果一个人不知情购买了含有非法复制的受保护的布图设计的集成电路产品，而将该产品进口、销售或从事其他商业利用,不追究其法律责任。

（八）强制许可

（1）强制许可是指国家主管机关,根据法律规定的情形,不经布图设计权人的许可,授权他人布图设计的一种法律制度。

（2）强制许可实施的情形主要有三种情况:一是在国家出现紧急状态或者非常情况时;二是为了公共利益的目的;三是经人民法院、不正当竞争行为监督检查部门依法认定布图设计权利人有不正当竞争行为而需要给予补救时。

五、保护期限

我国《集成电路布图设计保护条例》第十二条规定:"布图设计专有权的保护期为10年,自布图设计登记申请之日或者在世界任何地方首次投入商业利用之日起计算,比较前日期为准。布图设计成为以正当方式向主管机关提出登记申请的内容或登记的内容之前,任何缔约方均有不保护该布图设计的权力。但是,无论是否登记或者投入商业利用,布图设计自创作完成之日起15年后,不再受本条例保护。"

本章小结

本章介绍了国际技术贸易中的其他标的,如计算机软件、工业品外观设计、版权和版权邻接权、工业产权、集成电路布图设计等内容。此外,还介绍了各种标的许可的概念、特点、分类以及各种保护的实际应用。

关键词

计算机软件　工业品外观设计　版权　版权邻接权　工业产权　集成电路布图设计

思考题

1. 目前对计算机软件的保护主要涉及哪些方面?
2. 著作权的主体和客体是什么?
3. 版权及邻接权指的是什么?
4. 什么叫集成电路布图设计专有权?
5. 国际技术贸易各种标的保护的期限和限制是什么?

案例分析

2015年,原告磊若软件公司(以下简称磊若公司)系"Serv-U"系列计算机软件作品的著作权人,其通过系统命令检测到江苏林芝山阳集团有限公司(以下简称林芝山阳公司)官方网站正在使用磊若公司一款"Serv-U FTP Server v.6.4"的软件,且磊若公司销售系统上未见林芝山阳公司购买该软件的记录。磊若公司认为林芝山阳公司系擅自复制、安装及商业使用上述软件,侵害了磊若公司的著作权。故请求判令林芝山阳公司立即停止侵权并赔偿经济损失及合理费用15万元,并承担本案诉讼费。

林芝山阳公司辩称,其网站使用的服务器是由无锡市网之易科技有限公司(以下简称网之易公司)提供,林芝山阳公司并非该服务器的所有人,林芝山阳公司与网之易公司签订了服务协议,公司网站由网之易公司管理和服务。林芝山阳公司也未安装涉案软件。

无锡市中级人民法院一审认为:依据现有证据,可以认定涉案软件系林芝山阳公司安装,主要理由:(1)涉案网络服务订单内容未涉及网站托管及日常维护的内容,更未约定服务器软件安装事宜,难以认定林芝山阳公司所称其网站由网之易公司进行管理服务的事实,更不能推导出涉案软件系由网之易公司安装的事实。(2)林芝山阳公司作为涉案网站的主办单位,有权对该网站进行管理,同时亦应对网站内容及相应服务器中的知识产权侵权行为承担责任。即使林芝山阳公司的网站交由网之易公司进行管理维护,但这并不改变其为涉案网站的控制者和管理者的身份,同时亦不影响其涉案网站引发的相关法律责任的承担者身份。据此,一审法院判决:林芝山阳公司停止侵权,赔偿磊若公司70 000元。

林芝山阳公司不服一审判决,向江苏省高级人民法院提起上诉。

江苏省高级人民法院二审查明,在磊若公司起诉的另两个案件中,磊若公司起诉的被告服务器IP地址均是222.186.37.11,与本案被控侵权服务器地址相同。江苏省高级人民法院二审认为:一个公司在因特网中发布自己公司网站主要有两种模式。第一种模式,是公司购买一台服务器,将服务器置于自己公司机房或者托管到电信机房接入因特网。在这种模式下,服务器的所有权属于公司所有,公司对服务器享有完整的控制权,可以随意在服务器中安装软件、更改配置。因此,如果服务器中安装有侵权软件,则相应的侵权责任应由该公司负担。第二种模式,是公司到网络空间服务商处购买服务器空间,网络空间服务商负责相关服务器的连接入网以及系统软件的维护、设置,并负责将客户空间中的网站内容以WEB方式发布。一台服务器中的空间可以被划分为若干份分配给若干个公司。在这种模式下,购买空间的公司对服务器没有控制权,仅对自己购买空间中的数据有上传、下载、删除等有限的操作权限。其不能在服务器中复制、安装系统软件,复制被控侵权软件的行为不可能由网络空间购买者实施。故在空间使用者没有过错的情形下,侵权责任一般应由服务器的实际管理者和控制者承担。

本案中,通过相关证据可以认定林芝山阳公司购买了网之易公司的服务器空间用以发布其公司网站。同时,磊若公司在另外两个案件中起诉的被告服务器 IP 地址与本案被控侵权服务器 IP 地址均是 222.186.37.11,而因特网中的一个 IP 地址仅能对应一台服务器。由此可见,林芝山阳公司仅租用了网之易公司服务器中的部分空间,还有许多别的公司也通过该服务器发布自己的公司网站。在此情形下,林芝山阳公司不是涉案服务器的实际管理者,也无权在该服务器中安装涉案软件。另外,磊若公司亦无证据证明林芝山阳公司与网之易公司有实施共同侵权的故意与行为,故二审法院认为,林芝山阳公司并未侵犯磊若公司的计算机软件著作权,改判驳回磊若公司的全部诉讼请求。

案例思考:
1. 本案中是什么因素影响了计算机软件著作权的侵权认定?
2. 上述案例中对于计算机软件著作权侵权案件中侵权责任主体的认定有哪些启示?

第十章

国际技术贸易的主要方式

近几年,世界上许多国家对进口商品都设置了关税和非关税的壁垒,使国际企业以传统的产品贸易方式进入国际市场遇到了严重的障碍,以国际许可贸易为代表的国际技术贸易方式逐渐受到各国企业的青睐。在实际的国际技术贸易中,交易者会根据不同的环境、不同的贸易标的选择不同的贸易方式。本章主要介绍国际技术贸易中最主要的方式、各自的特点以及签订各种合同时应注意的问题。

第十章 国际技术贸易的主要方式

学习目标

通过对本章的学习,你应该能够:
1. 掌握国际许可贸易的概念、特点以及形式;
2. 掌握国际技术咨询的概念和特点;
3. 掌握国际技术服务的概念和特点;
4. 理解国际技术咨询与国际技术服务的相同点和不同点;
5. 了解各种贸易合同的基本条款和在签订中应注意的问题。

第一节 许可贸易

一、许可贸易的概念

许可贸易又称许可证贸易,是指许可方在一定的条件下,通过与被许可方签订许可合同,将其所拥有的技术或权利授予被许可方,允许其使用该项技术或权利并从被许可方获得相应报酬的技术交易行为。

许可贸易主要涉及专利、专有技术、商标和计算机软件著作权等工业产权。其中,专利权人、专有技术所有人、商标所有人和计算机软件著作权所有人等技术供方称为许可方,技术受方称被许可方。在许可贸易中,可以是只涉及专利、专有技术、商标或计算机软件所有权等知识产权的单纯的许可贸易方式,也可以是与机器设备买卖、投资、工程承包等混合起来进行的综合性业务。许可方和被许可方可以是自然人,也可以是法人。但由于许可贸易比一般的商品交易复杂,所以大部分交易主体是法人,包括一些政府机构。

二、许可贸易的特点

许可贸易除了具有贸易的一般特性之外,因其特殊的贸易标的,它也具有以下特殊的特性。

(一)地域性

地域性是许可贸易的一个重要特征,当许可方授予被许可方其拥有的技术或权利时,都会对技术或权利适用的地区范围作出规定,即明确规定被许可方在哪些区域范围内享有使用、制造、进口和销售许可标的的权利。原因有以下两点。

(1)许可贸易的标的如专利、商标等一般受到法律的保护,而像专利法、商标法之类的法律属国内法,即只在一国境内产生效力。因此技术或权利的许可方只能在法律允许的范围内与被许可方签订合同。

(2)被许可方是在支付报酬的前提下取得某项技术或权利的使用权,所以,技术或权利的有效区域决定了标的的价格。许可方授予的范围大时,被许可方支付的报酬也会相应增加;反之则反是。而且区域的大小也决定了被许可方在获得该项技术或权利之后能够获得的收益的多少,从而影响他对该技术或权利愿意支付的价格。

(二)时间性

与地域性一样,许可合同的时间长短决定了许可方可获得的报酬。一般来讲,时间越长,被许可方获得的收益越大,愿意支付的价格也越高。20世纪中期国际上的许可合同期限一般为10—15年。但随着科技的不断进步和知识更新频率的不断加快,现在的期限明显缩短,像计算机等一些更新换代较快的行业,合同期限仅为3—5年。

(三)复杂性

国际许可贸易的许可方与被许可方一般为法人或政府机构,涉及面比较广,牵扯到多个国家的多种法律,操作复杂。

三、许可贸易的类型

(一)根据许可贸易标的的不同,可将许可贸易分为专利许可、专有技术许可、商标许可、成捆许可和计算机软件许可

1. 专利许可

专利许可是许可贸易的主要形式,是指许可方将自己在某一区域获得的专利权通过许可方式允许他人在一定期限和区域内使用。各国法律对专利使用都有明文规定,专利持有人以外的任何人使用专利时都必须与持有人签订合同,并支付一定的专利许可费用。

2. 专有技术许可

专有技术许可是指在被许可方保证其技术保密义务的前提下,专有技术所有人将其拥有的专有技术有偿转让给被许可方使用,并有义务帮助被许可方掌握其专有技术。另外,在签订专有技术许可合同时,双方一定要签订保密条款,即对专有技术的保密范围和期限作出明确规定。

3. 商标许可

商标许可是指商标所有人授予被许可方在一定期限内使用其商标的权利。《商标法》规定,其他任何人使用商标所有人注册的商标时,必须与商标所有人签订使用商标许可的合同。一般来讲,商标代表一个企业的形象,因此,商标许可方有权对被许可方使用该商标的产品质量进行监督。

4. 成捆许可

成捆许可又称为一揽子许可、综合许可,是指在一个合同中,技术的所有者把专利、专有技术和商标的使用权结合起来转让给他人使用。

5. 计算机软件许可

计算机软件许可是指计算机软件的所有者与使用者签订合同,并要求其支付一定费用。由于计算机软件现在在许多国家受到版权法的保护,因此,若要使用计算机软件,必须与其所有人签订许可合同。

（二）根据授权范围的不同，许可贸易又可分为普通许可、排他许可、独占许可、分许可和交叉许可

1. 普通许可

普通许可是指许可方授予被许可方在许可贸易合同中规定的期限和区域内使用、制造、进口和销售许可标的的权利，同时许可方仍保留在该地区的上述权利，并有权将上述权利转让给第三方。此种情况下，许可方授予被许可方的权限较小，因此其费用一般较低。包括我国在内的一些发展中国家使用此许可方式较多。

2. 排他许可

排他许可也称全权许可，是指许可方授予被许可方在许可贸易合同中规定的期限和区域内使用、制造、进口和销售许可标的，许可方仍拥有上述权利，但不得将该权利转给合同区域内的第三方。排他许可的授权范围大于普通许可，费用也相对较高。这种方式在实际中运用不多，适用于研究所、实验室等一些研究机构。

3. 独占许可

独占许可是指许可方授予被许可方在许可贸易合同中规定的期限和区域内使用、制造、进口和销售许可标的的权利，同时许可方不能在该区域内享有上述权利，并且不能将上述权利授予该区域内的第三方。因此，独占许可的费用最高，比普通许可的费用一般要高出60%—100%。这种方式在市场竞争比较激烈的日、美、西欧等国家使用较多。

4. 分许可

分许可又称可转让许可、再许可或从属许可，是指许可方授予被许可方在许可贸易合同中规定的期限和区域内使用、制造、进口和销售许可标的的权利，并在许可方同意的条件下，被许可方可以许可方的身份将上述权利转让给第三方。许可方与被许可方存在契约关系，同被转让人再许可的第三方无契约关系，一切由被许可方负责。分许可一般用于跨国公司、垄断集团的子公司或其驻海外的机构。

5. 交叉许可

交叉许可又称交换许可，是指在合同规定的期限和区域内，许可方和被许可方将各自拥有的使用某项技术的权利提供给对方，供对方使用，双方互为许可方和被许可方。一般来讲，此种方式双方权利对等，不需支付使用费。交叉许可一般用于双方合作生产、设计、共同研究开发等项目中。

值得注意的是，不同的许可方式反映的是不同的授权期限和区域，是一个法律问题，跟技术的完整性没有任何关系。例如，普通许可与独占许可的区别是被许可方获得权利的大小程度和支付报酬的多少问题，许可方不能因为被许可人需要的是普通许可而提供给他少于独占许可时提供的技术，使之不能获得应达到的效益。对于被许可方来说，究竟选择哪种许可方式取决于实际市场的状况，看该行业是竞争性行业还是垄断性行业，其他企业进入该行业的难易程度。比如一些初始投入较高的基础行业以及一些国家政策限制自由进入行业，企业就没必要获得独占许可。

第二节　许可贸易合同的基本条款

在国际贸易中,国际技术贸易合同的形式多种多样。许可贸易是国际技术贸易的最主要形式,因而许可贸易合同也是应用最广泛、最普遍的一种合同形式。许可贸易合同也称为许可证贸易合同,是指技术或权利的许可方与被许可方以合同文本的形式,对双方的权利与义务作出明确规定,以允许被许可方使用许可方所拥有的技术或权利,实现特定技术转让目的的法律性文件。由于许可标的与方式的不同,许可合同的内容也会有所不同。本节主要介绍许可合同的一些共同性条款。

一、前言

在许可合同编有序号的正式条文之前,一般要有简要的前言。前言是合同的重要组成部分,主要包括合同的名称、合同的签订时间和地点、当事人双方名址以及鉴于条款。

(一) 合同的名称

合同的名称要准确反映合同的性质、类型和内容。比如:"××专利申请许可合同"、"生产××产品商标许可合同"等。确立合同编号是为了便于立卷归档,方便查阅,同时也有利于贸易双方信件、函电往来和合同的执行。

(二) 合同的签订时间和地点

合同的签订时间决定了合同的生效时间,即当事人何时履行义务的起算点。但合同的签订日期并不一定是合同的生效日期,因为有些国家规定,合同签订后要履行审批手续,经过批准才能生效。值得注意的是,《中华人民共和国技术进出口管理条例》第二章规定:对自由进口的技术实行登记管理,合同自依法成立时生效。在这种情况下,如果外方不需办理审批手续的话,合同签订日期就是生效日期。另外,在前言中要写明签约地点,在合同没有规定适用法律的情况下,签约地点往往是确定适用法律的重要收据之一。

(三) 当事人双方名址

当事人双方名址即当事人双方的法定名称和法定地址。合同双方是整个合同的权利、义务和一切法律责任的承担者,合同中全部条款都是围绕着这两者来拟定的,因此,完整、准确地写明双方当事人的名称和法定地址非常重要。另外,当事人的法定地址,还有利于双方的函电往来,避免误投误递,此外,还关系到发生争议时对适用法律的选择。例如,中国北京××××公司(以下简称"被许可方")为一方,×××国×××市××××公司(以下简称"许可方")为另一方。

(四) 鉴于条款

鉴于条款即叙述性条款,又称合同序文、鉴于文句(whereas clause),用以说明当事人双方的背景,解释签约的理由,表达双方想实现规定目标的愿望,陈述工业产权或专有技术的拥有情况、合法性和实施情况,以及表明合同双方当事人为达到预期目标而共同合作的意愿。

鉴于条款的主要作用在于避免损失,保护被许可方的利益。例如,在合同的开端要求合同当事人明确作出某些法律上的保证,保证许可或转让技术的有效性和合法性,从而保证许可方不敢随意将一些不合法的或不具实际意义的技术转让给被许可方。此外,鉴于条款还有助于解释合同条款,保护被许可人的合法权利。值得注意的是,鉴于条款的叙述与合同内容的地位是不同的,当两者发生矛盾时,以合同正文为准。例如:

鉴于许可方是××××技术的专利权持有者。

鉴于许可方有权,并且也同意将××××专利技术的使用权、制造权和产品的销售权授予被许可方。

鉴于被许可方希望利用许可方的专利技术制造和销售产品。

双方授权代表通过友好协商,同意就以下条款签订本合同。

二、主体部分

合同的正文即合同的基本条款,是整个合同的主体部分。主要包括以下十一个方面。

(一)定义条款

在国际贸易中,贸易双方有着不同的语言和文化背景,各国对同一名词的理解和解释也不相同,为了避免当事人日后在执行合同中产生分歧,便于双方明确达成一致的意见,对合同中反复出现的、容易混淆或关键性的名词、术语作出明确的规定,如合同产品、技术资料、合同工厂、专有技术、子公司、合伙人、第三方等。定义条款在合同中往往单独列出并置于各条款之首。例如,"专利技术"——指本合同附件一中所列的技术,该技术已于××年×月×日经中国专利局批准,获得了专利权,其专利编号为××××。

(二)合同的范围

合同的范围是一个合同的核心部分,是合同当事人权利义务的基础,也是衡量一项技术是否完整、有效地进行转让的标准。它主要规定了以下四点内容。

1. 基本技术的说明

说明应包括合同产品的名称、系列、型号、规格、地域、生产规模、主要技术经济指标和原材料的消耗定律。其详细内容应列入附件中。

2. 转让技术的方式

技术转让主要有以下三种方式。

(1)提供技术资料。指许可方向被许可方提供技术的设计图纸和数据、技术的范围和内容、生产工艺的资料和说明、技术资料清单以及所提供的技术资料的文字、度量衡制度、资料的套数等。具体技术资料应置于附件当中。

(2)技术服务。在有些时候,被许可方利用许可方提供的技术资料不一定能制造出合格产品。因为许可方的技术人员和操作人员的一些实际操作经验大部分无法用文字或书面形式表达出来,而是要在实际操作过程中才能传授,对于这些经验就需要许可方向被许可方提供技术服务,派遣技术和操作人员到被许可方的合同工厂进行实际传授,提供技术服务,这种方式有利于被许可方迅速掌握技术,但技术使用费也很高。许可方派人到合同工厂进行技术指导和服务时应承担的责任和义务、技术服务的范围及待遇条件、要达到的目标,应另列条款或写入附件中。

(3) 技术培训。许可方对被许可方的技术培训通常有两种方式:一种是许可方派有关技术人员到被许可方的合同工厂讲课,指导实际操作,进行现场培训;另一种是被许可方将自己的人员派往许可方的工厂进行实习。无论采取哪种方式,双方都要把一些实施细节如培训范围、内容、方法、时间和实施条件等规定清楚。在实施培训中,被许可方要有目的性地选择培训人员,必须根据需要挑选一些条件较好的人员接受培训。许可方应该安排有经验、有责任心的技术人员对被许可方的人员进行培训。如果采取第二种方式的话,许可方还应为被许可方的受培训人员提供实习中所需的仪器、工具等,并在生活、居住等方面为其提供方便。双方的这些责任和义务必须在条款中作出明确规定,以免影响培训效果。对于许可方培训的具体责任,应另立条款或写入附件中。

3. 被许可方可以制造和销售合同产品的地区范围

合同中必须明确规定被许可方可以制造、销售产品的地域,以保护许可方的权利。

4. 涉及其他技术的说明

在许可合同中是否存在除基本技术以外的技术转让。有的话应写明相应的条款。

5. 关于实施技术时所需原材料和设备的提供问题

即许可方是否对这些原料和设备进行提供,如果提供的话,应在合同中明确写明。

在拟定范围条款时应注意以下问题:首先,不能有任何限制性条款,比如对被许可方的采购渠道作出强制性规定。其次,对许可方提供的技术作出详细规定。比如,技术资料应当完整、正确、可靠,并要求及时发送。技术服务与培训的具体内容也要明确规定。再次,规定的技术指标要符合实际,要考虑到被许可方的实际消化能力,并且不能将被许可方不需要的技术捆绑销售,从而增加被许可方的费用。最后,关于被许可方出口市场的规定要符合国家法律的规定。

(三) 合同价格

合同价格是指技术使用费,因为技术价格的确定方式较复杂,而且不同的许可标的价格确定方式也不相同,所以不能用商品价格的确定方式来确定技术价格。一般来说,本条款应包括技术价格的确定方式(比如专利可采用按销售额提成制)、计价货币、费用的起止时间等。

(四) 支付方式

合同价款的支付通常有三种方式:一次总付、提成支付、入门费与提成费相结合。双方可根据具体情况来确定。该条款应对一些具体细节作出规定,例如,如果涉及许可方需对被许可方作出赔偿时,被许可方是否可以直接从合同价款中直接扣除这部分赔偿金额。

(五) 技术资料的交付

在许可贸易中,资料的交付是非常重要的环节。许可方及时、完整地交付资料是被许可方获得预期收益的前提。该条款的具体内容一般在合同附件中加以规定,主要包括以下方面:一是交付的时间,有些资料是现成的,就要求在合同签订之时就交付给被许可方;有些资料需要许可方进一步设计或改进的,或者有些资料需要分批交付的,则在合同中明确规定交付日期,以保证被许可方按照计划及时拿到技术资料。二是交付的方式和地点,技术资料一般是一些数据文字,体积小重量轻,可以在签订合同地点直接交付,或者是以空运方式在被许可方指定机场交付。技术资料的风险转移,应规定只有当技术资料抵达被许可方指定的机场时才转移给被许可方。三是技术资料短损的补救方法,在技术资料到达被许可方后,被许可方应及时对技术资料进行检查,若有任何短缺或与合同不符,应及时通知许可方。

(六) 技术的修改、改进和发展

1. 技术的修改

不同的国家、不同的厂商会有不同的生产情况和外部环境,所以许可方的技术有可能不完全适用于被许可方的生产条件,这就要求许可方允许被许可方根据企业的实际情况对引进技术作出适当的修改,并给予必要的协助。

许可方能否修改技术是双方经常争论的问题。被许可方认为为了使技术更好地适应自身条件就有权对许可方的技术进行修改,并且许可方应给予必要的协助和承担技术上的担保责任。而许可方认为,为保护技术的完整性、安全性和可靠性,技术资料不得随意进行修改,如若修改必须事先经过许可方的批准,否则不承担因修改技术而造成的后果。

2. 技术的改进与发展

现代社会创新无时无处不在,合同期内许可方和被许可方都有可能对原有技术作出改进和发展,所以应对此情况作出规定。一般情况下,如果许可方将改进后的技术无偿提供给被许可方,这种情况称为继续提供技术援助;如果被许可方将技术改进并无偿提供给许可方则称为技术反馈,或称"回授"。

技术的修改、改进和发展条款应包括以下四点内容。

(1) 在合同有效期内,双方是否有责任将修改或改进后的技术提供给对方。一般来说,双方均应在合同期内承担相互交换该种改进和发展的义务,这有利于双方的合作。

(2) 作出改进的一方应尽快将改进后的技术提供给对方。

(3) 所有权和使用权的问题。跟原来技术一样,一般来讲,作出改进的一方拥有改进技术的所有权,仅将使用权授予对方。如对方意将改进技术的使用权授予第三方,应征得改进一方的同意。

(4) 交换改进和发展技术的费用问题。费用一般是互惠的,即双方均应无偿或有偿地向对方提供其改进和发展的技术。改进技术通常免费提供给对方,而发展技术可以是有偿的,也可以是无偿的。

需要注意的是,双方交换改进和发展技术的权利、义务要平等互利,遵循对等原则,此外还要防止许可方"片面回授"等不合理的要求。

(七) 保证和索赔

在许可合同中,许可方要承担以下保证。

1. 技术资料的及时性和有效性

许可方保证在合同规定的时间内提供技术资料并保证所提供的资料是完整正确的。

如若资料有短缺应保证及时更换或补齐。

2. 技术的合法性

许可方应保证其向被许可方提供的技术资料在合理使用过程中不会受到第三方的质疑。一旦遇到侵权行为的发生，许可方有义务与第三方进行谈判，并承担由此带来的一切后果。

3. 合同产品性能的保证

双方应在合同中对合格产品的标准作出明确规定，许可方应保证在被许可方正确使用技术资料的条件下能生产出符合合同规定的产品。如果达不到标准，许可方应保证能与被许可方共同分析原因，找出解决办法。

如果许可方未能履行这些保证，就构成违约行为，被许可方就有权提出索赔。如果因为许可方迟交资料而引起被许可方受损，或者因为资料错误或许可方专家指导错误致使产品不符合标准，被许可方可以对许可方进行罚款。

（八）税费

税收是一个比较复杂的问题，各国对此没有统一的规定。一般来说，中华人民共和国政府根据其现行税法征收被许可方有关执行许可合同的一切税费由被许可方负担。中华人民共和国政府根据其现行税法征收许可方与执行本合同有关的一切税费由许可方负责。

（九）不可抗力

不可抗力是国际贸易的一种惯例，是指在合同签订后，合同一方由于遭受了意外事故，这种事故必须是无法遇见和避免的，致使合同不能按期执行或不能执行，则遭受意外的一方可以免除责任，另一方也无权提出索赔。双方应在合同中明确不可抗力的范围，以及遭受不可抗力之后双方的责任和义务。例如：

（1）签约双方中的任何一方，由于战争、严重水灾、火灾、台风和地震（或其他双方同意的不可抗力事故）而影响合同执行时，则延长履行合同的期限，相当于事故所影响的时间。

（2）责任方应尽快将发生不可抗力事故的情况以电话或电报方式通知对方，并于14天内以航空挂号信的方式将有关当局出具的证明文件提交给另一方确认。

（3）如不可抗力事故延续到120天以上时，双方应通过友好协商的方式尽快解决是否继续执行合同的问题。

（十）仲裁

在国际贸易中，贸易双方在遇到争议时通常有以下四种解决方式：友好协商、调解、仲裁和法律诉讼。在双方协商调解无效时通常采用仲裁方式，因为法律诉讼费用太高且不利于双方以后的贸易关系，所以贸易双方一般在合同中规定发生争议时采用仲裁方式，从而排除了诉讼的管辖权。所以贸易双方应在合同中规定仲裁地点、适用法律等方面。例如：

（1）因执行本合同所发生的或与本合同有关的一切争议，双方应通过友好协商解决。如协商仍不能达成协议时，则应提交仲裁解决。

(2) 仲裁地点在北京,由中国国际经济贸易仲裁委员会按该会仲裁规则进行仲裁。

(3) 仲裁裁决是终局裁决,对双方均有约束力。

(4) 仲裁费用由败诉方负担。

(5) 除了在仲裁过程中进行仲裁的部分外,合同应继续执行。

（十一）合同生效、终止及其他

1. 合同的生效

根据我国法律的有关规定,技术转让合同必须在签字后30天内向有关部门申请注册生效,审批机关应在60天内完成审查工作,审查合格者发给证书,证书上标明的日期即为合同生效日期。

2. 合同的期限

合同的有效期是指双方承担合同规定的权利和义务的期限。对许可方来说应争取合同期限短一些。

3. 合同的续展

合同双方合作愉快,双方利益均能得到实现,或者技术的法律保护期未满而可以继续使用时,则双方的有效期可以延长。

4. 合同的终止

合同的终止一般有以下几种情况：一是自然终止,即合同到期且双方不愿延期；二是合同某一方发生了不可抗力而不得不使合同终止；三是合同某一方违反合同条款使合同终止。应对上述三种情况,合同终止时双方应对其权利和义务作出明确规定。

下面是合同生效、终止及其他条款的一个例子。

(1) 本合同由双方代表于_____签字。由各方分别向本国政府当局申请批准,以最后一方的批准日期为本合同生效日期。双方应尽最大努力在60天内获得批准,用电传通知对方,并用信件确认。

本合同自签字之日起6个月仍不能生效,双方有权取消合同。

(2) 本合同有效期从合同生效日算起共_____年,有效期满后本合同自动失效。

(3) 本合同期满时,双方发生的未了债权和债务,不受合同期满的影响,债务人应对债权人继续偿付未了债务。

三、合同附件

合同的附件是附在合同之后用以说明正文不便详细罗列的内容,其地位、效力与合同正文是相同的。所有附件应与合同正文提到的附件相对应,并按前后顺序一一排列,并且在合同附件之前有必要对其地位、效力加以明确。例如:"本合同由第一条至第九条和附件一至附件四组成,合同的正文和附件是不可分割的部分,具有同等法律效力。"技术贸易合同的附件主要包括技术附件和商业附件。例如,技术文件的具体内容附件,技术文件的交付时间附件,合同执行的时间速度附件,使用原材料、设备、零部件的要求附件等。

第三节　技术咨询与技术服务

国际技术贸易的主要方式除了许可贸易之外，还有技术咨询和技术服务。随着科学技术的迅猛发展，解决一个问题往往需要许多部门共同完成，而对于一些规模较小的企业来说，它们并不具有这样的组织结构，因而需要寻找提供技术服务的部门来帮助解决一些技术难题。广义上说，技术咨询和技术服务也属于国际服务贸易的范畴，但技术服务与技术咨询是以提供技术知识为主的特殊服务，因此，它与一般的服务贸易有所不同。

一、概念

（一）技术咨询

技术咨询是指供方（技术咨询机构或技术人员）按照受方提出的要求，根据自己的知识、经验、能力和掌握的信息，运用科学的方法和先进手段，通过调查、研究、分析、评价、预测，为受方提供最佳的或者几种可供选择的决策方案，或者解答受方的问题。主要有宏观科技决策项目、系统管理、专题技术项目等标的，技术咨询的成果形式多为咨询报告，咨询报告与其他类型的合同不同，它是一类独立的合同。

（二）技术服务

技术服务是指供方应受方的邀请，运用专门的技术知识为受方解决特定技术问题并传授解决技术问题的知识而提供的有偿服务。所谓特定的技术问题是指有关改进产品的结构、改良工艺流程、提高产品质量、降低产品生产成本、节约原材料和能源消耗、生产安全操作、污染治理等。

二、技术咨询与技术服务的形式

提供技术咨询与技术服务的机构很多，几乎一切技术课题均能找到相应的咨询或服务。

（一）技术咨询的形式

技术咨询的方式多种多样，如项目的可行性研究、技术方案的制定与审核、项目实施的监督与指导、工艺和产品的改进、设备的采购与安装指导、投标与招标文件的拟定等。下面介绍四种重要的技术咨询方式。

1. 提供技术资料

受方首先向咨询公司提交咨询清单，即所咨询的技术资料和技术情报需求的详细项目清单及有关详细说明。咨询公司接受之后，双方共同商定技术资料和技术情报交付的时间、方式和费用，并签订合同。然后由咨询公司或咨询公司委托的单位向受方提供合同标的。

2. 项目或项目咨询

受方首先向咨询公司提出项目设计要达到的技术指标和经济指标，并提供必要的资料和数据,如水文、地质、地图、交通运输、气候条件、主要建筑物和设备的情况以及原辅料、供水、排污和技术人员的技术水平等情况。咨询公司依靠本身的技术知识和经验,接受受方的委托,帮助其设计出符合要求的计划。咨询公司应保证计划符合双方签订合同的规定,如果达不到应有的指标且确实属于咨询公司的责任时,应由咨询公司采取措施予以补救,造成的损失应由咨询公司负责赔偿。

3. 可行性研究

在工程建设项目、投资项目、项目扩建、技术改造等开始前,受方委托咨询服务机构客观科学地进行技术经济分析和评价,并提出可供选择的方案,写出项目可行性研究报告。

4. 其他形式的咨询

这种方式是指受方在商标、广告、包装、保管、运输等业务方面,在转让技术和提供服务方面,以及向某些国家或地区出口商品时,在关税及进出口业务等方面,咨询公司协助企业改善经营管理,评价企业的生产计划与市场开发系统并提出改革建议,制订合理的销售计划,协助企业或某个工程项目进行年度财务审计,监督施工等。

(二) 技术服务的形式

(1) 培训。当代科技更新速度日益加快,各行各业的人员,从经理、管理人员、工程技术人员到普通工人,无不需要知识的更新,提高自身素质,以适应新技术的挑战。企业为增强自身竞争力都十分重视公司人员的培训。培训可以是就某项专题知识,也可以是专门为提高受方的人才素质而进行。人员层次也可以根据实际需要来安排,如为提高受方管理人员的管理水平而进行高级人才培训,或为提高工人对机器的熟练使用程度而进行的操作技巧方面的培训,或为介绍新技术、新工艺而进行的工程师培训。这里的培训就是指根据受方的要求而进行的专门培训。与其他产权或非产权技术的许可合同中的培训步骤不同,后者是为了使被许可方更好地掌握合同技术,是围绕合同主题而进行的。

(2) 设备的安装、调试和验收技术服务。这种方式有两种情况:第一种是在成套技术设备合同和其他设备进口合同中,需要供方负责安装与调试的,这种情况下一般作为合同的一个条款。另一种情况是由设备进口方从多家厂商配套进口后,需要有经验的专家进行安装调试服务,这种情况下需要单独签订服务合同。

(3) 设备的保养和维修,项目实施的监督和指导等技术服务。

(4) 代理起草技术文件、商业文件等,如草拟合同书、投标书、招标书等技术服务。

(5) 代理雇主进行贸易谈判、法律诉讼、财务审计等技术服务。

三、技术咨询与技术服务的相同点和不同点

(一) 两者的相同点

从技术咨询与技术服务的定义和形式我们可以看出,两者有些许相似之处,主要表现为以下四个方面。

1. 技术咨询与技术服务不同于其他的咨询和服务

这两者是针对于特定技术项目和特定技术问题所提供的特定服务,与有关政治问

题、法律问题、医疗保健问题等的咨询有所不同。

2. 技术咨询与技术服务所用的知识不同于专利技术和专有技术

技术咨询与技术服务所要求的知识对新颖度没有过高要求,有时候一些现成的、实用的甚至是经验等一般的知识就能满足要求,只要能使约定的技术项目得以解决即可。因为这些约定的技术项目对于受方来说是新问题,但对于其他公司可能已经使用过。

3. 技术咨询与技术服务的机构是完全独立的

要对一个技术问题作出科学的判断,从事技术咨询与技术服务的机构和人员必须能够排除外界的干扰,凭借自己的知识和技能进行分析和思考,从而得出正确的、客观的结论来解决问题,所以,必须保证从事技术咨询与技术服务业务的机构的独立性。

4. 技术咨询与技术服务的供方和受方是买卖关系

在技术咨询与技术服务业务中,供方将咨询报告、技术方案等交给受方后,受方就取得了报告或方案的所有权,同时供方放弃了自己或允许他人使用这些成果的权利。当技术咨询与技术服务中使用了某些秘密技术时,供方也只能要求受方承担保密义务。

(二)两者的不同点

技术咨询与技术服务两者相互联系,不能完全分开,但它们之间也存在不同,主要有以下五点。

1. 使用的知识范围不同

技术咨询需要供方运用科学知识和专业技术知识,站在更高的角度提出有创见性的建议。提供技术服务的供方仅需运用专业技术知识,解决特定的技术问题,不必用科学知识解释其解决问题的原理。

2. 机构的责任不同

技术咨询中,供方仅负责提供符合咨询合同要求的咨询报告,并不负责报告的实施,除非因供方提供的咨询报告的原因而导致受方受到损失。在技术服务中,供方不仅提供技术问题的解决方案,而且必须使受方的技术问题得到解决,如发展一项新产品,在此过程中如达不到规定的技术标准,供方要负赔偿责任。

3. 时间不同

技术咨询一般在项目建设期间或建成之前,而技术服务则在项目建设期间或建成之后。

4. 成果形式不同

技术咨询的成果是咨询报告,而技术服务是以专业技术知识解决特定技术问题并实现受方所期望的结果。

5. 适用范围不同

技术咨询一般适用于工程项目的新建、扩建、技术改造以及项目可行性研究等大中型项目,而技术服务适用于单项具体技术课题,如产品质量控制、产品设计、材料鉴定、工程计算等。

四、技术咨询与技术服务的业务程序

通过上面的介绍,我们知道技术咨询与技术服务业务范围很广,不同类型的服务业

务程序也有所不同,即便是同一类型的业务,也会有复杂程度的不同,因而业务程序也会有简有繁。一般来讲,业务程序包括以下四个环节。

(一)选择咨询公司

雇主选择咨询公司的方式主要有查阅公司名录、有关单位或组织机构推荐和介绍等方式。咨询公司的种类也是多种多样:一是由有名望的专家学者或教授小组独立开业,这些专家或教授都是某个行业或领域公认的权威,擅长解决专业性很强的技术问题,或对决策提出有价值的评估建议。二是专业咨询公司,由多学科专业人才汇集组成的专门从事技术咨询的实体,有完善的组织和固定的业务范围,有能力解决多学科、多专业的复杂课题。三是专业科学研究机构,这些机构集中了大量专业人才,有很强的开发和研究能力,一般来说,他们有将研究成果转化、应用到工业生产等领域的能力,因而可以接受委托,解决工艺改进、材料试验、质量控制、产品测定等课题。四是高等院校,大学拥有各类专业性人才,既有有名的专家教授,又有较强的实验手段,所以是科学技术发展的一支重要力量。五是工程承包公司,这类公司具有工程设计力量,可以承担整个项目的整体设计或关键部分的专业设计、现场勘测、技术监督等。

(二)雇主制定咨询任务大纲

咨询任务大纲是雇主向咨询公司提出咨询项目的初步说明书,说明咨询公司应承担的具体任务。其内容包括雇主对咨询公司委托任务的详细说明,委托任务范围,完成任务的期限,咨询公司负责提供的书面材料或文件,雇主在委托基础上提供必要服务等。咨询任务大纲可以通过招标的方式交给有关咨询公司,也可以通过询价方式向特定的咨询公司发出,以便使咨询公司按任务书的要求提出报价。

咨询机构收到咨询任务大纲后应认真研究咨询任务大纲的内容并确定课题的难易程度、所需知识结构和知识水平、工作量的大小,从而决定自己能否胜任,如果确定能够胜任,就要着手拟定报价书并提出咨询的各项条件。

(三)磋商咨询服务条件

根据咨询任务大纲和报价书,双方对咨询服务的条件进行磋商,以便缩小双方的差距最终达成协议。一般来说,双方磋商的内容包括咨询服务的主题、内容和工作范围、工作进度、成果形式、受方提供的为具体咨询所需的基础数据以及有关部门资料、咨询服务费的金额与支付方法。

(四)签订技术咨询和服务合同

经过谈判,双方取得一致意见后,可以正式签订咨询服务合同。

第四节 技术咨询与技术服务合同

技术咨询与技术服务合同是指受方(雇主)与技术供方之间为解决雇主所提出的有关技术专题、技术方案或某项服务内容所达成的具有法律约束力的文件,它既可以说成是一种技术转让合同,也可以说成是一种劳务合同。技术咨询与服务合同和许可证协议下的技术转让合同不同,其内容和条款没有固定样本,主要是根据技术咨询的内容和特点制定合同的条款。

一、技术咨询与服务合同的内容

技术咨询合同主要条款包括:合同名称和编号、前言、合同的主题、咨询服务的要求、咨询服务方式、价格、支付、双方责任范围、税费、保证条件、违约及其补救的办法、不可抗力或情势的变迁、争议的解决、合同的生效及法定地址。另外还有与合同具有同等法律效力的附件。

咨询合同中的条款除与许可合同有相同的以外,还有一些特殊的条款,主要有以下六类。

(一)技术咨询与服务的范围

该条款主要规定雇主需要咨询与服务的主题。它规定咨询服务的具体详细的内容、详细的技术指标和技术参数,通常以合同附件的形式逐项列明。

(二)技术咨询与服务的要求和形式

该条款主要规定以下四个方面的内容。

(1)完成咨询与服务的时限。

(2)担任咨询任务的人数,人员的学历、资历和等级。

(3)应提供的资料、最终报告、图纸、计算数据、最终审查的办法等。

(4)受方派遣培训人员的人数和培训时间。

(三)供方的责任

该条款包含以下四点内容。

(1)按照合同规定的期限,完成技术咨询或技术服务。

(2)保证服务、咨询工作的质量。

(3)负责解答委托方提出的问题。

(4)咨询成果的验收。

应特别注意以下三个问题。

1. 规定咨询人员的责任与义务

咨询服务人员的责任与义务通常包括对咨询与服务人员的职责范围、保证条件、违约的补救等给予明确的规定,比如要求咨询公司在所派遣人员中指派一名总代表负责合同范围内总的技术咨询服务工作,并与雇主方的总代表联系协商解决有关工作和技术问题。另外,要明确咨询服务人员讲授的内容,包括技术资料、图纸和与合同有关的其他技术问题。咨询服务人员还要进行技术示范和实际操作。咨询服务人员应保证咨询服务的内容准确、公正、科学、正确,如果有错误应由咨询服务方及时补救。

2. 明确规定咨询服务的时间

因为咨询服务一般以工作量计算收费额,工作量是以咨询服务人员每天的工作时间来计算的。在合同中要明确规定总的咨询服务时间和每周工作的天数及时数。另外,咨询服务时间要与咨询服务项目进度相衔接,在总的咨询服务时间下面要规定具体的工作进度,每天的工作进度也要记载下来并由双方代表监督审查,以保证咨询服务项目进度按计划完成。

3. 对加班的规定

在咨询服务业务中,双方常常因对咨询服务人员的加班规定不明确而产生争议,有的合同把加班时间不计算在总的咨询服务时间之内,而有的合同将其计算在内,所以应根据实际情况在合同中作出详细规定。并且,正常加班要经双方总代表共同协商同意才能按规定支付加班费用。

(四)受方的责任

该条款主要规定:受方为供方专家履行咨询服务业务所应提供的条件,包括工作条件、生活条件、必需的技术资料等。具体为以下四点。

(1)说明技术咨询的主题。说明技术咨询的主题是受方的一项重要责任,供方只有清楚了技术项目所面临的主要问题,才能真正弄清咨询的目的和方向,从而有针对性地进行咨询工作,使咨询意见符合受方的要求。

(2)提供技术项目的背景资料、有关技术资料和数据。这些是供方分析、研究咨询主题的基础和依据。供方只有明确了咨询主题的出发点才能找出问题的关键和解决办法。

(3)接受供方的工作成果。供方的工作成果即供方根据合同完成的技术咨询报告、建议书,只要这些符合合同的规定,受方就必须接受。

(4)支付约定的技术咨询费。技术咨询是一种商业活动,是咨询成果和咨询服务费的交换。所以,支付约定的技术咨询费是受方的基本义务。

(五)技术咨询与服务计价和支付

技术咨询与服务合同中的计价和支付条款主要包括计价内容、计价方法和支付方式。

1. 计价内容

技术服务与顾客咨询费用的计价内容是指应该计价议付的款项,其中包括专家费、技术服务的时间与工作量、直接费用、间接费用、交付给技术服务公司或咨询公司的营业税。其中,专家费包括专家基本工资、附加工资(包括专家的福利费、人身保险费)、地区津贴费和其他补助费;直接费用包括专家出国准备费、差旅费、通信费、资料费(包括购买、编印、复制、绘制资料的费用);间接费用是指支付给技术服务公司或咨询公司的费用,包括技术服务公司管理人员的工资、办公费、固定资产折旧费以及营业税。

上述咨询的费基本构成因素是技术咨询费的基础部分,实际的技术咨询费还要受其他一些因素的影响,主要包括以下三点。

(1)咨询项目的复杂程度,技术项目越复杂,需要的知识水平越高,要求咨询人员的技术资格和素质越高,基本费用的附件部分越高。

(2)咨询项目的重要程度,该项目对受方的重要性影响到受方的经济效益和前途,重要程度越高,附加费也越高。

(3)供方的权威与信誉,权威高、信誉度高的咨询公司作出的这些结论质量高,因而收费也高。

2. 计价方法

在技术咨询与服务合同中主要有以下三种计价方法。

(1) 开口价,是指在洽谈时技术服务方只提出一个有一定误差范围的估计技术劳务量,再由双方依据各级技术人员每单位(每人日或每人时)劳动量的收费标准确定总的价格,这个总的价格包括成本加酬金。

(2) 估计工程费或实际工程费百分比计价,用这种方法计算时一般要考虑整个工程费的金额大小与提供技术的复杂程度。工程费用越大,技术服务费所占比例越小,但是技术服务与工程复杂程度成正比。

(3) 一揽子计算技术服务费用计价。按这种方法,在双方谈判时确定一个固定咨询费的金额。

3. 支付方式

技术咨询与服务费的支付方式主要有支付货币、支付时间和支付单据三个方面。

(1) 支付货币。用于支付的货币一般与表示技术咨询与服务费用的货币相同,可以采用供方国家的货币,或者受方国家的货币,也可以采用双方同意的第三国货币。

(2) 支付时间。第一种是一次性支付,即在合同签订之后一定时日,或供方所派专家抵达受方,或供方专家提交最终报告后一次性支付。这种方式在实际中应用较少,如果在咨询结束之后一次性支付,供方必须垫付大量资金,而要在咨询前一次性支付,受方将承担很大的风险,故一般采用第二种方式,即分期支付。分期支付是按技术咨询与服务的工作进度,根据任务完成的情况将合同规定金额分为若干批次支付的一种办法。这种办法既可以促使供方更好地完成任务,也能减少受方所承担的风险。

(3) 支付单据。受方履行支付义务以前,需要供方提供有关单据,包括商业发票、汇票、资料及咨询报告的邮寄单等。当受方收到上述单据并审查无误后,将有关款项通过当事人双方所同意的银行汇给供方。

(六) 保证和索赔条款

供方应保证按合同规定时间提供报告,若未按期完成,受方可以提出索赔。供方应保证咨询报告文字清晰,并有责任对其中的差错、遗漏及时修改、补充和完善。这些是对供方最起码的要求。有的需要供方承担技术担保责任,如工程项目、产品设计等。另外,如由于供方原因未达到合同规定技术指标,供方有责任采取措施加以改进,甚至承担经济赔偿责任。但对一般的技术咨询与服务供方不承担技术保证责任。

除上述条款之外,合同中还包含其他一些条款,如不可抗力、仲裁条款、税费等条款,这些条款与其他类型合同中的条款基本相同。

二、签订技术咨询与服务合同应注意的问题

企业通过签订各种各样的技术咨询与服务合同达到引进技术知识、管理方法和工程设计等目的,为了保证雇主这些目的的顺利实现,签订合同时应注意以下五点。

(一)明确区分各种合同的界限

技术咨询合同与技术服务合同的主要内容基本相同,但两者也有不同,区别主要在于实施技术咨询方案与技术服务方案的责任不同。《中华人民共和国合同法》第三百五十九条规定:"技术咨询合同的委托人按照受托人符合约定要求的咨询报告和意见作出决策所造成的损失,由委托人承担,但当事人另有约定的除外。"这意味着实施技术咨询方案的责任在委托方,在实施技术方案时造成的损失由委托方承担。因为受托方履行技术咨询合同,按合同要求完成技术咨询报告和意见并通过验收,至此,受托方对委托方的合同义务已经履行完毕,至于咨询报告的实施与否或者实施效果如何完全由委托方负责。

技术服务合同则与技术咨询合同不同,《中华人民共和国合同法》第三百六十一条规定:"技术服务合同的委托人应当按照约定完成服务项目,解决技术问题,保证工作质量,并传授解决技术问题的知识。"根据上述规定,供方首先要保证委托方的技术问题按约定获得解决;其次要保证传授解决技术问题的知识。如果违反了以上约定,要减收或免收报酬,严重的要支付违约金或赔偿损失。

所以,要严格规定技术服务人员和技术咨询人员的职责与义务,明确服务、咨询人员传授技术的内容,包括技术资料、图纸和与合同有关的其他技术问题。服务、咨询人员还要进行技术示范和实际操作,保证服务、咨询的内容准确、科学,如有错误应及时补救。

(二)明确规定咨询服务时间

咨询服务一般按工作量计算收费额,工作量是以咨询服务人员每人每天的工作时间来计算。在合同中要规定总的咨询服务时间与每周工作的天数和时数。记载工作的时数通常用"咨询服务技术人员计时卡"记录,计时卡一式两份,由双方总代表签字作为支付咨询服务技术人员点击数服务费和加班费的依据。

咨询服务时间要与咨询服务项目进度相衔接,在总的咨询服务时间下面要规定具体的工作进度,每天的工作进度要记载在工作日志上,由双方总代表监督审查,经双方总代表同意签字。工作日志一式两份,双方各执一份,以保证咨询服务项目进度按计划进行。

(三)建立工作联系制度

技术咨询与服务工作要有工作联系制度,一般把工作联系制度订立在合同正文中或者作为合同附件。建立工作联系制度的目的在于双方在执行合同中对有关事宜互通情况,加强工作联系,特别是监督服务项目的实施,发生问题通过联系及时予以纠正和解决。例如,在项目实施过程中发现技术资料、数据、材料或工作条件不符合合同规定,就可以通过工作联系制度及时予以协商解决。

(四)对加班的规定

在咨询服务业务中,双方常常因为对咨询与服务技术人员加班规定不明确而产生争议,有的合同将加班时间计入总的咨询服务时间,而有的不计算在内。究竟如何规定,应根据实际情况在合同中详细规定,但无论采用哪种方法都要明确"加班"的含义。所谓加班是指正常工作日 8 小时以外的额外工作及双休日、节假日的工作,但咨询服务人员在投料试车、考核项目期间等在 48 小时内的倒班不算加班。凡属上述情况应尽量在短期内安排倒休,不计加班费。正常加班,必须经过双方总代表共同协商同意,才能按规定支付加班费用。

（五）对税费的规定应符合中国税法

科技咨询与服务合同通常会涉及技术服务费和咨询人员的个人所得税问题,其有关问题应按税法规定扣缴所得税,并督促咨询人员向税务当局缴纳个人所得税,以免漏缴、漏扣所得税,给自己带来不必要的麻烦。

三、某工程技术咨询合同实例

工程技术咨询服务合同

中国××××公司和××国××××公司

关于××××工程技术咨询服务协议书

编号：

日期： 年 月 日

中国××××公司（以下简称"甲方"）为一方,××国××公司（以下简称"乙方"）为一方,双方就工程的技术咨询服务,授权双方代表按下列条款签订本协议书：

一、甲方请乙方就工程提供技术咨询服务,乙方愿意提供这样的服务。

二、乙方向甲方提供的技术咨询服务范围如下：

1. 坝基岩体稳定、变形及基础处理措施。

2. 大坝下游的防洪防冲和岸坡保护问题。

3. 库岸滑坡涌浪问题及岸坡变形观测技术。

三、乙方的责任如下：

1. 乙方应于　年　月内派遣3名身体健康、能够胜任工作的专家来中国进行25天的技术咨询服务,派出技术咨询专家的名单应事先征得甲方同意。

2. 乙方专家应到现场考察,并正确、全面地解答甲方人员提出的咨询问题,在离开中国前,向甲方提出咨询报告初稿,并在离开中国后1个月内提出正式咨询报告一式五份,报告内容应包括附件所列内容,并用英文书就。

3. 乙方的专家在中国进行技术咨询服务的时间为25个日历日（包括4个旅途日和3个周末日）,每周工作6天,每天工作8小时。

4. 专家在中国工作期间应遵守中国的法律和工作地区的有关规定。

5. 乙方将正式的技术咨询报告给甲方寄出后,应以电传通知甲方如下内容：报告寄出日期、邮单号。

6. 技术咨询报告如在邮寄途中丢失,乙方接到甲方通知后立即免费补寄。

四、甲方的责任范围：

1. 考虑到本协议第二、三条所规定的乙方所提供的咨询服务,甲方支付给乙方一笔总费用,其金额为　美元（大写　美元整）。

2. 为乙方3名专家提供在中国境内食、宿及工作需要的交通。

3. 提供工作必须的技术资料、图纸和技术文件。

4. 提供在中国工作所需的翻译人员。

5. 协助办理专家出入中国签证和在中国居留、旅行手续并提供方便。

五、费用的支付：

1. 本协议书的费用以美元支付。

2. 本协议总金额25％，计××美元，在乙方派出的专家到北京后，甲方凭收到下列单据，经审核无误后3天内通过北京中国银行和×国商业银行向乙方支付。

(1) ××发展有限公司北京办事处出具的以甲方为受益人，金额为协议总金额25％计(美元)不可撤销的保证函正副本各一份(保证函格式见本合同第二号附件)。

(2) 商业发票正本一份、复印本五份。

3. 本协议总金额75％，计××美元，在乙方完成技术咨询服务并提交正式的技术咨询报告后，甲方凭收到下列单据，经审核无误后不迟于　　天通过北京中国银行和×国商业银行向乙方支付。

(1) 商业发票正本一式六份。

(2) 即期汇票一式两份。

(3) 邮寄正式技术咨询报告的邮单或空运单一式两份。

六、凡在中国以外所发生的一切银行费用由乙方承担。在中国发生的一切银行费用由甲方承担。

七、双方应对互相提供的一切资料给予保密，未经对方书面同意不得向第三者透露。

八、税费：

1. 中国政府根据现行税法对甲方课征有关执行本协议的一切税费，由甲方支付。

2. 中国政府根据现行《中华人民共和国个人所得税法》对乙方课征有关执行本协议的一切税费由乙方支付。

3. 中国境外课征有关执行本协议所发生的一切税费将由乙方支付。

九、甲方和乙方在执行协议中发生的一切争执应通过双方友好协商解决。

十、执行本协议的一切文件与资料应以英文书写并采用公制。

十一、本协议书经双方签字后需经中国政府批准才能生效。本协议以英文写成一式两份，双方各执一份，具有同等效力。

十二、双方法定地址：

中国　　公司

地址：

电传：

×国　　公司

地址：

电传：

甲方代表签字：　　乙方代表签字：

中国　　公司　　　×国　　公司

附件

××发展有限公司北京办事处
不可撤销的保证函（格式）

受益人：中国　　　公司

　　　　　　　　　　　　　　　　　　　　　　　　　　　年　　月　　日

　　关于贵公司与×公司（以下简称乙方）于　　年　　月　　日签订的总金额为　　美元的第　　号协议书（以下简称协议书），我办事处愿对乙方向贵公司完全履行上述协议所规定的义务负责下列保证责任：

　　我们保证责任范围为上述协议总金额的25%即　　美元，如果贵公司书面通知乙方未能按照上述协议规定向贵公司履行协议义务而要求退款时，我办事处在接到上述通知后3天内，无条件地将贵公司按上述协议书第五章第二条规定已支付给乙方的金额计　　美元整退还给贵公司，本保证函自即日起生效，有效期到乙方全部履行本协议义务之日终止。

本章小结

　　本章介绍了许可贸易、国际技术咨询、国际技术服务三种主要的国际技术贸易形式的概念、特点，各种合同的签订和基本条款，分析了许可贸易的特殊性以及在使用三种技术贸易方式时应注意的问题。

关键词

许可贸易　　独占许可　　排他许可　　普通许可　　国际技术咨询　　国际技术转让

思考题

1. 什么是排他许可和普通许可？
2. 独占许可指的是什么？
3. 什么是国际贸易的回授条款？
4. 简述国际技术咨询与技术服务的含义及双方的异同点。

案例分析

　　浙江省民营企业中国通领科技集团运用知识产权参与国际竞争，在美国本土依法维权，成为第一家在中美知识产权官司获胜的中国企业。

　　GFCI（接地故障漏电保护器）产品是美国政府为保护居民人身安全而强制推行的安全装置，在美国拥有年销售量30亿美元的巨大市场。通领科技是全球生产GFCI产品的五家企业之一,作为一家拥有高新技术自主知识产权的外向型企业,通领科技拥有46项专利,其产品全部销往美国、加拿大等北美国家。由于高科技含量远远领先于同行,通领科技在进入美国市场后,引起了行业巨头莱伏顿公司的恐慌。莱伏顿于2004年发起了恶意的专利诉讼,采取了在美国司法界也很罕见的刁蛮的诉讼手段,将通领科技的4家美国经销商的董事、股东以及管理人员的所有私人财产全部诉上法院。面对这种情况,通领科技积极迎战,在付出了高额的诉讼费用,经历了3年多的漫长等待后,通领科技拿到了两份"马克曼命令",认定通领集团GFCI产品采用的永磁式电磁机构原理的漏电保护技术没有侵犯美国莱伏顿公司的558专利和766专利。2007年7月10日,新墨西哥州地方法院判决通领科技集团的GFCI产品不侵犯莱伏顿公司的专利权。美国新墨西哥州联邦分区法院布朗宁法官下达判决书,判定中国通领科技集团制造销往美国的GFCI产品,不侵犯莱伏顿公司第6246558号美国专利。目前莱伏顿公司正积极寻求与中国通领科技集团和解。

长达28页的判决书中指出:2007年4月12日,法庭举行了听证会,认为通领科技的器件并没有包含"558"专利权利要求中的相关"复位接触件"和"复位件"等要素,也不是以等效的方法完成同样功能的相同或等价的结构,因此法庭认定通领科技等被告依法胜诉。

中国通领科技集团与莱伏顿公司的专利纠纷始于3年前。2004年4月,莱伏顿公司以侵犯其第6246558号美国专利为由,分别在美国新墨西哥州等多个地方法院起诉4家中国通领科技集团的重要客户。为维护美国客户的合法权益,陈伍胜率领中国通领科技集团的技术专家专程赴美国参与制定了诉讼的策略,选择新墨西哥州联邦分区法院作为主审法庭。

2005年3月28日,新墨西哥州美国联邦分区法院布朗宁法官主持召开了马克曼听证会。2006年6月,法院下达了对案件结果具有决定性作用的马克曼命令,采纳了通领科技等被告对"558"专利相关权利要求的解释,明确显示了通领科技的产品不侵权。

通领公司与美国莱伏顿公司3年时间知识产权官司的诉讼历程,体现出中国企业已经开始逐步掌握美国知识产权专利诉讼的游戏规则,并且开始拥有应对美国非常复杂和难以操作的知识产权专利官司的驾驭能力。因此该案例是具有非凡意义的,给中国企业进入外国市场保护自身专利技术的方式带来了示范作用。

案例思考:

1. 结合案例分析知识产权保护的重要性。

2. 近年来,中国企业遇到的知识产权侵权案件层出不穷,试分析我国企业如何加强知识产权的保护。

第十一章

其他国际技术贸易方式

第二次世界大战后,随着世界经济一体化进程的加快,国际经济活动日益频繁。近年来,国际技术贸易的发展出现了新的趋势,软技术贸易比重在不断上升,贸易方式更加灵活多样,高技术贸易比重将不断攀升,多极化趋势进一步加强。通过开展各种形式的技术贸易,促进了我国经济的持续快速发展。上一章我们介绍了国际技术贸易的最主要的方式,本章主要介绍国际技术贸易中比较常用的其他方式。

第十一章　其他国际技术贸易方式

学习目标

通过对本章的学习,你应该能够:
1. 掌握国际合作生产的概念和操作程序;
2. 掌握国际工程承包的概念和实际应用;
3. 理解补偿贸易在我国经济发展中的作用;
4. 理解特许经营的概念及其优劣势;
5. 了解国际租赁、BOT 项目的具体概念和做法。

第一节　国际合作生产

一、国际合作生产及其基本形式

（一）国际合作生产

国际合作生产是不同国家的企业之间签订协议,商定共同生产、销售某项或几项产品,即共同研发、共同生产、相互提供在生产中所需的零部件,共同进行产品的销售并共负盈亏的方式。它包括共同制订生产计划、转让生产技术、双方技术人员共同研制以及相互提供零部件等。

在共同生产的过程中,技术较强的一方可以将生产该产品的技术传授给技术较弱的一方。国际合作生产是国际技术转让中较常见的一种形式,它不仅是跨国公司打开发展中国家市场的一个重要工具,也是发展中国家引进技术、资金的一个重要途径。

国际合作生产具有以下三个特点。

（1）合作生产的双方是建立在合同基础上的平等互利的关系,应体现出协商一致的原则。

（2）合同双方的权利义务关系只体现在生产过程中,不涉及项目的筹资与建厂。

（3）合同双方的权利义务关系主要表现在交换技术、提供劳务和生产成果上。

（二）国际合作生产的基本形式

国际合作生产主要有以下五种形式。

（1）合作双方根据合同的规定分别生产不同的零部件,然后由一方或双方共同组装成成品。这种方法通常是根据双方各自的特长或技术力量加以分工,一般来说,技术较强的一方往往负责整个产品的生产图纸和工艺技术的指导,承担关键部位的生产,技术较弱的一方根据图纸生产较为次要的部件。然后,双方互相提供各自生产的部件并分别组装成成品销售,提供给对方的部件分别计算价格。这种合作方式一般适用于飞机这种大型机器设备的生产。

（2）由技术较强的一方向技术较弱的一方提供关键部件及免费的技术指导,技术较弱的一方自己生产次要部件并组装成产品销售。技术较强的一方的报酬在出售关键部件中得到补偿,而技术较弱一方可以在合作生产过程中达到引进技术的目的。

(3) 由技术较强的一方向技术较弱的一方提供生产技术或设备,技术较弱一方利用这些技术或设备生产出成品出售,技术较强的一方通过转让技术或出售设备获得收益。此种情况下,技术与设备需按技术转让办法和买卖关系处理。

(4) 合作各方合资建立工厂,技术较强的一方提供先进的技术、工艺及管理体制,技术较弱一方提供厂房与设备,利用先进技术改进生产工艺,共同生产成品出售。合作各方根据持股比例计算收益。如化工、炼油、电站、冶金等成套工程项目的建设,或一些大型机器设备的制造多采取这种方式。

(5) 技术较强的国家允许技术较弱的国家生产由其提供设计图纸或技术的产品,或者合作生产由技术较强的国家提供技术并集体采购的产品,称为特许生产合作,多用于国防工业领域。

二、国际合作生产合同

(一) 国际合作生产合同的特点

国际合作生产合同是指不同国家的公司、企业之间签订的合作生产某种产品、合作研究某个项目或联合设计某种产品的经济合作和技术转让的一种综合合同。

国际合作生产合同具有以下特点。

1. 合同期限较长

进行国际生产合作,至少有一方是希望通过合作生产学习、掌握对方的先进技术,提高产品的质量和扩大市场。只有通过一定时间的合作才可能真正地掌握并消化对方的这些技术,从而有所创新,获得良好的经济效益。

2. 合作生产当事人较多

一般技术转让合同的当事人只有技术供方和受方,而合作生产合同除了涉及供方和受方外还涉及合同产品的最终用户,有时技术供方和受方不一定是一家。所以,在合作生产形式下,除合作双方要订立合作生产基本合同之外,还要与制造单位订立技术合同,与合作产品的用户订立销售合同等。

3. 合作生产合同的内容差异较大

合作生产合同的内容可多可少,项目可大可小,方法多种多样,合作生产合同不是一般买卖合同,也不是单纯专利和专有技术转让合同。它是买卖合同和技术转让的一种综合性合同。在一个合作生产合同中,一个项目的供方可能是另一项目的受方,即双方互为受方和供方。

4. 合作双方独立核算

合作生产的技术转让和机器设备、配件和工具的提供可以是相互的也可以是单方面的。但对于生产中各自提供的技术、机器设备、零部件、生产工具,一般要分别计价算入各自投资的金额中,或者是对方使用时要支付价款,合作双方是一种买卖关系。

(二) 国际合作生产合同的内容

国际合作生产合同的内容除了具有许可协议的内容之外,还要根据合作生产的特点对合作各方的合作内容、合作范围,各方的责任义务、风险等作出明确规定。对于与许可协议相同的如侵权与保密、仲裁、不可抗力、合同生效、终止及其他条款,这一部分不再叙述,仅对特别条款予以介绍。

1. 定义条款

与许可合同一样,签约双方应对合同中一些重要的名词加以定义,以防止和减少因理解不一而造成的纠纷。一般情况下,要对制造单位、最终用户、合作产品、技术服务、技术合作等名词作出解释。

2. 合作生产的范围

合作生产的范围是说明合作生产的性质和内容,一般应规定以下六点内容。

(1) 供方向制造方提供专利技术、专有技术及技术资料的名称、种类等。

(2) 供方向制造方提供关键机械设备的名称和型号等。

(3) 供方向制造方提供的特殊工具、检测仪表的名称、型号、规格等。

(4) 供方向制造方提供的特殊材料等。

(5) 供方向制造方提供技术人员的培训等。

(6) 制造方对所合作生产的产品应提供的材料、配套件及劳务等。

3. 双方的责任与义务

(1) 受方要求制造单位要保证根据供方提供的技术规定制造合同产品,并按期向用户交货和按期向供方支付技术服务费及其设备、仪器、工具等价款。

(2) 供方应保证按时向受方和制造单位提供正确、完整的技术资料,性能优良的机器设备,并对其提供错误资料造成的损失负责。此外,供方要对合同产品的规格、性能和设计参考数据负责。

4. 技术服务

在合作生产合同中,技术服务的主要形式是技术培训,即由供方对制造单位的技术人员进行培训。

5. 技术资料的交付

这一部分主要规定技术资料交付的内容、时间、地点与方式。

6. 计价与支付

合作生产的形式很多,其计价和支付的规定也不完全相同。计价内容包括实物部分和技术服务部分:实物部分指供方提供的机器设备、配套件、工具等,按一般商品买卖计价与支付;技术服务部分是指供方以技术资料和培训的方式将专有技术转让给受方,需要计价由受方向供方支付的费用。有时供方可能免费提供技术资料,另收技术培训费用。

7. 销售合作

合作生产一般是为用户制造合同产品或向市场提供销售合同产品,在合作生产合同中都要订立销售合作的条款,主要包括以下内容。

(1) 合作产品的接受条件,包括合同产品向用户交货的质量担保。如果合同产品在保证期内出现问题,经鉴定属于哪方的责任就应由哪方承担赔偿。

(2) 合作产品的销售范围要根据实际情况而定,可以专门为受方国家工厂制造机器设备,也可将合作生产的产品在双方国家销售或者销往国际市场,但这个范围要在合同中明确作出规定。

(3) 合作产品的销售价格和商标。合作生产一般是长期合作,双方合作生产的产品也只能确定短期价格,因为随着时间的变迁,销售价格也会发生变化,只能通过以产定销的方式确定长期价格。为了使合作产品扩大销售,往往要使用供方产品的商标或双方联合商标等。

第二节 国际工程承包

一、国际工程承包的概念

国际工程承包是发包人和承包商之间的一种经济合作关系,是通过国际间的招标、投标或其他协商途径,由国际承包人以自己的资金、技术、劳务、设备、材料、管理、许可权等,为工程发包人实施项目建设或办理其他经济事务,并按事先商定的合同条件收取费用的一种国际经济合作方式。国际工程承包的项目适用于基础设施、制造业工程和以资源为基础的工程。

国际工程承包是一种综合性的国际经济合作方式,是国际技术贸易的一种方式。之所以将这种方式作为国际技术贸易的一种方式,是因为国际承包工程项目在建设过程中,包含有大量的技术转让内容,特别是项目建设的后期,承包人要培训业主的技术人员,提供所需的技术知识(专利技术、专有技术),以保证项目的正常运行。

二、国际工程承包的方式

国际工程承包按承包人对发包人承担的责任不同,可分为以下五种。

1. 独立承包或总承包

独立承包是指从投标报价、谈判、签订合同到组织合同实施,不论是否有对内、对外转包或分包,都由主包人或第一承包人对业主或发包人负全部责任。这是目前国际上使用最多的一种承包形式。

2. 分包

分包是指业主把一个工程项目分成若干个子项或几个部分,分别发包给几个分包商,在整个项目工程中各分包商只承包单项工程或其子项,或某项工程的承包业务,分包人只对合约方负责。

3. 合作承包

合作承包指两个或两个以上的承包商事先达成合作承包的协议,以各自的名义对外参加投标,不论哪家中标,都按合作协议共同完成项目的建设,对外则由中标的那家承包商与业主进行协调。

4. 转包或转让

转包是指承包商经业主或监理工程师同意,在不改变已签订合同内容的条件下,把工程项目的全部或部分转让给另一承包人的承包方式。

5. 承包代理

承包代理是承包代理人以承包人的名义和利益,代表承包人向第三者招揽生意,代办投标和有关承包的其他事项等服务,并按代理协议收取佣金的中介方式。

三、国际工程承包的招标方式

招标就是一家买主(或发包者)将拟买一批物资设备(包括外购外协件)或拟建工程项目的内容、要求等,如品种、规格、质量、价格、工期等,通过公告或通知书等形式招引或邀请卖主(承包者)前来投标,最后由买主(或发包者)从中择优选定的一种经济行为。招标承包中的标,也叫"标的",是指"拟发包工程项目内容的标明"。

投标就是投标人(或投标单位)在同意招标人拟定的招标文件的前提下,对招标项目提出自己的报价和相应的条件,通过竞争企图为招标人选中的一种交易方式。

从卖方角度看,国际投标是一种利用商业机会进行竞卖的活动。国际投标是对国际招标的响应,是一国的卖方为了得到该项合同而向另一国买方发出的实盘。

国际工程承包的招标方式,按性质划分可分为三种。

(一) 竞争性招标

竞争性招标(competitive bidding)是指招标人邀请几个乃至几十个投标人参加投标,通过多数投标人竞争,选择其中对招标人最有利的投标人达成交易,它属于兑卖的方式。竞争性招标可分为国际公开招标和选择性招标。

1. 国际公开招标

国际公开招标是指招标人通过报纸及其他宣传媒介发布招标信息,使世界各地合格的承包商都有机会按通告中的地址领取或购买资料和资格预审表,互相竞争投标取得授标。

国际公开招标的主要特点是:招标方给予自愿投标公司以平等参与的机会,能较合理地选定承包商,在一定程度上防止腐败,不允许变更标书中的技术及财务条件,投标人必须无条件地按标书的规定报价。

国际公开招标适用于下列工程:由世界银行及其附属组织国际开发协会和国际金融公司提供优惠贷款的工程项目;由联合国经济援助的项目;由国际财团或多家金融机构投资的工程项目;需要承包商带资承包或延期付款的工程项目;实行保护主义的国家的大型土木工程或施工难度大,发包国在技术和人力方面均无实施能力的工程。

2. 选择性招标

选择性招标,又称限制性招标,它一般不在报纸上刊登广告,而是根据招标人自己积累的经验、相关资料介绍或由咨询公司提供的承包商名单,向若干被认为最有能力和信誉的承包商发出邀请。经过对应邀人进行资格预审后,通知其提出报价,递交投标书。

这种方式的优点是经过选择的投标商在技术、信誉上都比较可靠,可以减少违约的风险,并可节省费用,简化手续,迅速成交。但存在的缺点是招标人所了解的情况和承包商的数量有限,在邀请时难免遗漏某些在技术上和在报价上有竞争能力的厂商。

选择性招标主要适用于以下情况:工程量不大,投标商数目有限或其他不宜进行国际公开招标的项目;某些大而复杂的专业性又很强的工程项目,可能投标者不多,但准备招标的成本很高,为了节省时间费用,及时获取较好的报价,招标可以限制在几家合格的承包商中进行,从而使每个承包商都有争取合同的机会;由于工期紧迫或出于军事保密要求或其他各方面原因不宜公开招标的项目;工程规模太大,中小型公司不能胜任,只好邀请若干家大公司投标的项目;工程项目招标通告发出后,无人投标或投标商的数目不足法定人数(至少三家),招标人可通过选择性招标再选择几家公司投标。

(二)两阶段招标

两阶段招标,又称两阶段竞争性招标。它是无限竞争性招标和有限竞争性招标结合使用的一种招标方式。第一阶段按公开招标方式进行,经开标、评价后再邀请其中报价较低、最有资格的数家承包商(一般为三四家)进行第二阶段报价。由于第二阶段投标人较少,一般采取谈判报价或秘密报价方式。

两阶段招标主要适用于以下情况:第一种情况是第一阶段报价、开标、评标后,如最低标价超过底价20%,而且经过减价重新比价之后,仍不能低于底价时,需再作第二阶段报价。第二种情况是招标过程尚处于发展之中,需在第一阶段招标中博采众长,进行评价,选出最新最优方案,再在第二阶段邀请被选中方案的投标人详细报价。最后一种情况是在某些经营管理或技术要求高的大型项目中,招标人对项目经营管理缺乏足够的经验,可在第一阶段向投标人提出要求,就其熟悉的经营管理方法或就其建造方案进行报价,经过评标,选出其中最佳方案的投标人。

(三)议标

议标,亦称谈判招标,是招标人直接选定一家或少数几家公司磋商承包条件及标价。

议标的特点:议标没有资格预审、开标等过程,方式简单,通过直接谈判即可授标。议标对投标人来说,不用出具投标保函,也无须在一定期限内对其报价负责;议标竞争对手少,缔约成交的可能性大。严格地讲,议标不算一种招标方式,只是一种"谈判合同",在国际工程承包实际业务中采用较少。

议标一般用于下列工程项目:执行政府协议缔结的承包合同;由于技术方面的特定需要只能委托给特定的承包商或制造商实施的合同;属于国防需要的工程或秘密工程;项目已公开招标,但无中标者或没有理想的承包商,通过议标,另行委托承包商实施工程;业主提出合同外新增工程。

四、国际竞争性招标的程序

1. 招标前的准备工作

(1)项目招标委员会的组成:招标委员会应由国家主管部门组织,聘请工程、商务、外汇、法律等各有关方面的专家组成,负责解决项目招标中所遇到的各种问题,并具体指导招标工作。

(2) 招标公告:在进行招标前,应在国内外有影响的报纸上发布招标公告,它包括招标通知和招标广告两个部分。招标通知是指分别送给与项目有关的、与所在国建立了外交和商务关系的各国有关部门的书面通知,招标广告是指在国内外有影响的报纸上所刊登的招标广告。通知和广告的内容应包括:项目名称,项目地点,项目内容概况,工程范围,索取招标文件的日期、地址及截止日期,招标条件,价格以及有关事项的咨询单位等。

(3) 资格预审:资格预审是指对愿意承担招标项目的投标人进行的财务状况、技术能力、资信等方面的预先审查,目的是选择确有承包能力的投标人。

(4) 制定标底:招标委员会刊登招标广告后,即应准备合同价格,通过项目概算,确定合同的价格水平,亦称为"标底",标底是招标委员会掌握的底牌,是绝对保密的。

2. 公开招标

公开招标是指招标委员会通知取得投标资格的投标人,经由刊登广告知悉并索取或购买招标文件的投标人,邀请他们前来投标的招标环节。

3. 开标

招标委员会在规定的日期、时间和地点,将在截止日期前收到的全部投标文件,在所有投标人或其代表在场的情况下,当场拆封投标文件,并公开宣读各投标人的投标条件,以使全体投标人了解各家的标价,这种程序称为开标。

4. 评标与决标

开标以后即转入评标阶段。招标委员会将投标文件的标价,及其他条件一一汇集列表,选取其中报价最低的四五份投标文件,进行审查、鉴别、比较,直至决定中标单位,这一阶段是在秘密条件下进行的。

决标是根据评标报告及其推荐意见为依据,由招标委员会决定中标人,同时向中标人发出中标通知书的环节。对未中标的人一般可不通知,或只简单通知"××承包人未中标"即可。

5. 签订合同

中标人在接到正式的"中标通知书"后,即应在规定的时间内与工程业主签订工程承包合同。合同先由一方起草,并在该草稿基础上进行磋商,达成一致后签订。

五、工程承包合同的基本内容

招标成交的国际工程承包合同不是采取单一合同方式,而是采取另一种合同方式,这种合同是由一些有关文件组成的,通常称为合同文件。合同文件包括招标通知书、投标须知、合同条件、投标书、中标通知书和协议书等。按照国际上通用的"合同条件",一般包括以下内容。

1. 合同承包的定义

合同承包的定义主要是阐明合同的当事人、合同中所包含的文件及其规范,以及对合同中所出现的各种术语的解释。

2. 工程期限

工程期限指从开工之日起到全部工程完成为止所需要的时间,即工期。如果承包商无故拖延工期,给业主造成损失,要接受罚款。

3. 工程师及其代表权责条款

合同中应该规定,发包人须将其任命的监理工程师及时通知承包人,监理工程师是发包人的代理人,在监理工程师中选定监理工程师代表负责监督工程施工和处理履约中出现的问题。工程师与业主签订工程服务合同,在工程施工中作为业主的代理人,但工程师在执行任务时又处于独立的地位。

4. 工程承包的转让和分包条款

合同一般规定,承包人未经发包人或其代理人同意,不得将全部合同、合同的任何部分、合同的任何利益和权益转让给第三者。经发包人或其代理人同意,承包人方可把部分工程分包给他人,但原承包人仍对全部工程负责。

5. 承包商的义务

一般而言,承包商除按合同规定完成并维修工程外,还要递交履约保函,提出工程进度计划,接受工程师的监督,执行工程师的命令,在工程师签发竣工证书以前照看工程,对工程进行保险,并对二包商的工作负责。

6. 专利权和专有技术条款

承包人或分包人须向发包人提供专利和专有技术,并承担被第三方控告合同范围内专利权为非法,以及专利权被第三方侵犯时的责任;承包人提供的专有技术,双方应订立保密条款。

7. 维修条款

合同中的维修条款是说明维修期限和维修费用的负担问题。维修期限一般是从竣工证书签发之日起计算,一般土木工程维修期为12个月。在维修期内,承包人应按监理工程师的要求,对工程缺陷进行维修、返工或弥补等。如果工程的缺陷是由于承包人的疏忽造成,由承包人负担由此而引起的费用。如果由于其他原因造成,由发包人负担费用。

8. 工程变更条款

规定在合同履行过程之中,可能由于各种原因而要作一些必要的修改。因工程变更增加或减少的费用,应在合同的总价中予以调整,工期也要相应改变。

9. 支付条款

支付条款主要包括支付方式与支付期限。

(1) 支付方式:工程开工前,发包人应按合同规定支付给承包人一部分预付款,预付款金额一般是合同总价的5%—15%,以便承包人购置机械设备和采购材料等。发包人每月向承包人支付一次,支付的金额应扣除承包人的保留金,保留金通常是每月支付金额的5%—10%,但保留金的累计金额达到合同总价款的5%时,就不再扣留,承包人交付的保留金应在工程竣工和维修期满后全部退还给承包人。

(2) 支付期限:一般规定,在监理工程师签发结算单之日起15—30天,发包人要向承包人付清费用。如果发包人不按规定付款,应按工程项目所在国中央银行放款利率加息。

10. 违约惩罚条款

合同项下的双方当事人在履行合同过程中,可能会出现违约的行为,针对各方违约的情况,分别订立违约惩罚条款。

(1) 对承包人违约的惩罚。承包人凡是未经发包人书面同意而转让和分包承包工程;承包人凡是无正当理由不按时开工;承包人未按合同规定标准准备材料;承包人不听从监理工程师的正当警告;承包人忽视工程质量等,均属承包人的违约行为。对此,发包人有权终止合同,没收承包人的履约保证金或者采取其他必要的惩罚措施。

(2) 对发包人违约的惩罚。凡以下情况即构成发包人违约:未向承包人按时支付费用;干扰、阻碍或拒绝向承包人签发付款证明;无正当理由中途决定停工,故意制造事端,挑剔和责难承包人等。对于发包人的违约行为承包人有权终止合同,发包人须赔偿承包人因准备开工或施工中所有费用的支出和机器设备折旧费用、运输费用等。

11. 保险条款

一般而言,需要投的保险分别有以下三类。

(1) 工程一切险,即对工程项目在整个施工过程期间由于自然灾害、意外事故、工人或技术人员的操作疏忽和过失而造成的损失,以及对第三者所造成的人身伤害或财产损失。

(2) 第三方责任险,指施工期间,在工地发生的意外事故,给与本工程无关的第三方造成的经济损失或人身伤亡。

(3) 人身意外险、汽车险、机械设备保险、设备包装保险、货物运输保险、社会福利保险等。

第三节 补偿贸易

一、补偿贸易的概念

补偿贸易又称产品返销,指交易的一方在对方提供信用的基础上,进口设备技术,然后以该设备技术所生产的产品,分期抵付进口设备技术的价款及利息。

早期的补偿贸易主要用于兴建大型工业企业。如当时苏联从日本引进价值8.6亿美元的采矿设备,以1亿吨煤偿还;波兰从美国进口价值4亿美元的化工设备和技术,以相关工业产品返销抵偿。后期的补偿贸易趋向多样化,不但有大型成套设备,也有中小型项目。20世纪80年代,波兰向西方出口的电子和机械产品中,属于补偿贸易返销的占40%—50%。我国在20世纪80年代,曾广泛采用补偿贸易方式引进国外先进技术设备,但规模不大,多为小型项目。近年来外商以设备技术作为直接投资进入我国,故补偿贸易更趋减少。但是,随着我国市场经济的发展,补偿贸易在利用外资、促进销售方面的优越性不容忽视。

二、补偿贸易的主要特点和具体做法

(一)补偿贸易的特点

(1) 贸易与信贷结合,一方购入设备等商品是在对方提供信贷的基础上,或由银行介入提供信贷。

(2) 贸易与生产相联系。设备进口与产品出口相联系,出口机器设备方在出口机器设备的同时承诺回购对方的产品,设备进口方以产品出口来偿还进口设备款。大多数情况下,交换的商品是利用其设备制造出来的产品。

(3) 贸易双方是买卖关系,设备的进口方不仅承担支付的义务,而且承担付息的责任,对设备拥有完全的所有权和使用权,设备的出口方承担提供信贷并购买对方生产产品的义务。

(二)补偿贸易的形式

目前,补偿贸易的做法主要有以下两种形式。

1. 产品返销

产品返销又称回购贸易或简称返销,是指在补偿贸易中,用进口的设备或其他物资生产的产品进行支付。一般适用于设备和技术贸易,在国际上有人称之为"工业补偿"。在我国一般称之为直接补偿贸易。

2. 商品换购

商品换购又称互购,是指首次进口的一方用于支付进口货款的商品,不是由进口物资直接生产出来的产品,而是双方商定的其他商品,即间接产品。由于这种贸易有时候并不直接与其生产相联系,故在发达资本主义国家有人称之为"商业性补偿"贸易。由于这种补偿贸易用间接产品偿还,在我国一般称之为间接补偿贸易。

此外,补偿的形式还可采用部分产品或劳务补偿、部分现汇补偿的方法,这种方法被称为部分补偿;或者因第三方参与补偿贸易,例如由第三方接受并销售补偿产品,或由第三方承担或提供补偿产品等,称为多边补偿。不论哪种形式,双方磋商达成协议后,一般都要签订补偿贸易的书面文件,主要有补偿贸易协定、设备进口合同、返销或互购合同等,作为补偿贸易当事人执行协议的依据。在上述模式下,决定交易的主要因素已不是商品的价格和质量,而是回购的承诺,这就不可避免地削弱了市场机制的作用。

三、补偿贸易的作用

(一)补偿贸易对设备技术进口方的作用

(1) 企业通过补偿贸易引进设备技术,可解决其缺少资金进行设备更新和技术改造的难题,从而使产品得以升级换代,增强市场竞争能力(包括国际市场和国内市场)。

(2) 设备技术进口方将产品返销,在抵偿设备技术价款的同时,也利用了设备出口方在国外的销售渠道,使产品进入国外市场,以进口设备技术来带动产品的出口,称之为"以进带出"的方法,这是当代中小型补偿贸易的一大特点。

(3) 以补偿贸易方式引进的设备技术，往往并不十分先进，有时引进的甚至是二手设备。但如果产品能够运销且市场前景良好，设备价格合理，则对发展中国家增加产品出口、扩大国内就业机会、提高地区经济发展水平仍是有利的。

（二）补偿贸易对技术出口方的作用

(1) 出口方在提供信贷的基础上，扩大设备和技术的出口。

(2) 出口方出于转移产业的需要，通过补偿贸易方式将产业转移至发展中国家，既获得了转让设备和技术的价款，又从返销商品的销售中获取利润，可谓是一举两得。

四、现代补偿贸易

（一）跨国公司经营多元化有利于开展补偿贸易扩大设备技术出口

补偿贸易是一种易货贸易，以设备技术和相关产品相交换，供方既承担供应所需的设备技术，又承担销售作为抵偿的相关产品。如果是单一的设备制造商，就难以接受这种易货方式。随着跨国公司多种经营的迅速发展，生产企业经济一体化已日臻完善，在国内外有广泛的销售代理或建立了自己的销售公司，使生产企业有能力销售相关的返销产品，从而把补偿贸易作为一种扩大销售资本货物的手段，并以此获取双重的利润。

（二）世界分工进一步发展，产业转移向纵深展开是补偿贸易的又一促进因素

一些发展中国家的经济，近年来有了长足的进步，良好的投资环境使发达国家将部分技术和资本密集型产业向发展中国家转移。尽管其中大部分产业转移是为了占领国外市场，但也有相当一部分产品是返销的或者是用来装配整机的零部件。以产业转移为目的，设备技术出口方主要是从返销产品中谋取利润，而不是主要从出口设备技术中谋取利益。设备技术进口方则通过信贷方式，引进较为先进的设备技术，建立生产基地，同时又出口了产品，这构成了可能达成补偿贸易的又一基础。

（三）设备技术的先进性是补偿贸易双方的主要矛盾

为了加强对先进技术和设备的控制，发达国家的有关企业在产业转移中，面对市场的激烈竞争，采取了不同的方式。常见的是直接投资，如只是利用东道国的土地、劳动力以及原料、动力资源，而把生产技术和设备的所有权、使用权全部控制在自己手中。但由于补偿贸易对设备技术出口方有着双重利润的吸引力，使得进口方也有了争取引进先进设备技术的能力。双方达成交易的关键是：(1) 设备技术出口方之间的竞争态势；(2) 返销产品（或零部件）的市场前景；(3) 设备技术进口方的配套能力；(4) 偿付条件。

采用补偿贸易方式，引进先进的设备技术，同时"以进带出"，利用设备供方的销售能力，进入国外市场，是利用外资的一种有效途径。当前国际经济合作发展迅速，产业转移的范围已突破劳动密集型产业，而延伸至技术密集型和资本密集型产业。我国企业应抓住这一契机，充分利用自身的优势，使得补偿贸易方式在利益分配、市场控制和自主经营上独特的优势为我所用。

五、补偿贸易合同

补偿贸易合同又称"补偿贸易协议书",是不同国籍的双方当事人就补偿贸易方式、方法、基本权利义务等问题签订的协议。合同的主要内容通常包括:补偿贸易的项目,设备或技术的规格、数量、价格和提供的方式、期限,补偿产品的规格、数量、计价办法和提供的方式、期限,补偿贸易中的信贷与担保、运输与保险,双方责任条款和争议的解决等。

(一)拟定补偿贸易合同应注意的问题

1. 文件的合法性,必须不违反所在国家的有关法令和规章

大多数国家都有贸易管制法、外汇管制法及其他法令。如果协议和合同与该国有关法令相抵触就无法执行。

2. 有无对自己不利的限制条款

例如,在产品返销方面,如对方只接受直接产品的一部分而非全部,而在补偿贸易协议中却规定,该设备生产的全部产品出口必须用对方的商标牌号,并且只能通过对方出售等,则使自己在剩余产品的出口上处于完全无能为力的境地。

3. 是否与其他协议相违背

如某种产品,我方与某一商号早已签有独家代理或包销协议,在进行补偿贸易时,如果又与该国别的商号签订该种产品的返销或互购合同,这样就与原代理包销协议相抵触。

此外,如果对方供应的设备和技术引起商标、专利等侵权纠纷时,应由对方负责解决。

(二)中外补偿贸易合同实例

中外补偿贸易合同

合同号:_____

甲方:中国_____公司

法定地址:_____电报挂号:_____电传:_____

乙方:_____国_____公司

法定地址:_____电报挂号:_____电传:_____

经甲乙双方友好协商,特订立本合同:

第一条 贸易内容

1. 乙方向甲方提供_____台(套)设备及其性能规格资料,辅助设备和零、备、附件及试车用原材料(提供方法可用附件详列)。

2. 甲方将用乙方提供的设备所生产的_____产品,偿付上述设备的价款,也可用其他商品来偿付。偿付商品的品种、数量、价格、交货条件等,详见合同附件(略)。

第二条 补偿方法

1. 甲方分期开出以乙方为受益人的远期信用证,分期、分批支付全部机械设备的价款。

2. 乙方开出以甲方为受益人的即期信用证,支付补偿商品的货款。

第十一章 其他国际技术贸易方式

3. 当乙方支付货款不能相抵甲方所开远期信用证之金额时,乙方用预付货款方式,在甲方远期信用证到期之前汇付甲方,以便甲方能按时议付所开出的远期信用证。

4. 由于甲方所开立远期证的按期付款以乙方开出即期证及预付货款为基础,所以乙方特此保证及时按合同规定,开出即期证及预付货款。

第三条 补偿商品

1. 甲方用乙方提供设备生产的商品(详见附件,略)按每公历月_____套(件)供应乙方。

2. 对其他商品,双方同意分批签署供货合同。供货条件由双方另议。

第四条 偿还方式

1. 甲方自乙方提供设备在甲方场地试车验收后第_____个月起,每月在原则上偿还全部设备价款的_____%。

2. 甲方可以提前偿还,但应在_____天之前通知乙方。

3. 在甲方用补偿商品偿还设备价款期间,乙方按本合同有关规定,开立以甲方为受益人的足额、即期、不可撤销、可分割、可转让的信用证。

第五条 偿还期限

原则上限于本合同生效后,_____个公历月内偿还完毕。

第六条 补偿商品作价

1. 双方商品均以_____币计价。

2. 乙方提供的设备及零、备、附件等均以_____币作价。

3. 甲方提供的补偿商品,按签订本合同时,甲方出口货物的人民币基价,以当时的人民币对_____币的汇率折算成_____币,或经甲方主管部门同意后,以_____币结算。

第七条 双方的利息计算

1. 双方议定,本合同项下的_____币及_____币的年利息分别为_____%和_____%。

2. 甲方所开立的远期证及乙方预付货款的利息均由甲方负担。

第八条 技术服务

1. 甲方自行将设备在厂房就位。

2. 在主要设备安装调试时,乙方须自费派遣_____人到现场指导,为期_____天;如指导错误,乙方负责赔偿损失。

3. 甲方提供乙方安装调试人员的住宿、交通及参加调试和验收的劳务、水、电、气供应及原材料等。

4. 双方代表共同确认验收合同标准。

第九条 附加设备

在执行本协议过程中,如发现本合同项下的机械设备在配套生产时,还需增添新的设备或测试仪器,可由双方另行协商,予以补充,补充的内容仍应列入本合同范围之内。

第十条 保险

设备进口后由乙方投保。设备所有权在付清货款发生转移后,如发生意外损失先由保险公司向投保人赔偿,再按比例退回甲方已支付的设备货款。

第十一条 税收和费用

本补偿贸易项目中所涉及的一切税收与费用的缴付,均按照中华人民共和国的有关税收法律、法规办理。

第十二条 违约责任

乙方不按合同规定购买补偿商品或甲方不按合同规定提供商品时,均应按合同条款承担违约责任,赔偿由此所造成的经济损失,并向对方支付该项货款总值的_____%的罚款。

第十三条 履约保证

为保证合同条款的有效履行,双方分别向对方提供由各自一方银行出具的保函,予以担保。甲方的担保银行为中国_____银行,乙方的担保银行为_____国_____银行。

第十四条 合同条款的变更

本合同如有未尽事宜,或遇特殊情况需要补充或变更内容,须经双方协商一致。

第十五条 不可抗力

由于人力不可抗拒的原因,致使一方或双方不能履行合同有关条款,应及时向对方通报有关情况,在取得合法机关的有效证明之后,允许延期履行;部分履行或不履行有关合同义务,并可根据情况部分或全部免予承担违约责任。

第十六条 仲裁

凡有关本协议或执行本协议而发生的一切争执,应通过友好协商解决,如不能解决,则应提请_____国_____仲裁委员会按_____仲裁程序在_____进行仲裁。仲裁适用法律为中华人民共和国法律。该仲裁委员会作出的裁决是最终的,甲乙双方均受其约束,任何一方不得向法院或其他机关申请变更。仲裁费用由败诉一方负担。

第十七条 合同文字和生效时间

本合同用中_____两种文字写成,两种文字具有同等效力。本合同自签字之日起生效,有效期为_____年。期满后,双方如愿继续合作,经向中国政府有关部门申请,获得批准后,可延期_____年或重新签订合同。

第十八条 合同附件

本合同附件_____份,系本合同不可分割的一部分,与合同正文具有同等效力。

甲方:中国_____公司　乙方:_____国_____公司

代表:(签字)　　　代表:(签字)

见证人:中国_____律师事务所

律师:(签字)

合同订立时间:____年____月____日

合同订立地点:_____

第四节 其他形式的技术贸易方式

一、特许经营

(一) 特许经营的概念

特许经营是一种根据合同进行的商业活动,是一种互利的合作关系,即特许授予人(简称特许人)按照合同要求给予特许被授予人(简称被授予人、受许人、被特许人,亦称加盟者)的一种权利,允许受许人使用特许人已开发出的企业象征(商标、商号)和经营技术、诀窍及其他工业知识产权。有关受许人的承诺、义务责任问题和使用权的回报都应在合同中加以明确说明。

《商业特许经营管理办法》第二条规定:"本办法所称商业特许经营(以下简称特许经营),是指通过签订合同,特许人将有权授予他人使用的商标、商号、经营模式等经营资源,授予被特许人使用;被特许人按照合同约定在统一经营体系下从事经营活动,并向特许人支付特许经营费。"根据这一条的规定,特许经营作为特殊经营模式的特征是特许人通过合同转让使用自己的商标、商号、经营模式等在内的特许经营权,取得特许经营权的被特许人按照合同在统一经营体系下从事经营活动,并向特许人支付特许经营费。双方的合作基础分别是特许人的知识产权和经营模式,以及被特许人的投入资本。特许人一般会通过合同掌握特许加盟店的最终管理权,而被特许人对自己的投资拥有所有权,双方通过合作各自取得收益。

值得注意的是,特许经营中特许人与被特许人之间并没有隶属关系,双方并非母子公司,也不是合伙人,亦不属于代理。确切地说是特许人把自己的商标标志和管理技术等知识产权授权被特许人有偿使用,由此以整体统一的商业形象和管理模式对外营业。而对于所有的被特许人来说,彼此之间是没有直接关系的。

(二) 特许经营的类型

商业特许经营按其特许权的形式、授权内容与方式、总部战略控制手段的不同,可以分为下列三种类型。

1. 生产特许

受许人投资建厂,或通过 OEM(original equipment manufacturer)的方式,使用特许人的商标或标志、专利、技术、设计和生产标准来加工或制造取得特许权的产品,然后经过经销商或零售商出售,受许人不与最终用户(消费者)直接交易。典型的案例包括:可口可乐的灌装厂、奥运会标志产品的生产。

2. 产品—商标特许

受许人使用特许人的商标和零售方法来批发和零售特许人的产品。作为受许人仍保持其原有企业的商号,单一地或在销售其他商品的同时销售特许人生产并取得商标所有权的产品。

3. 经营模式特许

受许人有权使用特许人的商标、商号、企业标志以及广告宣传,完全按照特许人设计的单店经营模式来经营;受许人在公众中完全以特许人企业的形象出现;特许人对受许人的内部运营管理、市场营销等方面实行统一管理,具有很强的控制。

(三)特许经营的优点

(1)特许经营是实现商业资本扩张的一种比较好的形式,一些中小企业可以在节省资本投入的前提下,不用自建经销机构就可以扩大外围销售组织来实现商品的价值。

(2)特许人和受许人在保持其独立性的同时,经过特许合作双方获利,特许人可以按其经营模式顺利扩大业务,受许人则可以减少在进入一个新领域投资所面临的市场风险。

(3)特许人为提高自身的商誉,会随时开发独创性、附加值高的商品,以此差异化来与对手竞争,受许人则可不必自设研发部门而享受这种好处。

(4)由于特许人对周围环境随时做市场调查,包括顾客层形态的变化、消费倾向的变化等,因此受许人能及早采取应对措施。

(四)特许经营的主要特征

(1)特许人(总店)不对特许企业(分店)投入资金,特许企业的资金完全由受许人筹措,受许人在财务、法律上同特许人相互独立。

(2)受许人向特许人购买特许经营权,被允许在限定的区域和期限内使用特许人的商号、经营方式等开展业务,并每年向特许人支付年金。如果受许人违约不支付年金,特许人有权禁止其在限定区域和期限内经营相同业务,即特许人挟有受许人的"人质"(hostage)。

(3)特许人专门提供包括经营技巧等方面的全套方案(即无形知识产权),该方案通常包括在"操作手册"中。受许人则根据操作手册中的规定专门提供有形产品或服务,以保证所有分支店提供的商品或服务保持同一质量标准。

(4)特许人提供的经营模式必须在其直营店中经过全面的市场测试,并被证明是成功的商业模式后,才能出售给受许人,受许人经营的成功得益于特许人的良好品牌商誉。

(5)在受许人开业之前,特许人须对其进行专业培训。在开业之后,还应提供持续不断的支持和协助,包括各种必要的服务以及广告和促销活动。

二、国际租赁

(一)国际租赁的概念

迄今为止,国际上尚未对租赁形成一个统一的概念,例如,在美国,租赁是指在一个规定的期间转让固定资产(土地和/或可折旧资产)的使用权的协议;在中国香港,租赁是指出租人与承租人就一指定资产的租用事宜订立的合约。出租人保留资产的拥有权,但将资产在某协定期间的使用权转让于承租人,从中收取指定租金。

在我国内地,租赁是指出租人在不转让所有权的条件下,把设备、物资、商品、财产等出租给承租人在一定的期限内使用,承租人按租赁契约的规定,分期付给出租人一定租金的一种融资与融物相结合的经济活动。这种业务方式具有融资性质,当企业进行创业或者要扩大生产规模,但生产设备不足,而且无力筹集到资金来购买时,企业可以通过租赁公司先租赁设备发展生产,获得利润后,用利润来缴纳租金,最后还清全部租金和余值后可以取得设备的所有权。在这一过程中,企业通过"融物"达到了融资的目的。出租人通过购买设备再出租,收取租金,最后收回全部设备投资并拥有或者出售设备,从而获得了投资的效益。

(二)国际租赁的主要类型

主要有融资租赁、经营租赁、杠杆租赁和综合性租赁四种。

1. 融资租赁

融资租赁是指由租赁公司出资购买用户选定的设备,然后出租给用户。在设备使用期内,双方不得随意终止合同;出租人保留设备所有权,用户拥有使用权;设备的维修由用户负责,租赁公司把设备的价款、利息、手续费等在租赁期内,全部以租金的形式向用户收取。

融资租赁具有如下特点。

(1)期限比较长。融资租赁基本上与出租物件使用寿命相同,但一般在租赁期满时,租赁资产仍须留下一些残值(有时是象征性的)。

(2)租赁公司保留设备的所有权。虽然在租赁有效期内,承租人拥有独家使用设备的权利,但是设备的所有权仍然归租赁公司所有。

(3)由于设备是承租人选定的,租赁公司对设备的性能及是否适用不负任何责任。而且,对设备的管理、维修保养和保险都由承租人负责。

(4)租赁期满时,承租人有权作出是否购买所租物件的选择。出租人可以将出租期满的设备按照二手市场公平价格或以合同规定的象征性价格卖给承租人。

(5)在这种方式下,租赁公司为购买该物件所支出的全部费用可以通过收取租金的形式得到完全的收回。

2. 经营租赁

由租赁公司提供用户所需的设备,并负责设备的保养维修;用户按租约交租金,租用期满退还设备。经营租赁的特点如下。

(1)出租人既提供融资的便利,又提供必要的服务,包括设备维修、保险和技术服务等,使承租人在得到融资好处的同时,又得到了便利的服务。这是这种方式最大的一个优点。

(2)这种方式租赁期比较短,租赁的期限比租赁物件的使用寿命要短,因此对租赁物件的选择有一定的要求。一般适用可短期租赁的物件:计算机、汽车、轮船、工程建筑设备等,在合理的情况下,一般允许承租人在租赁期内提前解约,而改租更先进的设备。

(3)由于租赁物件技术更新快,出租人要承担设备过时和承租人解约的风险,另外还要提供设备的维修保养等服务,因此其租金要高于融资租赁。

由于上述原因,出租人不能从一次租赁中收回全部投资,需要将此物件再次或多次出租,因此又称这种方式为"未完全支付租赁"。

3. 杠杆租赁

在英美法系又称为衡平租赁，是融资租赁的一种特殊形式，是指出租人在购买价格昂贵的设备时，自筹所需资金的 20%—40%，其余 80%—60% 由出租人以设备作抵押向银行等金融机构贷款，然后将设备出租给承租人，并将向承租人收取租金的权利转让给金融机构，作为偿还贷款的额外保证。杠杆租赁具有以下一些特点。

（1）杠杆租赁是一项非常复杂的交易，涉及的当事人至少为三方，还需要签订一系列协议，如参与者协议、信托协议、合约信托、租赁协议、购买协议的转让和保证书等。

（2）在这种方式下，出租人只需投资相当于设备价款的 20%—40%，但可以拥有设备的所有权。另外，根据美国税法规定，租赁公司在购买新设备时，可以享受减税待遇。所以，租赁公司只需投入一小部分设备款，却可以享受百分之百的减税待遇。

（3）出租人在购置拟租赁的设备时，必须支付 20% 的价款，作为其最低风险的投资额。

（4）租赁期满时，租赁设备的残值必须相当于原来价值的 20%，或者至少还可使用 1 年。

（5）杠杆租赁的物件一般都是价值昂贵的大型飞机、轮船、卫星、海上钻井设备和大型工厂设备等。

4. 综合性租赁

综合性租赁是一种租赁与贸易相结合的租赁方式，租赁与贸易相结合不仅可以减少承租人的外汇支付，还可以扩大承租人与出租人之间的贸易往来，促进贸易与租赁业的共同发展。主要有以下四种方式。

（1）租赁与补偿贸易相结合。

（2）租赁与包销相结合。

（3）租赁与加工装配业务相结合。

（4）租赁与出口信贷相结合。

（三）国际租赁合作的作用

国际租赁具有许多其他合作方式所没有的优点，它可以作为推销商品的方式，又可以作为筹措资金的手段，还可以作为一种投资或贷款的形式。

1. 对于出租方的优点

（1）加强设备的有效利用。出租人将自己闲置不用的设备或已经淘汰的设备出租给其他有需要的国外生产厂家，可使一些企业已无利用价值的设备仍然可以产生经济价值。

（2）通过租赁为资金寻找出路。许多租赁公司本身就是大的银行集团或者金融机构。通过购买机器设备再出租给企业进行生产经营，可以取得比较稳定的租金收入，最后完全收回设备的投资，并获得可观的投资效益，使过剩资金得到充分利用，拓展了信贷合作的领域，促进了投资的扩大。

（3）增加产品和服务的出口。许多大的租赁公司往往也是国际上大的生产厂商，或是其附属机构。为了促进产品的销售，千方百计地寻找各种渠道打入国际市场，扩大出口。在租赁方式下,由于承租人的租金是分期支付的,再加上享有税收和折旧的优惠,使以租赁方式购买设备比贷款购买便宜,这就增加了社会购买力。

2. 对于承租方的优点

(1) 企业融资的一项有效途径。承租企业可以通过租赁设备进行生产,然后用出售产品所得的价款来支付租金,最终付清设备余值来获得设备的所有权,从而达到了通过"融物"进行融资的目的。现在许多中国企业在生产规模扩大、设备技术发行方面遇到的最大困难就是资金短缺问题,国际租赁是企业引进外资的又一重要渠道。

(2) 有利于提高企业资金利用率。对于企业,租赁设备而不购买设备的好处是企业不需要现行支付一笔现金作为订金,这有利于改善企业的现金流量,使企业有更多的财力改善其他方面的生产经营活动。

(3) 可以避免因通货膨胀造成的损失。在租赁业务中,租金在企业租赁物件时固定下来,所以,如果上涨,租金的实际价值是下降了,对于承租人没有什么损失;而如果用现金购买了该物件,当物价上涨时,折旧回来的货币的实际价值减少了,购买者要承担物价上涨引起的损失。因此,租赁能在一定程度上避免因通货膨胀带来的损失。

(4) 可以间接地享受国家对租赁公司在税收优惠上的好处。国家对租赁公司在应缴纳税费上的减免规定,使租赁公司能够以较低的价格购买到租赁物件,再以优惠的租金出租该物件。这样,承租人可以间接地享受到国家对租赁在税收优惠上的好处。

三、BOT 项目

(一) BOT 的概念

BOT 是英文 build-operate-transfer 的缩略语,即"建设—经营—移交"。典型的 BOT 形式,是政府同私营部门(在我国表现为外商投资)的项目公司签订合同,由项目公司筹资和建设基础设施项目。项目公司在协议期间内拥有运营和维护这项设施的权利,并通过收取使用费或服务费用,回收投资并取得合理的利润。协议期满后,这项设施的所有权无偿移交给政府。BOT 方式主要用于发展收费公路、发电厂、铁路、废水处理设施和城市地铁等基础设施项目。BOT 方式在实际运用过程中,还演化出几十种类似的形式。

BOT 方式中,项目公司由一个或多个投资者组成,通常包括工程承包公司和设备供应商等。项目公司以股本投资的方式建立,也可以通过发行股票以及吸收少量政府资金入股的方式筹资。BOT 项目所需的资金大部分通过项目公司从商业金融渠道获得,贷款的形式是无追索权或有限追索权的项目贷款。

BOT 项目千差万别,但是每个项目的完成一般要经过以下七个阶段:项目确定、准备、招标、合同谈判、建设、经营、产权移交。20 世纪 80 年代初 BOT 在世界上开始得到较快的发展,但目前在我国尚处于探索阶段。设立 BOT 项目,需按现行设立外商投资企业的程序申请报批。

(二) BOT 的特点

当代资本主义国家在市场经济的基础之上引入了强有力的国家干预。同时经济学在理论上也肯定了"看得见的手"的作用,市场经济逐渐演变成市场和计划相结合的混合经济。BOT 恰恰具有这种市场机制和政府干预相结合的混合经济的特色。

1. BOT 能够保持市场机制发挥作用

BOT 项目的大部分经济行为都在市场上进行,政府以招标方式确定项目公司的做法本身也包含了竞争机制。作为可靠的市场主体的私人机构是 BOT 模式的行为主体,在特许期内对所建工程项目具有完备的产权。这样,承担 BOT 项目的私人机构在 BOT 项目的实施过程中的行为完全符合经济人假设。

2. BOT 为政府干预提供了有效的途径

在与私人机构达成的协议中,尽管 BOT 协议的执行全部由项目公司负责,但政府自始至终都拥有对该项目的控制权。在立项、招标、谈判三个阶段,政府的意愿起着决定性的作用。在履约阶段,政府又具有监督检查的权力,项目经营中价格的制订也受到政府的约束,政府还可以通过通用的 BOT 法来约束 BOT 项目公司的行为。

本章小结

本章主要介绍了国际合作生产和国际工程承包等其他形式的国际技术贸易,重点讲述了各种方式的特点、形式、合同以及在使用过程中应注意的问题,并分析了各种方式的优缺点,使读者能全面地了解国际技术贸易采用的各种方式。

关键词

国际合作生产　　国际工程承包　　补偿贸易　　特许经营　　国际租赁　　国际 BOT 方式

思考题

1. 国际合作生产的基本形式有哪些?
2. 签订国际工程承包合同时应注意哪些问题?
3. 采用特许经营方式的优势与劣势具体表现在哪些方面?

案例分析

马来西亚南北高速公路是发展中国家经营 BOT 模式的成功案例之一。

马来西亚南北高速公路项目全长 912 千米,最初是由马来西亚政府负责建设,但是在公路建成 400 千米之后,由于财政困难,政府无法将项目继续建设下去,最终决定采取 BOT 融资模式继续项目。历时两年左右的谈判,马来西亚联合工程公司在 1989 年完成了高速公路项目的资金安排,使得项目得以重新开工。

马来西亚政府和马来西亚联合工程公司签署了特许经营权合约,由马来西亚联合工程公司(United Engineer Company)组建的一个新公司——普拉斯南北高速公路项目有限公司作为项目发起公司,负责该高速路的筹资、设计、建造与经营。预计项目总成本20.7亿美元,特许经营期30年。项目资金构成中,11.5亿美元为马来西亚联合工程公司出资的项目发起公司的股本;其余9.21亿美元来自银团贷款,其中,马来西亚银团提供贷款5.81亿美元,国际银团提供贷款3.4亿美元。

并且,该项目的成功有很大程度上来自政府的帮助。该高速公路项目获得了很高的政府担保:政府提供的援助性贷款为23 500万美元,约为项目从开始筹资到建造完工总成本的13%。该笔贷款在25年内还清,并在前15年内可延期偿付,其固定年利率为8%;政府给予了普拉斯公司最低营业收入担保,即如果公司在经营的前17年内因交通量下降而出现现金流动困境的话,政府将另外提供资金;马来西亚政府还授权普拉斯公司经营现有已建好的一条高速公路,长309千米,公司不须购买该路段,其部分通行费收入用于新建公路。在外汇方面,马来西亚政府提供的担保是:如果汇率的降低幅度超过15%,政府将补足其缺额。最后,政府还提供了利率担保:如果贷款利率上升幅度超过20%,政府将补足其还贷差额。

BOT项目融资模式在马来西亚高速公路项目中的运用,在国际金融界获得了很高的评价,被认为是BOT模式的一个成功的范例。

案例思考:
1. 简述BOT方式的主要特点。
2. 请简要回答BOT方式给马来西亚政府和承包商带来的有适合?

第十二章

国际技术贸易合同、价格与税费

价格是国际技术贸易双方谈判与磋商的核心部分，双方对技术价格的确定原则、方法以及技术价格的支付方式、支付工具、支付时间、清算方法等协商一致后，明确规定于国际技术转让合同中。此外，交易双方还应在合同中确定税费的支付问题，明确供受双方各自承担的纳税义务，并将双重征税问题考虑在内。

第十二章 国际技术贸易合同、价格与税费

学习目标

通过对本章的学习,你应该能够:
1. 熟悉国际技术贸易合同的类型;
2. 掌握技术价格的构成和决定因素;
3. 熟悉国际上通行的技术转让费的支付方式;
4. 了解对技术使用费征税的特点和一般原则。

第一节 国际技术贸易合同

一、国际技术贸易合同概述

(一) 技术合同的主体

对外贸易经营者,是依法办理工商登记或者其他执业手续,依照本法和其他有关法律、行政法规的规定从事对外贸易经营活动的法人、其他组织或者个人。

在技术交易中,合同主体称呼根据合同基础的性质、当事人的地位与作用而有所不同。具体称呼方式有以下六种。

(1) 许可方(licensor)和被许可方(licensee)。这种提法多适用于工业产权或著作权的许可合同。

(2) 供方(supplier)和受方(recipient)。这种称呼一般适用于技术秘密转让合同和其他知识产权保护对象的合同。

(3) 买方(buyer)和卖方(seller)。这种称呼多用于货物的买卖,在技术贸易中不应该使用。

(4) 转让方(transferor)和受让方(transferee)。这种称呼主要用于工业产权、著作权或其他知识产权的转让,如专利权的转让、商标权的转让、计算机软件著作权的转让等方面。

(5) 委托方(trustier)和受托方(trustee)。这种称呼主要用于技术服务与技术咨询业务及相关技术服务贸易中。

(6) 出口方(exporter)和引进方(importer)。这种称呼是从国家的角度考虑的。

(二) 国际技术贸易合同的一般结构及签订国际技术贸易合同的基本要求

国际技术贸易合同一般包括以下内容:合同首部;序文(preamble);合同主体或合同正文(the body of a contract);合同尾部(合同生效、期限、续展与终止、签字);合同附件。

国际技术贸易合同必须以书面形式订立;国际技术贸易合同的内容应完整、明确;应争取在平等互利的基础上签订;合同使用文字应该准确,条款之间应严格一致。

（三）国际技术贸易合同的类型

技术贸易合同基本上分为两种类型：国际技术贸易合同和经济技术合作合同。

1. 国际技术贸易合同

国际技术贸易合同主要包括以下六类。

(1) 与专利有关的技术合同。

(2) 技术秘密转让合同。

(3) 商标使用许可合同。

(4) 技术服务与技术咨询合同。

(5) 计算机软件著作权许可或转让合同、集成电路布图设计专有权许可或转让合同。

(6) 商业秘密专有权许可或转让合同。

2. 国际经济技术合作合同

国际经济技术合作合同是指在其他类型合同中包括有上述技术贸易内容的任何一项或一项以上内容的合同。其主要包括以下四类。

(1) 与产品进出口一道进行技术转让的合同。

(2) 技术转让与加工贸易（来料加工、来件加工、来样加工）合作生产结合进行的国际经济技术合作合同。

(3) 技术转让与工程承包结合进行的国际经济技术合作合同。

(4) 技术转让与合作设计、合作开发结合的经济技术合作合同。

以技术作为投资的合同，应当按照外商投资企业设立审批的程序进行审查或者办理登记。

二、许可合同

国际技术贸易合同是分属两国的当事双方就实现技术转让这一目的而缔结的规定双方权利义务关系的法律文件。它的形式往往是与国际技术贸易方式相对应的，如许可合同、技术服务和咨询合同、合作生产合同、设备合同等。其中许可合同是最基本、最典型、最普遍的一种形式。

许可合同是指许可贸易的技术供方为允许（许可）技术的受方有偿使用其知识产权或专有技术而与对方签订的一种授权协议。根据授权程度的不同，有独占许可合同、排他许可合同、普通许可合同、可转让许可合同、交叉许可合同等类型。根据其合同标的不同，又有专利许可合同、商标许可合同和专有技术许可合同等类型。

许可合同由于类型不同，其合同条款及其内容有相同的部分，也有各自特殊的部分。各种许可合同共同性的条款及内容有如下十一个方面。

(1) 合同名称和编号。合同名称要确切地反映合同的内容、性质和特征。例如"××专利许可合同"。合同编号是识别合同的特定符号，它反映出许可方的国别、被许可方的名称和部门及签约年份等。

(2) 签约时间和地点。签约时间是双方正式签字日期，签约地点往往与签约时间相联系。签约时间和地点往往涉及合同的生效、法律的适用及纳税等问题。

第十二章　国际技术贸易合同、价格与税费

（3）当事人法定名称和地址。这是有关通信联络不可缺少的，也是双方发生争议时确定法院管辖权和适用法的依据之一。

（4）鉴于条款，常用"鉴于……"语句，故名。它是叙述性条款，用以说明当事人双方的背景、立约意愿和目的，其中要特别讲明许可方对技术或权利拥有的合法性及被许可方接受技术的经验和能力。

（5）定义条款。为使合同内容清楚、言简义切，常对以下词语进行定义：与合同标的有关的重要名词和术语；各国法律或惯例有不同理解或易产生歧义的重要名词和术语；重要的专业性技术术语；合同中多次出现、需加以简化的名词和术语等。应注意下定义的名词和术语在同一合同各条款出现时，含义应完全一致。

（6）转让技术的内容和范围。这是整个合同的核心部分，是确认双方权利和义务的基础。它主要规定：具体的技术名称、规格，要求达到的性能和技术指标；转让的方式（包括合同产品设计资料、生产技术资料的范围和内容），供方在技术培训和技术服务方面应承担的责任和义务，具体培训人数、方式，技术服务的范围及待遇条件，要达到的目标，受方可以使用技术制造、销售和出口许可产品的地区；商标的使用办法等。

（7）技术改进和发展的交换。在合同期限内，供受两方都有可能对原转让的技术作出某种新的改进或发展。一般来说，改进和发展的技术的所有权应归作出改进和发展的一方所有。双方均应承担不断交换这种改进和发展的技术的义务。对这种改进或发展的技术的交换办法应在合同中加以明确规定。通常将规定许可方向被许可方提供改进和发展技术的条款称为"继续提供技术援助条款"，将被许可方向许可方提供改进和发展技术的条款称之为技术反馈，或称"回授"。

（8）技术文件的交付。该条款包括技术文件交付的时间、地点和方式，对技术资料包装的要求，技术文件短损的补救办法，技术文件使用文字和技术参数的度量衡制度等内容。

（9）技术价格与支付。技术价格是指技术受方为取得技术使用权所愿支付的、供方可以接受的技术使用费的货币表现。与有形商品定价不同，技术定价是个复杂的问题，其高低取决于多种因素，主要有供方为完成交易所垫支的直接费用；供方所预期的利润；技术的生命周期和技术所处的周期阶段；供方所提供的技术服务量；技术使用的目的和范围；供方对受方授权程度，供方对技术的担保和受方的接受能力；技术供求状况；技术的经济效益；受方国家政治环境和对产权保护状况等。

技术价款的支付办法也与有形商品不同，常用的做法有三种：一是一次总付。即将技术使用费、技术资料费和技术服务费等费用一次算清加总，其总金额一次付清或分期付清。二是提成支付。即当技术实施后，逐年按合同产品的产量或销售额或所获利润提取一定比例作为技术价款支付。三是入门费加提成支付。即当合同生效或受方收到技术资料后，先支付一笔约定的金额，然后再逐年提成费用。

（10）保证。该条款主要是为维护被许可方的利益，加强许可方的责任。它包括权利保证和技术保证两项内容。权利保证主要是指许可方应保证其是所转让技术的合法持有者，并有权进行技术转让，这种转让在合同规定的地域内没有侵犯任何第三方的权利。技术保证是指

供方保证按合同规定提供技术,其提供的技术是安全实用的,可以生产出合格的合同产品。在保证条款中,主要是规定技术保证的内容。权利保证则主要在鉴于条款、侵权等条款中加以规定。

(11) 其他条款。除上述条款外,许可合同中还有索赔、不可抗力、税费、法律的适用和争议的解决、合同期限、文字及签字、合同附件等条款和内容。这些内容与一般商品买卖合同大同小异,故此处不再赘述。

各种许可合同的特殊条款是根据合同标的具体特点所须规定的条款。专利许可合同的特殊条款包括专利条款、专利保持有效条款等。

专利条款要明确所转让专利技术的法律状态,列出专利号、专利申请国别、申请时间和有效期限。若属正在申请的专利,则要在合同中订明将来双方的权利义务如何随申请结果而变化等。

专利保持有效条款。多数国家规定,专利权人必须按年交纳年费才能维持专利权的有效。因此,在合同中一般应规定:许可方有义务依法交纳年费以维持所转让专利的有效性;若因未交纳年费而导致专利失效,则合同将因此而解除。

在专利许可合同中还应列有规定专利标记的使用、侵权及其处理条款等。商标许可合同的特殊条款主要有:商标内容和特征;商标的合法性和有效性;受方使用商标的形式;对商标标识的管理;关于产品质量监督权等。

专有技术许可合同的特殊条款主要有:初期保密协议、保密和考核验收条款。初期保密协议主要是在进行技术谈判时双方所达成的保密协议,保证在技术贸易合同未达成的情况下,受方有义务在一定期限内,对从供方那里获得的一切技术秘密予以保密。保密条款则是在双方达成交易,订入合同中的关于保密责任、措施等规定。考核验收条款发生在技术贸易的"交货"过程,实际上是供方向受方传递和传授技术知识、经验和技能的过程。其中除移交技术资料外,更主要的是靠言传身教的形式向受方"交货"。"交货"是否完成,所交之"货"是否符合合同要求,在技术贸易中这些问题只能用考核合同产品的办法来解决。因此,在考核验收条款中,必须订明以下主要内容:考核验收的产品型号、规格、数量,考核验收的内容、标准、方法、次数,考核验收的时间、地点,所用关键专用测试仪器及设备的提供,双方参加考核验收人员的安排和责任,考核费用的负担,考核结果的处理,考核不合格的责任归属,经济、法律责任归属等。

三、与专利有关的国际技术贸易合同

(一) 专利实施许可合同

1. 专利实施许可合同的含义

专利实施许可合同(patent licensing agreement)是指专利权人许可另一人在约定的范围和条件内实施专利技术所签订的具有约束力的书面文件。该文件根据有关国家的技术转让法律、法规和国际惯例,全面规定了当事人之间的各项权利、义务及有关的经济、法律责任。

专利实施许可合同应符合以下四个条件。

(1) 合同必须以已被批准的有效的专利权为基础。

(2) 合同的许可方必须是专利权人,专利权人有三种可能:发明人本人、发明人所在单位或者专利权的受让人。

(3) 合同当事人的权利、义务规定必须受专利法的制约。

(4) 许可方的专利权应该在当事人双方国家均有效。

2. 专利实施许可合同的主要条款

(1) 许可的内容和范围。

① 基本技术的说明。专利技术的名称、专利号码、批准的国家或地区、批准的日期、有效期届满的时间,以及上述专利技术生产何种产品、规格、型号等。

② 授权。

A. 许可的权利范围。许可的权利范围包括使用、生产制造、许诺销售、销售权。

B. 许可的性质。许可的性质主要是明确独占使用权、排他使用权、普通使用权。

C. 对权利使用的限制。对权利使用的限制主要是指使用技术的领域、使用技术的地点和许可销售的地域。

③ 分许可权。

④ 其他内容。

(2) 保证(warranties)。

① 保证并维持专利的有效性。

② 保证专利技术的可实施性。

③ 保证许可方是专利技术和专利资料的合法持有者,有权进行许可并能获得出口许可。

(3) 侵权(infringement)。

① 侵权的情况。侵权的情况有两种:被许可方获得的专利实施权侵犯了第三者;被许可方获得的专利实施权受到第三者的侵犯。

② 双方的责任。被许可方发现侵权情况后,应及时将侵权情况通知许可方,要求其处理或征求其处理意见,根据许可方回复再做决定。

A. 许可方单方与第三者交涉或向法院起诉,如在被许可方国家内,被许可方应提供协助。在独占许可情况下,被许可方也可以以利害关系人的身份,单方与第三者交涉或向法院起诉。

B. 在排他许可的情况下,许可方应与被许可方联合与第三者交涉或向法院起诉,只有许可方不愿意与第三者交涉或向法院起诉时,被许可方才可以单独与第三者交涉或向法院起诉。

C. 在普通使用权的情况下,由许可方单独与第三者交涉或向法院起诉。被许可方不能在没有许可方的授权下单独与第三方交涉或向法院起诉。

③ 经济和法律后果。

A. 法院裁决第三方指控不成立。双方或许可方胜诉,第三方支付诉讼的费用和赔偿的损失,应由双方分享或许可方单独享有,合同继续有效。

B. 法院裁决第三者侵权指控成立,双方或许可方败诉,则要视情况进行处理,处理办法有以下三种。

(a) 如属许可方部分侵权,被许可方可要求修订所签合同条款,缩小许可的范围,使之不造成侵权,同时减少使用费金额。

(b) 如虽属侵权,但被许可方仍愿维持原合同有效,许可方可向第三者支付一定费用或者被许可方可与第三者另签合同,支付一定费用,减少原合同使用费支付,同时调整合同中的相关条款。

(c) 如司法部门裁定许可方侵权事实成立,又未能与第三者达成谅解,被许可方完全不能实施原合同所授予的权利,则只能要求终止合同并要求退回已支付的费用和利息。经济和法律责任应由许可方承担。

C. 许可方或被许可方指控第三者侵权不成立,由双方共担或许可方单独承担向第三方的赔偿费。

D. 许可方或被许可方指控第三者侵权成立,由双方共享或许可方单独享受第三方的赔偿费。值得注意的是,在许可方与第三者交涉或法律诉讼期间,被许可方不应轻易提出终止合同或停止支付使用费,万一许可方交涉或法律诉讼胜诉,被许可方可能陷于被动或不能继续使用许可的技术,造成原来使用技术的生产设备闲置。

(二) 专利申请许可合同

专利申请许可合同,是指技术发明人提出专利申请,专利申请日确定之后,特别是专利申请公布后,专利部门批准授予专利之前,就申请专利的发明使用权与他人所签订的许可合同。这类合同也称"未决专利申请许可合同"。

专利申请许可合同的条款包括以下内容。

(1) 鉴于条款(见本节第二个问题)。

(2) 定义条款(见本节第二个问题)。

(3) 专利申请技术许可的性质与范围。

专利申请技术许可的性质有独占许可、排他许可和普通许可。

专利申请技术许可的使用范围包括:专利申请产品或专利申请方法的使用、制造、销售、进口(进口专利申请的产品或利用申请专利方法直接获得的产品)。

专利申请产品或方法使用的技术领域、使用的地点和产品销售的地域。

(4) 专利申请的技术内容。许可方向被许可方提供专利申请号、专利申请名称、全部专利申请文件、工艺流程文件、实施申请专利所涉及的技术秘密。

(5) 技术资料交付。技术资料交付包括交付的时间、交付的地点、交付的方式。

(6) 技术使用费及支付方式。技术使用费与支付方式与专利实施许可相同:总付方式、提成方式、入门费与提成方式相结合。

(7) 考核验收。

(8) 技术秘密的保密。

(9) 技术服务与培训。

(10) 技术改进与交换。

(11) 违约与索赔。

(12) 专利申请被驳回的责任。许可方不是该专利申请的合法申请人,或者未充分公开申请保护的申请主题被专利部门驳回,许可方向被许可方返还全部或部分使用费。

(13) 不可抗力。

(14) 税费。

(15) 争端的解决。

(16) 合同的生效、变更与终止。专利申请被批准后,自授予专利权之日开始,本合同自动变为专利实施许可合同。该专利申请被驳回后,本合同双方应协商合同存续等有关事宜。

(三) 专利权与专利申请权转让合同

1. 专利权与专利申请权转让合同的含义

专利权与专利申请权转让合同是指专利权人或专利申请人(转让方)将其拥有的专利权或专利申请权让予受让方所订立的合同。《专利法》第十条规定:"转让专利申请权或者专利权的,当事人应当订立书面合同,并向国务院专利行政部门登记,由国务院行政部门予以公告。专利申请权或者专利权的转让自登记之日起生效。"

2. 专利权与专利申请权转让的特点

(1) 专利权转让的特点。专利权转让只能将权利作为一个整体转让,不可分割;专利权转让须履行法律手续;专利权转让后,专利权的主体发生改变。

(2) 专利申请权转让的特点。专利申请权转让是转让民法中的一种财产权,专利申请权是民法中的一种权利,而不是法律授予的权利。

发明人在提出专利申请前和提出专利申请后转让专利申请权是有区别的:发明人在提出专利申请前,转让专利申请权属于一般民事权利转让,转让的效力仅限于合同当事人,不受法律保护。发明人在提出专利申请后,转让专利申请权属于法律行为,当事人须向专利部门提出专利申请权变更请求,转让合同经专利部门登记并公告后才能生效。

专利申请权转让是指转让获得专利权的资格,就是将获得专利权的资格转让给受让人,受让人获得专利权后,转让人除继续享有发明人的名义外,不享有其他财产权利。

3. 专利权和专利申请权转让合同的主要条款

(1) 转让方应交付的文件。转让方应向受让方交付专利权法律状况的文件,主要包括以下内容。

① 全部专利申请文件:包括专利技术说明书、权利要求书、附图、摘要及摘要附图、请求书、意见陈述书、著录事项变更、代理委托书等。

② 专利局发给的所有文件:包括受理通知书、中间文件、授权决定、专利证书及副本等。

③ 转让方与他人签订实施许可合同的,转让方应提供与专利实施有关的所有技术文件,其中包括所有合同附件。

④ 专利局出具的专利权证明文件,包括最后一次专利年费缴费凭证和专利局的专利

法律状态登记簿。

⑤ 上级主管部门或国务院有关主管部门的批准转让文件。

(2) 交付文件的时间、地点及方式。

(3) 专利实施和实施许可的情况及处理办法。

(4) 转让费及支付方式：一次付清、分期支付。

(5) 专利权被撤销和被宣告无效的处理。

在合同生效后，转让方的专利权被撤销和被宣告无效时，如无明显违反公平原则，而且转让方也无恶意给受让方造成损失，转让方可不必向受让方返还转让费，受让方也不必返还全部文件。

如果合同的签订明显违反公平原则，或转让方有意给受让方造成损失，转让方应向受让方返还转让费。

(6) 过渡期条款。专利主管部门公告之前这段时间，转让方应维持专利权的有效性，转让方应按期向专利主管部门缴纳年费、维持费。

(7) 违约与索赔。

(8) 合同生效。合同双方签字后，对双方具有约束力，自专利主管部门对双方所做的《著录事项变更》进行登记并予以公告之日起，合同具有法律效力。

四、技术秘密转让合同

(一) 技术秘密转让合同的含义

技术秘密转让合同是一种特殊类型的合同，与其他许可合同相比，它不是以法律上授予的某种权利为基础。实践中，双方也几乎缺乏有效的保护权。因此，技术秘密转让合同的顺利执行通常取决于双方的忠实和信任程度。就技术秘密合同的特点来讲它更近似于有关专利的许可合同。其主要体现在以下四个方面。

(1) 技术秘密合同并非是技术所有权的出让，而是类似于专利实施权许可，包括使用权、制造权和销售权。

(2) 技术秘密转让合同不是简单地提供技术资料，而是要通过长期合作。

(3) 在实践中，技术秘密往往与专利许可结合，因为专利实施许可通常需要依赖技术秘密才能较好地实施，依赖技术秘密而得到发展。

(4) 技术秘密转让往往与其他类型的合同，如与买卖合同、服务合同等相结合。

(二) 技术秘密转让(许可)合同的基本条款

1. 合同内容与范围

(1) 基本技术说明。

(2) 授权：授权的范围、授权的性质、对权利使用的限制。

(3) 转让技术秘密的方式：提供技术资料、培训、技术指导。

(4) 其他。

合同范围条款中，除规定上述内容外，亦可要求供方就商标使用，关键设备和原材料供应等作出保证。

第十二章 国际技术贸易合同、价格与税费

2. 技术文件的交付

(1) 技术文件交付的时间和进度。

(2) 交付方式、地点及风险转移。

(3) 技术文件的包装要求及有关通知。

(4) 技术文件实际交付日期确定。

(5) 技术文件短缺的补救方法。

3. 技术改进与发展的交换

(1) 改进与发展交换条款的内容：交换的义务、权利的划分、交换改进和发展的费用、交换改进和发展的时间等。

(2) 拟定改进和发展交换条款应注意的问题,其中主要包括两个问题：一是坚持对等原则,即改进和发展交换条款应体现平等互利的精神,坚持对等交换原则具体表现为交换义务对等、权利划分对等、交换费用对等、交换时间对等；二是改进和发展区别对待或同等对待,改进的技术和发展的技术属于两个不同的技术层次,在规定改进与发展交换条款时,理论上,可以将两者区别对待,即规定只交换改进的技术,不交换发展的技术,或另外规定发展技术的交换办法。

4. 保密(secrecy)条款

(1) 保密的范围。

(2) 保密措施。

(3) 保密期限。

(4) 泄密的责任。

5. 保证与索赔条款

(1) 供方的保证。

① 技术资料保证。

② 技术培训和技术服务的质量保证。

③ 产品质量保证。

④ 对受方的生产、经营情况进行保密。

(2) 受方的保证。

① 使用技术的保证。

② 保证严格保护技术秘密,并在合同授权的范围内使用技术秘密。

③ 保证按时支付技术使用费。

④ 尽早开始商业化生产。

(3) 违约索赔。

① 不履行,又称违反重要保证或根本违约。

A. 技术不成熟,不具有可实施性,即不能生产出合格的产品。

B. 长期不提供技术资料和培训受方人员。

C. 所转让的技术被指控侵权。

在技术转让方根本违约情况下,受方有权终止合同,并要求退还已支付的使用费连

同利息。

② 不完全履行。不完全履约又称违反次要保证，一般是指履约不完全或有严重缺陷。主要表现为以下三种情况。

A. 所提供资料不完整，有错误。

B. 技术指导有错误。

C. 产品质量距合同规定技术标准有一定差距。

在出现不完全履约时，首先限期纠正，及时补救，如能补救，合同可继续履行。否则，可重新协商修改合同条款，或按违约的比例减少支付技术使用费。

③ 延迟履行。延迟履行一般是供方不按合同规定的期限履行所承担的义务或保证，多为不按时交付技术资料，影响受方工作进度。

按国际贸易惯例，可以规定适当的宽限期，宽限期一般为30天，过了宽限期，从第31天开始，则按延迟的周数，每延迟一周，处以罚金若干百分数，计算的基数可以是合同总金额或入门费，最高不超过合同总金额的百分之五。

拟定保证索赔条款应注意，产品质量保证应合情合理；赔偿办法不应带有惩罚的性质；掌握索赔金额的合理限度。

6. 考核与验收条款

考核验收条款主要包括以下内容。

（1）考核验收的时间。

（2）考核验收的内容。

（3）考核的组织。

（4）考核的方法。

（5）考核地点和责任。

（6）考核结果的评定和处理。

五、商标使用许可合同

商标使用许可合同，是注册商标权利人按约定的条件许可他人使用其注册商标所签订的书面文件。其主要条款包括商标的基本说明、授权、被许可方使用商标的形式、质量控制或质量监督、使用费的支付、备案或变更注册等。

（一）商标的基本说明

1. 商标的内容和特征

合同中必须说明商标的名称，随附商标图样、使用该商标的商品类别。

2. 商标权的合法性和有效性

合同中必须明确说明商标注册的国别、有效期和适用的地域范围，必要时要提供注册证明或批准文件的影印件。

（二）授权

1. 授权的范围

商标使用有很多方式，包括产品制造、出售、分销，或其他商务活动，如广告宣传、商业文书、展览等。

2. 授权的性质

商标使用许可分为独占使用许可和非独占使用许可,一般多为非独占使用许可。

3. 授权使用的商品

授权使用的商品应与注册商标使用的商品相一致。一般应加入产品的描述。

4. 注册商标商品的销售地域

授权被许可方在合同规定的国家(地区)销售带有该注册商标的商品,被许可方同意不在其他国家(地区)直接或间接使用或授权使用这一商标。

(三)被许可方使用商标的形式

被许可方使用商标的形式主要有以下四种。

(1) 单纯使用许可方原商标。

(2) 联结商标。

(3) 联合商标。

(4) 在许可的商标下,注明某国某厂根据许可证制造。

(四)质量控制或质量监督条款

1. 行使质量监督权的法律依据

(1) 维护许可商标和商标所有人企业信誉。

(2)《商标法》授予许可方的权利。

(3) 保护消费者的利益。

2. 质量控制和监督条款的主要内容

(1) 监督方式。

① 抽查方式。

② 驻厂检验。

(2) 对产品质量不合格的处理。

① 许可方有权要求被许可方采取切实措施限期改进。

② 如在限期内产品质量仍不能达到要求的质量标准,许可方有权要求暂停使用许可的商标。但应注意下列两个问题。

A. 应防止许可方滥用质量监督权。

B. 在产品质量达不到质量标准时,许可方不能单纯指责和限制。

(五)使用费的支付

(1) 商标使用权与专利或技术秘密使用权混合签订的许可合同,商标使用费一般不单独计算和支付,而是放到专利或技术秘密使用费总额中,一并计算、一并支付。

(2) 单纯商标使用许可合同,商标使用费单独规定,采取提成支付方式。通常以产品净销售价作为提成基础,提成率通常为 0.5%—1%。同时要根据商标的信誉程度、产品的数量和使用的范围进行调整。

(六)备案或变更注册

根据各国商标法的规定,商标使用许可合同签订之后均需向被许可方国家主管当局办理备案或注册变更,以便许可商标在被许可方国家受到法律的有效保护。在许可商标受到第三者侵权时,合同当事人可以提起侵权诉讼,以制止侵权行为。否则,将使合同当事人处于不利地位。

六、技术服务与技术咨询合同

（一）技术服务与技术咨询的含义

技术服务,是指受托方应委托方的请求,运用所掌握的专业技术知识和经验,就解决特定技术课题为委托方所提供的知识性服务。技术咨询,是指受托方应委托方请求,就解决重大技术课题或特定的技术项目,运用所掌握的理论知识、实践知识和信息,通过调查研究,运用科学的方法和先进手段,进行分析、评价、预测,为委托方提供建议或者几种可供选择的方案。

技术服务和技术咨询产业形成是社会分工深化的结果,中、小企业的大量存在及其技术先天不足是服务和咨询产业发展的有利条件,技术服务和技术咨询产业机构的独立性为自身发展创造了有利条件。

（二）技术服务和技术咨询合同的主要条款

1. 咨询的主题与范围

该条款主要规定服务、咨询的主题和范围,成果形式和进度,以及应达到的技术要求。对技术服务项目,除规定上述内容外,还应详细规定应达到的技术指标和技术参数。

2. 委托方的责任

(1) 说明咨询的主题。

(2) 提供技术项目的背景资料、有关技术资料和数据。

(3) 在受托方实地考察中提供必要的协助。

(4) 接受受托方的工作成果。

(5) 支付约定的服务、咨询费。

3. 受托方的责任和义务

(1) 按照合同规定的期限,完成技术服务或咨询任务。

(2) 保证服务、咨询工作的质量。

(3) 负责解答委托方提出的问题。

(4) 咨询成果的验收。

4. 咨询服务费

(1) 技术服务、咨询的基本费用：专家服务费、直接费用、间接费用、预期利润（酬金）。

(2) 技术咨询费的附加费用。

(3) 咨询服务费的计算,可分为：计时收费方式、按工程费百分比计算方式、固定收费方式或一揽子收费方式、固定费用加利润分成方式。

(4) 服务、咨询费的支付。

① 支付货币。

② 支付方式：一次支付、分期支付。

③ 支付的单证：商业发票正本一式若干份；汇票（一般为即期汇票）一式若干份；资料及咨询报告的邮寄单或空运单一式若干份。

(5) 保证与违约责任。

① 委托方的保证与违约责任。委托方应保证按合同约定提供必要的资料和数据；委托方应保证按合同约定接受咨询成果；保证按合同约定支付咨询费。

② 受托方的保证与违约责任。受托方应保证按照合同约定的期限提出咨询报告；受托方应保证咨询报告符合合同规定；保证咨询报告符合合同规定也是受托方的基本义务。

如果受托方所提出的报告按照合同规定的验收办法，但评估或鉴定的结论认为，受托方提供的咨询报告不符合合同规定，未能通过验收，受托方也应当承担违约责任。

签订技术服务和技术咨询合同应注意明确区分技术服务与技术咨询的界限，规定服务和咨询时间，建立工作联系制度，以及税费的规定应符合中国税法等。

第二节　国际技术贸易价格与税费

一、技术的价格与支付

(一) 技术价格的概念及其决定因素

技术是有价值的，技术的价格也是以技术的价值为依据的，但技术的价格与其价值并不相符。技术的价格实际上是技术的接受方向技术的提供方所支付的全部费用，同时也是双方对超额利润和新增利润的分成。

不管是什么技术，其价格总是在不断变化的。技术价格的确定及波动幅度一般取决于以下六个因素。

(1) 技术的研究开发成本。研究开发成本高的技术，其价格便较高；否则较低。

(2) 技术的市场需求。市场需求大的技术，其价格则较高；否则较低。

(3) 技术的成熟程度。引进后便能使用的成熟技术，其价格便较高；引进后还须进一步开发试验才能使用的技术，价格则较低。

(4) 技术的生命周期。生命周期长的技术价格较高；很快会被淘汰的技术价格较低。

(5) 支付方式，是一次性支付还是分期付款都会影响价格的高低。前者的价格一般较低；后者的价格一般较高。

(6) 谈判的策略与技巧也直接影响着技术的价格。

(二) 技术价格的构成

技术的价格一般由以下三个部分构成。

(1) 技术的研究开发成本。这部分成本主要包括研究开发技术时所消耗的物化劳动和活劳动，它要占技术价格的 60%—70%。

(2) 增值成本。技术的提供方为转让技术而支付的各种费用,如派出谈判人员、提供资料和样品、培训人员、签订合同、提供技术指导及管理等费用。

(3) 利润补偿费。由于技术的转让使技术的提供方在技术的受让国市场或第三国市场,失去该技术产品的市场份额而蒙受利润损失所应得到的补偿。

二、技术转让费的支付

技术贸易的支付方式与商品贸易有所不同,目前国际上通行的技术转让费的支付方式大致有以下三种。

(一) 总付

总付是指双方在签订技术转让合同时,确定一个总价格,然后由受让方一次性或分期支付。这种支付方法虽然价格明确,但由于利润与收益无关,使技术的买方难以得到卖方的技术帮助,从而使技术难以发挥最大的效益。同时也使卖方丧失了因利润增加而获取额外利润的机会。

(二) 提成支付

提成支付是双方签订技术转让协议时,不确定技术的总价格,而是规定根据所转让的技术投产后的实际经济效益,在一定的偿付期限内按一定的比例提取技术转让费的一种方式。提成支付可按销售额、利润或产量提成。

(三) 入门费加提成费

入门费加提成费是总付和提成支付两者相结合的支付方式。它是在双方签订了技术转让协议之后,技术的受让方按协议规定,先向技术的提供方支付一笔款项,即入门费,然后在转让的技术投产以后,按销售额、利润或产量提成支付。入门费加提成费支付是目前国际技术转让中使用最多的一种支付方式。

三、国际技术贸易中的税费

(一) 对技术使用费征税的特点和一般原则

技术使用费所得税的征收,涉及双重管辖权,涉及国家间税收利益的分配。国际上征收所得税一般遵循以下原则。

(1) 对在收入来源地设有营业机构的纳税人,其技术使用费所得一般并入营业利润,计征企业所得税。美国称公司所得税,日本则称法人所得税。

(2) 在收入来源地未设营业机构的纳税人,则采取"从源"控制,即在被许可方向许可方支付使用费时,由其代税收部门扣缴,称为"预提所得税"。代税务部门扣缴的被许可方称为扣缴义务人。

(3) 以预提方式扣缴使用费所得税,税率一般低于公司所得税。因为,预提所得税的纳税义务人是在来源地未设营业机构的外国自然人或法人,很难按正常征税程序和税率计算应纳税所得额,只能采取按使用费金额全额计征。但按使用费全额计征,纳税人的税负过重。因此,税率上有所降低,使纳税人的实际应纳税额与一般企业扣减费用后的应纳税额保持平衡。

（二）双征税对国际技术贸易的影响及解决途径

双重征税直接恶化了国际技术贸易的宏观环境；双重征税迫使许可方提高转让技术的报价，加重了被许可方的经济负担；双重征税导致许可方市场竞争力下降；双重征税导致被许可方利用引进技术所得利益减少；双重征税将给许可方和被许可方国家的国际收支带来消极影响。

为了解决双重征税问题，有关国家政府通过国内立法，确定一种减免税原则，规定使用费来源国先行行使征税权，居民所在国依据纳税义务人在所得来源国纳税的实际情况，采取免税、减税或扣除等措施。还可以通过政府间避免双重征税协定，签约国适当限制税收管辖权的实施范围，确认共同采取措施，由所得来源国优先行使管辖权，但承诺降低所得税率，居民所在国政府对纳税人在所得来源国已纳税费予以抵免，使税收利益在有关国家间均衡分配。解决双重征税的具体方法如下。

1. 自然抵免（全额抵免）

当技术输出国和技术输入国的所得税率完全相同的情况下，技术输出国允许该进行跨国经营的居民把已经向输入国家政府缴纳的所得税全额抵免掉，不再向技术输出国缴纳所得税。

2. 申请抵免

当技术输出国所得税率高于技术输入国所得税率时，可申请抵免。居民首先向本国税务部门提交申请税收抵免书，并须附上该居民在外国（技术输入国）的纳税证明。经本国税务部门核准后可办理一次性抵免（一年一次）。

3. 最高限额抵免

当技术输出国的所得税率比技术输入国的所得税率低时，向本国政府申请抵免的最大和最高限额只能是其外国所得按本国税率计算的那一部分税款。

4. 费用扣除法

费用扣除法是指跨国纳税人将其国外已缴纳的所得税作为已开支费用，从其总所得收入中扣除，汇回本国，按本国所得税率进行纳税。

（三）拟定技术引进合同税费条款应注意的问题

拟定技术引进合同税费条款应遵循以下原则。

（1）被许可方政府依据《中华人民共和国税法》，对许可方征收的与执行合同有关的一切税收，由许可方支付。

（2）被许可方政府依据《中华人民共和国税法》，对被许可方所征收的与执行合同有关的一切税收，由被许可方支付。

（3）在中国境外，有关国家政府课征的与执行合同有关的一切税收，由许可方支付。

（4）技术引进合同中，不得规定违反我国税法的条款。

（5）对外商在我国境内所得给予减、免税优惠待遇，必须依法履行必要手续。

（6）对外经营单位必须履行扣缴义务人的职责，并提醒国内用户及时办理税收减免手续。

本章小结

随着技术贸易在当代国际贸易中的地位越来越高,技术贸易越来越盛行,国际技术贸易合同、价格与税费问题的重要性就日益彰显。本章分别对国际技术贸易合同的概念、基本类型,技术价格的概念、决定因素和类型,技术转让费的支付和国际技术贸易中的税费进行了介绍和阐述,使读者对国际技术贸易合同、价格及税费能有一个清晰的认识。

关键词

技术贸易合同　许可合同　技术秘密转让合同　与专利有关的国际技术贸易合同　商标使用许可合同　技术服务与技术咨询合同　技术价格　技术转让费的支付　国际技术贸易中的税费

思考题

1. 技术贸易合同有哪些类型?
2. 技术价格的决定因素有哪些?
3. 国际上对征收技术转让所得税的原则有哪些?
4. 技术转让费有哪几种支付方式?

案例分析

丰田和吉利的商标争端其实是中国汽车行业知识产权诉讼危机的肇始,这是汽车领域第一场涉外知识产权官司。吉利是中国第一家生产轿车的民营企业,正是从这里开始,中国汽车产业拉开了"知识产权本土保卫战争"的序幕。

2002年12月,丰田公司以"商标和不正当竞争侵权"为由提起对吉利的诉讼,将浙江吉利汽车有限公司、北京联创汽车贸易有限责任公司、北京亚辰伟业汽车销售中心一并告上法庭,称吉利侵害了丰田公司的知识产权。

丰田称,从2000年5月份开始,吉利汽车公司在吉利集团旗下的美日汽车前盖、轮胎、方向盘、车辆后备箱等显著位置上使用的车标酷似丰田汽车"牛头"造型的注册商标,对消费者造成了误导,侵害了丰田公司的商标权。同时,日本丰田还认为北京联创汽车贸易有限责任公司、北京亚辰伟业汽车销售中心在对外广告宣传中打出"丰田动力,价格动心"和"使用丰田8A发动机"的宣传语,违背了诚实信用原则,是不正当竞争行为。

丰田根据吉利在被起诉时23 200辆的销量和1%的利润率,算出吉利应赔偿1 392万元,加上律师费等总计索赔1 407万元,要求吉利赔偿人民币1 400万元。吉利适时地召开了一个"保护民族知识产权座谈会",扛出民族大旗,声明"吉利集团要为中国汽车业

争口气",使自己的高大形象立刻光芒四射,李书福顿时成为民族英雄的化身,激起了全国人民保护民族工业的爱国热情。

还有媒体认为:"对于急于完全占领中国市场的跨国汽车巨头来说,今天还弱小的吉利、奇瑞等本土企业是阻碍他们蚕食中国市场的绊脚石。情急之余,知识产权成为外方汽车企业打压国产汽车企业的筹码。醉翁之意不在酒,跨国巨头独霸中国车市的野心昭然若揭。"

在有中国著名法律界人士参加的专业鉴定会上,众专家经过仔细推敲和对比,作出了"吉利美日汽车商标和丰田商标不可能被消费者混淆"的有公信力的结论。这个结论一出,丰田立刻感觉到没有了胜诉的把握,于是在2003年8月份的第一次开庭中,丰田让步称只要吉利停止使用疑似侵权的商标和宣传用语,丰田就撤回诉讼并放弃全部索赔。

2003年年底,北京市第二中级人民法院一审驳回丰田的诉讼请求。北京市第二中级人民法院经审理认为:"汽车属高价商品,消费者一般都要经过深思熟虑后才会购买,因此,他们对不同品牌的汽车具有较强的识别能力。将原告的丰田图形注册商标与吉利公司所使用的美日图形商标进行隔离观察比对,凭借上述相关公众的一般注意力,能够判断出两者在整体视觉上存在着较大的差异,相关公众不会将两者混淆或误认,也不会产生对原告注册商标专用权不利的联想。因此法院判决,吉利公司使用美日图形商标的行为不构成对原告注册商标专用权的侵犯。吉利公司在对涉案美日汽车进行宣传时使用'丰田'及'TOYOTA'文字及'丰田动力,动心价格''搭载日本TOYOTA8AFE四缸电喷发动机'字样,并在产品使用说明书中使用'丰田汽车公司生产'字样,带有一定的夸大成分,但尚未达到我国法律所规定的对产品的性能、用途等作引人误解的虚假宣传的程度,相关公众不会误认美日汽车发动机系日本本土制造,且8A发动机的技术实际来源于丰田株式会社,该行为不会对丰田汽车的品牌声誉产生不利影响,吉利公司的上述行为不构成不正当竞争。"

至此,丰田对吉利的诉讼以失败告终,这为中国汽车行业外国企业在社会舆论上的整体失败奠定了基调,成为跨国汽车企业打着知识产权大旗无理危害民族汽车品牌的铁证。

案例思考:

本案中,吉利胜诉的主要原因是什么?中国企业在知识产权保护方面要注意什么?

第十三章

国际技术贸易政策与适用法律

　　第二次世界大战结束以来,国际技术贸易迅猛发展,给许多国家的科学技术和经济发展带来了巨大的影响,出于对本国的经济利益或者其他方面的考虑,各国纷纷立法对国际技术贸易进行管理。在合同谈判过程中,转让方往往提出一些不公平的条款或条件限制受方。为了保护引进国的利益,各国对限制性商业惯例给予立法管理,含有法律禁止的限制性条款的技术贸易合同将得不到引进国的批准。了解相关国家的技术立法,可以在技术合同制订时提供必要的帮助。

第十三章　国际技术贸易政策与适用法律

 学习目标

通过对本章的学习,你应该能够:
1. 理解国际技术贸易政策的含义、特点与作用;
2. 了解国际技术贸易政策的现状;
3. 掌握限制性商业惯例的含义、特点及其实质;
4. 了解国际上管制限制性商业惯例的法规;
5. 明确国际技术贸易合同的法律适用规则及选择标准;
6. 掌握国际技术贸易纠纷解决的方式。

第一节　国际技术贸易政策概述

一、国际技术贸易政策的含义

所谓国际技术贸易政策,是指一定时期内一个国家或地区为了实现特定的经济增长、国际贸易和科技发展等目标而制定并实施的一系列方针、措施和原则的总和,它反映出一国在一定时期内对国际技术贸易的鼓励、限制和禁止的政策内容。

各国技术贸易政策随其政治、经济、文化、科技发展水平不同而各异,即使同一国家,在不同的历史时期和发展阶段,由于其宏观环境和国家实力的变化,国际技术贸易政策也会有所改变。总体来看,国际技术贸易政策的基本内容为:确定国际技术贸易在国家经济和社会发展中的地位和作用;确定与本国国情相符的国际技术贸易政策;确定具体的国际技术贸易政策措施。

二、目前国际技术贸易政策的特点

目前,国际上绝大多数先进和尖端高新技术被少数工业发达国家所掌握。由于政治因素、经济长远利益以及国家利益因素的影响和作用,国际技术贸易政策设计和操作中的"国家意志"因素表现得举足轻重。这表明,国际技术贸易政策特别是关于高新技术及其产品的国际贸易政策成为影响国际政治和国家政治的重要参数。

(一)意识形态对国家技术贸易政策的作用比较明显

巴黎统筹委员会(COCOM)曾是世界上有重要影响的国际技术出口管制的国际性组织,是第二次世界大战后西方发达工业国家在国际贸易领域中纠集起来的一个非官方的国际机构,其主要目的是防止和限制成员国向社会主义国家出口战略物资和高新技术。列入禁运清单的有军事武器装备、尖端技术产品和稀有物资三大类上万种产品。被巴黎统筹委员会列为禁运对象的不仅有社会主义国家,还包括一些民族主义国家,总数共约30个。随着国际政治经济形势的变化和科技水平的提高,巴黎统筹委员会已于1994年

4月1日正式宣告解散,但巴黎统筹委员会曾经的存在深刻地体现了意识形态对国家技术贸易政策的显著作用。

(二) 国家安全原则的长期考虑对国际技术贸易政策设计和操作的影响不可低估

这一点表现在对影响国家安全利益和经济竞争比较优势的军事技术、战略产业、主导产业的高新技术产品及其技术输出管制的政府行为不断提高。在不少情况下,国家安全原则和对外政策的长远利益考虑已超过了经济自身的短期目标。

(三) 考虑到经济竞争长远利益发展的需要,发达国家国际技术贸易政策中的保护主义有所抬头

这一点更多地表现在发达国家对国家技术贸易政策特别是对高新技术出口的政府管理职能和行为进一步增强。日本尽管对技术出口先后采取了一系列鼓励措施,但它对于垄断程度强、处于开发和成长期的高新技术的出口,一直持谨慎的做法,在市场份额、竞争对手、技术以及保持利润垄断地位等方面的长远利益考虑上,意识形态表现非常强烈,其政策仍然处于有节制的、有选择的保守阶段。不仅如此,发达国家比如美国和日本之间的战略高新技术出口的政府限制行为也正在加剧。

(四) 国家技术贸易政策管理大多上升到法制管理或法规管制的高度

据不完全统计,目前发达国家都制定和执行着相对比较完善的国际技术贸易政策法规化管理体系。美国有技术出口管理的法律机构,日本在高新技术出口限制上尤为突出,发展中国家中国际技术贸易对国民经济增长效果最为明显的印度也先后制定了不少政策法规来对高新技术及其产品出口进行综合管理。

(五) 高新技术及其产品贸易政策在国际技术贸易政策中处于主导和核心地位

随着国际技术市场的不断发展和成熟,国际技术贸易政策的功能得到充分发挥,高新技术及其产品在市场竞争中的地位和作用更加突出。世界经济增长和经济竞争的实践都表明,国际技术贸易特别是国际高新技术贸易与一国国家综合国力及比较优势竞争能力的形成和巩固有不可替代的关系。

三、国际技术贸易政策在国家宏观调控政策体系中的地位和作用

随着国际技术贸易高速增长、国际贸易中技术密集型产品的比重越来越大,国际技术贸易政策的设计和操作已由单纯的国家科技发展政策向国家宏观调控政策转化。

一方面,国际技术贸易政策与国家经济政策、外交政策和国际贸易竞争政策的联系越来越紧密,关系也趋于复杂化;另一方面,国际技术贸易政策不仅是一国或地区科技发展政策的重要组成部分,而且是一个与国家整体发展战略目标和竞争手段一体化的政策体系。

因此,国际技术贸易政策是国家宏观调控政策体系的一个重要的组成部分,在国家宏观调控政策体系中的地位和作用越来越突出,国际技术贸易政策的设计和操作得到各国前所未有的重视。

第二节　各国国际技术贸易政策

各国政府从本国利益和发展战略的角度出发,并根据有关的国际条约、协定的规定纷纷制定相应的国际技术贸易政策法规,通过各种方式对国际技术贸易进行干预和管理。按照国际惯例:国际技术贸易政策分为发展中国家的技术贸易政策和发达国家的技术贸易政策。内容包括鼓励政策和限制政策。

由于发达国家在技术上拥有绝对优势,而发展中国家主要是技术贸易中的受方,因而对技术贸易的鼓励政策侧重点有所不同。发展中国家主要是着眼于鼓励先进技术的引进及其本国化和本地化,发达国家则侧重于技术的更新、开发和传播等。

一、发达国家国际技术贸易的鼓励和限制政策

发达国家凭借其先进的经济和技术实力,在国际技术贸易中一直处于优势地位。发达国家采用符合本国战略利益的国际技术贸易政策,影响国际技术转让活动和价格,以获取国际技术贸易的最大利益。

(一)发达国家的国际技术贸易鼓励政策

1. 鼓励技术开发和技术转让

发达国家政府每年投入巨额研发资金,与民间企业共同开发或资助民间企业开发高科技产品,政府还注重推进技术开发的国际化,直接进行技术传播。

2. 加强技术传播组织,制定相应的沟通政策

发达国家在税收、财政、信贷等方面采取优惠政策鼓励企业传播技术,参与技术贸易。同时,发达国家广泛采用现代化、科学化的通信系统,加快技术传播速度,重视技术传播工作,提高经济效益。

3. 制定科技咨询政策

发达国家及其企业通过建立科技咨询网,加强咨询管理系统。发达国家设立世界技术知识交流站和技术传播咨询处,以帮助企业选择技术引进和输出,分析技术发展方向等。

4. 重视人才培养,加强技术教育

发达国家重视科技人才的教育和培养,一方面致力于国内的教育改革,培养适应社会发展需要的科技人员,另一方面吸收各国的科技人才,增强科研队伍实力,加强技术竞争力。

(二)发达国家的国际技术贸易限制政策

发达国家国际技术贸易的限制政策主要表现在技术输出方面,特别是对尖端技术和军事技术的输出,其可分为发达国家对发展中国家技术贸易的限制和发达国家之间技术贸易的限制,其中前者是主要部分。

(1)发达国家与发展中国家之间的技术贸易受政治、经济等因素的影响较多,发达国

家长期以来一直对发展中国家实行高新技术的"禁运",对向发展中国家出口高级尖端技术、战略物资等进行管制和限制。

发达国家实施限制政策的一个重要原因是防止新兴工业化国家和地区在引进高技术后,成为发达国家强有力的竞争对手,从而使其丧失技术优势。

(2) 发达国家通常处于同一技术梯度,限制相对比较少,技术交流相对比较多,除对军事尖端技术及其他关系国家战略的技术实行严格管制外,一般性的技术贸易比较活跃。发达国家间的技术贸易占世界技术贸易额的80%以上。

二、发展中国家国际技术贸易的鼓励和限制政策

与发达国家相反,发展中国家由于受经济发展水平和技术水平的限制,在国际技术贸易中一直处于劣势地位。发展中国家一方面通过政策倾向积极引进本国发展所需的技术;另一方面为避免国际技术贸易带来的不利影响而进行管制和限制。

(一) 发展中国家的国际技术贸易鼓励政策

(1) 创造良好的投资环境,建立各种机构,制定各种优惠政策,鼓励发达国家投资设厂,将先进、适用技术引入本国,促进国际技术贸易与经济、社会、环境的协调发展。

(2) 对技术先进、本国急需项目给予优惠,例如,对引进的技术产品实行营业税减免,对技术引进企业给予优先贷款、所得税减免等,以利于国际技术贸易的活跃发展。

(3) 以优惠待遇吸引外国科研人员,同时重视本国科技人才的教育和培养,加强科技队伍建设,以促进技术贸易和经济社会的发展。

(4) 在政府内部设立或由政府资助成立咨询服务机构,提供信息咨询服务,收集、传递各国的技术信息,组织技术转让的培训,为技术引进企业提供可行性分析、技术选型、工程设计等方面的咨询,并向其他国家提供本国有关技术和企业的情况,促进技术出口。

(5) 加强对引进技术的消化吸收。很多国家政府通过发起设立民间研究促进会等机构,对企业的技术引进及消化吸收活动进行必要的协调和组织,促进企业尽快实现对引进技术的转化,提升本国的技术实力。

(二) 发展中国家的国际技术贸易限制政策

发展中国家为了避免由于国际技术贸易中的劣势地位对本国产生不利影响,最大限度地发挥技术引进的积极作用,往往采取一些限制性政策,以保护本国利益。

(1) 对拟引进技术进行分类,分别采用不同的政策措施加以区别对待。对于基础科学予以重视,对于传统技术加速转让,对于有发展前途的产业选择有利技术着重引进,对尖端技术酌情引进。

(2) 设立技术引进管理委员会,实行技术引进审批制度,制定技术引进条件,加强技术引进项目的管理。制定各种标准对引进技术的水平进行评估,通过评估确定引进技术的项目和采取的相应对策。

三、国外技术贸易政策的借鉴与启示

通过对发达国家与发展中国家的比较,我们可以看出,参与国际技术贸易的目的,在

于增强自身自主开发力量,加快本国经济和科技的发展。因此,必须根据本国国情,正确地选择技术,即确定在一定时期内提倡发展哪些技术,限制哪些技术,更改技术贸易策略。

美国采取有条件地放弃一些传统工业技术,将其转让给其他国家的做法,但对空间技术、大型计算机的外流则加以限制。20世纪50年代至80年代,日本结合本国实际,制定了一套行之有效的技术贸易政策,保证了技术转移的成功实现。20世纪80年代后,面对蓬勃兴起的科技革命浪潮,其政府提出了"科技兴国"的战略方针,技术贸易政策也逐渐从吸收型向技术开发国际化方向发展。一些发展中国家在开展国际技术贸易中,制定了一些合理的政策,成功地引进了发达国家的先进设备、科学技术、管理方式,合理有效地利用了外资,带动了本国经济的腾飞,如韩国利用"后发展国"的优势,充分利用发达国家的资金和技术实行了引进重点产业、进口代替、出口导向,以很高的工业化水平为目标的技术引进政策。这使韩国只用了不到10年的时间就将霍普曼比率(轻工业部门附加值/重工业部门附加值)从1.5%变到0.5%,提前进入工业化第三阶段。印度在大力引进国外先进技术和管理职能的同时进行了卓有成效的技术输出,即进出口结合、双管齐下的技术贸易政策。但是,发达国家在技术输出方面的限制政策,不同程度地遏制了世界经济的发展,只有修改、废弃这种带有浓厚政治色彩的限制政策,才能为实现经济全球化扫清道路。

由此可见,一个国家,无论是发展中国家或发达国家,实行正确的技术贸易政策,才能够最大限度地利用世界先进的科学技术成果使本国资源得到合理配置和运用,从而促进本国的科技与经济的发展。否则将会蒙受巨大的损失,使本国的科技不能得到应有的发展,甚至扩大与其他国家的技术差距,在国际上处于不利地位。随着经济全球化的不断深入和发展,我国与世界经济的关系进一步加强,这既是机遇又是挑战,因此,我们要进一步吸收和总结外国贸易政策的经验教训,不断完善我国的技术贸易政策,使之符合经济发展的需要。

第三节 中国对外技术贸易政策

一、我国目前国际技术贸易政策

随着国际经济、政治形势的变化以及我国经济、社会的发展,国家在不同的历史时期和特定环境下制定了不同的国际技术贸易政策,推动了我国经济的发展。目前我国的国际技术贸易政策有以下八个方面。

(一) 在技术贸易中,遵守国际规范和国际惯例,依法保护知识产权,维护合作各方的合法权益

引进、借鉴别国的先进技术与经验,推动本国经济的发展;积极鼓励开拓技术出口市场,广泛参与国际分工,逐步使中国的技术密集型产业成为国际技术产业链条的重要

一环。

（二）以多种灵活方式开展对外技术贸易

在技术引进方面，采取的方式包括许可证贸易、合作生产、合作设计、技术服务、顾问咨询、进口关键设备及成套设备等，并根据具体情况确定引进方式。技术进口的重点是改造现有企业，鼓励引进产品的设计、工艺、制造和生产管理技术。在技术出口方面，鼓励出口成熟的工业化技术。

（三）加快科工贸结合，建立新型科研开发体制

要加快科工贸结合的步伐，增加科研与开发的投入，增强引进的消化、吸收、创新能力，逐步使科研开发实现由国家主导型向企业主导型转变，建立有利于引进技术改良和商品化的科研开发体制，使引进的技术发挥更大的效益。

（四）注重技术的先进性与适用性相结合，经过消化、吸收能获得较好的经济效益和社会效益

技术的先进性是指技术具有较长的生命力，其产品具有竞争能力；技术的适用性是指技术的水平与国内的总体技术水平相协调，能够尽快掌握、实施。

（五）多渠道筹集资金，支持对外技术贸易的发展

在技术引进方面，积极争取利用外国政府贷款、混合贷款、出口信贷、国际金融组织贷款及商业贷款。为保证国家经济发展急需的重点项目建设，国家优先安排资金并实行优惠利率。在技术出口方面，国家实行国际上通行的扶持技术出口的信贷政策，设立技术和成套设备出口的卖方信贷和买方信贷，银行按照贷款原则优先安排技术出口资金，并实行优惠贷款利率。

（六）对开展技术贸易的企业，实行税收优惠政策

在技术引进方面，实行与技术成分挂钩的政策和面向主导产业（机电、化工等产业）的技术引进战略，根据技术引进合同中技术的含量，确定减征、免征合同中设备进口关税的幅度；技术含量高，减免征收海关关税的幅度就大，反之减免幅度就小。对国外向我提供工、农、林、渔、牧业等重要领域先进技术的，给予减征或免征企业所得税待遇。在技术出口方面，为发展技术，增加成套设备和高新技术产品出口需进口的原材料、零部件，按进口加工的有关规定享受优惠待遇。

（七）国家主要以法律、经济手段对技术贸易进行宏观调控，规定禁止、限制、允许、鼓励的技术贸易项目

国家只对涉及经济发展的重大技术引进项目和涉及国家重大利益的技术出口项目实行指导性计划。

（八）鼓励技术贸易与投资相结合

允许以技术为股本投资举办合资经营企业，实现技术的转让。国外企业在中国境内投资，同时提供先进技术，可以按中国的有关法律规定享受多方面的优惠。中国向境外投资并提供适合于所在国的先进技术还处于探索阶段，但以境外投资方式发展技术贸易的前景是十分广阔的。

二、新形势下我国国际技术贸易新战略

我国已于 2001 年 12 月 11 日正式加入世界贸易组织(WTO),入世后,我国根据入世承诺,按照《国际技术转让行动守则》的相关要求,不断完善关于技术贸易的相关立法,促进了我国技术贸易的发展,也推动了技术贸易全球化的进程。据统计,2014 年前三季度,全国共登记技术引进合同 8 112 份,合同金额为 179.5 亿美元,同比增长 45%。

2008 年金融危机爆发后,世界金融、汽车等行业受到严重冲击,一些跨国公司资金链条出现断裂,不得不出售个别生产线和品牌,并纷纷裁员。这为中国大量引进先进技术和优秀人才提供了良好的机遇,能够有效促进我国企业的技术发展和产业的升级。新形势下,我国要根据国内外经济发展的现状,审时度势,不断调整我国的技术贸易政策,充分发挥其前瞻性和指导性的作用。

(一)加强知识产权保护

加强知识产权保护是促进国际技术贸易健康有序快速发展的强有力的保障。知识产权是技术贸易的主要交易对象,几乎涉及技术贸易的所有方面,因此,建立完善的知识产权保护制度是促进技术进步和经济发展的极为重要的因素。

具体说来,主要从以下四个方面加强知识产权保护。

(1)完善知识产权立法,使其更加符合世贸规则、国际惯例和我国国情。

(2)开展全国范围内的知识产权保护普及,增强国民的知识产权保护意识和法制观念。

(3)培养一支具有高素质的知识产权执法队伍,提高知识产权执法水平。

(4)大力培养与知识产权有关的专业人才,扶持提供知识产权服务的中介机构。

(二)在世贸组织框架内解决知识产权争端

入世后,我国可以通过争端解决机制处理与世贸组织成员方之间的知识产权纠纷,维护我国的合法权益。中国应积极运用 WTO 规则解决知识产权争端,根据 TRIPS 协定原则和条款对知识产权进行合理保护,积极应对不合理的知识产权保护造成的非关税壁垒,制定有效的应对措施;并重视相关领域的人才培养,提高国际贸易人员的整体素质,增强中国的应诉能力,保护我国贸易利益,改变我国企业在知识产权保护方面的被动局面。

(三)制定吸引外商投资的新政策

吸引外商投资是我国引进先进技术的重要渠道。经国务院批准,国家发展改革委员会和商务部于 2007 年 11 月联合颁布了《外商投资产业指导目录(2007 年修订)》。其中指出,坚持扩大对外开放,促进产业结构升级。在制造业领域,进一步鼓励外商投资我国高新技术产业、装备制造业、新材料制造等产业。在服务业领域,《目录》在全面落实我国加入世贸组织承诺的同时,积极稳妥扩大开放,增加"承包服务外包""现代物流"等鼓励类条目,并减少限制类和禁止类条目。同时,对一些国内已经掌握成熟技术、具备较强生产能力的传统,制造业不再鼓励外商投资。

(四)提高引进技术的质量和效益

技术引进是难点,引进后才是重点。企业应该积极建立技术引进和创新促进系统,实现"引进技术—消化吸收—创新开发—提高国际竞争力"的良性循环。在技术引进后，就要必须注意对引进技术的消化和创新工作，要把引进的技术与自身的科学研究结合起来，通过在模仿制造中融合具有地区、产业特色的组织和文化氛围，真正地把外来技术本土化，实现产品国产化代替进口。当技术积累到一定的程度后，进行创新改良、研究新技术、开发新产品，最终实现"走出去"战略。

第四节　限制性商业惯例

当前，无论是在国内贸易还是国际贸易中，都存在限制性商业惯例。特别是在技术贸易许可或转让交易中，限制性商业惯例表现最为突出，表现形式也最多。因此，有必要了解限制性商业惯例的相关问题。

一、限制性商业惯例的概念

（一）限制性商业惯例的含义

限制性商业惯例（restrictive business practice），又称限制性商业做法。第三十五届联合国大会通过的《关于控制限制性商业惯例的公平原则和规则的多边协议》中对限制性商业惯例的定义表述为："凡是通过滥用或谋取市场力量的支配地位，限制进入市场或以其他方式不适当地限制竞争，对国际贸易，特别是发展中国家的国际贸易及其经济发展造成或可能造成不利影响，或者是通过企业之间的正式或非正式的、书面的或非书面的协议以及其他安排，造成了同样影响的一切行动或行为，都叫做限制性商业惯例。"

一般认为，国际技术许可或转让中的限制性商业惯例，是指在国际技术许可或转让过程中，技术许可方或转让方为了保障其技术垄断和技术优势，获取高额利润，凭借其技术优势，对技术受方施加的种种的不公平、不合理的限制行为。目前，由于世界各国的科学技术和经济发展水平不同，在国际贸易中的地位和追求的利益不同，对于限制性商业惯例的确认，发达国家和发展中国家有着不同的标准。发达国家坚持竞争标准（competition test），即认为对竞争是否有限制作用作为衡量限制性商业惯例的标准，某种做法对竞争起着限制或者扭曲作用，就属于限制性商业惯例。发展中国家主张的是发展标准（development test），即某种限制是否属于限制性商业惯例做法应该以是否阻碍受方国家经济技术发展作为衡量标准。

（二）限制性商业惯例的特点

在国际贸易中，首先要区分哪些行为是限制性商业惯例。限制性商业惯例虽然带有不公平的性质，但是并非任何不公平的商业惯例都是限制性商业惯例，它有如下特点。

1. 限制性商业惯例实施的主体是企业

企业是指商号、社团和其他经济组织，这些均可以成为实施限制性商业惯例的主体。值得注意的是，国家机构不是实施限制性商业惯例的主体。国家机构的目的是维护社会公共秩序、公共政策、公共道德，虽然有时也会对贸易和市场产生限制法令，但是不在实施限制性商业惯例主体范围之内。

2. 限制性商业惯例必须是法律所禁止的、不合理的或者不正当的限制竞争或实行政治歧视的行为

这是限制性商业惯例与公平贸易中的合理限制的主要不同之处。

限制性商业惯例的本质是供方以其拥有的技术作为资本,通过限制性商业惯例,对技术贸易施加不利影响,束缚受方的自主经营和发展,以达到其控制技术和垄断市场的目的。这种行为既扰乱了正常的市场秩序,又损害了消费者的利益。这些行为或做法可以分为以下两类。

(1) 企业之间通过正式或非正式、书面或非书面的协议或安排,谋取在整个产品制造、销售过程中的支配垄断地位;同类企业之间通过协议控制价格、划分市场,以消除其内部的竞争,排除外来竞争者。

(2) 企业单独或者与其他企业联合利用某项技术、某一项服务或某一类商品的优势地位,滥用或取得市场支配地位的行为。

3. 滥用市场垄断地位

限制性商业惯例的核心问题是垄断,滥用市场垄断地位是指处于市场垄断地位的企业强行规定不公平的价格和交易条件,划分市场范围,要求交易对象抵制与非垄断企业成交,将这些企业逐出市场,或要求交易对象接受各种不合理的附加条件,作为与其订立合同的条件等。

处于市场垄断地位和滥用这种地位是有本质区别的。前者是法律允许的,后者是法律不允许的。在国际技术贸易中,应当对合理使用技术独占权和滥用技术独占权加以区别。例如,专利权人对其专利技术享有独占权,这种独占权受到专利法的承认和保护。在专利技术的转让中,技术供方禁止受方未经其许可将专利技术转让给第三者使用,这种做法是合法的,也是合理的。但如果技术供方搭售供方的设备和原材料,作为受方取得技术的条件,而这些设备和原材料与保证技术实施的质量无关,受方可能在市场上获得比供方价格低的同种设备与原材料。在这种情况下,供方的要求已越过了专利法规定的专利权范围,是对独占权的滥用,是不合法的,属于限制性商业行为。

(三) 限制性商业惯例的实质

限制性商业惯例产生的主观方面的原因在于行为当事人从事经济活动的目的是实现自身利益的最大化;从客观方面分析,交易双方利益的一致性和矛盾性决定了经济活动的本质既是一种互利行为,又是一种在平等对抗中形成的动态平衡。在国际技术许可或转让中,由于许可方的经济、技术优势以及知识产权保护的某些特殊要求,使得许可方的交易地位变得优越起来,也正是这种优越打破了交易平衡,使限制性商业惯例的产生从可能转变成现实。

因此,限制性商业惯例的实质是技术许可方以保护专利、商标等合法权利为借口,以最大限度谋取高额垄断利润为目的,不合理地利用自身的优势地位,人为地限制竞争,向其潜在的竞争对手,即技术被许可方,在许可或转让技术时提出的一种单向的权利限制。

（四）限制性商业惯例的主要内容

对于哪些行为属于限制性商业惯例，各国法律有着不同的认定。联合国 1981 年 4 月 10 日拟定的《国际技术转让行动守则》草案中列举了二十条限制性惯例。1985 年 6 月，联合国贸易与发展会议对《国际技术转让行动守则》草案进行了进一步协商，由于发达国家和发展中国家利益的不一致，对草案的讨论存在着很大分歧，但各国基本上都同意将下列十四种限制性商业惯例列在联合国《国际技术转让行动守则》中，并规定在国际技术转让中应加以禁止。

(1) 单方面回授条款。要求技术受方将其对转让技术作出的改进，无偿地、非互惠地提供给技术供方使用。

(2) 权利不争条款。不允许技术受方对技术供方所转让的专利技术有效性提出异议。

(3) 排他性使用条款。不允许技术受方使用与引进技术有竞争的其他技术或生产有竞争性的产品。但出于技术保密或保证受方履行销售义务的原因，而不得不订立的这种条款除外。

(4) 对研究和发展的限制。限制受方利用转让技术进行科学研究，发展新产品、新工艺或新设备。

(5) 对技术人员使用方面的限制。要求受方使用供方指定的人员，或限制使用技术受方国家的人员。但在开始传授技术阶段，为了保证技术转让的效率，而需要订立这种条款的除外。如果其后已有经充分训练的当地人员或已培训了这种人员时，供方仍继续这种要求则属不合理要求。

(6) 限定价格。供方对受方利用转让技术所制造的产品规定价格，或规定受方在制定和更改价格时，必须征得供方的同意。

(7) 对改进转让技术的限制。禁止受方按当地情况修改引入技术或对引入技术进行创新，或强行要求受方在设计和规格上作受方不愿接受或不必要的更改。但这种修改和革新影响到许可方的质量保证或性能保证责任的除外。

(8) 专卖权与代表权条款。规定受方的产品由供方或供方的指定人专卖，或规定由供方或供方指定人代表受方进行贸易活动。

(9) 搭售条款。要求受方购买他所不愿意要的额外技术、货物或服务，作为取得所需技术的条件，或规定由供方或供方的指定人独家供应所需要的设备、原材料或提供服务。但是如果为保证产品质量非订立这种条款不可，则作为例外。

(10) 出口限制。禁止受方出口使用引进技术制造的产品，规定产品只能在国内销售；限定产品出口的地区的数量；规定产品的出口或出口价格必须征得供方的同意。但出于保护供方和其他受方的合法利益而制定的这类条款除外。

(11) 共享专利或交叉许可协定。由于技术供方之间订立共享专利或交叉许可协议，或由于其他技术转让国家交流的安排，而引起对技术转让的地区、数量、价格、客户或市场方面的限制，或造成支配某一工业或某个市场的后果，而对技术转让产生不利的影响。

(12) 对广告宣传的限制。供方对受方的产品广告宣传进行不合理的限制，除非因下列情况需要这种限制:技术转让中包含技术供方的商标或商号的使用许可,为了防止供方的商业信誉受损,防止供方可能对产品负赔偿责任,或为了确保转让技术的机密性,以及为了保障安全和保护消费者的利益,则可以对广告宣传作某些限制。

(13) 对使用失效工业产权的限制。要求技术受方在继续使用已失效、被撤销或有效期已满的专利或商标时,仍需支付使用费或承担其他义务。

(14) 合同期满后的限制。在合同期满或终止后,不允许受方继续使用该项技术,若受方需要继续使用,必须支付额外的使用费。

以上十四项基本上概括了国际技术贸易中限制性商业惯例的主要内容。根据草案的规定,这些内容不应订入国际技术转让合同中。必须注意,上述内容与各国法律规定的内容不完全一致。由于对于某些商业行为是否属于限制性商业惯例,各国存在意见分歧,因此这些行为并未列入草案的内容中,但这些行为被一些国家的法律列为限制性商业惯例。

(五)限制性商业性惯例的危害

1. 限制性商业惯例是不公平的、歧视性的做法

技术供方利用其技术优势和谈判地位及能力优势,把一些不合理、不公平的条款强迫受方接受,并把它们作为转让技术的条件。比如,供方的技术、设备、物料和服务的价格高于国际商场价格;单方面回售条款;对受方进行技术修改和研制的限制;规定受方不得对专利的有效性提出异议的条款等。

2. 限制性商业惯例有碍于自由竞争

限制性商业惯例,比如价格歧视,技术供方之间的某种联合安排,导致市场垄断,破坏了正常的国际贸易活动。

3. 限制性商业管理不利于科学技术的传播和发展

科学技术是第一生产力,为了振兴本国经济,世界各国都在加强科技研究与开发,引进国外先进的科技成果。限制性商业做法,不仅妨碍了技术受方国家利用先进的科学技术和提高自己的科技发展水平,也有碍于国际技术贸易,从而减少国际贸易对各国经济发展的驱动能力。

二、国际上管制限制性商业惯例的法规

限制性商业惯例问题不仅存在于个别国家,并且涉及整个国际技术贸易的全球化发展。因此,各国都通过立法对限制性商业惯例进行管制,联合国也通过有关的国际规章解决这个问题。

(一)管制限制性商业惯例的国际立法

各个国家管制限制性商业惯例的目的不同,认定限制性商业行为的标准不同,从而导致各国之间,尤其是发达国家与发展中国家之间关于限制性商业行为的立法存在较大差异,这就给国际技术转让交易带来极大的不便,给从事国际贸易的企业增加很多困难和风险。基于上述原因,世界各国均迫切希望通过统一的管制立法,加强国际合作,减少限制性商业惯例对国际贸易特别是对处于弱势地位的发展中国家贸易的不利影响。为

适应这方面的要求,联合国通过了《关于控制限制性商业惯例的公平原则和规则的多边协议》,起草了《国际技术转让行动守则(草案)》。

1. 联合国《关于控制限制性商业惯例的公平原则和规则的多边协议》

联合国于1972年在智利圣地亚哥召开第三届贸易与发展会议,会议决定由秘书长指定专家小组,专门研究限制性商业行为及其与发展中国家的关系问题。1979年,在日内瓦召开的第六届会议上,提出了一项《管制限制性商业管理的公平原则与规则多边协议》的草案。1980年4月,在联合国召开的限制性商业管理会议上,就上述草案进行讨论和协商。该协议与1980年12月召开的第三十五届联合国大会上正式通过。该协议规定企业不得采取下列限制性商业行为。

(1) 参加卡特尔(卡特尔是垄断组织形式之一,生产或销售某一同类商品的企业,为垄断市场,获取高额利润,通过在商品价格、产量和销售等方面订立协定而形成的同盟)或以其他方式有目的地加强卡特尔的限制性作用。如确定进出口货物限价的协议;互相串通投标;分配客户和划分市场的安排;分配销售量和生产量的定额;联合抑制交易;联合抑制向进口人供应货物;联合阻止他人参加对竞争关系重大的安排或协会;不合理地确定在进口国转售出口货物的限价。

(2) 滥用或谋取滥用市场的支配地位,在市场中采取下列的行动或行为:包括对竞争者的掠夺行为,如采用低于成本的价格击垮竞争者;订立歧视性的价格或其他交易条件;以合并、接收、合资经营或其他横向、纵向企业联合的方式获取企业的控制权。在不是为了保证达到合法的商业目的时采取下列做法:部分或全部拒绝该企业惯用的交易条件进行交易;限制接受竞争性产品或其他产品;以买方接受其他产品作为供应某种产品的条件。

2. 联合国《国际技术转让行动守则(草案)》

《国际技术转让行动守则(草案)》是1981年由联合国贸易与发展大会提出来的,当时在该草案中列举了二十项限制性商业惯例,1985年6月的贸发会议又将其简化为十四项限制性商业行为。主要包括以下内容。

(1) 单方面的回授条款。
(2) 不允许受方对专利权的有效提出异议。
(3) 独家经销。
(4) 对受方进行技术研究的限制。
(5) 对受方使用人员的限制。
(6) 固定价格。
(7) 对改进转让技术的限制。
(8) 供方包销和代理协议。
(9) 对受方技术产品出口的限制。
(10) 搭售。
(11) 专利权共用或交叉许可协议。
(12) 对受方进行广告宣传时的限制。

(13) 在工业产权期满后，仍要求受方支付使用费或承担其他义务。

(14) 在转让合同期满后对受方所施加的各种限制。

3. 世界知识产权组织

世界知识产权组织在20世纪80年代初提出的《技术转让合同管理示范法》在第三百零五条列出了十七种限制性商业条款。这十七种条款如下。

(1) 要求受方进口在本国即能够以相同或更低代价取得的技术。

(2) 要求受方支付过高（即与所引进的技术应有费不相当）的费用。

(3) 搭售条款。

(4) 限制受方选择技术或者选择原材料的自由（但为保证许可证产品质量而限制原材料来源的情况除外）。

(5) 限制受方使用供方无权控制的产品或原料的自由（但为保证许可证产品质量而实行这种限制的除外）。

(6) 要求受方把按许可证生产的产品大部分或全部出售给供方或供方指定的第三方。

(7) 条件不对等的反馈条款。

(8) 限制受方产量。

(9) 限制受方出口自由（但供方享有工业产权地区不在此例）。

(10) 要求受方雇佣供方制定的、与实施许可证中技术无关的人员。

(11) 限制受方研究与发展所引进的技术。

(12) 限制受方使用其他人提供的技术。

(13) 把许可证合同范围扩大到与许可证目标无关的技术，并要求受方为这类技术支付使用费。

(14) 为受方的产品固定价格。

(15) 在受方或第三方因供方的技术造成损害的，免除或减少供方的责任。

(16) 合同期届满后限制受方使用有关技术的自由（但未到期的专利除外）。

(17) 合同期过长（但只要不超过所提供的专利的有效期，即不能认为"过长"）。

4. WTO《与贸易有关的知识产权协定》

世界贸易组织《与贸易有关的知识产权协定》(TRIPS)第四十条第二款规定："本协定的任何规定均不得组织各成员在其立法中明确规定在特定情况下可构成对知识产权的滥用并对相关市场中的竞争产生不利影响的许可活动或条件。"

（二）发达国家针对限制性商业惯例的法规

发达国家多为技术输出国，大都没有制定专门的技术许可或转让法律，调整和管制国际技术许可或转让中的限制性商业惯例的职能主要是由名称各异的反垄断法承担的。如美国的《反托拉斯法》、英国的《限制性贸易行为法》、德国的《反限制竞争法》、法国的《竞争法》、日本的《反垄断法》等。发达国家都认为，凡是构成或导致市场垄断，妨碍自由竞争的做法都属于限制性商业惯例。即判断技术贸易中某一做法或合同条款是否属于限制性做法从而受到法律禁止，主要是看其是否影响了市场上的自由竞争行为。

1. 美国的《反托拉斯法》

美国的《反托拉斯法》在发达国家关于限制性商业惯例的立法中具有代表性。它制定早,执行比较严,对其他发达国家有较大影响。

《反托拉斯法》是美国国会通过的有关保护竞争、限制垄断和不公平贸易做法的实体法和程序法的总称。它主要由三个法案组成。

(1) 1890年的《谢尔曼法》。《谢尔曼法》是美国联邦第一部反托拉斯法,也是美国历史上第一个授权联邦政府控制、干预经济的法案。该法是美国反托拉斯法中最基本的一部法律,奠定了反托拉斯法的坚实基础,但该法的规定极为含混和笼统,在实践中难以操作。同时,《谢尔曼法》提供的是一种事后救济,着重对已存在的垄断行为加以惩罚。

(2) 1914年的《克莱顿法案》。1914年,美国国会制定了第二部重要的反托拉斯法——《克莱顿法案》,作为对《谢尔曼法》的补充。与《谢尔曼法》相比,《克莱顿法案》主要起到一种预防垄断的作用:即凡是那些可以合理地预见可能会对竞争产生损害的行为,虽然其实际未产生损害,都是违法的。《克莱顿法案》所确定的"早期原则"显然比《谢尔曼法》更有利于打击垄断行为。

(3) 1914年的《联邦贸易委员会法案》。1914年的《联邦贸易委员会法案》授权成立联邦贸易委员会,作为负责执行各项反托拉斯法律的行政机构。其职责范围包括:搜集和编纂情报资料、对商业组织和商业活动进行调查、对不正当的商业活动发布命令、阻止不公平竞争。

以上这几项法律仍然是美国反垄断、管理州际贸易和对外贸易的主要法律。从性质上看,《谢尔曼法》兼有民法和刑法的性质,《克莱顿法案》和《联邦贸易委员会法案》则属于民法范畴。此外,罗斯福"新政"时期的法律和措施也丰富了反托拉斯法的理论和实践。

在长期的司法实践中,为了确定某种商业行为是否合法,美国法院使用了两项重要原则,即"合理原则"和"本身违法原则"。"合理原则"是指某种商业行为虽然含有一定的限制竞争自由的成分,但如果没有超出商业上认为合理的限度,不会导致削弱或消除在美国市场上的竞争,就不认为是违反《反托拉斯法》的行为。"本身违法原则"是指某种商业行为,其本身具有明显的反竞争性质,一旦发现这种行为就可判定其为非法,不需要考虑其是否合理。目前一般认为属于本身违法的行为主要有:固定价格、集体抵制、划分市场、维持转售价格、搭卖合同以及滥用专利权的限制性商业行为。

美国的《反托拉斯法》主要是针对国内贸易制定的,至于企业在出口方面所采取的限制性商业行为,原则上不受《反托拉斯法》的禁止。但如果企业在国际贸易中采取的限制性商业行为对美国市场产生了不利的影响,或者限制了美国国内其他竞争者的出口时,就有可能被认为是非法行为而受到《反托拉斯法》的制裁。

2. 欧盟的《罗马条约》和《欧洲联盟竞争法》

欧盟作为一个区域经济一体化组织,对内主要有《罗马条约》和《竞争法》,其法律决策的出发点是促进区域内生产要素的自由流动,消除贸易障碍,禁止垄断市场、妨害公平竞争等限制性商业行为。对外主要是通过签署国际协议和欧盟各国国内的法律对技术出口进行管制。

《罗马条约》的核心内容包括：建立关税同盟和农业共同市场，逐步协调经济和社会政策，实现商品、人员、服务和资本的自由流通。条约规定，禁止限制和妨害竞争、滥用市场优势、图谋市场地位的限制性商业做法，这些做法主要包括以下五种。

(1) 直接或间接地限制购买或出售价格或其他交易条件的做法。

(2) 限制和控制生产与销售、开发技术或投资的做法。

(3) 分割市场或供应来源的做法。

(4) 在相同的交易中，对不同的交易方采取歧视性的不同交易条件。

(5) 迫使对方接受与该条约毫无联系的条件和要求，并以此作为签订合同的条件。

《欧洲联盟竞争法》起源于《罗马条约》。其主要内容主要包括：禁止限制竞争协议、禁止滥用市场支配地位，企业合并反垄断审查制度、违反竞争法的法律责任和救济、关于国家补贴的歧视等。

欧盟竞争法是成员国之间适用的竞争法，主要是反对成员国间贸易中的限制性商业行为。除此之外，各成员国还有各自的反不公平竞争法。例如，原西德于1957年制定的《限制竞争法》；英国于1948年、1956年分别通过了《垄断和限制性行为的调查和管制法》《限制性贸易行为法》，现行有效的是1976年修订后的《限制性贸易行为法》和1980年的《竞争法》；比利时1960年5月颁布的《反托拉斯法》等。

3. 日本的《反垄断法》

1947年日本颁布了《关于禁止私人垄断及保护公平贸易法》，该法提出了禁止在贸易活动中签订含有限制性商业行为条款的一般原则。按照这些原则，日本公平贸易委员会于1968年5月颁布了《国际许可贸易的反垄断法》，该法第一条就明确规定技术引进合同中订有以下九种条款，就构成不公平贸易活动，而受到法律禁止(但其中大部分都有例外)。

(1) 限制技术受方产品出口的地区。

(2) 限制受方产品出口价格或出口数量，或强行规定由供方或其指定人经销出口产品。

(3) 限制受方制造、销售有竞争性的产品或使用有竞争性的技术。

(4) 强行规定受方向供方或供方指定人购买原材料和零部件。

(5) 强行规定由供方或供方指定人销售受方产品。

(6) 限制受方产品在日本转销的价格。

(7) 在合同中规定技术回授条款。

(8) 对并非使用转让技术制造的产品也收提成费。

(9) 限制原材料、零部件或受方产品的质量。但从维护供方商标的信誉或者技术效果的角度进行质量控制的除外。

1968年制定的《国际许可贸易的反垄断法》主要是针对日本技术引进的，虽然该法目前仍有效，但日本技术转让法律的重点已转移到限制技术出口方面。1981年以后，日本由于已发展成为在经济实力和工业技术方面可以与西方发达国家相匹敌的强国，所以于

1981年颁布了《关于修改外汇管制与外贸管制的法律》,大大放宽了对技术引进合同的审查,而把重点转移到对技术出口的管制。该法规定,技术引进合同只要向日本银行申报即可,不要再报大藏省和通商产业省等政府部门审批,而日本的技术出口则要得到这些政府部门的批准,由政府部门对具有战略意义的尖端技术的输出严加控制。

(三) 发展中国家针对限制性商业行为的法规

发展中国家多为技术输入国,它们为了克服技术引进过程中的重重困难,推动本国的技术和经济的发展,大多制定了专门的技术许可或转让法来调整和管制国际技术许可或转让中的限制性商业行为,如墨西哥的《技术转让注册及专利商标的使用法》(简称《技术转让法》)和《反托拉斯法》、巴西的《技术转让合同注册规范法》(简称《规范法》)、印度的《反垄断与限制性贸易惯例法》、菲律宾的《技术转让条例》和《反托拉斯法》等。发展中国家一般都认为,凡是构成或导致市场垄断、妨碍自由竞争的贸易做法,或虽有些贸易做法本身不一定导致垄断、削弱竞争,但显然不利于技术被许可方的经济技术发展,都应称为限制性商业行为。

1. 墨西哥的《技术转让法》

1972年墨西哥颁布了《技术转让法》,其中列举了十四种不合理的限制性商业惯例,要求本国公司一般不予接受;1974年墨西哥政府又制定了《关于贯彻技术转让法的实施细则》,这个《实施细则》对如何处理十分复杂的各种技术转让合同制订了更为具体的规定,该法规定所有与外国公司签订的商标、专利、专有技术转让、技术协助以及工程设计等合同都必须经审批注册;1982年墨西哥又重新制定实施了新法。新法第十五条规定了严格禁止的十三种情况。

(1) 规定允许许可方直接或间接控制或干涉引进方的经营管理的。

(2) 规定技术回授条款的,但互惠或有偿者除外。

(3) 限制引进方研究和发展引进技术的。

(4) 限制技术来源,规定引进方只能从许可方获得技术,并按许可方的指定去购买所需要的设备、工具、零部件或原材料的。

(5) 引进的技术服务或进口的商品违背国家利益,而不应准许或应给予限制的。

(6) 规定不准使用其他竞争性或辅助技术的。

(7) 规定引进方只能把合同产品出售给许可方或其指定的代理人的。

(8) 规定必须长期雇用许可方指定人的。

(9) 限制合同产品的产量或强行规定引进方在其国内或出口该项产品的销售价格或转售价格的。

(10) 规定引进方必须与许可方签订包销或经销合同的,或者规定引进方必须与许可方签订独家销售代理协议的。

(11) 规定合同期满后,仍须保密的。

(12) 未明确规定当技术转让引起对第三方侵权时,由许可方承担责任的。

(13) 许可方对许可技术的质量及效益不予保证的。

2. 巴西的《技术转让合同注册规范法》

1958年,巴西政府颁布了《技术转让付款办法》的第436号法令,国家通过银行的对外付款方式对技术引进工作实行管理;1971年,巴西政府颁布了《工业产权法典》;1975年,又颁布了《技术转让合同注册规范法》,这是巴西比较系统的技术转让法规;1981年,颁布了关于引进计算机技术的条例,逐步完善了技术引进的立法工作,对技术转让从经济上、技术上、法律上实行全面的管理,特别是对限制性条款,上述法律中都有具体的规定。例如,在《规范法》中就有六条规定。国家工业产权局的主要任务就是对技术贸易合同进行审查,凡是列有不符合下述六条限制性条款中任何一条的合同,工业产权局都不予批准。

(1) 规定专利许可的期限不应超过其工业产权所保护的有效期,其中发明专利最长为15年,实用新型、外观设计为10年。

(2) 规定专利许可合同不应包括任何公开的或隐含的阻碍引进方经营活动,特别是不应出现限制引进方宣传或广告的条款。

(3) 规定不准限制引进方自由地雇用人员的权利,不准限制和损害引进方的产品出口。

(4) 不准限制、修正、损害、中断、妨碍引进方的技术研究和发展活动,引进方对引进技术所作的改进和发展,其产权应归引进方。

(5) 规定许可合同中不准列有限制引进方对其产品的制造、销售和商标开展广告宣传活动的条款。

(6) 规定许可方不得限制引进方在合同期满后继续使用引进的技术和有关资料。

3. 其他发展中国家针对限制性商业惯例的立法

发展中国家有关技术转移的内容虽然有繁有简,但主要内容大体相似。一般规定都有总的原则、适用范围、审批程序、合同应具备的条件等。同时,对一些不合理的条款还规定不容许被订入合同。这部分是政府机构审核的重点。

拉丁美洲制定技术转移法律的国家除了墨西哥和巴西之外,还有阿根廷、哥伦比亚、委内瑞拉、秘鲁、智利、厄瓜多尔、玻利维亚等。阿根廷于1974年10月颁布了关于技术转移的第20794号法令,以后又经过多次修改或重订;哥伦比亚于1972年7月颁布了《关于技术合同内容和制定批准此类合同的标准的第1234号法令》;委内瑞拉于1975年颁布的第746号法令是关于技术转移的专门法规。

亚洲的菲律宾于1978年10月颁布了《为成立工业部技术转移局以执行第1520号总统令第5节有关规定条例》,该条例是菲律宾有关技术转移的专门法规。印度有关国际技术贸易的规范主要包括在1979—1980年颁布的《工业管理条例》、1970年颁布的《专利法》和1969年颁布的《垄断和限制性商业条款法》之中。泰国政府自1954年以来,制定了一系列关于吸收和管理外资的法律,其中最主要的有1960年颁布的《促进工业投资条例》、1977年的《促进投资条例》、1979年的《工业投资条例》等。在泰国的有关投资法规中,多数都列有关于技术转移的种种规定。印度尼西亚1969年制定的《外国投资法》也包括了相似的规定。

非洲的赞比亚于1977年颁布了第18号法令,也是关于有关技术转移的单行法令。此外,埃及、尼日利亚、喀麦隆等国也制定了有关技术转移的法规。

三、我国有关针对限制性商业惯例的法规

（一）《中华人民共和国技术进出口管理条例》

随着改革开放的深入发展，我国在自主开发技术和鼓励成熟技术出口的同时，继续积极引进国外先进技术，加速了我国产业结构调整和产品竞争力的提高，使我国对外贸易能力有了很大的提升。但是随着我国技术进出口贸易规模的不断扩大，我国许多企业在技术引进时也遇到一些不合理的贸易限制行为。为了规范技术进出口管理，维护技术进出口秩序，促进国民经济和社会发展，目前，我国主要通过国家立法对限制性商业惯例进行管制。我国最早涉及技术转让的法规是1983年发布的《中外合资经营企业法实施条例》，它规定合营企业订立的技术转让协议应当经企业主管部门审查同意，并报审批机构批准，同时必须符合七个要件，2001年修改后的《中外合资经营企业法实施条例》除删除了"经主管部门审查同意"外仍沿用原来的规定。标志着我国对技术转让管制进入成熟阶段的是1985年国务院发布的《中华人民共和国技术引进合同管理条例》及其《施行细则》。《条例》采取原则性和灵活性相结合的标准在概括规定之下列举了九种被禁止的限制性条款。

2001年10月31日通过，2002年1月1日正式实施的《中华人民共和国技术进出口管理条例》是在1985年《条例》和《细则》基础上的完善。

现行的《技术进出口管理条例》第二十九条规定，技术进口合同中，不得含有下列限制性条款。

（1）要求受让人接受并非技术进口必不可少的附带条件，包括购买非必需的技术、原材料、产品、设备或者服务。

（2）要求受让人为专利权有效期限届满或者专利权被宣布无效的技术支付使用费或者承担相关义务。

（3）限制受让人改进让与人提供的技术或者限制受让人使用所改进的技术。

（4）限制受让人从其他来源获得与让与人提供的技术类似的技术或者与其竞争的技术。

（5）不合理地限制受让人购买原材料、零部件、产品或者设备的渠道或者来源。

（6）不合理地限制受让人产品的生产数量、品种或者销售价格。

（7）不合理地限制受让人利用进口的技术生产产品的出口渠道。

（二）如何对待限制性商业惯例

在中国进行对外技术贸易过程中，会经常遇到限制性商业惯例。有些交易在谈判中往往也是由于在某些限制性条款上达不成协议，导致谈判的破裂，最终影响了签约成交。因此，正确认识和恰当掌握限制性条款，使原则性和灵活性统一，是我国技术贸易引进交易中的一个关键问题。

1. "刚性条款"，予以拒绝

有一类限制性商业惯例直接有损于技术受方国家的主权和经济利益，技术受方国家的法律往往有强制性的规定，禁止任何企业接受。有人把这类条款叫作"强制性条款"或

者"刚性条款"。对于这类条款,未经特别批准,不得订入合同。

2. "弹性条款",灵活处理

有一类限制性商业惯例是技术受方国家的法律没有强制性规定的,对技术受方有利有弊,如果弊大于利,就禁止接受;如果利大于弊,则同意接受。人们把这类条款叫作"非强制性条款",或"弹性条款"。对于这类条款,可以根据交易的具体情况、我方之所需和利弊关系,灵活掌握。原则是从我方的技术引进目的和总体利益出发,对我方有利或条件对等。有时为了我方的引进必要技术的长远利益考虑,也需要作出一定的、合理的让步。

第五节 国际技术贸易合同的法律适用

同一般的国际货物贸易相比较,国际技术贸易的法律问题比较复杂。一项国际技术转让通常涉及两种法律关系:一是技术转让合同法关系;二是技术转让行政法规关系。由于每一项国际技术贸易合同都具有涉外因素,而这些涉外因素又会导致两个以上国家的法律适用于该项合同的可能。另外,依据有关法律、法规,合同当事人与国家行政部门还存在管理与被管理的关系,这就产生了国际技术贸易合同适用于两个以上国家法律的可能,从而可能导致国际技术贸易合同法律适用的冲突。因此,有必要弄清楚国际技术贸易合同法律适用问题。

一、国际技术贸易合同的法律适用规则

(一)涉外合同的概念及特点

国际技术贸易合同属于涉外合同。所谓涉外合同,是指当事人一方是外国人,或者交易的标的在国外,或者交易合同的权利义务关系发生在国外的合同。

这种合同的特点是,同一个合同涉及不同国家的法律,从而导致不同国家的法律对合同的部分或者整体有约束。由于各国对同一权利和义务解释可能差别很大,这就产生了适用法律的冲突问题。

(二)国际技术贸易法律适用规则

国际技术贸易法律适用规则主要有:国内立法、国际条约和国际惯例。

1. 国内立法

国内立法,是国际技术贸易合同适用的主要法律。国内立法一般有两种:普通法和特别法。普通法是当事人所在国家的一般法律规范,是从宏观上对有关民事关系所作的基本规定。多数技术输出国采用这种立法。特别法是针对各类专门问题所制定的专门管理某一类民事关系的法律、法规。许多技术输入国采取后一种办法。这些国家在其有关涉外技术转让的法规中规定了国际技术转让法律适用的原则和规定,而其中多数国家都规定国际技术转让合同只能适用技术输入国的法律。

2. 国际条约

国际条约,包括技术贸易当事人所在国家缔结或加入的国际公约、协定,其中有"多

边条约"和"双边条约"。合同当事人应该遵守本国缔结的国际公约,当国内立法与国际公约冲突时,优先考虑国际公约,除本国在加入时已声明的除外。

3. 国际惯例

国际惯例,是指在国际技术贸易长期实践中形成的、普遍接受和承认的习惯做法。如果当事人在未订立法律选择条款的情况下,合同适用于与之有最密切关系国家的法律,这已经成为商人们普遍接受的习惯做法,亦即国际技术转让法律适用的一个惯例。

二、国际技术贸易合同适用法律方式的选择

（一）选择适用法律的原则

根据许多国家的法律规定和国际技术贸易的时间,在解决国际技术贸易合同的法律适用问题上,应遵循以下原则。

1. "意思自治"原则

当事人"意思自治"原则是指合同当事人可以协商选择合同的适用法律,但要服从当事人国家的国内法和政策对于法律选择自由的限制。但有关合同中知识产权本身的问题,只能适用该知识产权的属地法律。各国法律对当事人选择的法律都有一定的限制,如《中华人民共和国民法通则》第一百五十条规定:"依照本章规定适用外国法律或者国际惯例的,不得违背中华人民共和国的社会公共利益。"

2. 最密切关系原则

最密切关系原则是指合同当事人未在合同中规定适用法律时,法院可以确定与合同有密切联系国家的法律作为合同的适用法律。用以确定与合同有密切联系国家或地区的法律的因素包括如合同的签约地、谈判地、标的所在地等客观因素以及合同所用语言、合同格式、法律术语等当事人主观因素。

（二）选择适用法律的方式

当事人选择合同适用法律有以下三种方式。

1. 明示选择

明示选择,是指当事人在合同中有明确的意思表示,指明当遇到合同权利义务冲突的时候愿意依照具体哪国的法律为准。例如,在合同中明确规定,"本合同适用中国法""本合同适用美国法"等。这种合同适用于双方比较容易达成一致意见的情况,好处是一旦发生争议时,有明确的法律参照。

当事人双方一旦在合同中确定了一种有效的法律选择,任何一方若再提出新的适用法律要求,一般是不能接受的,除非有非常充足的理由。

2. 暗示选择

暗示选择,是指当事人双方未在合同中明确指明合同的适用法律,当双方对合同产生争议并提交法院或仲裁机构时,由法院或仲裁机构根据合同和一切与合同有关的事项推定适用的法律。国际上实行暗示法的总原则是:所推定的适用的法律必须是"合同参照此法律体系而签订的,或交易行为与法律体系具有最密切的和最实际的联系"的法律。

第十三章 国际技术贸易政策与适用法律

3. 适用国际公约

如果当事人双方所属国为某一双边或多边条约的缔约国,当事人所签订的合同适用于该国际条约。在这种情况下,合同当事人无权自由选择。

(三) 选择适用法律需要注意的问题

在选择国际技术贸易适用法律时要注意以下三个方面。

1. 保留制度

如果合同条约规定适用的外国法律将会违背本国的公共利益时,则不能选择外国法。

2. 法律规避

法律规避又称"法律欺诈",是指涉外民事法律关系当事人为了实现利己的目的,人为利用法院地国冲突规范,故意制造一种连接因素,以避开本应适用的对其不利的准据法,从而使对其有利的法律得以适用的行为。对此,各国的法律规定差别较大,有的国家对所有形式的法律规避都认为无效,有的国家认为规避本国法无效规避外国法有效,有的国家认为都有效。

3. 外国法的适用

在援引外国法时各个国家的态度是不同的。在英、美国家,外国法不被看成是法律,它们只看重事实,所以当事人引用外国法律时,也需要用证据来证明;以意大利、奥地利为代表的国家,把外国法视为法律;以德国为代表的国家,对外国法,法院根据职权来确定外国法的内容,有时也需要控诉双方提供事实依据。

第六节　国际技术贸易纠纷解决的方式

同国内技术贸易相比较,国际技术贸易涉及面广、时间长,当事人之间对合同履行或不履行产生分歧,乃至产生纠纷的可能性也较大。分歧或争议一旦发生,当事人的权利与义务关系处于一种不确定状态,当事人的权益受到损害,不利于正常贸易的发展。因此,采用恰当的解决争端方式,使得当事人之间的争端顺利解决,既有利于当事人维护合法权益,也有利于日后的进一步合作。

《中华人民共和国合同法》第一百二十八条规定:"当事人可以通过和解或者调解解决合同争议。当事人不愿和解、调解或者和解、调解不成的,可以根据仲裁协议向仲裁机构申请仲裁。涉外合同的当事人可以根据仲裁协议向中国仲裁机构或者其他仲裁机构申请仲裁。当事人没有订立仲裁协议或者仲裁协议无效的,可以向人民法院起诉。当事人应当履行发生法律效力的判决、仲裁判决、调解书;拒不履行的,对方可以请求人民法院执行。"

一、协商解决

协商是指合同当事人在发生纠纷以后,由双方当事人直接进行接触,通过友好协商,相互作出一定让步,在彼此认为可以接受的基础上,达成一致意见形成和解协议,从而解决双方争端的一种做法。

二、调解解决

合同双方发生争议,而又无法协商解决,则可把争议案交给第三方,由其提出解决办法,进行调解。合同中有关调解条款内容应包括以下四点。

(1) 制定专家的办法和专家应具备的条件。
(2) 专家提出的解决方案及其法律效力。
(3) 解决争议的程序和合同各方应提交的证明文件和有关材料。
(4) 专家费用的负担。

三、仲裁解决

在国际技术贸易中,仲裁(arbitration)是指合同当事人双方达成协议,在双方发生争议时,如果通过调解不能解决,愿将有关争议提交双方所同意的第三者进行裁决,裁决的结果对双方都有约束力,双方都必须遵照执行。仲裁条款是合同当事人双方同意把争议案提交仲裁机构审理的协议,它是仲裁机构受理争议案的法律依据。若合同中未设立仲裁条款,合同双方必须另行签订仲裁协议,否则仲裁机构是不受理双方的争议案的。

仲裁协议内容要求完整、明确。

(一) 仲裁协议的内容

(1) 仲裁的事项及范围。
(2) 仲裁机构名称。
(3) 仲裁规则。应注意的是,仲裁规则与合同适用法律不同,仲裁规则属于程序法范畴,是解决如何进行仲裁的问题。
(4) 仲裁地点。我国技术贸易合同中,关于仲裁地点的规定,主要有三种方法:在我国进行仲裁;在被告国进行仲裁;在双方同意的第三国仲裁。其中第一种是我方应争取的,但在一般情况下,均采取第三种做法。在选择第三国时,应注意:该国对我国的政治态度;该国仲裁的做法和法律应比较公平;该国仲裁机构具有较高的业务能力,能胜任所担负的仲裁业务。
(5) 仲裁效力。一般情况下,仲裁裁决都应是终局性的,对双方当事人均有约束力,任何一方不可以向法院起诉要求变更。除非法院发现有程序上的问题,或被诉人提出程序方面的申诉,法院才予以审理或宣布仲裁裁决无效。

(二) 仲裁程序

仲裁程序包括仲裁申请、指定仲裁人、仲裁审理、仲裁裁决等。

1. 仲裁申请

仲裁机构对于双方的争议根据双方当事人签订提请仲裁机构解决的书面协议,并按一方当事人的书面申请予以受理。提交仲裁申请书时,应提交合同副本一份。仲裁申请书主要包括:当事人各方的姓名和地址,双方争议的问题,争议案的说明与证据,要求解决的办法,所选定的仲裁人的姓名,或者委托仲裁委员会主席代为指定仲裁人的声明等内容。

2. 指定仲裁人

仲裁人的人数和选定办法各国的法律规定不尽相同。多数国家法律规定由三人组成仲裁庭(委员会),三人中由当事人双方各指定一人,再由被指定的两名仲裁人共同指定第三人。根据中国国际经济贸易仲裁委员会现行的仲裁规则,首席仲裁员由仲裁委员会主席指定。国际经济贸易仲裁的申请人和被诉人各自所指定的仲裁员并不代表其当事人一方的利益。

3. 仲裁审理

关于仲裁的审理方法,大致可分为两种:一种是开庭对质,双方当事人和证人对质作证;另一种是书面审理,双方当事人提供文件证据,不公开审理,即使开庭也是为了审问,而不是对质,证人作证时,其他证人不得在场。

4. 仲裁裁决

仲裁的裁决由独任仲裁人或多数仲裁人作出。仲裁裁决一般是终局的,对双方都有约束力,任何一方不可再向法院申诉。但是,仲裁裁决具有法院的判决效力,若败诉方不执行,胜诉方可以申请法院依法强制执行。

关于一国作出的裁决在国外执行的问题,1958年于纽约签订的《承认和执行外国仲裁裁决公约》规定,缔约国承认和执行在任何外国作出的仲裁裁决。世界上主要国家都加入了该公约。我国于1986年正式加入了该公约。

四、诉讼解决

国际民事诉讼是指一国法院在当事人及其他诉讼参与人的参加下,以国家法律为依据,按照法律程序,审理涉外民事案件的全部活动。

国际上普遍认为,技术转让交易中的纠纷,可以通过仲裁方式解决,而且也认为仲裁方式比诉讼方式具有更多的优点。所以,技术转让合同当事人大多愿意在合同中规定仲裁条款,将解决纠纷的方式事先规定在合同中,以排除法院的管辖。然而,由于国际技术贸易较为复杂,不仅当事人双方可能发生争端,而且可能同第三方发生争端,如发生侵权行为,技术受让方有可能成为被告,受到法院的传讯。在这种情况下,就产生了诉讼问题。此外,如果合同没有规定仲裁条款时,一方当事人可以选择诉讼作为解决争端的方式。

本章小结

国际技术贸易政策,是指一定时期内一个国家或地区为了实现特定的经济增长、国际贸易和科技发展等目标而制定并实施的一系列方针、措施和原则的总和,它反映出一国在一定时期内对国际技术贸易的鼓励、限制和禁止的政策内容。

一般认为,国际技术许可或转让中的限制性商业惯例,是指在国际技术许可或转让过程中,技术转让方为了保障其技术垄断和技术优势,获取高额利润,凭借其技术优势,对技术受方施加的种种的不公平、不合理的限制行为。

限制性商业惯例的特点是:一是限制性商业惯例实施的主体是企业;二是限制性商业惯例必须是为法律所禁止的、不合理的或者不正当的限制竞争或实行政治歧视的做法的行为;三是滥用市场垄断地位。

关键词

限制性商业惯例　明示选择　暗示选择　仲裁

思考题

1. 发达国家与发展中国家在国际技术贸易政策方面有哪些不同的表现?
2. 限制性商业惯例的含义、特点及其实质是什么?
3. 国际技术贸易合同的法律适用规则有哪些?
4. 国际技术贸易纠纷解决的方式主要有哪些?

案例分析

发达国家正在设置更高的汽车产品技术性贸易壁垒(technical barriers to trade, TBT)来保护本国的市场,他们制定严格的汽车油耗和排放标准以及安全标准,把欠发达国家和发展中国家的汽车挡在国门之外。

1. 美国

目前,美国机动车安全和环保法规是世界上最完善的法规体系之一,它从各方面规定了对乘员、行人的保护及车辆应有的避免事故的性能,规定内容齐全,指标较先进。美国对汽车实行的安全标准项目有54项,涉及噪声和排放法规有5个。美国法规规定的指标及方法对其他国家的标准具有较大的影响和导向性。美国还利用推行国内生产加工方法及其他标准设置技术壁垒。例如,美国为保护国内的汽车工业,在《空气净化法》和《防污染法》中明确规定,所有进口汽车都必须安装防污装置,并制定了十分苛刻的技术标准,使得排气量过大的汽车被挡在美国市场之外。

2. 欧盟

欧盟最先意识到TBT,设置TBT最严重,尤其在汽车、电机、机械和制药等产业中更为明显。要进入欧盟市场的产品至少要达到3个条件之一:符合欧洲标准(EN),取得欧洲标准化委员会(CEN)认证标志;与人身安全有关的产品要取得欧共体安全认证标志CE;进入欧盟市场的产品厂商要取得ISO9000认证书。欧盟还明确要求进入市场的产品凡涉及欧盟指令的,必须符合指令的要求并通过认证,才允许在欧盟统一市场流通。在尾气排放法规方面,欧盟1992推行了"欧1"汽车尾气排放标准,1996年实施了"欧2"

汽车尾气排放限值,2000年出台了"欧3"标准,加大限制二氧化碳的排放力度。2005年1月欧盟启用"欧4"汽车尾气排放标准,柴油发动机汽车尾气排放的颗粒物每公里必须在25毫克以内,标准还要求为柴油车增加特殊的过滤装置。欧盟最近出台的法令要求上路行驶的车辆必须装有"车载检验系统",在排放超标时提醒驾驶者及时维修。欧盟各国政府和汽车工业界代表发表了汽车工业《战略研究计划》,提出要让欧洲公路交通"更加安全、更少污染和更具竞争力"。由此可见,我国汽车出口到欧盟的难度非常之大。

3. 日本

日本很多技术标准不同于国际标准,当外国产品进入日本市场时,不仅要求符合国际标准,还要求与日本标准相吻合,否则日本就以质量不达标为由将其拒之门外。在每个行业中,日本又有数项法规从不同方面同时规范,如汽车工业方面有《废气排放检验法》《大气污染控制法》《限制噪声法》等法规。日本实施的《节能修正法》规定,到2010年,在日本市场上销售的不同质量和用途的汽车,必须达到相应的节能标准,以减少汽车的废气排放。对于燃油汽车的废气排放标准更加严格。此外,日本还制定了名目繁多的汽车行业技术法规和标准,对机电产品的限制是JIS规格,列为JIS对象的产品必须要有JIS标志。日本成熟的汽车行业保护措施严重阻碍了中国汽车的进入。

由以上三大市场可以看出发达国家的TBT如此之高,我国汽车出口将遇到重重困难。前商务部科技司司长常晓村指出,每年各国向WTO通报的技术法规、标准和合格评定程序数以万计,特别值得重视的是,国外对许多产品尤其是汽车产品的市场准入,技术要求往往并不是体现在一个专门的技术文件中,而是分散在不同的标准和技术法规中,并且更新周期越来越短。中国汽车出口要想克服TBT限制,进入发达国家市场,汽车生产企业就必须找到合适的路子,制定出详尽而切实可行的策略。

案例思考:

认真阅读上述案例,分析我国应采用什么样的贸易政策来应对目前面临的技术贸易壁垒。

第十四章

知识产权保护的国际组织和公约

加入WTO以来，我国涉外知识产权纠纷逐年增长。仅美国对我国企业发起的"337调查"数量，在2016年上半年就已经达到83起，占美国全球总调查量的近40%。据商务部统计，到2005年，我国出口企业遭遇技术壁垒最严重的100种商品，其损失至少有2 000亿美元。外国企业频频以知识产权为武器对我国企业实施打压，表面上是知识产权侵权纠纷，但本质上就是企业之间的市场之争。那么，我国应该如何利用现有的保护知识产权的国际组织和公约来维护自己的权益呢？从本章的学习中你将找到答案。

第十四章 知识产权保护的国际组织和公约

 学习目标

通过对本章的学习,你应该能够:
1. 了解知识产权国际保护的背景、途径和发展;
2. 了解知识产权保护的主要国际组织;
3. 熟悉各国际组织的机构设置、宗旨和职能;
4. 了解知识产权保护的主要国际公约;
5. 熟悉各国际公约所遵循的原则。

第一节 知识产权国际保护概述

一、知识产权国际保护的产生

"知识产权"在其产生之初,是一种封建君主或地方官恩赐的具有严格地域性的"特权"。严格地说,"知识产权"作为一个具有明确法律意义的概念,是在19世纪后期才产生的。目前世界上最早的专利法、著作权法和商标法分别是英国1624年和1710年颁布的《垄断法规》和《安娜女王法》,以及法国1803年颁布的《关于工厂、制造场和作坊的法律》和1857年颁布的《关于使用原则和不审查原则为内容的制造标识和商标的法律》。到资本主义时期,虽然从性质上讲,知识产权从"特权"转变为"法权",但由于法律仍然不具有域外性,因此一个国家根据自己法律授予的专利权、注册的商标或其他商业标志,以及保护的版权等,在国外是无效的。然后,专有技术、商业标志以及文学、艺术和科学作品等是无形财产,很容易流传到国外,因此,知识产权的权利人单单获得本国法律的保护是不够的,还需要在国外也获得保护。

在知识产权领域没有任何国际公约时,任何人想要在本国以外获得知识产权的保护是相当困难的。在那个时候,一个国家的国民能否在某一外国获得知识产权的保护,要视两国之间有无双边协议而定,如果没有就不能获得保护,即使有双边协议,也不能保证在外国获得令人满意的、适当的保护,因为各国法律中关于知识产权的规定差异很大。为了克服各国之间知识产权法律规定的矛盾,需要签订国际公约,使缔约国不仅有义务给其他缔约国国民以国民待遇,还要制定符合公约最低要求的知识产权法。本着这一宗旨,从19世纪80年代起,各国开始通过签订国际协定或公约谋求知识产权的国际保护。而1883年《保护工业产权巴黎公约》和1886年《保护文学艺术作品伯尔尼公约》等国际公约的签订,既标志着知识产权国际保护体系的产生和形成,同时亦为各国知识产权法律制度走向一体化奠定了基础。

随着世界范围内科技成果向商品化、产业化和国际化趋势发展,知识产权制度成为现代国际社会经济与科技合作的基本条件之一,从而在更大的程度上被各国所接受。现在各国知识产权法律涉及对专利、商标、著作权、实用新型、外观设计等各类知识产权的保护,并逐步扩大到对计算机软件、集成电路布图设计及动植物品种的法律保护。目前,基本建立起知识产权制度的国家也已达150多个。同时随着国际经济、文化交流的日益频繁,知识产权的国外保护问题也日益突出。在各国知识产权立法不断完善的同时,地区范围乃至全球范围内的知识产权立法活动也迅速发展起来。

二、知识产权国际保护的主要途径

关于"知识产权的国际保护",不少人理解为是本国法无条件地去保护依外国法产生的知识产权,或是指以国际条约取代或覆盖国内法,"国际保护"意味着知识产权"地域性"的消失。这种理解是错误的。知识产权国际保护是指一国缔结或参加多边公约或双边条约,以国内法在不违反国际公约所规定最低限度的情况下保护他国的知识产权,除了在法语非洲国家、北美自由贸易区及欧盟国家外,也不是指以国际条约取代或覆盖国内法,因此,"国际保护"并不能使知识产权的"地域性"消失,只是在一定程度上使"地域性"被削弱了而已。

目前,国际上保护知识产权的途径主要包括以下三种。

(一)互惠保护

互惠保护是一种附条件的保护,其含义是指某一个外国承认并保护本国法确认的知识产权,那么本国亦承认并保护依该外国法确认的知识产权。互惠保护主要为一些知识产权立法滞后或差异的国家采用。我国在参加巴黎公约前,也曾分别与许多国家在商标保护上实行互惠原则。

(二)双边条约保护

双边条约保护即双方通过签订双边协定方式,相互保护对方的知识产权。此种保护方式在当代仍被广泛采用。如中国和美国就曾签订过三个涉及知识产权保护的双边协定,即1979年中美贸易关系协定、1992年中美关于知识产权的谅解备忘录以及1995年中美通过来往函件就知识产权达成的协议。

(三)多边(国际)公约保护

多边公约保护是现今国际上保护知识产权最主要的途径。多边公约又包括世界性公约和区域性公约两种,前者的适用范围没有区域限制,而且内容多系立法性的,规定各缔约国知识产权立法的最低水平,因此对知识产权国际保护影响最大;后者是为适应局域地区的特殊需要而产生,其对于协调区域内各国知识产权保护制度、维持相同的知识产权保护水平作用很大。

三、知识产权国际保护的发展

自20世纪70年代以来,随着经济全球化和科技进步的步伐不断加快,知识产权与贸易之间的联系也日益紧密,知识产权日益商品化,同时国际市场竞争的加剧,使得贸易问题与知识产权问题之间的关系日趋紧密,无形的知识产权贸易和有形商品中的知识产权问题空前地突出起来。特别是20世纪的两大革命性技术——信息通信技术和生命科学技术,其在工业领域的广泛利用,使得与之相关的产业在产品和服务市场上获得了巨大的利益。使用这些技术的产业如计算机软件和硬件、电信、互联网、娱乐、保健、化学、食品和农业等,都成为与这些技术相关的知识产权的开发者、持有者和使用者。对于这些产业而言,其产品和服务的市场价值在很大程度上归因于知识产权保护的无形资产。企业通过开发、应用并且依靠知识产权从其产品和服务中获得利益,并且防止他人的"搭便车"(freeriding)行为。目前,不仅受知识产权保护的产品技术和服务是发达国家的主要出口项目,知识产权本身也成为许可和转让的商业对象,例如使用受专利保护的方法、技术机密、外观设计、版权、商标权和特许经营等。

知识产权体系是一个动态的发展过程。在国际层面对知识产权的保护始于19世纪后期,随着经济全球化和科学技术的迅猛发展,知识产权的商业重要性及其对全球经济的作用日益彰显,知识产权的保护标准也不断提升。20世纪以来,知识产权的发展体现为不断的权利扩张,知识产权保护日益高标准化。具体表现如下。

(1) 知识产权保护的客体范围不断扩大,例如将版权和专利保护扩大适用于计算机程序,将专利保护扩大适用于一切技术领域,包括生命形式、细胞链和DNA序列,对药品给予产品专利保护等。

(2) 不断创新的权利,20世纪所创设的知识产权,包括网络传输权、集成电路布图设计权、植物新品种权数据库的特别保护等,而且对一系列新的客体如民间文学、传统知识是否以及如何享有知识产权,国际社会正在进行热烈的讨论。

(3) 减少和限制对知识产权权利的限制和例外规定,例如对合理使用、强制许可措施施加严格的适用条件,缩小法定许可的范围等。

在当今全球化社会,强化知识产权保护的趋势为发达国家所主导,而且发达国家还在寻求进一步提高保护标准。一方面,在WTO体制内,发达国家注重现有标准的实施并对现有标准作出有利于它们的解释,它们通过频频发动WTO争端解决程序来迫使发展中国家保持与TRIPS协议的一致。另一方面,在WTO体制外,发达国家尤其是美国和欧盟不断通过双边条约提高知识产权的保护标准。2000年美国和约旦关于建立自由贸易区的协定,该协定要求约旦对商业方法和与计算机有关的发明提供专利保护,这已经超越了TRIPS协议所要求的最低标准。

知识产权的国际保护是相当重要的,尤其是对发展中国家来说,它影响着发展中国家经济、社会和文化的发展以及参与全球市场竞争的能力。发展中国家应积极参与知识产权国际规则的制定,通过国际合作机制提高知识产权行政管理的效率,并且重视知识产权热点问题进行的政策研究和分析,使全球知识产权保护制度能真正有利于其国内经济和社会的发展。在接下来的章节中将重点介绍知识产权保护主要的国际组织及其主要的公约。

第二节　知识产权保护的国际组织

一、世界知识产权组织

世界知识产权组织正式成立于 1970 年，英文为 World Intellectual Property Organization，缩写为 WIPO。它是根据 1967 年 7 月 14 日签订的《成立世界知识产权组织公约》(Convention Establishing the World Intellectual Property Organization)而建立的，是联合国组织系统下的 16 个专门机构之一，总部设在日内瓦。它是一个致力于帮助确保知识产权创造者和持有人的权利在全世界范围内得到保护，从而使发明人和作家的创造力得到承认和奖赏的国际间政府组织。我国于 1980 年 6 月正式参加该组织，这也是我国参加的第一个知识产权国际组织。

（一）世界知识产权组织成立过程

现在的 WIPO 组织可以追溯到 1883 年。这一年，第一个有关知识产权保护的国际公约《保护工业产权巴黎公约》诞生，该公约将成员国国民的知识成果以工业产权的形式（包括发明专利、商标和工业品外观设计）加以保护。最初签约国只有 11 个，到 1884 年公约正式生效时，签约国增加到 14 个。1886 年，《保护文学艺术作品伯尔尼公约》诞生，该公约将知识产权保护的范围扩大到文学艺术作品。

最初，工业产权和版权这两个部分的内容分别由这两个国际局管辖，1893 年两个国际局合作，组成新的国际局，成立了保护知识产权的联合国际局（常用其法文缩略语 BIRPI）。这一规模很小的组织设在瑞士伯尔尼，即是今天的世界知识产权组织的前身。1960 年，国际局从伯尔尼搬到日内瓦，以便与联合国及该城市中的其他国际组织更加邻近。10 年后，《建立世界知识产权组织公约》生效，经历了机构和行政改革并成立了对成员国负责的秘书处后，保护知识产权联合国际局变成了世界知识产权组织，同时其全部职能转给 WIPO 兼管。1974 年，世界知识产权组织与联合国签署了一项协定，该协定规定，WIPO 服从联合国及其机构的约束，根据有关文件，条约和协定采取适当的行动，特别是应负责促进创造性智力活动，推动与工业产权相关的技术向发展中国家转让，以加速发展中国家经济社会和文化的发展，从此之后，WIPO 正式成为联合国的一个专门机构。1996 年，世界知识产权组织同样与世界贸易组织（WTO）签订了合作协定，从而扩大了其在全球化贸易管理中的作用，并进一步证明了知识产权的重要性。

（二）世界知识产权的机构设置

世界知识产权组织现有 183 个成员国和地区、260 个观察员单位，超过全世界国家的 90%，其主要成员国包括美国、日本、瑞士、瑞典、中国、法国、德国等。其主要机构设置包括大会、成员国会议、协调委员会、国际局以及仲裁中心等。

1. 大会

大会是该组织的最高权力机构，由既是世界知识产权组织成员国又是联盟成员国的

第十四章　知识产权保护的国际组织和公约

所有国家组成,其权力和职能包括:根据协调委员会的提名,任命总干事;审查和批准协调委员会的报告和活动以及总干事关于世界知识产权组织活动的报告;通过世界知识产权组织的财政规定和各联盟的两年度支出预算,批准总干事就执行促进知识产权保护的国际条约所提出的措施;参考联合国的做法,决定秘书处的工作语言;决定哪些世界知识产权组织的非成员国和哪些政府间组织和国际非政府组织能够以观察员的身份列席会议。大会例会每三年举行一次,由总干事召集。大会特别会议应由总干事根据协调委员会或大会1/4成员国的请求召开。

2. 成员国会议

成员国会议由世界知识产权组织的成员国组成,而不管它们是不是某个联盟的成员国。会议包括以下五个。

(1) 会议是世界产权组织的成员国就知识产权的有关问题交换看法的一个论坛。

(2) 会议是为发展中国家制订两年度发展合作计划的机构。

(3) 会议是通过发展合作计划预算的机构。

(4) 会议有权通过对建立世界知识产权组织公约的修正案。

(5) 会议可以决定哪些国家和组织可以以观察员身份列席会议。

3. 协调委员会

协调委员会是为保证各联盟之间的合作而设立的机构,它既是答复一般性问题的咨询机构,又是大会和会议的执行机构。其职能主要有二个。

(1) 咨询职能,即就两个联盟共同感兴趣的问题或者一个或多个联盟和世界知识产权组织的各个机构提供咨询。

(2) 为大会和会议起草的议事日程,为会期起草计划和预算。

4. 国际局

国际局是世界知识产权组织的常设办事机构,其总负责人是总干事,另外还设有两个或两个以上的副总干事。其人员招收按照联合国体制建立的平等地理分配原则来进行。其职能主要有五个。

(1) 为 WIPO 和各联盟的各种会议提供报告和工作文件。会议结束之后,它要保证使会议的决定传达到各有关方面,并付诸实践。

(2) 通过同 WIPO 和各联盟的主管机构的适当接触,并在它们的监督下,一方面提出新的项目,另一方面执行现有的计划项目,旨在促进国际合作。

(3) 促进情报交流。

(4) 保护 WIPO 的各种条约,国际局是 WIPO 管理的大多数条约的保存机构。

(5) 负责国际注册事宜,国际局设立了专利、商标、工业品外观设计和原产地四个国际注册处,受理注册事宜。

5. 仲裁中心

仲裁中心是联合国知识产权组织的仲裁机构,设在日内瓦,其任务是选用仲裁员,组织仲裁庭。它设有两个部门。

(1) 仲裁委员会,主要任务是起草仲裁规则。

(2) 仲裁顾问委员会,主要任务是解决仲裁和仲裁员不能解决的事项。

(三) 世界知识产权组织机构的宗旨和职能

世界知识产权组织的宗旨和原则主要有两点。

(1) 通过国家之间的合作,必要时通过与其他国际组织的协作,促进全世界对知识产权的保护。

(2) 确保各知识产权联盟之间的行政合作。

世界知识产权组织的主要职能是通过国家间的合作,促进对全世界知识产权的保护,管理建立在多边条约基础上的关于专利、商标和版权方面的 23 个联盟的行政工作,并办理知识产权法律与行政事宜。该组织的很大一部分财力是用于同发展中国家进行开发合作,促进发达国家向发展中国家转让技术,推动发展中国家的发明创造和文艺创作活动,以利于其科技文化和经济的发展。具体来说,其管理职能定位在以下六个方面。

(1) 协助各国在知识产权保护方面的立法进程。

(2) 为工业产权在国家范围的应用提供服务。

(3) 促进知识产权方面的信息交换。

(4) 为各国尤其是发展中国家的知识产权保护提供法律援助和技术援助。

(5) 建立处理知识产权争端解决机制。

(6) 推动信息技术在各国的发展,同时引导人们在维护知识产权的意识下正确使用信息资源和信息技术工具。

WIPO 还通过注册活动,向申请各种知识产权的人和拥有各种知识产权的人提供各种直接服务,接受和处理根据《专利合作条约》所提出的各种国际申请,使商标国家注册和工业品外观设计保有国际注册。同时,WIPO 通过收集用于检查和证明的专利文件,设计较容易保有信息的介质,保持和更新国际分类体系,汇集复杂的统计资料,进行地区性调查来促进知识产权方面的国际合作。WIPO 还进行计划性活动,来推动更广泛的接受条约或根据需要来修改条约,并组织和参与发展合作方面的活动。

世界贸易组织成立之前,世界知识产权组织是唯一的在知识产权国际保护方面对各国影响较大的国际组织。它管理着 20 多个国际条约,构成了知识产权多边国际保护的主要内容。这将在下面的一节中重点介绍。

二、世界贸易组织

随着世界经济的发展、国际贸易范围的不断扩大,以及技术开发的突飞猛进,知识产权与国际贸易的关系日益紧密,但已有的国际知识产权保护制度缺乏强制性和争端解决机制,对知识产权未能实行有效保护。以欧美为代表的发达国家因国内经济萧条、国际竞争力衰退,转而以潜力巨大的知识产权作为贸易资源,在发达国家的强烈要求下,关贸总协定于 1986 年 9 月在乌拉圭召开部长级会议,发动了第 8 轮多边贸易谈判,即"乌拉圭回合"谈判,经过 7 年之久的谈判,1993 年 12 月 15 日达成了《与贸易有关的知识产权协定》。1995 年 1 月 1 日,世界贸易组织正式运行,1996 年正式取代关贸总协定。2001 年 12 月 11 日,我国正式成为 WTO 的成员。截至 2011 年,世界贸易组织正式成员已经达

第十四章 知识产权保护的国际组织和公约

到 156 个。

(一)世界贸易组织概述

1994年4月15日在摩洛哥的马拉喀什市举行的关贸总协定乌拉圭回合部长会议决定成立更具全球性的世界贸易组织(World Trade Organization,以下简称世贸组织)。世贸组织是一个独立于联合国的永久性国际组织,负责管理世界经济和贸易秩序,总部设在瑞士日内瓦。世贸组织是具有法人地位的国际组织,在调节成员争端方面具有更高的权威性,其涵盖了货物贸易、服务贸易和知识产权贸易等方面。

(二)世界贸易组织的机构构成

部长会议是世界贸易组织的最高决策权力机构,一般两年举行一次,讨论和决定涉及世贸组织职能的所有重要问题,并采取行动。部长级会议的主要职能包括:任命世贸组织总干事并制定有关规则;确定总干事的权利、职责、任职条件和任期以及秘书处工作人员的职责及任职条件;对世贸组织协定和多边贸易协定作出解释;豁免某成员对世贸组织协定和其他多边贸易协定所承担的义务;审议其成员对世贸组织协定或多边贸易协定提出修改的动议;决定是否接纳申请加入世贸组织的国家或地区为世贸组织成员;决定世贸组织协定及多边贸易协定生效的日期等。世贸组织下设总理事会和秘书处,负责世贸组织日常会议和工作。世贸组织成员资格有创始成员和新加入成员之分,创始成员必须是关贸总协定的缔约方,新成员必须由其决策机构即部长会议以 2/3 多数票通过方可加入。

(三)世界贸易组织的宗旨和职能

WTO的主要宗旨是:提高生活水平,保证充分就业和大幅度、稳步提高实际收入和有效需求;扩大货物和服务的生产与贸易;坚持走可持续发展之路,各成员方应促进对世界资源的最优利用、保护和维护环境,并以符合不同经济发展水平下各成员需要的方式,加强采取各种相应的措施;积极努力确保发展中国家,尤其是最不发达国家在国际贸易增长中获得与其经济发展水平相适应的份额和利益。

WTO的基本职能包括:管理和执行共同构成世贸组织的多边及双边贸易协定;作为多边贸易谈判讲坛;寻求解决贸易争端;监督各成员贸易政策,并与其他同制定全球经济政策有关的国际机构进行合作。

WTO的主要职能包括:组织实施各项贸易协定;为各成员提供多边贸易谈判场所,并为多边谈判结果提供框架;解决成员间发生的贸易争端;对各成员的贸易政策与法规进行定期审议;协调与国际货币基金组织、世界银行的关系,最终建立一个完整的、包括与货物、服务、贸易有关的投资及知识产权等内容的、更具活力、更持久的多边贸易体系,使之可以包括关贸总协定贸易自由化的成果和乌拉圭回合多边贸易谈判的所有成果。

(四)世界贸易组织的基本原则

1. 市场准入原则

世界贸易组织市场准入原则是可见的和不断增长的,它以要求各国开放市场为目的,有计划、有步骤、分阶段地实现最大限度的贸易自由化。市场准入原则的主要内容包括关税保护与减让,取消数量限制和透明度原则。世贸组织倡导最终取消一切贸易壁垒,包括关税和非关税壁垒,虽然关税壁垒目前仍然是世界贸易组织所允许的合法的保护手段,但是关税的水平必须是不断下降的。

2. 促进公平竞争原则

世界贸易组织不允许缔约国以不公正的贸易手段进行不公平竞争,特别禁止采取倾销和补贴的形式出口商品,对倾销和补贴都作了明确的规定,制定了具体而详细的实施办法,世界贸易组织主张采取公正的贸易手段进行公平的竞争。

3. 经济发展原则

该原则以帮助和促进发展中国家的经济迅速发展为目的,针对发展中国家和经济接轨国家而制定,是给予这些国家的特殊优惠待遇,如允许发展中国家在一定范围内实施进口数量限制或是提高关税的"政府对经济发展援助"条款,仅要求发达国家单方面承担义务而发展中国家无偿享有某些特定优惠的"贸易和发展条款",以及确立了发达国家给予发展中国家和转型国家更长的过渡期待遇和普惠制待遇的合法性。

4. 非歧视原则

这一原则包括两个方面:一是最惠国待遇;二是国民待遇。成员一般不能在贸易伙伴之间实行歧视;给予一个成员的优惠,也应同样给予其他成员。这就是最惠国待遇。这个原则非常重要,在管理货物贸易的《关税与贸易总协定》中位居第一条,在《服务贸易总协定》中是第二条,在《与贸易有关的知识产权协定》中是第四条。因此,最惠国待遇适用于世贸组织所有三个贸易领域。

三、联合国教科文组织

联合国教育、科学及文化组织(United Nations Educational Scientific and Cultural Organization,UNESCO)属联合国专门机构,简称联合国教科文组织。1946年11月正式成立,同年12月成为联合国的一个专门机构。总部设在法国巴黎。联合国教科文组织是各国政府间讨论关于教育、科学和文化问题的国际组织,其主要机构有大会、执行局和秘书处。大会为该组织最高权力机构,每两年开会一次,决定该组织的政策、计划和预算。执行局为大会闭幕期间的管理和监督机构;秘书处负责执行日常工作,由执行局建议,经大会任命总干事领导秘书处的工作。秘书处由1 514名国际公务员、专业人员和一般办公人员组成,近645人在本组织位于世界各地的73个总部外办事处任职;其中189个会员国已成立全国委员会,由教育、科学和文化等各界代表组成;588个非政府组织与教科文组织保持正式关系,约1 200个非政府组织与本组织开展不定期的合作;5 700所联系学校帮助年轻人树立宽容和加强国际了解的思想;6 670个教科文组织俱乐部、协会和中心在基层宣传教科文组织的理想化行动;173个会员国在巴黎设有驻本组织的常驻代表团。我国是联合国教科文组织创始国之一。1971年恢复合法地位,1972年恢复在该组织的活动,1979年2月,我国联合国教科文组织全国委员会正式成立,1997年11月4日,我国继续当选执行局委员。我国自1972年10月恢复在该组织的活动,首次出席大会即当选为执行局委员,此后一直连任这一职务。

该组织的宗旨是通过教育、科学及文化来促进各国间的合作,对和平与安全作出贡献,以增进对正义、法治及联合国宪章所确认的世界人民不分种族、性别、语言或宗教均享人权与基本自由的普遍尊重。为此,联合国教科文组织设置了以下五大职能。

(1) 前瞻性研究:明天的世界需要什么样的教育、科学、文化和传播。

(2) 知识的发展、传播与交流:主要依靠研究、培训和教学。

(3) 制定标准:起草和通过国际文件和法律建议。

(4) 知识和技术:以技术合作的形式提供给成员国制定发展政策和发展计划。

(5) 专门化信息的交流。

四、国际劳工组织

国际劳工组织(International Labor Organization,ILO)成立于1919年。联合国于1945年成立后,国际劳工组织成为其负责劳工事务的专门机构,是联合国机构中历史最悠久、地位十分重要的一个专门机构。国际劳工组织是联合国中唯一具有三方(政府、雇主和工人)代表结构的机构,总部设在瑞士的日内瓦。目前共有187个会员国。

国际劳工组织的宗旨是:促进充分就业和提高生活水平,促进劳资合作,改善劳动条件,扩大社会保障;保证劳动者的职业安全与卫生,获得世界持久和平,建立和维护社会正义。国际劳工组织主要在下列领域提供技术援助:职业培训和职业康复、就业政策、劳动行政管理、劳动法和产业关系、工作条件、管理发展、合作社、社会保障、劳动统一和职业安全卫生。它指导独立的工人和雇主组织的发展,并向这些组织提供培训和咨询服务。在整个联合国系统内,国际劳工组织拥有独特的三方结构,即工人和雇主代表作为和政府平等的伙伴参与本组织的活动。

国际劳工组织主要通过三个组织机构开展工作。

(1) 国际劳工大会。它是国际劳工组织的最高权力机构,每年6月在日内瓦召开。国际劳工大会制定和通过国际劳工标准,并作为一个论坛讨论全球重要的劳工和社会问题。

(2) 理事会。它是国际劳工组织的执行委员会,每三年经大会选举产生,在大会休会期间指导该组织工作,每年3月和11月各召开一次会议。

(3) 国际劳工局。它是国际劳工组织的常设秘书处和所有活动的联络处,设在瑞士日内瓦国际劳工组织总部。

国际劳工组织是以国家为单位参加的国际组织,但在组织结构上实行独特的"三方性"原则,即参加各种会议和活动的成员国代表团由政府、雇主组织和工人组织的代表组成,三方代表有平等独立的发言权和表决权。

国际劳工组织与联合国教科文组织以及世界产权组织共同管理着一些保护知识产权的国际公约,在知识产权的国际保护上起到了一定的积极作用。

第三节　知识产权保护的国际公约

早在19世纪80年代,世界上已有两个保护知识产权的重要国际公约,即《保护工业产权的巴黎公约》和《保护文学艺术作品伯尔尼公约》,随后包括商标权在内的工业产权的国际保护条约《商标国际注册马德里协定》《商标注册条约》等国际公约和另外一些区域性商标保护的有关公约也陆续签订。1967年和1993年分别签订了《建立世界知识产权组织公约》和《与贸易有关的知识产权协定》,从而不断地适应和促进了科技的不断进步,突破了传统的知识产权保护范围,如商业秘密、动植物新品种等知识产权保护的出现,这标志着世界知识产权进入了高标准、高水平的国际化保护阶段。

狭义的知识产权,即传统意义上的知识产权包括两个部分:文学产权(literary property),包括著作权及著作权有关的邻接权;工业产权(industrial property),主要包含专利权和商标权。著作权指的是文学、艺术和科学作品的作者依照法律规定对其作品享有的权利,通常包括财产权(经济权利)和人身权(精神权利)两部分。著作邻接权指的是作品传播者在传播作品时享有的权利,通常包括表演者的权利、录音录像制作者的权利、广播组织的权利和出版者的权利。工业产权确切地说应该叫做"产业产权",因为它指的是工业、商业、农业、林业或其他产业中具有实用经济意义的一种无形资产。随着科技的进步和社会的发展,"工业产权"事实上成了专利权、商标权等各种专有权的统称。本节将从狭义的知识产权意义上来介绍国际上重要的知识产权保护公约。

一、涉及工业产权保护的国际公约

(一)《保护工业产权的巴黎公约》

《保护工业产权巴黎公约》(Paris Convention for the Protection of Industrial Property),简称《巴黎公约》,1883年3月20日缔结,1884年7月7日生效。该公约至今已经修改了8次,《巴黎公约》共30条,分实质条款、行政条款和最终条款。行政条款主要规定参加公约应履行的手续、公约各次修订本的生效日期、执行公约的国际机构的设立等;实质条款主要规定了工业产权的保护范围,国民待遇原则,优先权原则,专利、商标独立原则,宽限期,取得专利权装置过境及临时保护等问题。最初的成员国为11个,到2017年5月底,缔约方总数为177个。我国于1984年12月19日签署该公约,1985年3月19日正式对我国生效。但我国对《巴黎公约》在解释问题上或在适用问题上与其他国家发生争议时,应将争议提交国际法院解决的规定提出了保留。

1.《保护工业产权巴黎公约》的产生与发展

在1883年以前,对工业产权的保护主要是通过缔结双边协定来实现。到1873年,奥匈帝国政府在维也纳举办展览会,邀请各国发明家将他们的新发明在会上展出。由于担心自己的发明在奥地利得不到充分的保护,会被外国人拿去抢先申请专利,因此,在展览会开幕的同时,在维也纳召开了第一次国际专利会议,呼吁在发明专利的保护方面缔

第十四章 知识产权保护的国际组织和公约

结一个国际性的协议。

维也纳大会后,1878年在巴黎举办的另一次国际展览会期间,召开了第二次国际专利会议,会议决定组成一个专门的委员会,负责起草一份保护工业产权的国际公约。1880年,21个国家的代表在巴黎讨论通过了这份公约的草案。1883年3月20日,由法国、比利时、巴西、危地马拉、意大利、荷兰、葡萄牙、西班牙、萨尔瓦多、瑞士和塞尔维亚11个国家发起,在法国首都巴黎缔结了《保护工业产权巴黎公约》。该公约于1884年7月7日正式生效,英国、突尼斯和厄瓜多尔也宣布参加,这样最初的缔约国达到14个。

《巴黎公约》从1900年开始,每次会议都通过了一个修改过的公约文本(称为议定书)。按照公约规定,公约的缔约国如果不批准新的修改公约文本,仍受原公约文本的约束,非缔约国加入公约的,只能加入最新的公约文本。从目前修订的文本看,1900年和1911年修订的文本,由于没有国家受其约束已失效。目前仍然有效的是1925年海牙议定书、1934年伦敦议定书、1938年里斯本议定书和1967年斯德哥尔摩议定书。我国与大多数国家采用的都是斯德哥尔摩文本。

《巴黎公约》规定,由缔约国组成保护公约产权联盟,称为"巴黎联盟"。该联盟由大会、大会执行委员会和国家局组成。该公约规定,联盟的每一成员国还应设立专门的工业产权机构和中央服务机构。

目前巴黎联盟国际局已和根据《伯尔尼公约》成立的"伯尔尼联盟"国际局一起成为世界知识产权组织的国际局。世界贸易组织成立后,按照TRIPS协议的规定,世界贸易组织成员即使不是《巴黎公约》的缔约国,也必须遵守《巴黎公约》的实质性规定。

2.《保护工业产权巴黎公约》的主要内容

《巴黎公约》不仅是知识产权领域第一个世界性多边公约,而且也是成员国最为广泛、对其他世界性和地区性工业产权公约影响最大的公约。

《巴黎公约》从性质上讲是一个实质性的条约,其核心部分是第一条至第十二条,规定了关于保护工业产权各成员国应遵循的共同规则以及对成员国国内立法的最低要求;从第十三条至第十七条为行政性条款;从第十八条至第三十条是关于成员国的加入批准、退出及接纳新成员国等内容的最后条款。以下将介绍其中的六项主要内容。

(1)工业产权概念界定。《巴黎公约》第一条对该公约的保护对象、工业产权和专利的概念进行了界定。它不仅适用于工业和商业本身,而且也应适用于农业和采掘业,适用于所有的制成品或天然产品。其具体保护对象包括专利、实用新型、工业品外观设计、商品商标、服务商标、厂商名称、产地标志或原产地名称以及制止不正当竞争等。

(2)国民待遇原则。关于在工业产权保护方面的国民待遇是《巴黎公约》的重要内容。《巴黎公约》第二条第一款规定:"本联盟任何国家的国民,在工业产权保护方面,在本联盟所有其他国家内应享有各该国法律现在授予或今后可能授予各该国国民的各种利益;一切都不应损害本公约特别规定的权利。因此,他们应和各该国国民享有同样的保护,对侵犯他们的权利享有同样的法律上救济手段,但是以他们遵守对各该国国民规定的条件和手续为限。"《巴黎公约》第三条规定:"本联盟以外各国的国民,在本联盟一个国家的领土内设有住所或有真实和有效的工商业营业所的,应享有与本联盟国家国民同样的待遇。"

所谓国民待遇,是指一个国家给予外国人(包括无国籍人)以相同于其国人的待遇。在给予国民待遇的范围内,外国人享有与国人相同的权利;同时,承担不超过国人应承担的义务和限制。国民待遇是国际经济技术交往中的一项基本待遇,也是工业产权国际保护中的一项基本待遇。

根据《巴黎公约》的规定,在公约成员国内,其他成员国的国民在遵守对该国国民适用的条件和手续的情况下,应和该国国民享受同样的保护,并在他们的权利遭受任何侵害时,得到同样的法律救济。只要是成员国的国民,在工业产权的取得、行使和保护方面,在其他成员国内享有与该国国民相同的"便利"。

《巴黎公约》关于国民待遇的规定,防止了对外国人在工业产权保护方面的歧视和不合理的限制,使外国人与国人处于基本相同的法律地位,实现了外国人和国人的平等,使外国人在工业产权方面的利益受到比较充分的保护。不过《巴黎公约》第二条第三款同时也规定了保留条款:"本联盟每一国家法律中关于司法和行政程序、管辖权,以及关于指定送达地址或委派代理人的规定,工业产权法中可能有要求的,均明确地予以保留。"

国民待遇原则适用于缔约国法律授予其国民的在工业产权保护方面的一切利益。具体包括:①获得各种工业产权的权利。②这些权利的范围和期限。③对侵犯这些权利的法律上的救济手段。④国家法律为保护这些权利所采用的各种制裁手段。当然,上述待遇的享受以遵守缔约国为权利的获得、承认和执法所规定的一切条件和手续为前提。

由于公约各成员国工业产权保护水平高低不等,有的成员国对其本国人享有的工业产权的保护水平甚至低于公约要求的最低标准。在此情况下,《巴黎公约》在第二条第一款中规定:"一切都不应损害本公约特别规定的权利。"即外国人除了享受国民待遇外,还有权享有公约在最低保护标准中所特别规定的权利。同时,这些最低标准在各成员国的效力按照各该国的宪法或宪法制度而有所不同。

(3) 优先权原则。优先权是工业产权国际保护制度中一项重要内容,尤其是涉及跨国申请专利或商标注册时意义更为重大。《巴黎公约》第四条规定:"已经在本联盟的一个国家正式提出专利、实用新型注册、外观设计注册或商标注册的申请的任何人,或其权利继受人,为了在其他国家提出申请,在以下规定的时间内享有优先权。"同时依照本联盟任何国家的本国立法,或依照本联盟各国之间缔结的双边或多边条约,与正规国家申请相当的任何申请,应认为产生优先权。正规的国家申请是指足以确定在其他国家中提出申请日期的任何申请,而不问该申请以后的结局如何。

根据《巴黎公约》第四条B小节的规定:"在上述期间届满前在本联盟的任何其他国家后来提出的任何申请,不应由于在这期间完成的任何行为,特别是另外一项申请的提出、发明的公布或利用、外观设计复制品的出售、商标的使用而成为无效,而且这些行为不能产生任何第三人的权利或个人占有的任何权利。第三人作为优先权根据第一次申请的日期以前所取得的权利,依照本联盟每一个国家的国内法予以保留。"不过,第三人在首次申请日之前已获得的权利,不受优先权的影响。

关于优先权的时间,根据《巴黎公约》规定,对于专利和实用新型应为 12 个月,对于

第十四章 知识产权保护的国际组织和公约

外观设计和商标应为6个月。这些期间自第一次申请的申请日起算,申请日不应计入期间之内。如果期间的最后一日是请求保护地国家的法定节假日或者是主管机关不接受申请的日子,期间应延至其后的第一个工作日。同时在本联盟同一国家内就前面所称的以前第一次申请同样的主题所提出的后一申请,如果在提出该申请时前一申请已被撤回、放弃或驳回,没有提供公众阅览,也没有遗留任何权利,而且如果前一申请还没有成为要求优先权的根据,应认为是第一次申请,其申请日应为优先权期间的起算日。在这以后,前一申请不得作为要求优先权的根据。

任何人希望利用以前提出的一项申请的优先权的,需要作出申明,说明提出该申请的日期和受理申请的国家。每一国家应确定必须作出该申明的最后日期。这些事项应在主管机关的出版物中,特别是应在有关的专利证书和说明书中予以载明。本联盟国家可以要求作出优先权声明的任何人提交以前提出的申请(说明书、附图等)的副本。该副本经原受理申请机关证实无误后,不应要求任何认证,并且无论如何可以在提出后一申请后3个月内随时提交,不需交纳费用。本联盟国家可以要求该副本附有上述机关出具的载明申请日的证明书和译文。对提出申请时要求优先权的声明不得规定其他的手续,本联盟每一国家应确定不遵守本条规定的手续的后果,但这种后果决不能超过优先权的丧失。不过以后可以要求进一步提供证明。

依靠实用新型申请为根据的优先权而在一个国家提出外观设计申请的情况,优先权的期间应与对外观设计规定的优先权期间一样。而且,依靠以专利申请为根据的优先权而在一个国家提出新型的申请是许可的,反之亦一样。

本联盟的任何国家不得由于申请人要求多项优先权(即使这些优先权产生于不同的国家),或者由于要求一项或几项优先权的申请中有一个或几个因素没有包括在优先权基础的申请中,而拒绝给予优先权或拒绝专利申请,但以在上述两种情况都有该国法律所规定的发明单一性为限。对于没有包括的因素,以后提出的申请应该按照通常条件产生优先权。

如果审查发现一项专利申请包含一个以上的发明,申请人可以将该申请分成若干分案申请,保留第一次申请的日期为各该分案申请的日期,如果有优先权,并保有优先权的利益。申请人也可以主动将一项专利申请分案,保留第一次申请的日期为各该分案申请的日期,如果有优先权,并保有优先权的利益,本联盟各国有权决定允许这种分案的条件。同时不得以作为优先权根据的发明中的某些因素没有包含在原属国申请列举的请求权项中为理由,而拒绝给予优先权,但以申请文件从全体看来已经明确地写明这些因素为限。最后,在申请人有权自行选择申请专利证书或发明人证书的国家提出发明人证书的申请,应产生本条规定的优先权,其条件和效力与专利证书的申请一样。在申请人有权自行选择申请专利证书或发明人证书的国家提出发明人证书的申请,根据本条关于申请专利证书的规定,应享有以专利、实用新型或发明人证书的申请为根据的优先权。

不过在理解公约的优先权规定时,需要注意以下两个问题。

第一,优先权属于程序性权利,实际上是一种对抗权。这种对抗权主要针对两种情况:一是受理机构以在享有优先权的期间他人在先申请、申请专利的发明已被公开或使用、外观设计的复制品已被出售、申请注册的商标已被他人使用等原因驳回申请时,申请人能够以其享有优先权为由进行抗辩,使自己的申请免于因上述原因被驳回;二是第三人以在优先期间的在先申请或使用而主张某种权利时,申请人能够以其享有优先权为由来对抗第三人,从而否定第三人的权利或权利主张。不过,申请人在主张优先权时,必须负责举证工作。

第二,公约规定的优先权不同于我国专利法规定的国内优先权。国内优先权规定:"申请人自发明或者实用新型在中国第一次提出专利申请之日起12个月内,又向国务院专利行政部门就相同主题提出专利申请的,可以享受优先权。"

(4) 独立性原则。关于独立性原则,《巴黎公约》分别对专利的独立性和商标权的独立性原则作了具体的概述:"本联盟国家的国民向本联盟各国申请的专利,与在其他国家,不论是否本联盟的成员国,就同一发明所取得的专利是互相独立的。"这就是专利独立性原则。它包括三层含义:第一,一个成员国批准的专利,并不因此要求其他成员国也批准此项专利;第二,一个成员国驳回了一项专利申请,并不妨碍其他成员国批准同一发明的专利申请;第三,一个成员国撤销了一项或宣布其无效,并不影响其他成员国就同一发明已经批准的专利继续有效。

《巴黎公约》同时还规定,应从不受限制的意义来理解,特别是指在优先权期间内申请的各项专利,就其无效和丧失权利的理由以及其正常的期间内而言,是互相独立的。本规定适用于在其开始生效时已经存在的一切专利。在有新的国家加入的情况下,本规定应同样适用于加入时各方面已经存在的专利。在本联盟各国,因享有优先权的利益而取得的专利的有效期间,与假设没有优先权的利益而申请或授予的专利的有效期间相同。

根据《巴黎公约》第六条第三款规定,如果一项商标没有能够在本国获得注册,或它在本国的注册被撤销,不得影响它在其他成员国的注册申请被批准,这就是商标的独立性原则。《巴黎公约》规定,申请和注册商标的条件,由成员国的国内法决定,对成员国的国民在任何成员国中所提出的商标注册申请,不能以未在本国申请、注册或续展为理由而加以拒绝或使其注册失效,在一成员国内正式注册的商标,与在其他成员国中(包括申请人所属国)注册的商标相互独立。

但是,公约对商标独立性原则也规定了例外,《巴黎公约》第六条之五第一款规定:"在原属国正式注册的每一商标,除应受本条规定的保留条件的约束外,本联盟其他国家也应和在原属国注册那样接受申请和给予保护。各该国家在正式注册前可以要求提供原属国主管机关发给的证书,该项注册证书无需认证。"这里所指的"保留条件"就是本条D款所规定的:"任何人要求保护的商标,如果未在原属国注册,不得享受本条各规定的利益。"这就是说,如果一项商标在其本国已经获得了合法的注册,那么在一般情况下,它在其他成员国的注册申请就不应当被拒绝。

(5) 临时保护性原则。《巴黎公约》第十一条第一款规定:"本联盟国家应按其本国法律对在本联盟任何国家领土内举办的官方或经官方承认的国际展览会展出的商品中可以取得专利的发明、实用新型、外观设计和商标,给予临时保护。"根据公约的规定,只有

第十四章 知识产权保护的国际组织和公约

那些在官方的或经官方承认的国际展览会上展出的商品才会受到临时保护。这种临时保护不是自动产生的,每一个国家都可以要求其提供它认为必要的证明文件,证实其为展品及展出日期。

公约规定的临时保护并不产生优先权,也不延展优先权的期间。因此,临时保护与优先权具有不同的法律后果。不过,如果以后要求优先权,各国可以规定其期间应自该商品在展览会展出之日算起。

对发明、实用新型和外观设计的临时性保护,我国专利法没有明确的规定。知识在《专利法》第二十四条关于不丧失新颖性的例外中有一款规定类似于临时性保护,即申请专利的发明创造在申请日前6个月在中国政府主办或者承认的国际展览会上首次展出的不丧失新颖性。至于对商标的临时性保护,我国在《商标法》第二次修订时规定:"商标在中国政府主办或承认的国际展览会展出的商品上首次使用的,自该商品展出之日起6个月内,该商品的注册申请人享有优先权。"

(6) 工业产权的最低标准原则。《巴黎公约》中对工业产权的最低标准原则主要分为对专利保护的最低标准原则、对工业品外观设计保护的最低标准原则和对商标权保护的最低标准。

第一,对专利保护有以下七个最低标准。

① 专利的独立性。即指成员国国民向各成员国申请专利权与其在其他成员国或非成员国为同一发明而取得的专利权相互独立、互不干涉。特别是在优先权期间内申请的各项专利,在专利权的无效原因、被撤销原因以及有效期限等方面是没有任何关系的。

② 发明人的署名权。根据《巴黎公约》第四条第三款中规定:"发明人有权要求在专利证书上记载自己是发明人。"即公约要求成员国保护发明人的署名权。这就是知识产权精神权利不可转让原则的要求。

③ 法律禁止销售产品的专利性。即成员国不得以专利产品或依专利方法制造的产品的销售受到本国法律禁止或限制为理由,而拒绝授予专利或使专利无效。这一规定是针对下面两种情况提出的:一种是一项发明与一种产品的制造有关,但这种产品因不符合缔约国法律规定的安全或质量要求而被禁止发售;另一种是有关缔约国已经将这种制造或销售的垄断权或专属的特许权授予某个单位或组织,因而禁止他人制造或销售这种产品。在这两种情况下拒绝授予专利或使专利无效都是不公平的。在前一种情况下,该项发明可能已经证明禁止销售该项产品的法律规定已过时;后一种情况下,由于垄断权的权利人可能会得到利用该项发明的契约性许可或强制许可,依次不授予专利权也是没有道理的。

④ 进口和专利的维持。即专利权所有人将在任何成员国内制造的物品输入到对该物品授予专利权的国家,不应导致该专利的取消(包括撤销和宣告无效)。不过在目前世界经济一体化、贸易自由化进程加快的情况下,由于进口专利产品而给予外国专利权人歧视待遇的情况已基本不可能,因而这项规定的作用也逐步减弱。

⑤ 强制许可。即各成员国都应有权采取立法措施,规定颁发强制许可证,以防止由于行使专利所赋予的专有权而可能产生的滥用。包括:A. 必须是专利权人在其专利被

批准后 3 年内或申请专利后 4 年内(以最迟届满的期限为准)未实施专利,方可以对他的专利颁布强制许可证;B. 强制许可证只能是非独占许可证,即管理机关颁发了强制许可证之后,专利权人自己仍拥有专利所有权;C. 强制许可的被许可人仍应向专利权人支付使用费用。

⑥ 方法专利权人对某些进口产品的权利,即当一种产品输入到对该产品的制造方法给予专利保护的成员国时,专利权所有人对该进口产品应享有进口国法律对该制造产品所给予的方法专利的一切权利。

⑦ 国际交通工具中使用的专利产品。《巴黎公约》特别规定:"缔约国的船舶、飞机或陆地车辆临时或偶尔进入另一缔约国时,船身、机身或车身内部装有后一国家授予专利的装置,无需得到专利权人的许可,也不认为侵犯后一国家的专利权。"

第二,对于工业品外观设计保护的最低标准,公约规定各成员国均有保护工业品外观设计的义务。至于外观设计的定义、有关评价及其新颖性的规则以及最低保护期限等,公约没有涉及,这些问题属于各成员国国内立法的范围。并且公约对应为工业品外观设计提供何种保护手段也只字未提。因此所有成员国既可以通过专门立法保护工业品外观设计,也可以通过专利法、版权法或制止不正当竞争法中的规定为其外观设计提供保护。

公约只特别规定:在任何情况下,都不得以不实施或以进口物品与受保护的外观设计相同为理由,而予以撤销。此外,不实施在任何情况下都不会引起对外观设计保护的取消。而专利权如果无正当理由不实施,那么在符合公约规定的严格的条件下,最终可能会被取消。

第三,对商标保护有以下三个最低标准。

① 商标权的独立性。这与专利的独立性类似,即关于外国人的商标申请和注册,应由各成员国的法律作出规定,对于提出的商标申请,不能以未在本国申请、注册或续展为理由而加以拒绝或使其注册失败。

② 驰名商标的保护。驰名商标一般是指在市场上享有较高声誉并为公众熟知的商标。驰名商标不仅具有较强的识别功能而且它所代表的商品或服务的质量优良、稳定。所以对商标所有者来说,如果其拥有的商标被认定为驰名,那么就意味着其商品或服务有广泛占有市场的能力和强大的创造能力。

根据《巴黎公约》第六条之二规定:"本联盟各国承诺,如本国法律允许,成员国应依职权或依有关当事人的请求,对商标注册国或使用国主管机关认为在该国已经属于有权享有公约利益的人所有而驰名,并且用于相同或类似商品的商标构成复制、仿制或翻译,易于产生混淆的商标,拒绝或取消注册,并禁止使用。这些规定,在商标的主要部分构成对上述驰名商标的复制或仿制,易于产生混淆时,也应适用。"

同时,《巴黎公约》对此还作出了时效期间的规定:"自注册之日起至少 5 年内,应允许提出取消这种商标的要求,允许提出禁止使用的期限可由各成员国规定。对于以欺诈手段取得注册或使用的商标提出取消注册或禁止使用的请求,不应规定时间限制。"

③ 关于禁用商标的规定。《巴黎公约》第六条之三规定,成员国必须一致禁止使用如

第十四章 知识产权保护的国际组织和公约

下四种标记作为商标。

A. 成员国的国徽、国旗和国家的其他标志。

B. 各该国用的国家标志、官方符号和检验印章。

C. 任何仿制用作商标或商标的组成部分。

D. 政府间国际组织的徽章、旗帜、其他标志、缩写和名称。

《巴黎公约》除规定了上述三种公约产权的最低要求外,对原产地、商号、服务商标等也列出了最低的要求,同时公约对不正当竞争也作了明确的规定,在这里不再详细叙述。

(二)《商标国际注册马德里协定》

1. 概况

从19世纪中叶开始,西欧各国首先将商标纳入法律调整的范围,立法予以保护。法国于1803年就把假冒商标比照私人伪造文件罪处理,于1857年又形成了一个比较成熟的商标保护法律。英国在1862年颁布了内容比较完备的商标法,于1875年又公布了《商标注册法》。美国、德国也分别在1870年和1874年颁布了有关商标的法律。日本率先建立了统一的商标制度,又于1884年制定了《商标条例》。随着越来越多国家商标制度的建立,工业产权地域性特点已对国际交往产生起阻碍作用。虽然《巴黎公约》为成员国国民的商标权受两个以上国家的保护提供了一些方便,但商标所有人要在不同国家申请注册,获得保护,就要分别以不同文字、按不同格式准备申请案,还要分别寻找代理人,交付注册费,履行手续。各国的厂商们感到这样履行重复注册手续太麻烦,没有必要。于是在《巴黎公约》缔约国主持下,于1891年在西班牙的马德里签订了《商标注册马德里协定》,简称《马德里协定》。此后又在1900年、1911年、1925年、1934年、1957年、1867年、1971年和1979年,经过8次修改。目前执行的是1979年7月14日的修订本。参加这个协定的国家,首先必须是《巴黎公约》的成员。现在,这个协定由世界知识产权组织负责管理。我国于1989年10月正式成为该协定成员。到2017年9月,该协定已有92个成员。

2. 主要内容

《马德里协定》保护的对象包括了商标与服务商标,其宗旨是解决商标的国际注册问题。按照这个协定的规定,凡申请国家注册的申请人必须是《马德里协定》成员的国民和在成员中有住所或有实际营业所的非成员国民;商标注册的申请人向本国主管部门递交一份法文和统一格式书写的"国际注册申请案",并缴纳有关费用,本国商标主管部门核查后,转至世界知识产权国际局,国际局对该申请进行形式审查认为符合要求的,就可能取得在两个以上国家的注册。

(1) 申请国际注册的程序。按照《马德里协定》申请和取得国际注册的程序有以下三个步骤。

首先,有关商标必须已经在原属国取得注册。关于原属国,马德里协定规定,是指申请人设有真实有效的工商营业所的协定缔约国;在缔约国中没有这样的工商营业所的,指他有住所的缔约国;如果他在缔约国内没有住所,但是他是某个缔约国国民的,则指他有国籍的那个缔约国。协定规定原属国的这个确定顺序是为了防止申请人随意选择特别容易取得注册的国家作为原属国。

其次,申请人向原属国主管机关提交国际注册的申请案,同时交纳费用。费用包括国际注册基本费,应向其他指定国交纳的有关费、附加费。申请案中应说明要求商标保护的商品或服务项目及其根据《商标注册商品和服务项目国际分类尼斯协定》的相应类别。原属国主管机关经审查核实,确认国际申请案中的商标与申请人在国内已经获得注册的商标完全一致的,应在接到国际注册申请的 2 个月内,向知识产权国际局转交该申请,并注明该商标在本国的申请日期、注册日期和号码以及国际注册的申请日期。

最后,如果经过形式审查,申请案符合《马德里协定》及其实施条例的规定,国际局应立即对商标予以国际注册,并以原属国主管机关受到国际注册申请的日期作为国际注册日期。如果申请案未能通过形式审查,国际局将通知申请人原属国主管机关,要求在 3 个月内修改申请案,否则将予以驳回。

(2) 国际注册的效力。国际注册的每一个商标,都享有《保护工业产权巴黎公约》所规定的优先权。申请人的商标从国际注册生效之日起,即得到该申请中各指定国的承认和保护,享有该商标直接在那里获准注册的一切权利。商标所有人或其权利继承人就同一内容的商标在获准注册后,可代替原先的一个或多个缔约国获准的注册,但原先注册所获得的权利不受任何损害。

国际注册的效力包括领土效力、法律效力和时间效力三方面的含义。所谓领土效力是指商标的国际注册在哪些国家有效。关于这一问题,《马德里协定》第三条第一款规定,国际注册只能在其专门要求保护的国家生效。也就是说申请人在通过其原属国商标管理机关申请国际注册时,必须提出申请保护其商标的国家,再由世界知识产权组织国际局通知有关国家,在有关国家未作出驳回声明时,该商标才能在该国获得保护。

所谓国际注册的法律效力是指商标获得国际注册后,会产生什么法律上的后果。根据协定规定,国际局通过审查之日起,便产生了商标注册的法律效力。协定规定,国际注册本上登记并已通知有关国家主管机关同时已由国际局公告的商标,这些国家须遵照本国国内法的注册制度,除非这些国家主管机关公布,只在其所属国领土上有效而拒绝保护或宣布失效。这些商标自国际注册日起在各有关国家获得保护。如果是在国际注册后要求在一国领土延伸的,自此延伸在国际注册本上登记之日起,在有关国家获得保护。

关于时间效力,不管各国规定的注册期限如何,国际注册的商标有效期是 20 年,并可无限制地续展,续展期仍为 20 年。有效期届满前 6 个月,国际局应发出非正式通知,提醒商标所有人或其代理人确切的届满日期。对国际注册的续展还可以给予 6 个月的宽限期。如果在宽限期内仍未提出续展注册的申请,宽限期一过,则该注册被取消。商标所有人自公告注销之日起即丧失商标权。

(3) 其他规定。关于国际注册与国内注册的关系。根据《马德里协定》第六条第二款至第四款规定,自国际注册的日期开始满 5 年时,国际注册即与在国内注册的国家商标互相保持独立。但是,自国际注册日期开始 5 年内,国际注册不独立于其在国内的注册,也就是说,如果该商标从获准国际注册之日起的 5 年内,在国内已全部或部分不再享受法律保护,那么该商标国际注册所得到的法律保护,也全部或部分的不再享受保护。在此期间,当商标所有人自动撤销或依据职权被撤销,国际局应根据其所属国主管部分的要求,也撤销该商标的国际注册。

关于国际保护的放弃。《马德里协定》第八条之二规定,国际注册所有人,可在任何时候放弃在一个或多个缔约国的保护。办法是向其本国注册当局提交一份声明,要求通知国际局,国际局再依次通知保护已被放弃的国家。

协定还规定,国际注册商标的所有权人可以向国际局要求扩大保护其注册商标的国家范围,只要不被其所要求保护的国家驳回;对于国际注册商标权人,有权全部或部分转让其商标;而对于取得了商标注册的商标,如需改变原商标的文字、图案或扩大使用范围的,应当提出变更申请。

3. 主要问题

《马德里协定》已经签订多年了,其间经过8次修改,虽然也具有办理一次手续就可以在两个国家注册的优点,但还是有不足之处。所以,到目前为止协定的成员国一直不多,而协定也存在以下四个主要的问题。

(1) 协定规定申请国际注册要以取得本国注册为前提。但各国商标法对商标专有权的保护方法和范围不一,有的因本国法律上的原因可能不能获准注册;有的在本国注册需要的时间较长,这样等本国注册后,再申请国际注册,很可能其他缔约国就相同或相似的商标已抢先办理完注册了。

(2) 按照协定规定,商标的国际注册只有在5年之后,才具有独立性。在5年之内各成员国不可能保持本国商标制度的独立性。因为商标的国际注册会随着该商标在本国注册的撤销而导致在其他成员国注册的失效。

(3) 有些国家把商标的使用作为注册的前提条件,批准注册前实行严格审查。而按本协定注册审查比较简单,使用与否又不影响商标依本协定的审查程序获准注册。所以,这些国家认为一些无意使用的商标也获准注册,注册本就达不到反映本国市场实际使用着的商标的真实记录的目的。

(4) 只有一种工作术语,限制了一些不使用法语的国家参加该协定。

综合来说,《马德里协定》虽然只是一个程序性的条约,但它使原本需要在各个国家分别进行的注册申请程序简化为一个国际注册申请,对于商标注册的跨国申请具有积极的意义,成为商标国际注册的一个基本原则。

(三) 关于工业产权的其他重要国际公约

1. 《商标注册条约》

该条约于1973年在维也纳召开的工业产权外交会议上签订,1980年7月起生效。其目的是弥补《马德里协定》的一些缺陷,吸引更多的国家加入到商标国际注册的体系中来。

同《马德里协定》一样,《商标注册条约》只是规定商标的国际注册的国际条约,没有建立统一的商标法。它们的主要区别如下:

(1) 《商标注册条约》的工作语言是英文和法文;而《马德里协定》只有法文。

(2) 依《商标注册条约》的规定,国际注册申请人可以不经其商标的国内申请或注册,而向世界知识产权组织国际局提交商标的国际申请案。这在《马德里协定》中则是不允许的。

（3）依《商标注册条约》的规定，商标一旦获得国际注册，即具有独立性，并无《马德里协定》中的5年例外。

（4）依《商标注册条约》的规定，指定国向国际局提出驳回声明的时间为15个月，没有在此期间提出驳回声明，则提起国际申请的商标在该国自动注册。这方面的时间限制，《马德里协定》为1年。当然，期限的开始日都是指定国接到国际局的国际申请案之日。

（5）《商标注册条约》中，国际注册的有效期和续展期各为10年，而《马德里协定》在这方面的规定是20年。

（6）获得国际注册的商标，依《商标注册条约》可延续3年后使用，但如果商标所有人要在其国际注册的指定国提起商标侵权诉讼，则其商标必须已在该国连续使用。《马德里协定》没有类似的规定。

2.《专利合作条约》

在《巴黎公约》的原则指导下，一个在专利申请案的接受和初步审查方面进行国际合作的多边条约《专利合作条约》（Patent Cooperation Treaty，PCT）于1970年在华盛顿召开的《巴黎公约》成员国外交会议上通过。WIPO还为PCT制定了实施细则。在PCT程序下进行国际申请已经成为跨过申请专利的基本模式。到2016年9月，该条约已有151个成员。该条约分别在1979年、1984年和2001年经过3次修订。我国于1993年9月加入《专利合作条约》，并于1994年1月1日在我国正式生效。

PCT共8章，计69条，其中第一章为"国际申请和国际检索"；第二章为"国际初步审查"；第三章为"共同规定"；第四章为"技术服务"；第五章为"行政规定"；第六章为"正义"；第七章为"修订和修改"；第八章为"最后条款"。与具体的专利国际申请有关的主要是第一章、第二章和第三章。

根据PCT序言，其目的主要有以下五个。

第一，对科学和技术的进步作出贡献。

第二，使发明的法律保护区域完备。

第三，简化在几个国家要求取得发明保护的手续，并使之更加经济。

第四，使公众便于尽快获得记载新发明的文件中的技术信息。

第五，通过采用提高发展中国家为保护发明而建立的国家或地区法律制度的效率的措施，来促进和加速这些国家的经济发展；其办法是，对适合其特殊需要的技术解决方案提供易于利用的信息，以及对数量日益增长的现代技术提供利用的方便。

PCT自生效以来，经多年努力，成为知识产权领域国际合作的范例。目前，在PCT的基础上，已经形成了一个比较完整的PCT体系，其具体业务也成为WIPO的重要日常工作。PCT对于解决多国申请专利中存在的许多程序、实务和法律问题提供了良好的方法和途径，方便了专利国际申请，为专利国际保护提供了必要的保障。郑成思先生在其《知识产权保护实务全书》中对PCT总结了五个优点。

第一,简化了成员国国民在成员国范围内申请专利的手续,使申请人必须在各国分别、重复履行的申请程序简化为提交一份格式相同的申请案一次完成。

第二,减轻了条约各成员国专利局的工作量。国际申请由国际检索单位统一检索,检索报告分别送各指定国,避免了各国专利局对同一专利申请案的重复检索。

第三,便于某些成员国进行实质审查。有些国家要求对申请案进行实质审查,但本国专利局又缺乏审查能力,参加 PCT 后就可以依靠国际初步审查单位的国际初步审查报告,来对专利申请案进行实质审查。

第四,延长了申请人原先按照《巴黎公约》可以享有优先权的期限。

第五,国际申请案的公布,有利于技术情报的交流,既促进了科技进步,又减少了重复研究工作。

3.《保护植物新品种巴黎国际公约》

《保护植物新品种巴黎国际公约》于 1961 年 12 月在巴黎缔结,并由公约缔约国组成了"国际植物新品种保护联盟"(简称 UPOV),这个公约的实质是对植物专利提供国际保护。该公约于 1968 年 8 月 10 日生效,并于 1972 年、1978 年和 1991 年先后在日内瓦修订。最后生效的是 1978 年和 1991 年的修订文本。到 2011 年 6 月,该公约已有 69 个成员。我国于 1999 年 4 月 23 日成为第 39 个成员国,加入的是 1978 年文本。该公约共 10 章 42 条,规定了如下基本原则。

(1) 国民待遇和互惠原则。公约规定任何公约成员均可以享有国民待遇,同时,公约还规定每个成员国都可以依据互惠原则,降低对其他成员国国民的保护标准。这种兼容国民待遇和互惠原则的做法,与《巴黎公约》中所要求的不得要求互惠的国民待遇的做法有所区别。

(2) 优先权原则。公约规定申请人在一个成员国提出申请后 12 个月内,可以在其他成员国享有优先权。

(3) 独立保护原则。公约规定同一植物品种在不同的国家是否取得植物新品种的保护是相互独立的。公约允许成员国在不与其他成员国法律相抵触的情况下,订立其他保护植物新品种的专门公约。

公约对给予植物新品种保护的方式、范围,授予育种权利的条件,育种者权利的内容及其限制,育种者权利的期限,无效和终止等内容作了明确的规定,奠定了当代国际植物新品种知识产权保护体系的基础,为国际开展优良植物新品种的研究开发、技术转让、合作交流及产品贸易提供了一个基本框架。

二、涉及版权领域的重要的国际公约

(一)《保护文学艺术作品伯尔尼公约》

1.《保护文学艺术作品伯尔尼公约》的产生

19 世纪下半叶,欧美各国先后制定了保护本国国内作者权利的版权法。但是随着文化艺术的交流和传播技术的发展,使得一些优秀作品纷纷通过不同渠道传到国外,而作品的作者却不能因此获益。为顺应 19 世纪中叶越来越多的要求版权国际保护的强烈呼吁,1878年成立了国际文学艺术联合会,并起草了一份关于版权国际保护的文件,这份文件后来成了《伯尔尼公约》的基础。

《保护文学艺术作品伯尔尼公约》于1886年9月9日由英国、法国、瑞士、比利时、意大利、德国、西班牙、利比里亚、海地和突尼斯10个国家发起,在瑞士首都伯尔尼正式签订,因而又简称为《伯尔尼公约》。《伯尔尼公约》是开放性公约,截至2017年,已有174个成员国。该公约自签订后曾先后进行了8次修订,形成了1908年、1928年、1948年、1967年和1971年5个文本,其中最近一次修订是在1979年10月2日。该公约是版权领域第一个世界性的多边国际条约,也是最重要的、影响最大的版权保护公约。我国于1992年10月15日正式加入《伯尔尼公约》,成为该公约的第93个成员国。适用公约1971年巴黎文本。

根据《知识产权协定》第九条第一款的规定,世界贸易组织的成员即使不是《伯尔尼公约》的缔约国,也必须遵守《伯尔尼公约》1971年巴黎文本的实质性条款,即第一条至第二十一条及公约的附录,但非伯尔尼公约缔约国的世界贸易组织成员,不受伯尔尼公约第六条之二的精神权利条款的约束。

2.《伯尔尼公约》的主要内容

《伯尔尼公约》全文共44条,其中正文38条,附件6条。公约对版权的保护对象、作者的权利、保护期限、对版权的限制以及对发展中国家的优惠等问题都作了详尽的规定。其主要内容如下。

(1) 基本原则。《伯尔尼公约》第五条规定了公约的基本原则:国民待遇原则、自动保护原则和版权独立原则。

① 国民待遇原则。《伯尔尼公约》现行文本中关于国民待遇原则的规定,受《巴黎公约》的影响很大,其最终形成于1967年。国民待遇原则贯穿于《伯尔尼公约》的大部分实体条文中,又集中体现在公约第三条、第四条和第五条第一、第三、第四诸款中。《伯尔尼公约》第五条第一款规定:"根据本公约得到保护的作品的作者,在除作品起源国之外的本联盟各成员国,就其作品享受各该国法律现在给予或今后将给予其国民的权利,以及本公约特别授予的权利。"另据《伯尔尼公约》第五条第三款规定:"起源国的保护由国内法加以调整,但当作者为非依本公约保护的作品起源国国民时,其应同该国国民享有相同的权利。"

《伯尔尼公约》规定的国民待遇,使版权能在更广泛的范围内受到保护。只要作者具有某一缔约国的国籍,或者在某一缔约国国内有住所或居所,或者其作品在某一缔约国首次出版,就可以在《伯尔尼公约》所有缔约国国内受到法律保护。

② 自动保护原则。《伯尔尼公约》第五条第二款规定:"享有及行使依国民待遇所提供的有关权利时,不需要履行任何手续。按照这一原则,公约成员国国民及在成员国有惯常居所的其他人,在作品创作完成时即自动享有著作权;非成员国国民又在成员国无惯常居所者,其作品首先在成员国出版时即享有著作权。"

自动保护原则为版权保护提供了较高的标准,避免了因各国要求不同而给作者取得版权带来的诸多困难。但是,《伯尔尼公约》规定的自动保护原则使一些传统上对版权的取得提出某些程序或手续方面的条件和要求的国家难以接受,同时给国家的版权管理活动产生一些不便。

③ 版权独立原则。《伯尔尼公约》第五条第二款规定:"享有国民待遇的人在公约任何成员国所得到的著作权保护,不依赖其作品在来源国受到的保护。在符合公约最低要求的前提下,该作者的权利受到保护的程度以及保护作者权利而向其提供的司法救济方式等,均完全适用提供保护的那个成员国的法律。"

因此,根据《伯尔尼公约》的规定,各国的版权法给予作者的保护似乎是相互独立的、互不影响的,作者只能在各国享受各该国给予的版权保护。

④ 最低限度保护原则。即各缔约国不论对本国作者还是对外国作者作品的版权保护,均不得低于公约规定的最低限度。

⑤ 形式上的互惠原则。该原则以国民待遇原则和版权独立性原则为基础,并无多少实质内容。它指缔结版权条约的双方或各方,只要求对方或其他各方给予版权保护就行,至于保护的范围和水平并不重要。

(2) 公约的保护客体。《伯尔尼公约》明确规定了受保护客体包括文学艺术作品、演绎作品以及使用艺术作品和工业品外观设计。

① 文学艺术作品。包括文学、科学和艺术领域内的一切成果,而不问其表现形式或表现方式如何。但由于公约同时允许成员国保留"固定要求",因此,如果是某一成员国国内法中有"固定要求"的规定,那么其对那些未以某种物质形式固定下来的作品类型不给予版权保护也并不违背其所承担的保护文学艺术作品的公约义务。

② 公约第二条第三款和第五款规定,对其他的已存在的文学艺术作品进行翻译、改编、乐曲改编以及其他变动而形成的作品,只要不损害原作版权,同原作一样受到保护。

③ 公约允许各成员国自行以立法决定本国法律对实用艺术品、工业品平面与立体外观设计等的适用程度以及受保护的条件。

④ 公约规定各缔约国可自行以立法决定对立法条文、行政及法律性质的官方文件,以及这些作品的官方译本所提供的保护。

除以上规定的受保护客体外,公约第二条第八款规定,公约的保护不适用于日常新闻或纯属报刊消息性质的社会新闻。这样规定的原因是因为这类东西缺乏构成作品条件的创造性因素,因而不是版权保护的课题。

(3) 作者权利。关于作者权利,第十五条第一款推定为:"受本公约保护的文学艺术作品的作者,只要其名字以通常方式出现在该作品上,在没有相反证据的情况下,即视为该作品的作者并有权在本同盟成员国中对侵犯其权利的人提起诉讼。即使作者采用的是假名,只要根据作者的假名可以毫无疑问地确定作者的身份,本款也同样适用。"

《伯尔尼公约》规定各成员国授予作者所享有的权利包括经济权利和精神权利两类,前者主要包括以下七种。

① 翻译权。《伯尔尼公约》第八条规定:"受本公约保护的文学艺术作品的作者,在对原著权利的整个保护期内,享有翻译和授权翻译其作品的专有权。"

② 复制权。《伯尔尼公约》第九条第一款规定:"受本公约保护的文学艺术作品的作

者,享有批准以任何方式和采取任何形式复制这些作品的专有权。"

③ 表演权。《伯尔尼公约》第十一条第一款规定:"戏剧作品、音乐戏剧作品或音乐作品的作者,享有许可以各种手段和方式公开表演和演奏其作品的专有权,以及许可用各种手段公开播送其作品的表演和演奏的专有权。"

④ 广播权。《伯尔尼公约》第十一条第二款规定:"文学艺术作品的作者享有下列专有权利:第一,授权广播其作品,或以任何其他无线传送符号、声音或图像的方法向公众传播其作品;第二,授权原广播组织以外的另一组织通过有线传播或转播的方式向公众传播广播的作品;第三,授权通过扩音器或传送符号、声音、或图像的任何其他类似设备向公众传播广播的作品。"

⑤ 朗诵权。《伯尔尼公约》第十一条第三款规定:"第一,授权公开朗诵其作品(包括译作),包括用任何手段和方法公开朗诵;第二,授权用任何手段公开播送其作品(包括译作)的朗诵。"

⑥ 改编权。《伯尔尼公约》第十二条规定:"文学和艺术作品的作者享有对其作品进行改编、音乐改编或其他变动的专有权利。"

⑦ 电影权。《伯尔尼公约》第十四条规定:"文学艺术作品的作者享有下列专有权利:第一,授权将这类作品改编和复制成电影作品,以及发行经过如此改编或复制的作品;第二,授权公开表演、演奏以及向公众有线传播经过如此改编或复制的作品。"

关于精神权利,根据公约规定,主要包括以下两项。

一是署名权,即作者主张对作品的作者身份的权利。

二是修改权,即作者有反对对其作品进行任何有损声誉的歪曲、割裂或其他更改,或者其他损害行为的权利。

(4) 版权保护期限。《伯尔尼公约》规定:"一般作品保护期不少于作者有生之年加死后 50 年;电影作品的保护期在作者同意下自作品公之于众日起 50 年;若自作品完成 50 年内尚未公之于众,则自作品完成后 50 年;匿名作品或假名作品的保护期为发表之日起 50 年,若能辨认作者的真实身份的或在保护期内公开其身份的,则保护期为作者有生之年及其死后 50 年;摄影作品和作为艺术作品保护期作品完成之日起算不得少于 25 年;共同作品的保护期为共同作者中的最后死亡者的有生之年加上起死后 50 年。"

(二)《世界版权公约》

1. 概述

《世界版权公约》是继《伯尔尼公约》之后,于 1952 年 9 月 6 日由联合国教科文组织主持在日内瓦签订的另一个规定版权实质性保护的多边国际公约。这一公约于 1955 年正式生效,1971 年 7 月 24 日在巴黎进行过一次修正。全文共 21 条及 2 个附件,我国于 1992 年 10 月 30 日正式加入该公约。

2. 主要内容

(1) 国民待遇原则。《世界版权公约》第二条规定:"第一,任何缔约国国民出版的作品及在该国首先出版的作品,在其他各缔约国中,均享有其他缔约国给予其本国国民在本国首先出版之作品的同等保护,以及本公约特许的保护;第二,对于未出版的作品,它们同样享有寻求保护的国家给予其公民未出版的作品的同等权利;第三,任何缔约国可依本国法律将定居该国的任何人视为本国国民。"

(2) 自动保护原则。《世界版权公约》第三条第一款规定:"受保护的作品只要在首次出版时,每一份复制品上都标有版权标记(即标有©),并注明版权人名称、首次出版年份三项内容,便可在其他公约成员国自动受到保护,而不必履行任何缴送样本、注册登记、刊登启事、办理公证文件、偿付费用等手续。"

(3) 保护客体。《世界版权公约》第一条规定:"各成员国承允对文学、科学、艺术作品,包括文学、音乐、戏剧和电影作品,以及绘画、雕刻和雕塑的作者及其他版权所有者的权利,提供充分有效的保护。"

(4) 作者权利和保护期限。《世界版权公约》所保护的作者权利包括:复制权、表演权、广播权、翻译权等,这些权利延及受本公约保护的各种作品。

关于作品的保护期,公约规定一般不得少于作者有生之年加死后25年,或作品发表后25年,而对摄影作品和实用艺术作品的保护期不得少于10年。

(5) 追溯力。《世界版权公约》第七条规定:"本公约不适用于公约在被要求给予保护的缔约国生效之日即已永久属于该国公有的那些作品或其版权。"这与《伯尔尼公约》是完全不同的。

(三)《与贸易有关的知识产权协定》——兼有工业产权和版权的重要国际公约

1. 概述

《与贸易有关的知识产权协定》(Agreement on Trade-Related Aspects of Intellectual Property Rights,简称知识产权协定或 TRIPS)是关贸总协定乌拉圭会合谈判的21个最后文件之一,于1994年4月15日由各国代表在摩洛哥的马拉喀什签字,并于1995年1月1日生效。

在前言中,协定申明了宗旨和目的,即缔约方希望本协议有助于减少对国际贸易的扭曲和阻碍,促进对知识产权充分、有效的保护,保证知识产权执法的措施与程序不至于变成合法贸易的障碍。其目的应在于促进技术的革新、技术的转让和技术的传播,以有利于社会及经济福利的方式促进生产者与技术知识使用者互利,并促进权利和义务的平衡。

2. 内容

TRIPS共73条,分为七个部分。第一部分为总则和基本原则;第二部分为有关知识产权的有效性、范围和使用的标准;第三部分为知识产权的行使;第四部分为知识产权的取得与维持及有关程序;第五部分为争端的防止以及解决;第六部分为过渡安排;第七部分为惯例安排以及最后条款。本节将介绍其比较重要的部分。

(1) 基本原则。TRIPS规定知识产权保护的基本原则是加强关贸总协定及其基本原则的作用,并把更大范围的世界贸易纳入协定的有效和有约束力的多边原则之中,充分尊重关贸总协定的基本原则和有关的国际公约,与世界知识产权组织建立一种相互支持的关系。

协定确定了关贸总协定的两大基本原则:国民待遇原则和最惠国待遇原则。

① 国民待遇原则。《知识产权协定》的国民待遇原则主要体现在协定的第三条第一款中："除《巴黎公约》1967年文本、《伯尔尼公约》1971年文本、《罗马公约》及《集成电路条约》已规定的例外，各成员在知识产权保护上，对其他成员之国民提供的待遇，不得低于其本国国民。就表演者、录音制品制作者及广播组织而言，该义务仅适用于本协定所提供的权利。任何成员国如果可能适用《伯尔尼公约》第六条或《罗马公约》第十六条第一款(B)项者，应依照规定通知与贸易有关的知识产权理事会。"

TRIPS对国民待遇的例外也作了规定。成员国得到第一款允许的例外，在司法与行政程序方面，包括在其司法管理范围内的送达地址的确定或代表人的指定。不过，这些例外应为确保遵守与本协定规定不相冲突的法律和规章所必需，而且不得以隐藏地限制贸易的方式来实施这些例外。

② 最惠国待遇原则。《知识产权协定》的最惠国待遇原则主要体现在协定的第四条规定："在知识产权的保护上，某一成员提供其他国国民的任何利益、优惠、特权或豁免，均应无条件地适用于全体其他成员之国民。"同时，该协定也规定了如下四个不实行这一原则的例外。

第一，由一般性质的国际司法协助或法律实施协定所产生而且并非专用于知识产权保护的。

第二，根据《伯尔尼公约》1971年文本和《罗马公约》允许授予互惠待遇而非国民待遇的规定而授予的。

第三，TRIPS中未加规定的表演者、录音制品制作者和广播组织的权利所提供的利益、优惠、特权或豁免。

第四，由世界贸易组织协定生效之前已经生效的知识产权保护国际协定授予的，但应向TRIPS理事会通知该协定，并不得对其他成员的国民构成任意的和不公平的歧视。

(2) 知识产权保护对象。

① 关于版权及邻接权的规定，协定规定其范围包括以下三类。

第一，文学、科学和艺术领域内的一切作品(不论其表现形式或方式)，如书籍、演讲、戏剧、舞蹈、配词、电影、图画、摄影作品、地图等。

第二，计算机程序与数据的汇编。

第三，表演者、录音制品制作者和传播媒体。

② 关于商标权的保护，协定明确规定其成员对商品商标和服务商标都提供注册保护。同时关于商标注册，协定规定以下五点。

第一，凡具有"识别性"的标记，即任何能够将一企业的商品或服务与其他企业的商品或服务区分开的标记或标记组合，均应能够构成商标。区类标记，尤其是文字(包括人名)、字母、数字、图形要素、色彩的组合，以及上述内容的任何组合，均应该能够作为商标获得注册。

第二，成员有权把在贸易活动中"使用"某个标记作为可予以注册的依据，但不得反过来，将商标的实际使用作为准予注册依据。

第三，在有关商标或注册之前或在注册之后，成员应予以公告，并应提供请求撤销该注册的合理机会。

第四,在任何情况下,成员均不能以商标所标示的商品或服务的性质为由,拒绝为该商品提供注册。

第五,成员可要求把"标记应系视觉可感知"作为注册条件,以及可以拒绝为"气味商标""音响音标"之类的标记提供注册保护。

③ 关于地理标示的保护,协定规定,各成员国应对地理标识提供保护,包括对含有虚假地理标识的商标拒绝注册或宣布注册无效,防止公众对商品的真正来源产生误解或出现不公平竞争。

④ 关于工业品外观设计的保护,协定规定如下。

第一,对独立创作的、具有新颖性或原创性的工业品外观设计,全体成员均应提供保护。

第二,成员有自由选择用工业品外观设计法或用版权法对工业品外观设计进行保护。

第三,受保护的工业品外观设计所有人有权制止第三方未经许可而为商业目的制造、销售或进口带有或体现受保护设计的复制品或有实质性复制品之物品。

第四,成员可对工业品外观设计的保护规定有限的例外,但不得损害权利人合法权益,也不能与受保护设计的利用发生不合理的冲突。

第五,对工业品外观设计提供的保护期限不得少于10年。

⑤ 关于专利的保护,协定规定,一切技术领域中的任何发明,无论产品发明或方法发明,只要其新颖、含创造性并可付诸工业应用,均应有可能获得专利。但如果某种产品发明或方法发明的商业开发,会对公共秩序或公共道德产生不利影响,包括对人类、动植物的生命健康或环境造成严重损害,则成员方可以不授予专利。此外,对人类和动物的诊断、治疗和外科手术方法,微生物以外的动植物,以及不包括非生物、微生物在内的动植物的人工繁殖方法,也可不授予专利权。

⑥ 关于集成电路布图设计,协定规定,成员方应禁止未经权利持有人许可为商业目的进口、销售或以其他方式,发行受保护的布图设计,发行含有受保护的布图设计的集成电路,发行含有上述集成电路的物品的行为。

(3) 争端的防止和解决。协定规定,争端解决遵循"透明度"原则,要求各成员方将其依该协定制定的法律、法规,以及普遍适用的司法终审判决和行政终局裁决,以该成员文字予以公布,并通知与贸易有关的知识产权理事会,以便协助该理事会检查该协定的执行情况。

同时,根据世界知识产权组织与世界贸易组织协议的规定,成员就立法向一个组织作出的通知,不必重复履行通知的义务。成员方解决该协定实施所产生的争端,适用世界贸易组织争端解决机制。

本章小结

知识产权的国际保护是为了克服各国之间知识产权法律规定的矛盾而逐渐产生和发展起来的,通过签订国际公约,使缔约国不仅有义务给其他缔约国国民以国民待遇,还制定符合公约最低要求的知识产权法。现在各国知识产权法律涉及对专利、商标、著作权、实用新型、外观设计等各类知识产权的保护,并逐步扩大到对计算机软件、集成电路布图设计及动植物品种的法律保护内容。本章主要介绍了知识产权国际保护的主要途径、主要国际组织和主要国际公约,使读者对知识产权保护的国际组织和公约有全面、清晰的认识和了解。

关键词

知识产权 知识产权国际保护 知识产权制度 知识产权保护的国际组织 知识产权保护的国际公约 世界知识产权组织 世界贸易组织 联合国教科文组织 国际劳工组织 《保护工业产权巴黎公约》 《商标国际注册马德里协定》 《商标注册条约》 《专利合作条约》 《保护植物新品种巴黎公约》 《伯尔尼公约》 《世界版权公约》 《与贸易有关的知识产权协定》

思考题

1. 知识产权国际保护对全球科技进步有何实际作用和意义?
2. 为何发达国家热衷于不断提高知识产权国际保护标准?这对发展中国家会产生什么影响?
3. 知识产权与技术贸易的关系如何?
4. 国际上主要的知识产权保护组织有哪些?它们的宗旨与职能有何异同?
5. 简述国际上主要的知识产权保护公约制定的历史背景和主要内容。

案例分析

国际知名篮球运动员姚明于2011年3月29日向湖北省武汉市中级人民法院起诉称武汉云鹤大鲨鱼体育用品有限公司(以下简称武汉云鹤公司)在未经其同意的情况下,生产和销售"姚明一代"产品,将姚明的姓名和肖像用于产品的宣传上,严重侵犯了姚明的姓名权和肖像权,其行为亦构成不正当竞争。姚明请求法院判令武汉云鹤公司立即停止侵权行为,赔偿1000万元经济损失并在《中国体育报》等知名媒体报纸上刊载声明向姚明赔礼道歉、消除影响。

湖北省武汉市中级人民法院经审理认为,武汉云鹤公司在商品销售的宣传过程中,多次使用姚明的姓名及肖像,将其生产和销售的运动型产品与姚明相联系,借鉴姚明良好的社会形象及在消费者中具有的影响力,对其生产和销售的产品进行引人误解的宣传,使消费者对商品的来源产生混淆,违背了诚实信用原则,既侵害了姚明的姓名权及肖像权,也构成不正当竞争。法院判决:武汉云鹤公司立即停止侵害姚明姓名权和肖像权及对姚明的不正当竞争行为,并在《中国工商报》《中国体育报》《解放军报》《楚天都市报》上刊载声明向姚明赔礼道歉、消除影响,同时赔偿姚明经济损失30万元。

姚明以一审判决赔偿数额过低为由,提起上诉。

湖北省高级人民法院经审理认为,未经权利人授权或许可,任何企业或个人不得擅自将他人姓名、肖像、签名及其相关标识进行商业性使用。武汉云鹤公司作为市场经营者,违反公认的商业道德,违背诚实信用原则,其行为不仅严重损害权利人的合法权益,也严重损害消费者的合法权益,严重扰乱社会经济秩序,应予立即严厉制止。法院判决:武汉云鹤公司赔偿姚明包括维权合理费用在内的经济损失共计100万元。

案例思考:

通过阅读上述案例,简述知识产权保护的重要性。

第十五章

我国对进出口技术贸易的管理

随着社会主义市场经济体制的逐步完善和经济全球化进程的加快,知识产权在我国经济建设和科技创新中的作用日益显现。"十五"时期,我国专利、商标、版权、植物新品种保护、软件登记、集成电路布图设计、地理标志等各种知识产权的申请数量大幅增长。实用新型专利、外观设计专利和商标的年申请量连续多年位居世界第一;"十五"末期的发明专利国内外申请总量位居世界第四,植物新品种保护年申请总量位居世界第四。面对知识产权数量的大幅增长,我国的宏观管理政策和原则是什么?全国各级知识产权相关部门的职能是什么?对于这些问题你可以从本章的学习中找到答案。

第十五章　我国对进出口技术贸易的管理

学习目标

通过对本章的学习,你应该能够:
1. 理解技术进出口的概念和原则;
2. 了解我国技术进出口的管理部门及其有关政策;
3. 熟悉我国进出口管制技术的类别以及有关管理条例;
4. 熟悉我国自由进出口技术的类别以及有关管理条例。

第一节　中国技术进出口管理概述

一、技术进出口的概念和原则

（一）技术进出口的概念

《中华人民共和国技术进出口管理条例》（以下简称《技术进出口管理条例》）已经2001年10月31日国务院第46次常务会议通过,自2002年1月1日起施行。其中第二条第一款对技术进出口的定义为:"技术进出口是指从中华人民共和国境外向中华人民共和国境内,或者从中华人民共和国境内向中华人民共和国境外,通过贸易、投资或者经济技术合作的方式转移技术的行为。"根据对外贸易法的规定,技术进出口是对外贸易的重要组成部分,其具有经营跨境型、方式多样性和主体广泛性三个特征。

根据《技术进出口管理条例》第二条第二款的规定,我国对技术进出口的管理的具体范围包括:"专利转让、专利申请转让、专利实施许可、技术秘密转让、技术服务和其他方式的技术转移。"

在这里需要说明的一个问题是,在中华人民共和国加入WTO后,由于中华人民共和国的香港特别行政区、澳门特别行政区和台湾地区是中华人民共和国的单独关税区,根据对外贸易法的规定,单独关税区不适用本条例,即中华人民共和国的单独关税区与其他国家或者地区之间的转移技术的行为以及中华人民共和国的单独关税区之间转移技术的行为,都不属于本条例所称的技术进出口,不归本条例调整。

（二）技术进出口管理的原则

技术的进出口不仅关系到我国的经济建设与经济发展问题,而且还涉及我国的政治、外交关系以及国家安全等问题,因此,我国的技术进出口管理实行有管理的自由进出口原则。

根据《技术进出口管理条例》第三条规定:"国家对技术进出口实行统一的管理制度,依法维护公平、自由的技术进出口秩序。"由于国家实行统一的对外贸易制度,所以,国家对技术进出口也是实行统一的管理制度。根据规定,技术进出口的所有参与者和经营者都有平等的法律地位,各自的合法权益都能够得到平等的保护;同时,技术进出口的所有参与者和经营者按照公平统一的贸易政策和市场游戏规则平等竞争,不能因为他们的经济实力、地位、身份或者职能不同而受到不公正的待遇;条例同时也对对外贸易经营者在对外贸易活动中的如下行为作了禁止规定。

(1) 伪造、变造或者买卖进出口原产地证明、进出口许可证。

(2) 侵害中华人民共和国法律保护的知识产权。

(3) 以不正当竞争手段排挤竞争对手。

(4) 骗取国家的出口退税。

(5) 违反法律、行政法规规定的其他行为。

根据《技术进出口管理条例》第四条规定:"技术进出口应当符合国家的产业政策、科技政策和社会发展政策,有利于促进我国科技进步和对外经济技术合作的发展,有利于维护我国经济技术权益。"除此之外,我国技术进出口,还应当遵循一些其他原则,包括遵守中华人民共和国的法律、法规。同时还要符合国家的外交政策和外贸政策,遵守我国缔结或者参加的国际条约、协定等。

除了对技术进出口规定了总体原则外,我国对技术的进口和出口管理也分别规定了一些基本原则。

一般说来,引进的技术应该符合本国产业结构的调整、经济增长与经济发展的需要以及社会整体利益。具体来说,引进的技术应该具有以下特点。

(1) 成熟的技术,并能用于开发和生产新产品。

(2) 能提高产品质量和性能,降低生产成本。

(3) 能充分利用本国资源。

(4) 能扩大产品出口,增加外汇收入。

(5) 有利于环境保护、无污染。

(6) 有利于安全生产。

(7) 有利于改进经营管理。

(8) 有助于提高本国科学技术水平。

同时,根据我国《技术进出口管理条例》第七条规定:"国家鼓励先进、适用的技术进口。"根据这一原则,国家对技术进口项目实行技术引进合同审批、登记注册和分类管理原则,凡是《中华人民共和国禁止进口限制进口技术目录》(以下简称《禁止进口限制进口技术目录》)中规定的禁止进口的技术,不得进口;凡是规定的限制进口的技术,实行许可证管理;凡是规定的自由进口的技术,实行合同登记管理。

在技术出口管理的原则上,由于我国是发展中国家,技术相对落后,国家为了鼓励技术引进,在技术出口方面较多地采用技术出口与工程承包、劳务出口相结合的综合技术出口方式,同时随着经济的发展、技术水平的逐步提高,我国如今也开始鼓励产业化的技术产品出口。根据《技术进出口管理条例》第三十条规定:"国家鼓励成熟的产业化技术出口。"

同时,技术出口还应该符合以下基本原则。

(1) 符合国家的外交政策、对外贸易政策和国家技术政策。

(2) 严格控制引进技术的再出口。

(3) 保护国家出口商品市场，对出口可能影响到本国出口商品市场的技术，进行严格的审查。

我国对出口技术也实行分类管理原则，凡是列入《中华人民共和国禁止出口限制出口技术目录》中的禁止出口技术，不得出口；凡是目录中的限制出口技术及相关产品，实行许可证管理，需经有关部门进行保密审查，履行出口许可申请手续；对规定的自由进出口的技术，则依旧实行合同登记管理。

二、技术进出口的管理部门

《技术进出口管理条例》第六条规定："国务院对外经济贸易主管部门（简称国务院外经贸主管部门）依照对外贸易法和本条例的规定，负责全国的技术进出口管理工作。省、自治区、直辖市人民政府外经贸主管部门根据国务院外经贸主管部门的授权，负责本行政区域内的技术进出口管理工作。"同时，按照国务院的规定，国务院有关部门履行技术进出口项目的有关管理职责。

技术进出口是对外贸易的重要组成部分，依照《对外贸易法》第三条的规定，国务院对外贸易主管部门依照本法主管全国对外贸易工作，按照国务院关于国务院外经贸主管部门职能的规定，其在技术进出口管理方面有以下职责。

(1) 拟定和执行对外技术贸易的政策、管理规章和鼓励技术出口政策。

(2) 拟定高新技术产品出口目录和国家禁止、限制进出口技术目录。

(3) 管理技术和高新技术产品的出口，管理技术引进和国际招标。

(4) 拟定和执行国家技术出口管理制度，颁发与技术防扩散出口相关的出口许可证。

(5) 组织多边和双边工业技术合作。

(6) 负责外经贸科技发展、技术进步等事务。

目前国家管理对外贸易的职权统一归中央行使，即统一由国家商务部行使。涉及的司局主要是服务贸易和商贸服务业司、对外投资和经济合作司，它们的职能分别如下。

(1) 负责全国技术进出口管理工作；拟定技术贸易政策和部门规章，制定技术进出口目录，并组织实施。依法监督管理技术进出口工作。

(2) 组织、协调实施"走出去"战略；指导和管理对外投资、境外加工贸易和研发、境外资源合作、对外承包工程和对外劳务合作（含公民出境就业）等对外投资和经济合作业务。

由于国家技术进出口管理工作较为复杂、涉及面又广，因此需要多个国务院有关部门分工负责、共同管理。所以，除了作为主管部门的商务部外，对技术进出口具有部分管理职责的部门还有国家发展改革委员会、国家科学技术部、外交部等，这些国家有关部门按照国家有关规定，履行技术进出口项目有关管理职责。

三、技术进出口的管理政策

一个国家技术贸易的发展是按照这个国家制定的有关政策进行的。技术贸易政策是一个国家的政府对技术的进出口所作的原则性规定。其不仅是一国的科技政策的重要组成部分，而且还与整个国家的战略目标及其对外政策密切联系在一起，并为这个国家的政治经济服务。

由于经济发展水平不同，我国在不同历史时期的技术贸易政策有很大的差异和变化。我国技术贸易自1952年开始，当时以引进技术为主，从1973年到改革开放前，为第二个大规模技术引进时期，主要是引进美国、日本等最先进的技术。改革开放以后，我国制定了优先引进一定先进技术来满足本国经济发展的多种需要，并注意吸收消化、扶植和建立具有出口竞争能力的工业项目的政策。

关于国家技术进出口政策，根据《技术进出口管理条例》第五条规定："国家准许技术的自由进出口；但是，法律、行政法规另有规定的除外。"

所以从一般意义上来讲，我国技术进出口政策是准许技术自由进出口的。但同时，我国也存在各种制约因素影响技术贸易发展，所以我国政府制定了各种政策、法规来克服不利因素，促进技术贸易的发展，但其政策的制定也要遵循以下基本原则。

（1）技术引进的重点不再是成套设备的引进。

（2）在引进最先进技术的同时，更加强调引进使用的技术。特别是注重对老企业引进使用技术，加以改造，提高其生产能力和更新其产品。

（3）在技术引进内容上，更加强调引进know-how，专利技术和包括管理技能在内的其他"软件技术"，而不是一味引进机械、设备等"硬件技术"。这样做，才能通过技术贸易达到自己具备一定的生产能力而避免过分地依赖进口。

（4）强调技术引进的宏观计划控制和可行性研究，做好项目分析，避免同样项目在国内不必要的重复引进。

（5）强调引进技术的"兼容能力"。即要着重考虑引进技术与当地原有设备的配套使用，使之发挥最充分的潜在能力，以至带动一个地区或一个工业部门的兴起、发展。

（6）技术引进要与中国能源短缺的情况相结合考虑，一方面优先考虑能源开发项目的技术引进；另一方面，在其他项目的技术引进中，要考虑能源消耗问题，力求减少能源消耗。

除此之外，我国的技术贸易也应该避免过分集中地与少数国家进行技术贸易，这样有助于把双方的利益在合作的基础上连接起来，有利于有效的技术贸易；对于发挥各自的优势、更快地取得成果也有一定的推动作用；在开拓新的市场，抑制对双方都不欢迎的竞争对双方也有帮助。

综合来说，应该把技术贸易作为一项有战略部署的、有组织的行动来考虑。制定的政策既能在宏观上加以计划控制、指导，又能充分放权给企业以发展技术贸易。

第二节　中国技术进口的管理

（一）技术进口的管制政策

我国的技术进口管制主要分为禁止进口技术和限制进口技术两类。为了落实和体现对外贸易法所规定的禁止或者限制技术进口的原则,国家商务部制定禁止或者限制进口的技术目录,以使技术进口经营者清楚哪些技术是国家禁止进口的,哪些技术是国家限制进口的,以便控制自己的技术进口行为。商务部于2007年修订《禁止进口限制进口技术目录》,作为中国技术进口管制的具体指导条例。

根据《禁止进口限制进口技术目录》,禁止进口技术参考原则主要有以下六个。

(1) 进口会将危害我国国家安全或者公共道德的技术。

(2) 进口后将严重影响人的健康或者安全,严重影响动、植物的生命或者健康,或破坏我国生态环境的技术。

(3) 进口后将对我国社会公共利益造成重大影响的技术。

(4) 依据国家法律、行政法规规定淘汰的生产工艺技术。

(5) 依照法律、行政法规的规定,其他需要禁止进口的技术。

(6) 根据我国所缔结或参加的国际公约、国际协定的规定需要禁止进口的技术。

禁止进口的技术具体如下所列。

1. 林业

(1) 松香胺聚氧乙烯醚系列新产品生产技术。

(2) 司盘(Span)系列产品生产技术。

(3) 松香胺生产技术。

(4) 铅印工艺。

2. 石油加工、炼焦及核燃料加工业

(1) 减粘技术。

(2) 农药生产技术。

(3) 纯碱生产技术。

(4) 苯胺工艺。

(5) 氰化钠生产工艺。

(6) 铬盐生产技术。

(7) 石化工业用水处理药剂配方。

(8) 苯酐生产技术。

3. 医药制造业

(1) 软木塞烫蜡包装药品工艺。

4. 非金属矿物制品业

(1) 镁碳砖生产技术。

(2) 耐火材料技术。

(3) 炼焦技术。

(4) 炼铁、炼钢和轧钢二手设备及配套技术。

(5) 热镀锌技术。

(6) 氮氢保护气体罩式炉退火技术。

(7) 水银整流器传动控制系统技术。

(8) 化铁炉炼钢工艺。

(9) 热烧结矿工艺。

5. 有色金属冶炼及压延加工业

(1) 氧化铜线杆生产技术。

(2) 常规炭浆技术。

(3) 氰化法电镀黄铜连续作业线技术。

(4) 电解铝生产工艺。

(5) 稀土矿冶炼工艺。

(6) 炼铅工艺。

(7) 密闭鼓风炉炼铜技术。

(8) 冶炼烟气制酸干法净化和热浓酸洗涤技术。

(9) 金矿选矿、精炼工艺。

(10) 单一稀土分离制备技术。

(11) 稀土精矿前处理技术。

根据《禁止进口限制进口技术目录》，限制进口技术参考原则主要有以下七个。

(1) 进口后将对国家安全、社会公共利益或者公共道德造成不利影响的技术；

(2) 进口后将一定程度上影响人的健康或者安全，影响动、植物的生命或者健康，或者将对我国生态环境产生不利影响的技术；

(3) 为建立或者加快建立国内特定产业，需要限制进口的技术；

(4) 为保障国家国际金融地位和国际收支平衡，需要限制进口的技术；

(5) 依据国家法律、行政法规规定不符合产业政策的技术；

(6) 依照法律、行政法规的规定，其他需要限制进口的技术；

(7) 根据我国缔结或者参加的国际公约、协定的规定，其他需要限制进口的技术。

限制进口的技术具体如下所列。

1. 农业

(1) 复合微生物制剂。

(2) 农业转基因生物应用技术。

2. 食品制造业

(1) 发酵生产用的基因工程菌种技术。

(2) 盐硝联产成套技术。

3. 纺织业

(1) 有梭织造技术。

(2) 印染技术。

4. 石油加工、炼焦及核燃料加工业

(1) 半再生重整技术。

(2) 化学原料及化学制品制造业。

(3) 低温低压氨合成催化剂技术。

(4) 苯酐生产技术。
(5) 磷铵工艺。
(6) 磷酸二铵生产技术。

5. 非金属矿物制品业

(1) 陶瓷辊道式连续干燥、烧成技术。
(2) 陶瓷墙地砖全自动压制技术。

6. 黑色金属冶炼及压延加工业

(1) 红铁矿选矿工艺。
(2) 普通钢常规板坯连铸机技术。
(3) 红外碳硫分析技术和原子吸收分析技术。
(4) 普通钢方坯连铸机技术。

7. 环境管理业

(1) 通用(常规)电除尘及供电电源制造技术。
(2) 火电厂石灰石-石膏法、循环流化床法烟气脱硫工艺技术。
(3) 常规污水处理技术。
(4) 生活垃圾好氧生物处理(堆肥)工艺技术。

除此以外还有对有色金属冶炼及压延加工业、专用设备制造业、电力、热力的生产和供应业、银行业等行业的技术进口限制,并详细列出控制要点。

(二) 技术进口的鼓励政策

为积极扩大先进技术、关键零部件、国内短缺资源和节能环保产品进口,更好地发挥进口贴息政策对促进自主创新和结构调整的积极作用,国家发展改革委员会、商务部、财务部与2011年4月联合发布《鼓励进口技术和产品目录(2011年版)》。该目录重点修改和新增了一批节能环保、新一代信息技术、高端装备制造、新能源汽车、新材料等新兴产业发展所需的技术和产品。这将为"十二五"期间战略性新兴产业的培育发展服务,优化进出口结构,更好地发挥进口对宏观经济平衡和结构调整的重要作用。

(三) 技术进口的管理办法

我国对属于限制进口的技术,实行许可证管理,即国务院外经贸主管部门对属于限制进口的技术,实行行政许可制度,也就是说,要经过国务院外经贸主管部门的审批,否则不能进口。这是国家的强制性规定,任何单位和个人都必须严格遵守。如果未经许可擅自进口属于限制进口的技术,这是属于非法经营、扰乱市场秩序的行为,构成非法经营罪,将依照刑法关于非法经营罪的规定,根据情节的轻重,对犯罪个人和犯罪单位的直接负责人的主管人员和其他直接责任人员判处拘役、有期徒刑,并处或者单处罚金或者没收财产。对尚不够刑事处罚的,依照海关法的有关规定处罚,或者由国务院外经贸主管部门给予警告,没收违法所得,给予罚款并可以暂停直至撤销其对外贸易经营许可。

所以,对于属于限制进口的技术,技术进口经营者应该首先向国务院外经贸主管部门提出申请。《中华人民共和国技术进出口管理条例》(以下简称《条例》)第十一条规定:"进口属于限制进口的技术,应当向国务院外经贸主管部门提出技术进口申请并附有关文件。"但是我国许多技术进口是由于国内建设项目的需要而进行的进口,按照国家有关规定,技术进口根据规模的大小或者资金限额,技术进口项目分别由国家计委、国务院其他有关部门或地方政府审批;技术进口是由于国内技术改造项目的需要而进行的进口,根据资金限额,技术进口项目分别由国家计委会同国家经贸委或者由国务院其他有关部门或地方政府审批。因此,鉴于以上情况,《条例》第十一条进行了补充规定:"技术进口项目需经有关部门批准的,还应当提交有关部门的批准文件。"

在国务院外经贸主管部门收到技术进口经营者提出的技术进口申请后,应对该申请进行审查,根据《条例》第十二条规定:"国务院外经贸主管部门收到技术申请后,应当会同国务院有关部门对申请进行审查,并自收到申请之日起30个工作日内(星期六、星期天和其他法定休假日除外)作出批准或者不批准的决定。"具体来说,主要是由国务院外经贸主管部门会同国家发展改革委员会等国务院有关部门根据申请进口的技术涉及国家经济、外贸发展的情况和国内外市场及产业技术的状况来决定是否批准该申请。其对申请的进口技术的审查的具体内容如下。

(1) 是否符合中国的对外贸易政策,有利于对外经济技术合作的发展。

(2) 是否符合中国对外承诺的义务。

(3) 是否危及国家安全或社会公共利益。

(4) 是否危害人的生命或健康。

(5) 是否破坏生态环境。

(6) 是否符合国家产业政策和经济社会发展战略,有利于促进中国技术进步和产业升级,有利于维护中国经济技术权益。

如果对申请作出不批准决定,应当书面通知申请人被拒绝的原因,以便使申请人将有可能自行决定重新提交解决被拒绝原因的新的申请。

如果申请获得批准,根据《条例》第十三条规定:"技术进口申请经批准的,由国务院外经贸专管部门发给技术进口许可意向书。"技术进口许可意向书,是对属于进口技术的进口管理过程中的中间环节的官方审批文件,是一个过渡性的审批文件,具有承上启下的作用。一般情况下,进口许可意向书是最终领取技术进口许可证的前提和基础。

进口经营者在领取技术进口许可意向书后,可以对外签订技术进口合同。之后根据《条例》第十四条规定:"进口经营者签订技术进口合同后,应当向国务院外经贸主管部门提交技术进口合同副本及有关文件,申请技术进口许可证。"这些文件包括以下四个主要内容。

(1) 申请领取技术进口许可证的申请书。

(2) 技术进口合同副本。

(3) 签约双方的法律地位证明文件。

(4) 其他有关文件。

技术进口经营者向国务院外经贸主管部门报送的有关文件必须真实可靠,不得提交虚假的文件,依照《条例》第四十九条的规定:"以欺骗或者其他不正当手段获得技术进出口许可的,由国务院外经贸主管部门吊销其技术进出口许可证,暂停直至撤销其对外贸易经营许可。"

国务院外经贸主管部门在收到技术进口合同副本及有关文件后,应对该合同的真实性进行审查,一是为了保证技术进口的真实性,防范和打击利用虚假的技术引进逃汇和骗汇的行为,维护国家金融秩序的稳定;二是对技术进口进行统计、监测的需要,以便掌握真实的技术进口现状,分析技术进口的趋势,为国家制定政策提供依据。在对合同的真实性审查完毕后,国务院外经贸主管部门应在收到前款规定的文件之日起10个工作日内,对技术进口作出许可或者不许可的决定,如果作出不许可的决定,应当书面通知申请人被拒绝的原因,以便使申请人将有可能自行决定重新提交解决被拒绝原因的新的申请。

在合同的真实性审查完后,根据《条例》第十六条规定:"技术进口经许可的,由国务院外经贸主管部门颁发技术进口许可证。技术进口合同自技术进口许可证颁发之日起生效。"技术进口许可证是国家技术进口行政主管部门,针对进口属于限制进口技术的正式官方批准文件,其具有允许属于限制进口的技术进口的法律效力。技术进口许可证是技术进口经营者在进口属于限制进口技术的具体操作中办理其他有关手续的必要文件,需要凭技术进口许可证办理外汇、银行、税务、海关等相关手续。

技术进口许可证必须是依法向国务院外经贸主管部门申请取得的,不得伪造、变造;技术进口经营者依法取得技术进口许可证后,不得卖出,其他人也不得买入。依照《条例》第四十八条的规定:"伪造、变造或者买卖技术进出口许可证或者技术进出口合同登记证的,依照刑法关于非法经营罪或者伪造、变造、买卖国家机关公文、证件、印章罪的规定,依法追究刑事责任;尚不够刑事处罚的,依照海关法的有关规定处罚;国务院外经贸主管部门并可以撤销其对外贸易经营许可。"

第三节 中国技术出口的管理

(一)技术出口的管制政策

出口管制也分为禁止出口与限制出口两类。根据中国对外贸易技术法,技术的出口应当符合国家的产业政策、科技政策和社会发展政策,有利于促进中国科技进步和对外经济技术合作的发展,有利于维护中国经济技术权益。商务部、科技部于2008年9月联合发布经修订后的《中国禁止出口限制出口技术目录》(以下简称《目录》),并自2008年11月1日起实施。

《目录》明确,中国禁止出口的技术参考原则有以下四个。

(1)为维护国家安全、社会公共利益或者公共道德,需要禁止出口的。

(2)为保护人的健康或者安全,保护动物、植物的生命或者健康,保护环境,需要禁止出口的。

(3)依据法律、行政法规的规定,其他需要禁止出口的。

(4)根据我国缔结或者参加的国际条约、协定的规定,其他需要禁止出口的。

限制出口的技术参考原则有以下四个。

(1) 为维护国家安全、社会公共利益或者公共道德，需要限制出口的。

(2) 为保护人的健康或者安全，保护动物、植物的生命或者健康，保护环境，需要限制出口的。

(3) 依据法律、行政法规的规定，其他需要限制出口的。

(4) 根据我国缔结或者参加的国际条约、协定的规定，其他需要限制出口的。

新《目录》涵盖农业、煤炭开采和洗选业、纺织业、化学原料及化学制品制造业、医药制造业、通信设备、计算机及其他电子设备制造业、卫生等85个大类。根据《目录》，可以分为以下三类。

1. 属于民用技术中不符合本国经济利益与对外承诺义务的技术，禁止其出口

具体内容如下。

(1) 涉及国家安全、技术安全问题的高新技术、处于世界领先地位的技术。例如：大地测量技术中的大地坐标的卫星定位技术，大地、卫星、重力、高程数据库及其开发应用，地球重力场模型等。

(2) 传统工艺的技术转让或许将会影响到中国具有独创性的技术。例如：纺织天然纤维制品及其加工技术，支数为30—80的纯纺羊绒高支纱生产技术，劳纶的加工技术，独特传统处方的靛蓝染色工艺及设备，传统手工扎染工艺技术，真丝绸制品的蜡染工艺与专用设备，真丝绸防缩抗皱加工技术等。

(3) 出于国家经济利益的考虑，禁止出口的珍稀、濒危保护物种繁育技术。例如：中药材资源及生产技术；《野生药材资源保护管理条例》中规定的属于一级保护级别的物种及其繁育技术；《中国珍稀、濒危保护植物名录》中收录的中国药材种质和基因资源及其繁育技术；《中华人民共和国药典》中收录的大宗品种药材的植物种子、种苗和动物种源及其繁育技术；濒危、珍稀药材代用品的配方和生产技术；菌类药材的菌种、菌株、纯化、培养、发酵和生产工艺等。

(4) 我国所签署的国际公约或对外承诺的义务所禁止的工艺技术落后、对生态环境有破坏作用的技术。例如：有色金属冶炼技术中采用烧结锅和烧结盘炼铅工艺、自焙槽电解铝生产工艺、离子型稀土矿酸浸冶炼工艺、炉床面积1.5平方米以下密闭鼓风炉炼铜工艺、冶炼烟气制酸干法净化和热浓酸洗涤技术等。

2. 属于民用技术中国家根据本国利益需要控制出口的技术，实行限制出口

具体内容如下。

(1) 具有国际领先地位的创新技术。例如：化工生产中的无钙焙烧铬盐生产技术；生物化工中的发酵法生产长链二元酸工艺技术等。

(2) 传统工艺。例如：文物保护及修复技术中的古代饱水漆木器脱水定型技术的催化剂应用及配方、古代字画接裱技术；文物复制技术中的古代丝织品复制技术、古代字画照相复制技术的乳剂配方工艺、古铜镜表面处理工艺等；古建筑保护和修复技术中的油漆彩画绘制材料及工艺、金砖制作工艺、琉璃构件制作工艺技术等；古迹保护和修复技术中的古遗址加固技术、MSG的配方及其工艺、PS的配方及其工艺等。

3. 属于军用或军民两用的敏感物项与技术

根据中国对外承诺的义务、国家安全的需要以及社会公共利益考虑,实行限制出口;但若发现接受方用于发展大规模杀伤性武器及其运载系统目的,则对其禁止出口。

在核领域,我国政府颁布了《中华人民共和国核出口管理条例》《中华人民共和国核两用品及相关技术出口管制条例》;在生化领域,我国政府颁布了《中华人民共和国生物两用品及相关设备和技术出口管制条例》《中华人民共和国监控化学品管理条例》及其实施条例、《各类监控化学品名录》《有关化学品及相关设备和技术出口管制办法》;在导弹领域,我国政府颁布了《中华人民共和国导弹及相关物项和技术出口管制条例》;在军用品领域,我国政府颁布了《中华人民共和国军用品出口管理条例》。

(二) 技术出口的鼓励政策

为保持对外贸易稳定增长,优化出口结构,推动技术出口快速增长,提高技术出口在技术贸易中的比例,商务部与科技部于2009年12月联合发布了《关于鼓励技术出口的若干意见》(以下简称《意见》)。

改革开放以来,通过自主创新和对引进技术的消化吸收,我国已形成较为完整的工业体系,拥有大量成熟的产业化技术。20世纪90年代以来,我国已成功实现电力、通讯、建材生产、石油勘探、汽车制造、化工和冶金技术出口并带动大量成套设备出口,对提高产业技术水平,推动出口结构优化,促进经济社会发展发挥了重要作用。但是,由于我国技术出口起步较晚,与发达国家还存在较大差距。多年来,我国技术出口金额远低于进口金额,进出口逆差约200亿美元。

《意见》从政策扶持、加强国际合作、完善管理和服务三方面提出了政策措施,以支持企业积极出口成熟的产业化技术。一是在落实好现行政策的基础上,积极提供金融保险支持,推动科研机构承接境外研发业务,鼓励科技型企业"走出去"。二是要在进一步推动国际技术合作的同时,利用各种促进平台,组织举办技术出口推介和洽谈会,宣传我优势技术。三是要推动技术出口服务体系建设,加强对知识产权的管理和保护,进一步完善法律法规和管理体系。

(三) 技术出口的管理办法

根据《中华人民共和国技术进出口管理条例》(以下简称《条例》)第三十一条规定:"有对外贸易法第十六条、第十七条规定情形之一的技术,禁止或者限制出口。"我国的对外贸易政策总体上是自由贸易政策,国家准许技术的自由出口,除非法律、行政法规另有规定。

国务院外经贸主管部门会同国务院有关部门,根据国家经济、外贸发展变化的情况、国内外市场及产业技术的变动,按照以上所规定的原则,共同制定和公布禁止或者限制出口的技术目录,以指导技术出口经营者的行为。

根据《条例》第三十三条规定:"属于限制出口的技术,实行许可证管理;未经许可,不得出口。"即国务院外经贸主管部门对属于限制出口的技术,实行行政许可制度,也就是说,要经过国务院外经贸主管部门的审批。

任何单位和个人都不得擅自超出许可的范围出口属于限制出口的技术,否则,可能属于非法经营、扰乱市场的行为,会构成非法经营罪,依照刑法关于非法经营罪的规定,根据情节的轻重,对犯罪个人和犯罪单位的直接负责的主管人员和其他直接责任人员判处拘役、有期徒刑,并处或者单处罚金或者没收财产。尚不够刑事处罚的,依照海关法的有关规定处罚,或者由国务院外经贸主管部门给予警告,没收违法所得,处违法所得3倍以下的罚款;国务院外经贸主管部门并可以暂停直至撤销其对外贸易经营许可。

所以,根据《条例》第三十四条规定:"出口属于限制出口的技术,应当向国务院外经贸主管部门提出申请。"同时第三十五条规定:"国务院外经贸主管部门收到技术出口申请后,应当会同国务院科技管理部门对申请出口的技术进行审查,并自收到申请之日起30个工作日内(星期六、星期天和其他法定休假日除外)作出批准或者不批准的决定。"对技术出口项目的审查,具体包括以下内容。

(1) 是否符合中国对外贸易政策,并有利于促进外贸出口。
(2) 是否符合中国产业出口政策,并有利于促进国民经济的发展。
(3) 是否符合中国对外承诺的义务。
(4) 是否危及国家安全。
(5) 是否符合中国科技发展政策,并有利于科技进步。
(6) 出口成熟的产业化技术是否符合中国的产业政策,并能带动大型和成套设备、高新技术产品的生产和经济技术合作。
(7) 出口的技术是否成熟可靠,并经过验收或鉴定。

如果自收到申请之日30个工作日内作出不批准的决定,应当书面通知申请人被拒绝的原因,以便使申请人将有可能自行决定重新提交解决被拒绝原因的新的申请。

在技术出口经营者的出口属于限制出口技术申请经国务院外经贸主管部门会同国务院有关部门审查批准后,根据《条例》第三十六条规定:"技术出口申请经批准的,由国务院外经贸主管部门发给技术出口许可意向书。"国务院外经贸主管部门发给的技术出口意向书,是对属于限制出口技术的出口管理过程中的中间环节的官方审批文件,具有承上启下的作用。技术出口经营者在申请技术出口具体操作中,都必须先申领技术出口许可意向书,作为最终完成技术出口申请工作即领取技术出口许可证的前提和基础。

技术出口经营者在获得出口意向书后,就可以签订技术出口合同,之后就可以进行申请领取技术出口许可证。申请时,应当向国务院外经贸主管部门报送有关文件,具体包括以下内容。

(1) 技术出口许可意向书。
(2) 技术出口合同副本。
(3) 技术出口资料清单。
(4) 签约双方的法律地位的证明文件。

技术出口经营者申请领取技术出口许可证时,向国务院外经贸主管部门报送的有关文件应当真实可靠,不得提交虚假的文件,否则将会被国务院外经贸主管部门依法处罚。根据《条例》第四十九条规定:"以欺骗或者其他不正当手段获取技术进出口许可的,由国务院外经贸主管部门吊销其技术进出口许可证,暂停直至撤销其对外贸易经营许可。"

国务院外经贸主管部门在收到申请文件后,应对技术出口合同的真实性进行审查,一是配合国家其他有关部门进行管理的需要;二是对技术出口进行统计、监测的需要,以便掌握真实的技术出口现状,分析技术出口的趋势,为国家制定政策提供依据。如果对技术出口作出不许可的决定,应当书面通知申请人被拒绝的原因,以便申请人将有可能自行决定重新提交解决被拒绝原因的新的申请。

在对技术出口合同的真实性审查无误后,国务院外经贸主管部门向技术出口申请人颁发技术出口许可证。其是国家技术出口行政主管部门,针对出口属于限制出口技术的正式官方批准文件,具有允许属于限制出口的技术出口的法律效力,是技术出口经营者在出口属于限制出口技术的具体操作中办理其他有关手续的必要文件,需要凭技术出口许可证办理外汇、银行、税务、海关等相关手续。

技术出口许可证必须是依法向国务院外经贸主管部门申请取得的,不得伪造、变造;技术出口经营者依法取得技术出口许可证后,不得卖出,其他人不得买入。否则将会依法受到处罚。依照《条例》第四十八条的规定:"伪造、变造或者买卖技术进出口许可证或者技术进出口合同登记证的,依照刑法关于非法经营罪或者伪造、变造、买卖国家机关公文、证件、印章罪的规定,依法追究刑事责任;尚不够刑事处罚的,依照海关法的有关规定处罚;国务院外经贸主管部门并可以撤销其对外贸易经营许可。"

第四节 自由进出口技术的管理

一、自由进口技术的管理

所谓属于自由进口的技术,是指根据《对外贸易法》第十六条、第十七条规定属于限制进口的技术和属于禁止进口的技术之外的技术。具体来说,没有被列入国务院外经贸主管部门会同国务院有关部门制定的限制进口的技术目录和禁止进口的技术目录中的技术,都可以视为属于自由进口的技术。

根据《中华人民共和国技术进出口管理条例》(以下简称《条例》)第十七条规定:"对属于自由进口的技术,实行合同登记管理。"所谓合同登记管理,是指技术进口经营者进口属于自由进口的技术时,仅须将技术合同向国务院外经贸主管部门办理登记。在该管理过程中,国务院外经贸主管部门必须自收到有关文件之日起 3 个工作日内,对技术进口合同进行登记。登记包括以下内容。

(1) 技术进口经营者向国务院外经贸主管部门提交合同及有关文件,申请办理登记。
(2) 国务院外经贸主管部门对技术进口合同进行登记,颁发技术进口合同登记证。
(3) 申请人凭技术进口合同登记证,办理外汇、银行、税务、海关等相关手续。

属于自由进口的技术,国家不对其进口进行审查,只实行合同登记管理。一是对技术进出口进行统计、监测的需要,以便掌握技术进出口的现状,分析技术进出口的趋势,为国家制定政策提供依据;二是配合外汇、银行、税收、海关等国家有关部门进行相关行政管理的需要;三是对于技术进口经营者来说,这是技术进口经营者在进口属于自由进口技术的具体操作中办理其他相关手续的必要文件,需要凭此证办理相关手续。

对进口属于自由进口的技术进行管理的具体规定,《条例》第十八条规定:"进口属于自由进口的技术,应当向国务院外经贸主管部门办理登记。"并提交下列文件。

(1) 技术进口合同登记申请书。

(2) 技术进口合同副本。

(3) 签约双方法律地位的证明文件。

技术进口经营者申请办理合同登记时,向国务院外经贸主管部门报送的有关文件应当真实可靠,不得提交虚假的文件,否则将会被国务院外经贸主管部门依法处罚。依照《条例》第五十条的规定,技术进口经营者以欺骗或者其他不正当手段获取技术进口合同等的,由国务院外经贸主管部门吊销其技术进口许可证,暂停直至撤销其对外贸易经营许可。

同时《条例》第十九条规定:"国务院外经贸主管部门应当自收到本条例第十八条规定的文件之日起3个工作日内,对技术进口合同进行登记,颁发技术进口合同登记证。"技术进口合同登记证必须是依法向国务院外经贸主管部门申请取得的,不得伪造、变造;技术进口经营者依法取得技术进口合同登记证后,不得卖出,其他人也不得买入。否则将会依法受到处罚。依照《条例》第四十八条的规定:"伪造、变造或者买卖技术进出口许可证或者技术进出口合同登记证的,依照刑法关于非法经营或者伪造、变造、买卖国家机关公文、证件、印章罪的规定,依法追究刑事责任;尚不够刑事处罚的,依照海关法的有关规定处罚;国务院外经贸主管部门并可以撤销其对外贸易经营许可。"

如果技术进口合同登记后,合同的主要内容发生变更,经营者需要重新办理登记手续;如果合同终止的话,应当及时向国务院外经贸主管部门备案。

二、自由出口技术的管理

所谓属于自由出口的技术,是指《对外贸易法》第十六条、第十七条规定属于限制出口的技术和属于禁止出口的技术之外的技术。具体来说,没有被列入国务院外经贸主管部门会同国务院有关部门制定的限制出口的技术目录和禁止出口的技术目录中的技术,都可以视为属于自由出口的技术。属于自由出口的技术,国家对其出口不予限制,准许其自由出口。

根据《条例》第三十九条规定:"对属于自由进出口的技术,实行合同登记管理。"所谓合同登记管理,是指技术出口经营者出口属于自由出口的技术时,仅须将技术出口合同向国务院外经贸主管部门办理登记。在该管理过程中,国务院外经贸主管部门必须自收到有关文件之日起3个工作日内,对技术出口合同进行登记。登记包括以下内容。

(1) 技术出口经营者向国务院外经贸主管部门提交合同及有关文件,申请办理登记。

(2) 国务院外经贸主管部门对技术出口合同进行登记,颁发技术出口合同登记证。

(3) 申请人凭技术出口合同登记证,办理外汇、银行、税务、海关等相关手续。

属于自由出口的技术,国家不对其出口进行审查,只实行合同登记管理。一是对技

术进出口进行统计、监测的需要,以便掌握技术进出口的现状,分析技术进出口的趋势,为国家制定政策提供依据;二是配合外汇、银行、税收、海关等国家有关部门和单位进行相关管理的需要;三是对技术出口经营者在出口属于自由出口技术的具体操作中办理其他相关手续的必要文件,需要凭此证办理外汇、银行、税务、海关等相关手续。

对出口属于自由出口的技术的管理的具体规定,《条例》第四十条规定:"出口属于自由出口的技术,应当向国务院外经贸主管部门办理登记。"并提交下列文件。

(1) 技术出口合同登记申请书。

(2) 技术出口合同副本。

(3) 签约双方法律地位的证明文件。

技术出口经营者申请办理合同登记时,向国务院外经贸主管部门报送的有关文件应当真实可靠,不得提交虚假的文件,否则将会被国务院外经贸主管部门依法处罚。依照《条例》第五十条的规定:"以欺骗或者其他不正当手段获取技术进出口合同登记的,由国务院外经贸主管部门吊销其技术进出口合同登记证,暂停直至撤销其对外贸易经营许可。"

国务院外经贸主管部门收到有关文件后,必须在3个工作日内对技术出口合同进行登记,并向技术出口经营者颁发技术出口合同登记证,以便利于技术出口经营者凭技术出口合同登记证办理其他相关手续。

技术出口合同登记证必须是依法向国务院外经贸主管部门申请取得的,不得伪造、变造;技术出口经营者依法取得技术出口合同登记证后,不得卖出,其他人也不得买入。否则将会依法受到处罚。依照《条例》第四十八条的规定:"伪造、变造或者买卖技术进出口许可证或者技术进出口合同登记证的,依照刑法关于非法经营罪或者伪造、变造、买卖国家机关公文、证件、印章罪的规定,依法追究刑事责任;尚不够刑事处罚的,依照海关法的有关规定处罚;国务院外经贸主管部门并可以撤销其对外贸易经营许可。"

 ## 本章小结

技术进出口是指从中华人民共和国境外向中华人民共和国境内,或者从中华人民共和国境内向中华人民共和国境外,通过贸易、投资或者经济技术合作的方式转移技术的行为。其具有经营跨境型、方式多样性和主题广泛性三个特征。

我国对技术进出口的管理具体范围包括:专利转让、专利申请转让、专利实施许可、技术秘密转让、技术服务和其他方式的技术转移。我国的技术进出口管理实行有管理的自由进出口原则,技术进出口的所有参与者和经营者都有平等的法律地位,各自的合法权益都能够得到平等的保护,所有的参与者和经营者按照公平统一的贸易政策和市场规则平等竞争。

我国的进出口管制技术分为禁止进出口技术和限制进出口技术两类。我国对属于限制进出口的技术实行许可证管理,未经国务院外经贸主管部门的审批不得进出口,技术进口经许可的,由国务院外经贸主管部门颁发技术进出口合同许可证。

自由进出口技术是指属于限制进出口和禁止进出口的技术以外的技术。对属于自由进出口的技术,我国实行合同登记管理,即技术进出口经营者进出口属于自由进出口的技术时,仅须将技术合同向国务院外经贸主管部门办理登记。

关键词

技术进出口　技术进出口管理　进口管制技术　限制进口技术　禁止进口技术　出口管制技术　禁止出口技术　限制出口技术　自由出口技术　自由进口技术

思考题

1. 在技术进出口中应该遵循什么样的原则?
2. 我国技术进出口管理政策的制定依据是什么?
3. 浅谈我国对进出口管制技术的管理。
4. 试说明我国进出口技术获得流程。
5. 论述我国对自由进出口技术的管理。

案例分析

欧盟新的 ERP 指令从 2009 年 11 月 20 日开始实施,这是欧盟一项主要针对能耗的技术性贸易壁垒指令,涉及除车辆以外的所有与能源相关的产品。

该指令将生命周期理念引入产品设计环节中,旨在从源头入手,在产品的设计、制造、使用、维护、回收、后期处理各个环节,对能源相关产品提出环保要求,全方位监控产品对环境的影响,减少对环境的破坏。原则上所有投放市场的能源产品,生成、转换及计量这些能源的产品(不包括运输工具),以及用于装入能源产品中,并在市场上独立直接销售给最终用户的部件都被包括在内。产品消耗的能源包括电能、固体燃料、液体燃料和气体燃料。

这一壁垒使我国企业的出口成本增加 20% 左右。首批 ERP 指令一实施,就使我国约 80% 出口到欧盟的办公设备、冰箱、空调、机电等产品被拒之门外。目前,仅广州涉及的出口额就高达 33.87 亿美元。

案例分析:

通过阅读上述案例,阐述我国应采取怎样的措施来面对日益增加的技术贸易壁垒。

参 考 书 目

[1] Aldershot: *Technology transfer to China through foreign direct investment*, Cambridge University Press, New York, 1995.

[2] Betz, Frederick: *Managing Technological Innovation*, Wiley Interscience, New York, 1998.

[3] Leonard Berkowitz: *Getting the Most from Your Patent*, Maxwell, 1995.

[4] Melvin Simensky, Lanning Bryer, Neil J. Wilkof: *Intellectual Property in the Global Marketplace*, *Second Edition*, Published by John Wiley & Sons, Inc. 1999.

[5] N. Kumar: *Globalization, Foreign Direct Investment and Technology Transfers: Impacts on and Prospects for Developing Countries*, London and New York, Routledge for United Nations University, Institute for New Technologies, 1998.

[6] P. Streeten: *Learning form the Asian Tigers: Studies in Technology and Industrial Policy*, London, Macmillan, 1996.

[7] Tamir Agmon Mary Ann Von Glinow: *Technology Transfer in International Business*, Oxford University Press, 1991.

[8] Yong S. Lee: *Technology transfer and public policy*, Westport, Conn. Quorum, 1997.

[9] 曹宪志:《技术转让与许可证贸易》,对外经济贸易出版社,1987年版。

[10] 曹新明:《知识产权法》,东北财经大学出版社,2006年版。

[11] 韩赤风:《知识产权法》,清华大学出版社,2005年版。

[12] 胡开忠:《知识产权法比较研究》,中国人民公安大学出版社,2004年版。

[13] 黄晖:《商标法》,法律出版社,2004年版。

[14] 江向东:《版权制度下的数字信息公共传播》,北京图书馆出版社,2005年版。

[15] 江镇华:《实用专利教程》,知识产权出版社,2001年版。

[16] 李虹:《国际技术贸易》,东北财经大学出版社,2005年版。

[17] 李虹:《国际商务中的技术转让》,经济科学出版社,2005年版。

[18] 李顺德:《知识产权概论》,知识产权出版社,2006年版。

[19] 联合国教科文组织:《版权基本知识》,中国对外翻译出版公司,1984年版。

[20] 林珏:《国际技术贸易》,上海财经大学出版社,2006年版。

[21] 刘春田：《知识产权法》，中国人民大学出版社，2002年版。
[22] 刘东红、刘泓毅：《商标权保护案例分析》，山西经济出版社，1999年版。
[23] 刘李胜：《知识产权保护与国际技术贸易》，中国经济出版社，1995年版。
[24] 刘志伟：《国际技术贸易教程》，对外经济贸易大学出版社，2006年版。
[25] 罗双临：《中国高新技术产品贸易研究》，中国市场出版社，2005年版。
[26] 倪才龙、王勉青：《商业秘密保护法》，上海大学出版社，2005年版。
[27] 饶友玲：《国际技术贸易》，南开大学出版社，2006年版。
[28] 《商标注册理论与实务》编写组：《商标注册理论与实务》，中国工商出版社，2005年版。
[29] 沈达明：《知识产权法》，对外经济贸易大学出版社，1998年版。
[30] 孙瑶：《国际技术贸易实务》，四川大学出版社，2004年版。
[31] 王传丽：《国际技术贸易法》，中国政法大学出版社，2004年版。
[32] 王锡文：《技术转让》，科学技术文献出版社，1980年版。
[33] 王仙法：《商标与知识产权保护》，上海三联书店，2001年版。
[34] 王玉清、赵承璧：《国际技术贸易——技术贸易与知识产权（第三版）》，对外经济贸易大学出版社，2005年版。
[35] 文希凯：《专利法教程》，知识产权出版社，2003年版。
[36] 吴汉东：《知识产权法》，北京大学出版社，2003年版。
[37] 吴汉东：《知识产权法》，中国政法大学出版社，1999年版。
[38] 吴汉东、胡开忠、董炳和：《知识产权基本问题研究》，中国人民大学出版社，2005年版。
[39] 吴景明、戴志强：《商标法原理、规则、案例》，清华大学出版社，2006年版。
[40] 徐明贵：《技术转让国际惯例》，贵州人民出版社，1994年版。
[41] 亚历山大·I.波尔托克拉、保罗·J.勒纳：《知识产权精要》，于东智、谷立日译，中国人民大学出版社，2004年版。
[42] 杨忻、李淼：《知识产权理论与实践》，电子工业出版社，2005年版。
[43] 叶京生：《国际知识产权学》，立信会计出版社，2004年版。
[44] 尹翔硕：《国际贸易教程（第二版）》，复旦大学出版社，2001年版。
[45] 张玉敏：《商标保护法律实务》，中国检察出版社，2004年版。
[46] 张玉瑞：《商业秘密的法律保护》，专利文献出版社，1994年版。
[47] 张玉瑞：《商业秘密法学》，中国法制出版社，1999年版。
[48] 郑成思：《版权公约、版权保护与版权贸易》，中国人民大学出版社，1992年版。
[49] 郑成思：《知识产权法》，中国方正出版社，2003年版。
[50] 《中外版权法规汇编》编写组：《中外版权法规汇编》，北京师范大学出版社，1993年版。

图书在版编目(CIP)数据

国际技术贸易/杜奇华主编. —3 版. —上海：复旦大学出版社，2018.9(2022.7 重印)
(复旦博学.21 世纪国际经济与贸易系列)
ISBN 978-7-309-13866-5

Ⅰ.①国…　Ⅱ.①杜…　Ⅲ.①国际贸易-技术贸易-高等学校-教材　Ⅳ.①F746.17

中国版本图书馆 CIP 数据核字(2018)第 196051 号

国际技术贸易(第 3 版)
杜奇华　主编
责任编辑/王雅楠

复旦大学出版社有限公司出版发行
上海市国权路 579 号　邮编：200433
网址：fupnet@fudanpress.com　http://www.fudanpress.com
门市零售：86-21-65102580　　团体订购：86-21-65104505
出版部电话：86-21-65642845
杭州日报报业集团盛元印务有限公司

开本 787×1092　1/16　印张 24　字数 499 千
2022 年 7 月第 3 版第 2 次印刷

ISBN 978-7-309-13866-5/F·2489
定价：48.00 元

如有印装质量问题,请向复旦大学出版社有限公司出版部调换。
版权所有　　侵权必究